人力资源和社会保障法制概述

主　编　冯连旗

副主编　赵庆春　王志彭　崔　颖

东北大学出版社

·沈阳·

ⓒ 冯连旗 2014

图书在版编目（CIP）数据

人力资源和社会保障法制概述／冯连旗主编. —沈阳：东北大学出版社，2014.6（2024.1重印）
ISBN 978-7-5517-0658-2

Ⅰ. ①人… Ⅱ. ②冯… Ⅲ. ①人力资源管理—劳动法—基本知识—中国 ②社会保障—行政法—基本知识—中国 Ⅳ. ①D922.5 ②D922.182.3

中国版本图书馆 CIP 数据核字（2014）第 143305 号

出 版 者：东北大学出版社
　　　　　地址：沈阳市和平区文化路 3 号巷 11 号
　　　　　邮编：110004
　　　　　电话：024-83687331（市场部）　83680267（社务室）
　　　　　传真：024-83680180（市场部）　83680265（社务室）
　　　　　E-mail：neuph@neupress.com
　　　　　http：//www.neupress.com
印 刷 者：三河市天润建兴印务有限公司
发 行 者：东北大学出版社
幅面尺寸：145mm×210mm
印　　张：19.5
字　　数：390 千字
出版时间：2014 年 8 月第 1 版
印刷时间：2024 年 1 月第 2 次印刷
责任编辑：刘振军　刘乃义　　　　　责任校对：辛　思
封面设计：刘江旸　　　　　　　　　责任出版：唐敏志

ISBN 978-7-5517-0658-2　　　　　定　价：95.00 元

《人力资源和社会保障法制概述》
编委会

主　　编	冯连旗		
副 主 编	赵庆春	王志彭	崔　颖
编写人员	李玉昆	刘元辉	潘　勇	王　璐

序　言

2011 年的金秋 10 月，值新组建的沈阳市人力资源和社会保障局刚刚度过周岁生日之际，沈阳市人大法制委员会与沈阳市人力资源和社会保障局携手编辑出版了《人力资源和社会保障法制概述》一书。该书的出版是沈阳市人力资源和社会保障法制建设进程中的一件大事，充分展示了沈阳市人力资源和社会保障法制建设的可喜成果，标志着沈阳市人力资源和社会保障法制建设的不断完善，在沈阳市人力资源和社会保障事业发展进程中具有重要的意义。

人力资源和社会保障作为关系国计民生和改革发展稳定大局的重要工作，越来越多地受到社会各界的高度关注，特别是改革开放以来，党和国家高度重视对劳动者合法权益的保护，相继制定和颁布了一系列重要的法律法规和政策，现已形成了以宪法为基础，以《中华人民共和国劳动法》为主题，包括一系列相关法律在内的促进社会主义市场经济发展、维护劳动者权益的法律法规体系。目前，由全国人民代表大会常务委员会制定的现行有效法律有 10 部，包括劳动法、公务员法、劳动合同法、就业促进法、劳动争议调解仲裁法、社会保险法以及其他相关具有法律效力的规定。

　　《人力资源和社会保障法制概述》一书全面回顾了人力资源和社会保障法制建设的发展进程，详尽阐述了人力资源和社会保障的立法原则，并对相关法律法规进行了汇编和摘录。本书在编写上坚持理论性与实用性相结合的原则，主要介绍现行有效的人力资源和社会保障法律法规政策，使广大读者能够较清楚地了解和掌握现行人力资源和社会保障法律法规政策的全貌。本书的编写体例，不是一部一部地介绍法规，而是按照人力资源和社会保障管理的自然环节和内在规律，归纳成总论，公务员管理，人才资源开发管理与事业单位人事管理，机关事业单位工资福利、退休、工资基金、工勤人员管理，国家工作人员纪律，劳动就业，劳动关系，社会保障，共8编32章，每章节涉及具体的管理制度，除简要介绍主要概念和必要的沿革情况外，还介绍了该制度的具体内容。

　　本书的编委会成员既有沈阳市人力资源和社会保障局的专业人员，也有与此相关业务的部门人员。在编写过程中，我们力图体现全面、准确、简明、方便、实用的原则。可以说，该书是在总结人力资源和社会保障工作实践经验和理论研究的基础上，紧密结合国家、省人力资源和社会保障立法以及人力资源和社会保障工作的实际编写的，具有较强的理论性、政策性、知识性和实用性。本书对提高人力资源和社会保障工作人员素质，做好人力资源和社会保障工作，为构建社会主义和谐社会，一定会起到积极的推动作用，也将为从事人力资源和社会保障工作的有关人员以及企业人力资源管理者带来方便。期望全市各级从事人力资源和社会保障工作的人员在今后的工作中利用好此书，不断强化对专业法律知识的学习、掌握和应用，使知识储备与依法行政能力、职能调整相适应。

人力资源和社会保障法制建设任重道远，使命光荣。我们相信，在全市各级人力资源和社会保障战线人员的不懈追求和共同努力下，一定能够实现"科学打造民生链，着力形成大循环"的伟大奋斗目标！一定能为构建和谐沈阳、加快老工业基地全面振兴作出新的更大贡献！

鉴于编写《人力资源和社会保障法制概述》在我市尚属首次，加之时间仓促，编写人员工作经验和水平有限，书中如有疏漏和不妥之处，敬请各位读者批评指正。

编　者

2014 年 5 月

目　录

第一编　总　论

第二编　公务员管理

第三编　人才资源开发管理与事业单位人事管理

第四编　机关事业单位工资福利、退休、工资基金、工勤人员管理

第五编 国家工作人员纪律

第六编 劳动就业

第七编 劳动关系

第八编　社会保障

第一编 总 论

|第一章|
劳动法、人事行政法概论

第一节 人事行政法概述

一、人事行政法的特征

人事行政法是指在国家的整个法律体系中以人事行政关系为调整对象，专门确定人事行政活动规则的所有法律规范的总称。

人事行政法除具有法律的一般特征之外，还有它自身独有的特征，也正因为如此，它才能够自成体系。关于我国人事行政法的特征，可从以下三方面来掌握。

（1）人事行政法不是一个独立的部门法，而是属于行政法中的一个分支。作为我国法律体系中一个独立法律部门的行政法，由两大部分构成，即公共行政法和专业行政法。公共行政法规定的是所有行政机关在行政管理中都应当遵循的共同规则，专业行政法则分别规定各专业行政工作（譬如人事行政、民政、财政、工商行政、司法行政、公安行政等）的具体活动规则。人事行政法是众多专业行政法中的一个分支。

（2）人事行政法是以人事行政关系为调整对象的一种法律规范。这是人事行政法区别于其他各种法律规范的根本标志。所谓人事行政关系，是指国家行政机关在人事行政管理过程中所发生的社会关系。概括起来，我国的人事行政关系大体有以下五种类型。

① 国家行政机关（包括各级政府中专门行使人事行政管理权的人事行政部门，下同）与其他国家机关，企、事业单位，社会团体之间的人事行政关系；

② 国家行政机关相互之间的人事行政关系；

③ 国家行政机关与公务员及由国家行政机关任命和管理的其他国家工作人员之间的人事行政关系；

④ 国家行政机关与由其管理的具有某种特殊身份的人员（如转业军官、专业技术人员、非教育系统留学回国人员、博士后研究人员、国际职员、受政府奖励表彰的人员等）之间的人事行政关系；

⑤ 国家行政机关与公民之间的人事行政关系。

在上述五种类型的人事行政关系中，国家行政机关和政府人事部门是代表国家行使人事行政管理权的一方，是人事行政的主体；而其他国家机关，企、事业单位，社会团体，公务员，公民及其他有关人员则是被管理的一方，是人事行政的相对人。在国家行政机关相互之间的具体人事行政关系中，具体的国家行政机关既可以管理者即人事行政主体的身份出现，也可以被管理者即人事行政相对人的身份出现。例如，某省财政厅按照公务员管理权限，对本厅公务员进行年度考核时，该财政厅便是行使人事行政权的管理者，以人事行政主体的身份出现；但当省人事厅检查其在年度考核中确定为优秀等次的人数是否超过规定比例限额时，该财政厅则又成为被管理者，以人事行政相对人的身份出现。

（3）人事行政法是对关于人事行政管理的全部法律规范的总称，而不是指某一个具体的法律文件。我国没有一部囊括所有人事行政法律规范的总法典，有关人事行政的法律规范分别包含在各种不同的规范性法律文件之中。

二、人事行政法律关系

所谓人事行政法律关系，是指按照人事行政法的规定，在国家行政机关与人事行政相对人之间形成的法律上的权利与义务关系。人事行政关系经人事行政法调整后，就成为人事行政法律关系，人事行政法律关系是人事行政关系的法律化。人事行政关系在被人事行政法调整之前，是一种非规范的、盲目的、没有法律保障的社会关系；而一旦被人事行政法调整之后，就被纳入国家的法律秩序，按照统一的法律规则运作。

1. 人事行政法律关系的构成要素

每一个人事行政法律关系都由三个要素构成，即参加法律关系的当事人、当事人之间的权利和义务、权利和义务所指向的标的。

人事行政法律关系的当事人，也称为人事行政法律关系的主体，是指在人事行政法律关系中，依法享有人事权利和承担人事义务的人或组织。每一个人事行政法律关系的当事人必须是两个或两个以上。我国人事行政法律关系的当事人，就是前述五种类型的人事行政关系中的组织（国家机关，企、事业单位，社会团体等）和个人（公民、国家工作人员和其他人员）。

人事行政法律关系当事人之间的权利和义务，也称为人事行政法律关系的内容，是指人事行政法律关系的当事人各自所享有的法定权利和应尽的法定义务。对于国家行政机关来说，这种权利和义务往往就是其在人事行政管理活动中的法定职权和职责。我国人事行政法律关系当事人的权利和义务具有对等性与统一性的特点，既没有无义务的权利，也没有无权利的义务。组织或个人在行使人事权利的同时，必然得承担相应的人事义务；在履行人事义务的同时，必然享有相应的人事权利。

人事行政法律关系当事人权利与义务所指向的标的，也称为人事行政法律关系的客体，是指人事行政法律关系当事人主张人事权利和履行人事义务的目标与对象。我国人事行政法律关系的客体有人身（包括人的身体和身份）、一定的行为（包括作为和不作为）和一定的财物。例如，在公务员录用法律关系中，录用机关与报考公民之间权利和义务所指向的标的就是人的一种身份，即公务员身份；在公务员纪律法律关系中，机关与公务员之间权利和义务所指向的标的就是人的一种行为，即对公务员作出某种行为的限制；在工资给付法律关系中，当事人权利和义务所指向的标的就是一种财物，即一定货币金额的工资；等等。

2. 人事行政法律关系的产生、变更和消灭

人事行政法律关系的产生、变更和消灭，是指人事行政法律关系当事人之间权利与义务关系的产生、变更和终止的情况。人事行政法对人事行政活动的规范、对人事行政关系的调整，就是通过每一个具体的人事行政法律关系的产生、变更和消灭来体现与实现的。人事行政法律关系的产生、变更和消灭必须同时具备如下两个条件。第一，必须有相应的人事行政法的规定。如果没有人事行政法的规定，那么就不可能产生人事行政法律关系，因而也就不会有人事行政法律关系的变更和消灭。例如，如果没有人事部于1990年9月发布的《全民所有制事业单位专业技术人员和管理人员辞职暂行规定》，那么在全民所有制事业单位与其专业技术人员和管理人员之间就不可能产生辞职法律关系。第二，必须有相应的

法律事实的出现。人事行政法的规定只是为相应的人事行政法律关系的产生、变更和消灭提供了可能，而要把这种可能变为现实，还有赖于相应的法律事实的出现。例如，虽然有上述辞职规定，但没有某个具体的专业技术人员或管理人员提出辞职申请的法律事实，也还是不会有具体的辞职法律关系的产生、变更和消灭。

法律事实，是指能够导致当事人之间权利与义务关系产生、变更和消灭的客观事实，它包括法律事件和法律行为两种。法律事件是一种不以人的意志为转移的客观现象。例如，某国家工作人员死亡这一客观现象，就是人事行政上一种重要的法律事件。由于这一事件的发生，根据有关法律规定，一方面，他与国家机关或事业单位原有的任用法律关系自然终止和消灭；另一方面，又使他生前所在单位与他的亲属之间产生了另一种法律关系，即抚恤法律关系。法律行为则是人们的一定活动和行为。它既可以是积极的作为，也可以是消极的不作为；既可以是合法的行为，也可以是违法的行为；既可以是有关组织的行为，也可以是有关个人的行为。例如，按照国家有关博士后制度的规定，某取得博士学位的人员向某博士后流动站设站单位提出做博士后研究人员的申请，经该设站单位批准，并经全国博士后管理委员会办公室核准，从而使其成为该设站单位的博士后研究人员。在这里，有关人员的申请行为、设站单位的批准行为及全国博士后管理协调委员会办公室的核准行为，都是造成该人员与该设站单位及全国博士后管理协调委员会办公室之间形成博士后管理法律关系的法律行为。

3. 掌握人事行政法律关系的概念及其特点的意义

掌握人事行政法律关系的概念及其特点，对于我们进一步改进人事工作方法、调整人事工作思路、加强人事法制建设、建立与社会主义市场经济体制相配套的人事管理体制，具有许多重要的启发和指导意义。

（1）必须加强人事法规建设，对现实人事管理过程中产生的那些基本的、重要的人事行政关系，都通过法律加以调整，使其上升为具有法律上的权利和义务、由国家法律强制作保障的人事行政法律关系，从而充分运用和发挥法制在巩固人事制度改革成果、促进人事制度改革发展、规范人事管理行为、保障人事管理效力、维护人事管理秩序等方面的作用。

（2）在日常人事管理实践中，无论是作为人事行政主体的国家行政机关，还是作为行政相对人的其他机关、组织和个人，都应当树立和强化权利与义务观念，既要依法、正确、适当地行使自己的人事权利，也要依法、积极、有效地履行自己的人事义务。

（3）对于国家行政机关来说，它在人事行政法律关系中的权利和义务，就是国家赋予它的人事管理的职权和职责，必须按照法定的条件、权限和程序，充分、有效地予以行使和履行。在实践中，尤其应注意以下两点。第一，人事行政管理的职权和职责一样，作为具体承担者的行政机关及其公务员都无权自由处分，即既不能放弃也不能转让，否则都会损害国家的利益，并且也往往会损害相对人的权利和利益。第二，人事行政管理的权力必须依照国家法律、政策或行政机关的决定并以法定的行政机关的名义来行使，而不能按照个人的意志或以个人的名义行使，更不得滥用国家的人事行政权为个人牟取私利。

（4）人事行政法律关系还有以下三个突出的特点。第一，任何一种人事行政法律关系，总有一方当事人是具有人事行政权的国家行政机关。第二，在能够引起人事行政法律关系产生、变更和消灭的法律行为中，绝大多数都是行政机关的单方行为，而不像民事法律关系那样，须经双方当事人协商一致。在某些人事行政法律关系中，虽然也需要人事行政相对人的申请或同意，但处于主导地位、起决定作用的还是行政机关。第三，在人事行政法律关系中，行政机关往往既是当事人，又是立法者和执法者；在发生人事行政争议时，行政机关又有裁判权，"自己做自己的法官"。由此可见，人事行政法律关系不像民事法律关系那样，是平等主体间的法律关系。人事行政法律关系双方当事人间的法律地位是不平等的，行政机关总是处于主导地位、优势地位。因此，在人事行政管理中，如何保证行政机关依法、正确、适当地行使职权和依法、积极、有效地履行义务，以及如何保障人事行政相对人的合法权益，就是一个十分突出和重要的问题。为此，在当前应当进一步健全人事执法监督机制，完善申诉、控告制度，建立健全人事行政复议制度。

三、人事行政法的主要内容

人事行政法的内容，是指由法律、法规和规章等规范性法律文件规定的人事行政管理活动的规则。

从人事行政管理活动规则的角度讲，我国现行人事行政法的主要内容大致有以下 16 个方面。

（1）关于机关和事业单位的机构设置、职能配置、编制定员、职位确定、职数比例等方面的规定；

（2）关于机关和事业单位的人员计划、工资计划、工资基金管理、人事统计等方面的规定；

（3）关于机关和事业单位工作人员的工资制度、福利制度、保险制度的规定；

（4）关于机关和事业单位工作人员离退休制度的规定；

（5）关于国务院、地方各级人民政府任免行政人员的范围和程序等方面的规定；

（6）关于公务员管理的规定；

（7）关于事业单位工作人员管理的规定；

（8）关于专业技术人员的职称、继续教育和职业资格管理方面的规定；

（9）关于专家管理和博士后工作方面的规定；

（10）关于干部调配、转业军官安置、大中专毕业生就业、解决干部夫妻两地分居、留学回国人员管理等方面的规定；

（11）关于人才市场和人才流动管理等方面的规定；

（12）关于人事争议仲裁管理方面的规定；

（13）关于国际职员的选拔和管理方面的规定；

（14）关于政府奖励表彰方面的规定；

（15）关于警察和外交等人员衔级制度的规定；

（16）关于人事保密、人事信访、人事行政和其他各方面的规定。

第二节　劳动法律制度、劳动法的概念与适用范围

一、劳动法律制度概述

劳动法律制度不仅仅指用人制度，还包括就业、劳动合同、工资分配、社会保险、职业培训、劳动安全卫生等制度。

二、规范劳动关系的法律法规

规范劳动关系的法律主要是《中华人民共和国劳动法》（以下简称《劳动法》）。2007年公布的《中华人民共和国劳动合同法》（以下简称《劳动合同法》）是《劳

动法》的特别法，专门规范劳动关系中的劳动合同关系，在法律级别上，虽然低于《劳动法》，但在保障劳动者合法权益、完善劳动合同制度等方面，作出了众多突破，对劳资双方的影响都很大。除此之外，在实践中常常用到的法律文件还有《劳动部关于贯彻执行〈中华人民共和国劳动法〉若干问题的意见》《最高人民法院关于审理劳动争议案件适用法律若干问题的解释》《最高人民法院关于审理劳动争议案件适用法律若干问题的解释（二）》《中华人民共和国工会法》《中华人民共和国就业促进法》《中华人民共和国劳动争议调解仲裁法》等。

三、劳动法的概念

狭义的劳动法是指第八届全国人民代表大会常务委员会第八次会议于 1994 年 7 月 5 日通过，自 1995 年 1 月 1 日起施行的《中华人民共和国劳动法》。广义上的劳动法是指调整劳动关系以及与劳动关系有密切联系的其他关系的法律规范的总称。（最新立法为 2008 年的《劳动合同法》，需配合使用）

四、《劳动法》适用的范围

《劳动法》第二条第一款规定：“在中华人民共和国境内的企业、个体经济组织（以下统称用人单位）和与之形成劳动关系的劳动者，适用本法。”

《劳动法》第二条第一款中的“企业”，是指从事产品生产、流通或服务性活动等实行独立经济核算的经济单位，包括各种所有制类型的企业，如工厂、农场、公司等。《劳动部关于贯彻执行〈中华人民共和国劳动法〉若干问题的意见》第1条规定："劳动法第二条中的'个体经济组织'是指一般雇工在七人以下的个体工商户。"这些劳动关系适用《劳动法》。《劳动部关于贯彻执行〈中华人民共和国劳动法〉若干问题的意见》第2条规定："中国境内的企业、个体经济组织与劳动者之间，只要形成劳动关系，即劳动者事实上已成为企业、个体经济组织的成员，并为其提供有偿劳动，适用劳动法。"所以，只要有事实劳动关系，即使没有劳动合同，劳动者也受《劳动法》的保护。

（1）哪些人员不适用《劳动法》。《关于〈劳动法〉若干条文的说明》第二条规定："本法的适用范围排除了公务员和比照实行公务员制度的事业组织和社会的工作人员，以及农业劳动者、现役军人和家庭保姆等。"同时，《劳动部关于贯彻执行〈中华人民共和国劳动法〉若干问题的意见》第4条规定："公务员和比照实行公务员制度的事业组织和社会团体的工作人员，以及农村劳动者（乡镇企业职工和进城务工、经商的农民除外）、现役军人和家庭保姆等不适用劳动法。"他们分别归相应的公务员法、农业法、军事法、民法调整。

此外，需要注意的是，不是所有付出劳动和劳务，获得报酬的协议都是劳动合同，如果合同双方没有隶属关系，没有劳动管理关系，那么这样的关系由民法调整，比如委托加工合同、委托代理合同等劳务关系。这种关系中付出劳动的人，并不是《劳动法》中的劳动者，也不适用《劳动法》中的工时、工资劳保、福利等制度，只能依照合同和《合同法》等民事法律规范确定相互间的权利与义务关系。

（2）国家机关、事业组织、社会团体的劳动关系是否都不适用《劳动法》。《劳动法》第二条第二款规定："国家机关、事业组织、社会团体和与之建立劳动合同关系的劳动者，依照本法执行。"这里的关键是建立的是不是劳动合同关系。关于具体的适用范围，《关于〈劳动法〉若干条文的说明》第二条规定，《劳动法》第二条第二款所指劳动法对劳动者的适用范围，包括三个方面：①国家机关、事业组织、社会团体的工勤人员；②实行企业化管理的事业组织的非工勤人员；③其他通过劳动合同（包括聘用合同）与国家机关、事业单位、社会团体建立劳动关系的劳动者。

关于工勤人员，《关于国家机关、事业单位工勤人员依照执行〈劳动法〉有关问题的复函》第一条规定："根据《劳动法》第二条第二款的规定和国家机关、事业单位工勤人员的劳动特点，凡与工勤人员普遍签订劳动合同的单位，其工勤人员的管理依照《劳动法》进行。"

第三节　劳动法的基本原则、内容与表现形式

一、劳动法的基本原则

劳动法的基本原则是制定劳动法制度和法律规范的指导思想，是调整劳动关系和与劳动关系有密切联系的某些关系的基本准则。劳动法的基本原则贯穿、体现在劳动法制度和法律规范之中。确立我国劳动法的基本原则应以我国宪法为基本依据。

二、劳动法的主要内容

劳动法的主要内容包括：劳动者的主要权利和义务；劳动就业方针、政策及录用职工的规定；劳动合同的订立、变更与解除程序的规定；集体合同的签订与执行办法；工作时间与休息时间制度；劳动报酬制度；劳动卫生和安全技术规程；女职工与未成年工的特殊保护办法；职业培训制度；社会保险与福利制度；劳动争议的解决程序；对执行劳动法的监督、检查制度和违反劳动法的法律责任等。此外，还包括工会参加协调劳动关系的职权的规定。以上内容在有些国家是以各种单行法规的形式出现的，在有些国家是以劳动法典的形式颁布的。劳动法是整个法律体系中一个重要的、独立的法律规范。

三、劳动法的表现形式

劳动法的表现形式是指劳动法律的内容来源于何处。除了通过宪法即国家的根本大法奠定劳动法的基本原则和主要的劳动法律制度外，主要有以下五类。

第一类是法律。是指由国家立法机关依据宪法制定的规范性文件，其法律效力仅次于宪法而高于其他法规。在我国，主要是指全国人民代表大会和全国人民代表大会常务委员会制定的法律。如《中华人民共和国劳动法》。

第二类是法规。是指国务院和省、自治区、直辖市人民代表大会及其常务委员会制定的调整劳动关系和与劳动关系有密切联系的其他社会关系的法规。劳动法规有两种形式。一种是劳动行政法规，由国务院最高行政机关制定，其法律效力低于宪法和法律，但高于地方性劳动法规。依照我国宪法的规定，国务院可以根据宪法和其他法律来制定劳动行政法规，并根据具体情况发布决定和命令，如国务院于1993年7月发布的《中华人民共和国企业劳动争议处理条例》，1993年4月发布的中华人民共和国国务院令第111号《国有企业富余职工安置规定》等。另一种是地方性劳动法规，宪法规定，省、自治区、直辖市的人民代表大会及其常务委员会有权制定和颁布地方性法规，如上海市第十四届人民代表大会常务委员会第三十三次会议于2001年11月15日通过的

《上海市劳动合同条例》等。

第三类是规章。在我国一般是指国家劳动人事行政机关和国务院有关部、委员会及省级人民政府依照劳动法律、法规的规定，在法定权限内制定的规范性劳动法律文件。劳动规章也有两种形式。一种是劳动行政规章，我国宪法规定："各部、各委员会根据法律和国务院的行政法规、决定、命令，在本部门的权限内，发布命令、指示和规章。"例如，劳动人事部于1994年12月6日发布的《工资支付暂行规定》和1994年12月26日发布的《违反〈中华人民共和国劳动法〉行政处罚办法》。另一种是地方性劳动规章。如上海市人民政府于1994年12月5日以市政府90号令发布的《上海市企业职工最低工资规定》等。

第四类是国际劳工公约。如《男女工人同工同酬公约》等。

第五类是工会制定的规范性文件。如1992年4月3日第七届全国人民代表大会常务委员会第五次会议通过的《中华人民共和国工会法》规定：县级以上各级人民政府制定国民经济和社会发展计划，省、自治区的人民政府所在地的市和经国务院批准的较大的市以上的人民政府研究起草法律或者法规、规章，对涉及职工利益的重大问题，应当听取同级工会的意见。

|第二章|

人力资源社会保障依法行政概述

第一节 人力资源社会保障依法行政法律 适用规则概述

一、人力资源社会保障依法行政的概念

人力资源社会保障依法行政是指国家人力资源社会保障行政机关依据法律、行政法规和行政规章的规定，对特定人力资源社会保障行政相对人的权利和义务予以处理的具体人力资源社会保障行政行为，是实现人力资源社会保障管理职能的行政活动。从内容看，人力资源社会保障依法行政行为包括：

（1）人力资源社会保障行政机关要执行人力资源社会保障法律、法规、规章和其他具有普遍约束力的文件；

（2）对特定行政相对人和人力资源社会保障行政事务采取具体措施；

（3）直接影响相对人的权利和义务。

二、人力资源社会保障依法行政法律适用的基本规则

我国的法律体系由法律、行政法规、地方性法规、自治条例和单行条例、规章组成。在现实生活中，面对如此多的法律规范，该如何适用呢？这就需要确定适用规则，明确它们相互间的效力等级。根据我国《宪法》和《立法法》的规定，适用法律、行政法规、地方性法规、自治条例和单行条例、规章的基本规则有如下几个方面。

（1）上位法的效力高于下位法。《宪法》具有最高的法律效力。法律、行政法规、地方性法规、自治条例和单行条例、规章同宪法相抵触的规定无效。法律的效力高于行政法规、地方性法规、规章。地方性法规的效力高于本级和下级政府规章。省、自治区人民政府制定的规章的效力高于本行政区域内较大市的人民政府制定的规章。下位法的规定如果与上位法的规定不一致，要适用上位法的规定，以维护法制的统一。

（2）同位法中特别规定与一般规定不一致的适用特别规定。特别规定是根据特殊情况和需要专门规定的。例如，《合同法》规定："其他法律对合同另有规定的，依照其规定。"《劳动法》对劳动合同作了专门规定，那么劳动合同也适用《劳动法》的规定。当然，这里讲的是同位法中的特别规定，如果下位法的特别规定与上位法的一般规定不一致，那么就要按照上位法的效力高于下位法的原则，适用上位法的规定。

（3）同位法中新的规定与旧的规定不一致时，适用新的规定。适用新规定也就是前法服从后法。因为情况是在不断发展变化的，新的规定是指根据发展后的情况制定的。

（4）不溯及既往原则。法律规定后，要严格依法执行，但法律的规定不能溯及过去的行为。这里要说明的是，为了更好地保护公民、法人和其他组织的权益而作的特别规定除外，这是为了保护公民、法人和其他组织的权益。

（5）适用变通规定原则。自治条例和单行条例依法对法律、行政法规、地方性法规作变通规定的，在本自治地方适用自治条例和单行条例的规定；经济特区法规根据授权，对法律、行政法规、地方性法规作变通规定的，在本经济特区适用经济特区法规的规定。因为这是根据授权或批准变通的，所以适用变通规定，但有地域限制，只能在本区域内适用。如果法律、行政法规、地方性法规、规章之间不一致，执行机关不能根据效力高低确定如何适用时怎么办？由哪个机关来裁决？立法针对现实存在的问题，专门作了规定，以保障法律的正确适用。立法法的规定如下。①同一机关制定的新的一般规定与旧的特别规定不一致时，由制定机关裁决。根据前面讲的适用原则，同一机关制定的新的规定与旧的规定不一致的，适用新的规定，但如果特别规定与一般规定不一致的，则要适用特别规定。那么，新的一般规定与旧的特别规定不一致，怎么办？发生这种情况，由制定机关裁决。② 根据授权制定的法规与法律规定不一致，不能确定如何适用时，由全国人民代表大会常务委员会裁决。③ 地方性法规与部门规章之间对同一事项的规定不一致，不能确定如何适用时，由国务院提出意见。国务院认为应当适用地方性法规的，应当决定在该地方适用地方性法规的规定；认为应当适用部门规章的，应当提请全国人民代表大会常务委员会裁决。因为国务院无权改变或撤销地方性法规，这个权限是属于全国人民代表大会常务委员会的。④ 部门规章之间、部门规章与地方政府规章之间具有同等效力，在各自的权限范围内施行，如果对同一事项的规定不一致，在适用时发生问题，由国务院裁决。因为国务院统一领导各部和各委员会的工作，统一领导全国地方各级国家行政机关的工作，全国地方各级人民政府都是国务院统一领导下的国家行政机关，都服从于国务院。

第二节　人力资源社会保障依法行政程序概述

所谓人力资源社会保障依法行政程序，是指法律对人力资源社会保障依法行政主体作出的人力资源社会保障依法行政行为的步骤、顺序、方式和时限的规定。人力资源社会保障依法行政程序公正是实体公正的前提和保证，没有程序正义，则无实体正义。人力资源社会保障依法行政程序是人力资源社会保障依法行政行为的表现形式。这意味着只要有人力资源社会保障依法行政行为，就一定会有人力资源社会保障依法行政程序。主要内容包括以下几个方面。

一、公开程序

公开程序是指人力资源社会保障依法行政机关在实施依法行政行为时，只要不属于法律、法规规定应予保密的范围，都要向社会公开其依据、决定及其有关资料、信息等。公开，既是人力资源社会保障依法行政程序的一项基本原则，也是人力资源社会保障依法行政程序的一项基本要求。公开程序的内容十分广泛，主要包括如下几方面。

（1）依据公开。要求人力资源社会保障依法行政机关作出人力资源社会保障依法行政行为的依据，必须事先向社会、人力资源社会保障依法行政相对人公布或告知。如我国《行政处罚法》规定："对违法行为给予行政处罚的规定必须公布；未经公布的，不得作为行政处罚的依据。"

（2）信息公开。是指人力资源社会保障依法行政主体活动的情况和资料都应当予以公开，除非法律有不得公开的禁止性规定。我国对此也有规定，但还不完善，国务院公布的《行政法规制定程序条例》第二十八条规定："行政法规签署公布后，及时在国务院公报和全国范围内发行的报纸上刊登。国务院法制机构应当及时汇编出版行政法规的国家正式版本。"《规章制定程序条例》第三十一条规定："部门规章签署公布后，部门公报或者国务院公报和全国范围内发行的有关报纸应当及时予以刊登。地方政府规章签署公布后，本级人民政府公报和本行政区域范围内发行的报纸应当及时刊登。"

（3）决定公开。人力资源社会保障依法行政主体向人力资源社会保障依法行政相对人作出的对相对人合法权益有影响的决定，必须向相对人公开，以便相对人在不服决定时，可以获得及时的救济权；否则，该决定不能产生法律效力。

二、告知程序

告知程序要求人力资源社会保障依法行政主体作出影响人力资源社会保障依法行政相对人权益的行为，应事先告知该行为的内容，包括行为的时间、地点、主要过程，作出该行为的事实根据和法律依据，以及相对人所享有的权利等。告知程序通常只适用具体的人力资源社会保障依法行政行为，抽象行政行为的告知则适用于前述的信息公开程序。告知，一般是指事前告知，但对于事中、事后程序中有需要告知相对人的事项，行政主体也应告知。告知一般应采用书面形式，也可以采取口头形式，但如果就是否告知问题发生争议，举证的责任在行政主体一方。告知程序的规定，可以使行政相对人在进行申辩和对抗前做好准备，同时也是对行政相对人人格尊严的尊重。

三、参与程序

参与程序是指人力资源社会保障依法行政主体在作出影响人力资源社会保障依法行政相对人合法权益的决定前，应提供相对人参与进来、进行陈述和申辩的机会，并应认真听取、采纳相对人合理意见的一种程序。现在比较流行的听证程序应该是参与程序的核心。参与程序在许多国家的行政程序法中都有明确的规定。我国《行政处罚法》也明确地规定："当事人有权进行陈述和申辩。行政机关必须充分听取当事人的意见，对当事人提出的事实、理由和证据，应当进行复核；当事人提出的事实、理由或者证据成立的，行政机关立当采纳。"并就听证程序作了专门规定。参与程序以前面所述的告知程序为基础，没有告知，人力资源社会保障依法行政相对人就无法进行参与，无法实施有效的抗辩；相反，没有参与程序，即便是告知了，对人力资源社会保障依法行政相对人维护自身权益也毫无意义。参与程序可以使行政相对人对行政主体实施有效的监督，同时也增加了相对人与人力资源社会保障依法行政主体之间的"亲和度"，从而减少了人力资源社会保障依法行政权实施的阻力。

四、回避程序

回避程序是指人力资源社会保障依法行政主体中的公务人员在行使人力资源社会保障依法行政职权过程中，如出现与其处理的人力资源社会保障依法行政法律事务有利害关系并有影响公正的可能时，应依法终止其职务行使并寻求代理的一种程序。规定该程序的目的是防止偏私，保障公正。我国《行政处罚法》对回避程序也有规定，但规定得不够细密，范围较窄，只规定："执法人员与当事人有直接利害关系的，应当回避。"

五、案卷程序

案卷程序要求人力资源社会保障依法行政主体对其人力资源社会保障依法行政行为过程应有记录，并应将有关证据、记录和法律文书等予以整理、归档，以便备查。规定该程序的目的在于保证人力资源社会保障依法行政行为的严肃性，防止人力资源社会保障依法行政主体恣意行使行政权，并同时为人力资源社会保障依法行政相对人在寻求救济时提供依据和材料。我国《行政处罚法》规定，对行政机关实施行政处罚而进行的询问、检查和听证等活动，均应制作笔录，听证笔录要交当事人审核、签字或盖章。

六、时效程序

时效程序是指人力资源社会保障依法行政程序法律关系主体在实施人力资源社会保障依法行政程序过程中所应遵循的时间限制的规定。它既适用于人力资源社会保障依法行政主体实施的人力资源社会保障依法行政行为，尤其是涉及相对人权益的行为；也适用于人力资源社会保障依法行政相对人实施的有关人力资源社会保障依法行政程序行为。比如，对于行政许可行为，法律、法规要规定申请的时限、审查的时间、决定的时限和送达的时限等。时效程序的要求，旨在督促人力资源社会保障依法行政程序法律关系主体及时实施人力资源社会保障依法行政行为（包括人力资源社会保障依法行政程序行为），以稳定人力资源社会保障依法行政法律关系，提高人力资源社会保障依法行政效率，并且使人力资源社会保障依法行政相对人的合法权益得到及时的维护。

七、救济程序

救济程序是指人力资源社会保障依法行政相对人认为其权益受到了人力资源社会保障依法行政主体作出的人力资源社会保障依法行政行为的侵犯，向人力资源社会保障依法行政救济主体申请救济。人力资源社会保障依法行政救济主体对其申请予以审查，并作出决定而发生的有关程序。它一般包括声明异议、人力资源社会保障依法行政复议、人力资源社会保障依法行政复核（包含复查、复审），以及对人力资源社会保障依法行政行为的司法审查（即行政诉讼）等。对于司法审查，一般不将其作为行政救济程序的内容。

第三节　人力资源社会保障依法行政处罚概述

一、人力资源社会保障依法行政处罚的概念

人力资源社会保障依法行政处罚是指人力资源社会保障依法行政主体组织，在人力资源社会保障依法行政领域内，对违反人力资源社会保障依法行政的组织或个人的自由、财产或其他权利所施加的并由国家强制力保障实现的直接的不利影响。人力资源社会保障依法行政处罚主体主要是人力资源社会保障依法行政机关，某些组织经法律、法规的特别授权，也行使一定范围的人力资源社会保障依法行政处罚权。

二、人力资源社会保障依法行政处罚的种类

人力资源社会保障依法行政处罚可分四类，即能力罚、财产罚、申诫罚和救济罚。

1. 能力罚

能力罚是指限制违法者特定的行为能力的处罚。人力资源社会保障依法行政处罚中对能力的限制往往是限

制违法者依据许可证取得的，在特定领域、时间内，从事某种行为的能力，而不是一般的行为能力。人力资源社会保障依法行政处罚中的能力罚主要适用于企业、事业单位及从事某种业务的个人，其主要形式是吊销许可证（执照）。公民从事某项活动的能力是由法律来保护的，同时，政府为保护公共秩序，便为能力的实现和取得设定了条件，实行管制。不符合条件的，自然无法取得对其行为能力的保护。丧失条件的，政府则依照法定程序限制甚至剥夺其已取得的能力。能力罚对于从事营业者是较严厉的制裁手段。

2. 财产罚

财产罚是强迫违法者交纳一定数额钱款的处罚，与刑法中的罚金有相似之处。罚金作为刑法的罚则，主要适用于牟取非法利益的犯罪。罚款是行政法的罚则，至于最初是否为制裁牟取非法利益的违法而设立，尚无法考查。但从今日现实来看，罚款的适用是远远超出这一范围的。我国的财产罚的主要形式是罚款（有时也称罚金），是行政法中适用范围很广的罚则。

3. 申诫罚

申诫罚是指人力资源社会保障依法行政机关向违法者发出警诫，申明其违法行为，避免其再犯。在我国现行法律中，申诫罚主要指警告。如果警告未达到预期的效果，人力资源社会保障依法行政机关即可适用其他罚则。在人力资源社会保障依法行政活动中，还常用到一些与警告相似的手段，如责令违法者作出检讨、批评教育、通报批评、具结悔过等。

4. 救济罚

在人力资源社会保障依法行政处罚的形式中，有一类是为恢复被侵害的权利、秩序或为使侵害不再继续而对违法者采取的处罚，称之为救济性处罚。对于权利受损害者来说，救济罚是救济措施，对违法者却是惩罚措施。行政处罚的惩罚性和救济性问题与之并不完全相同。

三、人力资源社会保障依法行政处罚程序的基本原则

1. 依法处罚原则

依法处罚原则是指人力资源社会保障依法行政机关必须依照法律的规定行使处罚权。这一原则包括两方面的内容：其一，人力资源社会保障依法行政机关不得超越法律授权从事处罚行为；其二，人力资源社会保障依法行政机关的处罚行为必须依照法律规定的程序进行。

2. 无辜不受罚原则

无辜不受罚原则的核心在于保障当事人的权益不受人力资源社会保障依法行政行为的侵害。人力资源社会保障依法行政处罚，或剥夺公民的权利，或增加公民的义务，或取消公民的某些特权和资格，如不加以限制，很容易造成对公民权益的侵害。

3. 确保行政障碍迅速排除原则

人力资源社会保障依法行政处罚的目的在于及时排

除行政障碍，保证法律得以实施。因此，人力资源社会保障依法行政处罚程序在保障无辜者不受处罚的前提下，也应尽可能地保障行政障碍得到及时排除。

第四节　人力资源社会保障依法行政许可概述

2003 年 8 月 27 日第十届全国人民代表大会常务委员会第四次会议通过了《中华人民共和国行政许可法》（以下简称《行政许可法》），并于 2004 年 7 月 1 日起施行。《行政许可法》是继《赔偿法》《行政处罚法》《行政复议法》后，又一部规范政府行为的重要法律，是我国社会主义民主和法制建设的一件大事，也是人力资源社会保障行政机关依法行政的重要法律规范，对于保护用人单位和劳动者的合法权益，保障和监督人力资源社会保障行政机关有效地实施行政管理，从源头上预防和治理腐败，都具有重要的意义。

一、人力资源社会保障依法行政许可概述

人力资源社会保障行政许可，是人力资源社会保障行政机关依法管理人力资源社会保障等事务的一种事前控制手段，是指人力资源社会保障行政机关根据用人单位、劳动者等公民、法人或者其他组织的申请，经依法审查，准予其从事特定活动的行为。人力资源社会保障行政许可的表面含义是准许、容许，通俗地讲，许可就

是准许某人做某事。在人力资源社会保障行政法律、法规等文件中，其外部表现形式为许可、审批、批准、认可、同意、登记、确认等。人力资源社会保障行政许可的特点表现在如下三个方面。

（1）人力资源社会保障行政许可是人力资源社会保障行政机关对人力资源社会保障事务的管理行为，也就是准予从事特定活动，不包括对人力资源社会保障权利、人力资源社会保障关系的确认。那些不具有管理性行为特征的许可，即使被冠以审批、登记等名称，也不属于行政许可。如人力资源社会保障行政机关以出资人的身份对固有资产处置事项的审批，行政机关为确认民事财产权利和民事关系的登记，植物新品种权的授予，组织机构代码、商品条码的注册，产权登记，机动车登记，婚姻登记，户籍登记，抵押登记等，都不属于行政许可范畴；但像职业介绍许可、社会力量办学许可等，则属于行政许可范畴。

（2）人力资源社会保障行政许可是人力资源社会保障行政机关的外部行政管理行为。人力资源社会保障行政机关对其内部事务的审批，如对公务员出差、请假、职务任免的审批，或者按照隶属关系由上级行政机关对下级行政机关有关事项的审批，不属于行政许可。人力资源社会保障行政机关对机关管理的事业单位的人事、财务、外事等事项的审批，也不属于行政许可。

（3）人力资源社会保障行政许可是人力资源社会保

障行政机关对用人单位、劳动者或者其他组织、公民个人申请经审查后，决定其可以从事与人力资源社会保障有关活动的行为。这是对特定活动的事前控制。因此，人力资源社会保障行政机关采用年审、监察等手段，对劳动力市场的日常监管不是行政许可。

人力资源社会保障行政许可，也就是通常所说的"行政审批"，是人力资源社会保障行政机关依法对用人单位和劳动者在调整、管理劳动关系及相关社会关系实行事前监督管理的一种重要手段，是不可缺少的，在社会主义市场经济条件下，在规范人才与劳动力市场中，发挥了重要的作用。

二、人力资源社会保障行政许可的内容

目前，沈阳市人力资源和社会保障局保留的行政许可有四项，即民办职业培训机构设立，人力资源服务机构设立（职业中介许可证和人才中介服务许可证），台湾、香港、澳门居民在内地就业许可，实行不定时工作制和综合计算工时工作制审批。受辽宁省外国专家局委托办理的行政许可有一项，即外国专家来华工作许可。

1. 民办职业培训机构设立

民办职业培训机构是指国家机构以外的社会组织或者个人利用非国家财政性经费举办的各级各类民办职业技能培训学校。《中华人民共和国民办教育促进法》第十一条规定，举办实施以职业技能为主的职业资格培训、

职业技能培训的民办学校，由县级以上人民政府劳动和社会保障行政部门按照国家规定的权限审批。

举办民办学校的社会组织应当具有法人资格。举办民办学校的个人应当具有政治权利和完全民事行为能力。民办学校应当具备法人条件。民办学校聘任的教师应当具有国家规定的任教资格。

民办学校的设立一般分为申请筹设和申请正式设立两个阶段。具备办学条件，达到设置标准的，可以直接申请正式设立。

申请正式设立民办学校的，审批机关应当自受理之日起三个月内以书面形式作出是否批准的决定，并送达申请人。审批机关对批准正式设立的民办学校发给办学许可证。审批机关对不批准正式设立的，应当说明理由。

申请正式设立民办职业培训机构在沈阳市行政审批服务中心办理。

（1）正式设立的审批要件：

① 筹设批准书；

② 正式设立申办报告；

③ 举办者的资格证明文件；

④ 拟任校长或主要负责人以及拟聘教师的资格证明文件；

⑤ 拟办培训机构的资产及经费来源的证明文件；

⑥ 办学地址及房产证明、实习设备明细；

⑦ 办学规章制度；

⑧ 法律、法规规定须提供的其他资料。

（2）审批程序：窗口受理—现场勘验—审批办审核—窗口发件。

（3）审批时限：4 个工作日。

2. 人力资源服务机构设立

根据"大部制"改革要求，由原国家人事部、劳动和社会保障部组成新的"人力资源和社会保障部"，对原劳动保障行政部门发放的"职业中介许可证"、人事行政部门发放的"人才中介服务许可证"进行统一换发，新的许可证名称为"人力资源服务许可证"，由人力资源和社会保障部统一印制并免费发放，详见《关于进一步加强人力资源市场监管有关工作的通知》（人社部发〔2010〕10 号）。新设立的人力资源服务机构，在新的法规未出台前，仍按照《就业服务与就业管理规定》《人才市场管理规定》中的条件要求审批。

2007 年 8 月 30 日第十届全国人民代表大会常务委员会第二十九次会议通过的《中华人民共和国就业促进法》第四十条规定，设立职业中介机构应当具备下列条件：

① 有明确的章程和管理制度；

② 有开展业务必备的固定场所、办公设施和一定数额的开办资金；

③ 有一定数量具备相应职业资格的专职工作人员；

④ 法律、法规规定的其他条件。

2007 年劳动和社会保障部令第 28 号《就业服务与

就业管理规定》第六章规定，设立职业中介机构或其他机构开展职业中介活动，须经劳动保障行政部门批准，并获得职业中介许可证。经批准获得职业中介许可证的职业中介机构，应当持许可证向工商行政管理部门办理登记。未经依法许可和登记的机构，不得从事职业中介活动。劳动保障行政部门接到设立职业中介机构的申请后，应当自受理申请之日起 20 日内审理完毕。对符合条件的，应当予以批准；不予批准的，应当说明理由。劳动保障行政部门对经批准设立的职业中介机构实行年度审验。

职业中介机构可以从事下列业务：

① 为劳动者介绍用人单位；

② 为用人单位和居民家庭推荐劳动者；

③ 开展职业指导、人力资源管理咨询服务；

④ 收集和发布职业供求信息；

⑤ 根据国家有关规定从事互联网职业信息服务；

⑥ 组织职业招聘洽谈会；

⑦ 经劳动保障行政部门核准的其他服务项目。

申请设立人力资源服务机构在沈阳市行政审批服务中心办理。

（1）审批要件：

① 填写"开办人力资源服务机构申请书""人力资源服务许可证申请表""人力资源服务机构负责人登记表"；

② 提供开办人力资源服务机构的可行性分析报告和实施方案;

③ 提供人力资源服务机构的工作章程、管理制度草案、业务范围、工作程序、工作人员守则、用工求职须知、文明用语;

④ 房产使用证明（30 平方米以上）和房产租赁合同;

⑤ 办公电话、传真机号码、计算机等办公设施和工作人员名单;

⑥ 5 万元以上的注册资本（金），并提供验资报告（复印件）;

⑦ 负责人和从业人员必须有 3 人以上具有大专以上学历的专职工作人员，并提供相关证明资料：身份证、学历证书、职业资格证书原件和复印件，劳动合同，社会保险缴费证明（复印件）;

⑧ 法人单位申办人力资源服务机构，除提供以上资料，还要提供营业执照、相关登记证书、组织机构代码证书正本原件和复印件，以及成立人力资源服务机构的内部文件或决定。

（2）审批程序：窗口受理—现场勘验—审批办审核—窗口发件。

（3）审批时限：4 个工作日。

3. 台湾、香港、澳门居民在内地就业许可

根据 2005 年 6 月 2 日劳动和社会保障部令第 26 号

《台湾香港澳门居民在内地就业管理规定》，本规定所称在内地就业的台、港、澳人员，是指：①与用人单位建立劳动关系的人员；②在内地从事个体经营的香港、澳门人员；③与境外或台、港、澳地区用人单位建立劳动关系并受其派遣到内地一年内（公历年 1 月 1 日起至 12 月 31 日止）在同一用人单位累计工作三个月以上的人员。

台、港、澳人员在内地就业实行就业许可制度。用人单位拟聘雇或者接受被派遣台、港、澳人员的，应当为其申请办理"台港澳人员就业证"（以下简称就业证）；香港、澳门人员在内地从事个体工商经营的，应当由本人申请办理就业证。经许可并取得就业证的台、港、澳人员在内地就业受法律保护。就业证由劳动和社会保障部统一印制。

劳动保障行政部门应当自收到用人单位提交的"台湾香港澳门居民就业申请表"和有关文件之日起 10 个工作日内作出就业许可决定。台、港、澳人员的就业单位应当与就业证明所注明的用人单位一致。用人单位变更的，应当由变更后的用人单位到所在地的地（市）级劳动保障行政部门为台、港、澳人员重新申请办理就业许可证。

为台湾、香港、澳门居民在内地就业申请许可，在沈阳市行政审批服务中心办理。

（1）审批要件。

新办审批要件：

① 用人单位申办就业证的申请函；

② 企业营业执照（副本）或登记证明的原件和复印件；

③ "台湾居民来往大陆通行证"或"港澳同胞回乡通行证""旅行证"的原件和复印件；

④ 沈阳出入境检验检疫局出具的健康证明原件和复印件；

⑤ 台港澳人员任职的相应资格证明原件和复印件；

⑥ 用人单位与被聘台港澳人员签订的劳动合同原件和复印件；

⑦ 被企业聘用为总经理、副总经理，需提供企业董事会决议或相关材料的原件和复印件；

⑧ "台湾香港澳门居民就业申请表"一式两份；

⑨ 近期二寸免冠照片三张。

延期审批要件：

① 用人单位申办就业证的申请函；

② 企业营业执照（副本）或登记证明的原件和复印件；

③ "台湾居民来往大陆通行证"或"港澳同胞回乡通行证""旅行证"的原件和复印件；

④ 用人单位与被聘台港澳人员签订的劳动合同原件和复印件；

⑤ 被企业聘用为总经理、副总经理，需提供企业董事会决议或相关材料的原件和复印件；

⑥ "台湾香港澳门居民就业申请表"原件及复印件。

（2）审批程序：窗口受理—窗口发证。

（3）审批时限：即时办理。

4. 实行不定时工作制和综合计算工时工作制审批

劳动部 1994 年发布的 503 号文件《关于企业实行不定时工作制和综合计算工时工作制的审批办法》规定，企业因生产特点不能实行《中华人民共和国劳动法》第三十六条、第三十八条规定的，可以实行不定时工作制或综合计算工时工作制等其他工作和休息办法。

企业对符合下列条件之一的职工，可以实行不定时工作制：① 企业中的高级管理人员、外勤人员、推销人员、部分值班人员和其他因工作无法按标准工作时间衡量的职工；② 企业中的长途运输人员、出租汽车司机和铁路、港口、仓库的部分装卸人员以及因工作性质特殊，需机动作业的职工；③ 其他因生产特点、工作特殊需要或职责范围的关系，适合实行不定时工作制的职工。

企业对符合下列条件之一的职工，可实行综合计算工时工作制，即分别以周、月、季、年等为周期，综合计算工作时间，但其平均日工作时间和平均周工作时间应与法定标准工作时间基本相同：① 交通、铁路、邮电、水运、航空、渔业等行业中因工作性质特殊，需连续作业的职工；② 地质及资源勘探、建筑、制盐、制糖、旅游等受季节和自然条件限制的行业的部分职工；③ 其他适合实行综合计算工时工作制的职工。

对于实行不定时工作制和综合计算工时工作制等其

他工作和休息办法的职工，企业应根据《中华人民共和国劳动法》第一章、第四章有关规定，在保障职工身体健康并充分听取职工意见的基础上，采取集中工作、集中休息、轮休调休、弹性工作时间等适当方式，确保职工的休息休假权利和生产、工作任务的完成。

辽宁省劳动和社会保障厅 2008 年发布的 83 号文件《不定时工作制和综合计算工时工作制审批办法》规定，经批准实行综合计算工时工作制的用人单位，综合计算周期内的总实际工作时间不应超过总法定标准工作时间。在计算周期内，超过部分应视为延长工作时间，延长工作时间不得超过《劳动法》第四十一条规定的总延长工作时间，并按照规定支付工资报酬，其中法定休假日安排劳动者工作的，按照《劳动法》第四十四条第三款的规定支付工资报酬。

用工单位使用劳务派遣人员，所在工作岗位需要实行不定时工作制和综合计算工时工作制的，由用工单位向劳动保障行政部门提出申请，同时告之劳务派遣组织。

各级劳动保障行政部门要依法加强对用人单位实行不定时工作制和综合计算工时工作制的审查，可以派工作人员到申请单位对生产现场的劳动环境和职工劳动强度进行现场勘察，与工会代表或职工代表进行座谈，在充分听取用人单位和工会、职工代表平等协商意见的基础上，对用人单位不定时工作制或综合计算工时工作制的实施方案进行综合评估分析，经审查符合条件的，劳动保障行政部门应自受理申请之日起 20 个工作日内作出批复。因情况特殊需延长审查期限的，经劳动保障部门负责人批准，可延长 10 个工作日。

申请实行不定时工作制和综合计算工时工作制，在沈阳市行政审批服务中心办理。

（1）审批要件：

① "企业实行不定时工作制、综合计算工时工作制审批表"；

② 实行特殊工时制度岗位的工作、休息制度原件和复印件；

③ 工会或职工代表大会决议（有代表签名）原件和复印件；

④ 企业营业执照（副本）及复印件。

（2）审批程序：窗口受理—现场勘验—审批办审核—窗口办结。

（3）审批时限：3 个工作日。

（4）申请前的准备工作：

① 企业对拟申报的工时制度的理由及实行新工时制度后的工作制度、休息制度在涉及的岗位公示一周；

② 召开工会或职工代表大会，并形成书面决议（内容包括会议时间、地点、主持人、记录人、参加人员、讨论内容和结果）。

（5）现场勘验内容：

① 企业汇报的内容有申请理由，拟实行特殊工时制

度岗位的工作和休息制度；

② 检查劳动合同、工资发放表和考勤表、社会保险缴纳情况，确保员工依法享有的劳动报酬权利和工作休息权利不受侵害；

③ 现场随机访谈拟实行特殊工时制度岗位的员工，了解对特殊工时制度的认知情况及意见。

第五节　人力资源社会保障行政争议

人力资源社会保障行政争议，也可称为人力资源社会保障行政纠纷，是指人力资源社会保障行政主体与其管理相对人之间，在实施行政管理的过程中，因人力资源社会保障方面的权利和义务而发生的争议。

依据国家有关法律、法规的规定，及时、公正地处理人力资源社会保障行政争议，对维护公民、法人和其他组织的合法权益，促进人力资源社会保障行政主体依法行使人力资源社会保障行政管理职权，提高依法行政水平，完善人力资源社会保障行政立法，加强人力资源社会保障法制建设，都具有十分重要的意义。

一、处理人力资源社会保障行政争议的主要方式

我国处理人力资源社会保障行政争议主要有人力资源社会保障行政争议的复查、人力资源社会保障行政复议和人力资源社会保障行政诉讼三种方式（有的人力资

源社会保障行政争议也可以通过人力资源社会保障信访和投诉的途径解决）。

1. 人力资源社会保障行政争议的复查

人力资源社会保障行政争议的复查是指人力资源社会保障行政管理相对人对具体行政行为不服，向作出该具体行政行为的人力资源社会保障行政机关申请重新审查的制度。目前，我国明确规定可以向作出具体行政行为的人力资源社会保障行政机关申请复查的情况比较少，只在《社会保险行政争议处理办法》中规定了以下四种情况可以申请复查：（1）公民、法人和其他组织认为经办机构未按规定审核社会保险缴费基数的；（2）公民、法人和其他组织对经办机构核定其社会保险待遇标准有异议的；（3）公民、法人和其他组织认为经办机构不依法支付其社会保险待遇或者对经办机构停止其享受社会保险待遇有异议的；（4）公民、法人和其他组织认为经办机构未依法为其调整社会保险待遇的。

2. 人力资源社会保障行政复议

人力资源社会保障行政复议是指公民、法人或者其他组织认为人力资源社会保障行政机关的具体行政行为侵害其合法权益，依法向其上级人力资源社会保障行政机关提出申请，由受理申请的上级人力资源社会保障行政机关对该具体行政行为依法进行审查并作出复议决定的活动，是一种解决人力资源社会保障行政争议的法律制度。

3. 人力资源社会保障行政诉讼

人力资源社会保障行政诉讼是指公民、法人或者其他组织认为人力资源社会保障行政机关及其工作人员的具体行政行为侵害其合法权益，依法向人民法院起诉，通过人民法院的审理、裁决，解决人力资源社会保障行政争议的一种诉讼活动。

二、人力资源社会保障行政争议处理方式的比较

1. 人力资源社会保障行政复议与人力资源社会保障行政诉讼之间的区别和共同点

人力资源社会保障行政复议与人力资源社会保障行政诉讼二者之间的主要区别如下。（1）受理机关不同。人力资源社会保障行政复议由人力资源社会保障行政机关负责，人力资源社会保障行政诉讼由人民法院负责。（2）受案范围不同。人力资源社会保障行政复议的受案范围大于人力资源社会保障行政诉讼的受案范围。（3）审查的范围不同。人力资源社会保障行政复议要对具体行政行为的合法性和适当性进行审查，而人力资源社会保障行政诉讼一般只审查具体行政行为的合法性。（4）适用的程序不同。人力资源社会保障行政复议适用行政程序，人力资源社会保障行政诉讼适用司法程序。（5）处理权限不同。在人力资源社会保障行政复议过程中，复议机关的决定一般不具有终局的法律效力，而人民法院对人力资源社会保障行政诉讼中的具体行政行为享有终局裁决权。

人力资源社会保障行政复议与人力资源社会保障行政诉讼二者之间的共同点是：人力资源社会保障行政复议与人力资源社会保障行政诉讼都是解决人力资源社会保障行政争议的有效途径。

2. 人力资源社会保障行政争议与人力资源社会保障争议之间的区别

目前，我国存在着大量的人力资源社会保障方面的争议，这些人力资源社会保障争议大都是企业在执行人力资源社会保障方面的法律、法规的过程中引发的，由于法律已经为它提供了有效的救济途径，所以人力资源社会保障争议应当通过人力资源社会保障争议仲裁的方式进行解决。人力资源社会保障争议与人力资源社会保障行政争议相比较，它们之间存在着许多差异。人力资源社会保障行政争议与人力资源社会保障争议二者之间的主要区别如下。（1）争议的主体不同。人力资源社会保障行政争议的主体是人力资源社会保障行政机关或授权的事业组织与公民、法人或其他组织，而人力资源社会保障争议的主体一方是劳动者（职工）或利害关系人，另一方主要是用人单位（企业）。（2）争议的内容不同。人力资源社会保障行政争议的内容主要表现在人力资源社会保障行政主体的职权、职责及相对人的权利和义务两方面，人力资源社会保障争议的内容主要表现为劳动关系双方当事人之间的人力资源社会保障权利与义务。（3）争议的客体不同。人力资源社会保障行政争议的客体有行为、财物和人身权利，如资格、身份的确认等；人力资源社会保障争议的客体主要是行为和财物。（4）争议产生的原因不同。人力资源社会保障行政争议产生于人力资源社会保障行政管理的过程当中，人力资源社会保障争议主要产生于劳动关系当事人在履行劳动合同的过程中。（5）争议处理的程序不同。人力资源社会保障行政争议的处理一般通过复查、行政复议或行政诉讼，不能调解解决；人力资源社会保障争议的处理一般通过人力资源社会保障争议仲裁予以解决，对仲裁裁决不服时，才可提起民事诉讼，在仲裁和诉讼的过程中，可以通过调解解决。人力资源社会保障争议的处理还可以通过企业调解、信访、投诉等方式进行处理。

3. 人力资源社会保障信访与人力资源社会保障行政复议之间的区别和共同点

人力资源社会保障信访是指人力资源社会保障行政机关的信访机构，对职工群众来信、来方所反映的涉及人力资源社会保障政策方面的问题，依法进行解决和处理的活动。人力资源社会保障信访与人力资源社会保障行政复议之间的主要区别如下。（1）受案范围不同。人力资源社会保障信访受案范围很广，包括人力资源社会保障行政复议的受案范围，也包括职工群众对企业、国家机关及其工作人员的申诉、控告、检举等事项；正人力资源社会保障行政复议的受案范围则要窄得多，只能是人力资源社会保障行政争议。（2）当事人不同。人力资源社会保障信访中的当事人一般只是企业和企业中的职工群众，而人力资源社会保障行政复议的当事人大都为人力资源社会保障行政机关及其相对管理人，即职工（公民）、法人（企业）或者其他组织。（3）处理的程序不同。人力资源社会保障行政复议的处理有着比较明确、规范的行政处理程序，而人力资源社会保障信访案件的处理程序呈现出多种形式，有的实行直接办理程序，有的实行转由企业或主管部门办理程序，还有的实行重点案件交办程序等。（4）处理权限不同。人力资源社会保障行政机关的信访处理机构一般只具有程序性的处理权，按照"分级负责，归口处理"的原则，人力资源社会保障信访案件均由相关的职能部门进行处理；而人力资源社会保障行政复议机关，既有程序性的处理权，又有实体性的处理权。人力资源社会保障行政复议与人力资源社会保障信访二者之间的共同点是：人力资源社会保障行政复议与人力资源社会保障信访都是行政机关的活动，都能对人力资源社会保障行政机关的具体行政行为实施有效的监督。

第六节　人力资源社会保障行政复议

一、人力资源社会保障行政复议的概念和特点

1. 人力资源社会保障行政复议的概念

人力资源社会保障行政复议是指公民、法人或者其

他组织认为人力资源社会保障行政机关的具体行政行为侵害其合法权益，依法向其上级人力资源社会保障行政机关或者法律规定的特定行政机关提出申请，由受理申请的上级人力资源社会保障行政机关或者法律规定的特定行政机关，对该具体行政行为的合法性和适当性依法进行审查并作出决定的法律制度。它是人力资源社会保障行政机关系统内部层级监督的一种重要方式，也是一种解决人力资源社会保障行政争议的制度。

2. 人力资源社会保障行政复议的特点

人力资源社会保障行政复议作为一种解决人力资源社会保障行政争议的制度，具有以下特点：（1）人力资源社会保障行政复议是由认为人力资源社会保障行政机关的具体行政行为侵害其合法权益的公民、法人或者其他组织依法提出复议申请而引起的；（2）人力资源社会保障行政复议所要解决的是人力资源社会保障行政争议；（3）人力资源社会保障行政复议的主持者是受理申请的上级人力资源社会保障行政机关或者法律规定的特定行政机关；（4）人力资源社会保障行政复议以审查具体人力资源社会保障行政行为的合法性和适当性为内容；（5）人力资源社会保障行政复议是一种法定的程序性活动。

3. 人力资源社会保障行政复议的原则

人力资源社会保障行政复议应当遵循以下五项原则。（1）合法原则。它是指人力资源社会保障行政复议机关必须严格按照人力资源社会保障法律规定的职责权限，以事实为依据，以法律为准绳，对人力资源社会保障行政管理相对人申请复议的具体行政行为进行审查，并依法作出复议决定。人力资源社会保障行政复议机关要做到履行行政复议职责的主体合法，程序逻辑合法，适用法律、法规、政策合法。（2）公正原则。它是一项直接关系到人力资源社会保障行政机关社会形象的重要原则。人力资源社会保障行政复议机关在履行复议职责时，必须公正地对待申请人，以法律规定和社会公认的公正标准对原具体行政行为的适当性进行审查，正确运用自由裁量权。（3）公开原则。它是人力资源社会保障行政复议民主化的体现。只有人力资源社会保障行政复议过程公开，才能保证人力资源社会保障行政复议结果公正。因此，在人力资源社会保障行政复议过程中，要允许申请人依法查阅被申请人提出的书面答复等有关材料，认真听取申请人的意见，并将人力资源社会保障行政复议的依据和决定公开。（4）及时原则。它要求人力资源社会保障行政复议机关在法律规定的期限内，完成人力资源社会保障行政复议案件的各项审理工作。要及时审查申请人的人力资源社会保障行政复议申请，将审查结果及时告知申请人；要及时对被申请人的具体行政行为进行审查，调查取证，核实证据；要及时作出人力资源社会保障行政复议决定，并保证人力资源社会保障行政复议决定的履行。（5）便民原则。它要求人力资源社会保障行政复议活动方便职工群众，除法律规定申请人应承担的义务外，不得增加申请人的负担。

4. 人力资源社会保障行政复议的作用

实行人力资源社会保障行政复议制度的作用，主要体现在以下几个方面：一是能够保护公民、法人或者其他组织的合法权益，有效地解决人力资源社会保障行政争议；二是能够强化人力资源社会保障行政机关内部的层级监督机制，维护和促进人力资源社会保障行政机关依法行使职权，促进党风廉政建设；三是能够改进人力资源社会保障行政机关及其工作人员的工作作风，提高人力资源社会保障行政管理水平；四是有利于克服长期以来人力资源社会保障行政立法中存在的只注重规范被管理者的行为而忽视规范管理者行为的倾向，进一步确立人力资源社会保障行政机关的行为也要受到法律的规范和制约的观念；五是能够密切人力资源社会保障行政机关与广大职工群众的关系。

二、人力资源社会保障行政复议的受案范围

1. 人力资源社会保障行政复议的受案范围

人力资源社会保障行政复议的受案范围是指允许公民、法人或者其他组织认为人力资源社会保障行政机关的具体行政行为侵害其合法权益，依法向其上级人力资源社会保障行政机关或者法律规定的特定行政机关申请行政复议的事项范围。根据《中华人民共和国行政诉讼

法》《中华人民共和国行政复议法》及有关法律、法规、规章的规定，公民、法人或者其他组织对人力资源社会保障行政机关的下列具体行政行为不服的，可以申请行政复议：（1）对人力资源社会保障行政机关作出的警告、罚款、吊销许可证等行政处罚决定不服的；（2）对人力资源社会保障行政机关作出的有关许可证、资格证等变更、中止、取消的决定不服的；（3）对人力资源社会保障行政机关认定工伤的具体行政行为不服的；（4）认为符合法定条件，申请人力资源社会保障行政机关办理许可证、资格证等行政许可手续，人力资源社会保障行政机关拒绝办理或者在法定期限内没有依法办理的；（5）认为人力资源社会保障行政机关侵犯其合法的用人自主、工资分配、机构设置等经营自主权的；（6）申请人力资源社会保障行政机关依法履行保护劳动者获取劳动报酬权、休息休假权、社会保险权等法定职责，人力资源社会保障行政机关没有依法履行的；（7）认为人力资源社会保障行政机关违法收费或者违法要求履行义务的；（8）认为符合法定条件，申请人力资源社会保障行政机关审批、审核、登记有关事项，人力资源社会保障行政机关没有依法办理的；（9）涉及社会保险方面的申请行政复议事项范围：① 认为社会保险经办机构未依法为其办理社会保险登记变更或者注销手续的；② 认为社会保险经办机构未按照规定审核社会保险缴费基数的；③ 认为社会保险经办机构未按照规定记录社会保险缴费情况或者拒绝其查询缴费记录的；④ 认为社会保险经办机构违法收取费用或者违法要求履行义务的；⑤ 对社会保险经办机构核定其社会保险待遇标准有异议的；⑥ 认为社会保险经办机构不依法支付其社会保险待遇或者对经办机构停止其享受社会保险待遇有异议的；⑦ 认为社会保险经办机构未依法为其调整社会保障待遇的；⑧ 认为社会保险经办机构未依法为其办理社会保险关系转移或者接续手续的；（10）认为县、区人力资源社会保障行政机关和市人力资源社会保障行政机关所属的、授权的事业组织作出的其他具体行政行为侵犯其合法权益的。

2. 不能申请人力资源社会保障行政复议的事项

不能申请人力资源社会保障行政复议的事项是指公民、法人或者其他组织对人力资源社会保障行政机关作出的具体行政行为或不属于人力资源社会保障行政行为而不能申请行政复议的事项范围。根据国家有关规定，下列情况不能申请进行人力资源社会保障行政复议：（1）向人民法院提起行政诉讼，人民法院已经依法受理的；（2）职工与企业之间在执行人力资源社会保障法律、法规、规章及其他规范性文件中所发生的人力资源社会保障方面的争议；（3）对人事劳动争议仲裁委员会作出的裁决不服的；（4）对劳动鉴定委员会作出的工伤与职业病致残程度和职工因病、非因工致残程度鉴定结论不服的；（5）企业与职工之间签订或解除劳动合同，人力资源社会保障行政机关对其进行鉴证或备案的行为；

（6）法律、法规规定的其他情形。

第七节　人力资源社会保障行政诉讼

一、人力资源社会保障行政诉讼的概念和特点

人力资源社会保障行政诉讼是指公民、法人或者其他组织认为人力资源社会保障行政机关及其工作人员的具体行政行为（包括作为和不作为）侵害其合法权益，在法定期限内依法向人民法院起诉，由人民法院依法审理、裁决，解决人力资源社会保障行政争议的一种诉讼活动。人力资源社会保障行政诉讼是我国司法监督的有机组成部分，是保证人力资源社会保障行政主体依法行政、维护人力资源社会保障行政管理相对人合法权益的重要法律制度，是一种有效的救济措施。

人力资源社会保障行政诉讼与其他诉讼相比具有以下特征。（1）人力资源社会保障行政诉讼是人民法院按照司法程序审理和解决人力资源社会保障行政争议的司法活动，目的是通过审查人力资源社会保障行政机关的具体行政行为是否合法，来维护公民、法人或者其他组织的合法权益。（2）人力资源社会保障行政诉讼的原告只能是行政管理相对人或利害关系人，即认为人力资源社会保障行政机关的具体行政行为侵害了自己合法权益的公民、法人或者其他组织。（3）人力资源社会保障行

政诉讼的被告只能是作出具体人力资源社会保障行政行为的人力资源社会保障行政机关或法律、法规授权的组织。也就是说，作出具体人力资源社会保障行政行为的人力资源社会保障行政机关不能提起行政诉讼，是恒定的被告；而人力资源社会保障行政机关管理相对人，包括公民、法人或者其他组织不能成为被告。（4）人力资源社会保障行政诉讼只有经过人力资源社会保障行政管理相对人一方（公民、法人或者其他组织）起诉，而且要有人力资源社会保障行政机关的行政处理决定或者行政复议决定，人民法院才能受理。（5）在人力资源社会保障行政诉讼过程中，作出具体人力资源社会保障行政行为的人力资源社会保障行政机关负有主要举证责任。

二、人力资源社会保障行政诉讼的受案范围

1. 人力资源社会保障行政诉讼的受案范围

人力资源社会保障行政诉讼的受案范围是指人民法院主管人力资源社会保障行政案件的权限，又称为主管范围，即人民法院对人力资源社会保障行政机关及其工作人员作出的哪些行政行为拥有审判权。只有对属于受案范围的人力资源社会保障行政争议，公民、法人或者其他组织才能起诉，人民法院才能予以受案。根据《中华人民共和国行政诉讼法》及有关法律、法规、规章的规定，公民、法人或者其他组织对人力资源社会保障行政机关的下列具体行政行为不服的，可以申请进行行政

诉讼：（1）对人力资源社会保障行政机关作出的行政处罚决定不服的；（2）对人力资源社会保障行政机关认定工伤的具体行政行为不服的；（3）认为符合法定条件，申请人力资源社会保障行政机关办理许可证等手续，被拒绝办理或不予答复的；（4）人力资源社会保障行政机关侵犯企业用人、分配等经营自主权的；（5）人力资源社会保障行政机关违法要求企业或职工履行义务的；（6）人力资源社会保障行政机关侵犯企业或职工其他合法权益的；（7）人力资源社会保障行政机关或社会保障经办机构不依法支付企业或职工社会保险待遇的；（8）法律、法规规定可以进行行政诉讼的其他情形。

2. 不可诉的人力资源社会保障行政行为

公民、法人或者其他组织认为人力资源社会保障行政机关作出的具体行政行为侵害其合法权益，而向人民法院提起诉讼，人民法院经审查后不予受理，这些人力资源社会保障行政机关的行政行为（或不属于人力资源社会保障行政行为）称为不可诉的人力资源社会保障行政行为。

根据国家有关规定，对于下列情况，公民、法人或者其他组织不能向人民法院提起行政诉讼：（1）职工与企业之间在执行人力资源社会保障法律、法规、规章及其他规范性文件中所发生的人力资源社会保障方面的争议；（2）对人事劳动争议仲裁委员会作出的裁决不服的；（3）对劳动鉴定委员会作出的工伤与职业病致残程度和职工因病、非因工致残程度鉴定结论不服的；（4）企业与职工之间签订或解除劳动合同，劳动保障行政机关对其进行鉴证或备案的行为；（5）法律、法规规定的其他情形。

3. 人力资源社会保障行政诉讼案件的程序

（1）人力资源社会保障行政诉讼中的起诉。人力资源社会保障行政诉讼中的起诉是指公民、法人或者其他组织认为人力资源社会保障行政机关及其工作人员作出的具体行政行为侵害其合法权益，而以自己的名义，依照法定的条件和程序，向人民法院提起诉讼的行为。人力资源社会保障行政诉讼中的起诉应当符合程序，并在规定的起诉期限内进行。

（2）人力资源社会保障行政诉讼中起诉的审查和受理。受理是指人民法院收到原告的起诉后，经过对起诉的审查，认为符合法律规定的起诉条件，决定立案进行审理的诉讼行为。人民法院收到原告的起诉状后，审查是否符合立案条件，主要从以下几个方面进行：①根据《中华人民共和国行政诉讼法》的规定，审查原告是否具备起诉的资格；②审查原告是否有明确的被告，被告是否是人力资源社会保障行政机关或法律、法规授权的组织；③审查原告有无具体的诉讼请求和事实根据，是否属于人民法院的受案和管辖范围（人力资源社会保障行政诉讼案件由当地基层人民法院负责审理）；④审查原告是否依照法定程序提起诉讼；⑤审查原告提起诉讼是否超过了法定的起诉期限；⑥审查原告的起诉状的形式和内容是否符合要求，对于不符合要求的，应当告知原告如何书写起诉状，并让其补充修改后再行起诉。根据《中华人民共和国行政诉讼法》第四十二条的规定，人民法院接到起诉状，经审查，应当在七日内立案或者作出裁定不予受理。

（3）人力资源社会保障行政诉讼案件的审理和判决。人力资源社会保障行政诉讼案件的审理和判决是指人力资源社会保障行政诉讼案件的整个审判过程。人力资源社会保障行政诉讼案件一般由当地基层人民法院负责审理。审理过程中主要有审理前的准备、开庭审理、判决几个阶段。根据《中华人民共和国行政诉讼法》的规定，对一般的人力资源社会保障行政诉讼案件，人民法院应当在立案之日起三个月内作出一审判决。在人力资源社会保障行政诉讼案件审理过程中，经人民法院两次合法传唤，原告无正当理由拒不到庭的，视为申请撤诉；被告无正当理由拒不到庭的，可以缺席判决。人民法院审理人力资源社会保障行政诉讼案件，主要是对具体人力资源社会保障行政行为的合法性与适合性进行审查。审查包括以下几个方面：①审查作出具体人力资源社会保障行政行为的证据是否充分、确凿，证据来源是否符合法律规定；②审查作出具体人力资源社会保障行政行为的程序是否符合人力资源社会保障法律、法规的规定；③审查作出具体人力资源社会保障行政行为是否符合法定职权，是否超越职权；④审查具体人力资源社会保障行政行为是否正确适用了人力资源社会保障法律、法规的规定，即适用法律是否正确；⑤审查作出的具体人力资源社会保障行政行为是否正确行使了自由裁量权，有无显失公平的现象。人民法院受理人力资源社会保障行政诉讼案件后，经过审理，要对案件作出判决。人力资源社会保障行政诉讼案件的判决是指人民法院行使国家审判权，对人力资源社会保障行政争议中的实体权利和义务依法作出权威性的判定。人力资源社会保障行政机关中的应诉机构，要积极组织、协调最初作出具体行政行为的机关、机构或单位共同办理人力资源社会保障行政诉讼中的相应诉讼事务。主动配合人民法院，支持人民法院对具体人力资源社会保障行政行为合法性的审查，认真地、实事求是地提供有针对性的答辩状，向法院全面提供作出具体人力资源社会保障行政行为的有关证据材料和适用的法律依据，对不作为或拖延履行义务的人力资源社会保障行政诉讼案件，向法院提供不作为或迟延履行的法律依据，为案件提供法律服务。要勇于出庭参与人力资源社会保障行政诉讼中的庭审活动，积极正确地行使诉讼权利，认真执行人民法院的判决、裁定，并履行诉讼义务。

第二编　公务员管理

|第三章|
公务员管理

第一节　《公务员法》的实施范围

　　中共中央、国务院印发的《〈中华人民共和国公务员法〉实施方案》（中发〔2006〕9号）规定，是否属于公务员，必须符合三个条件：一是依法履行公职；二是纳入国家行政编制；三是由国家财政负担工资福利。按照上述界定标准，公务员范围主要是以下七类机关的工作人员。

　　（1）中国共产党机关的工作人员。中国共产党的组织由中央组织、地方组织、基层组织三部分组成。党的中央组织主要包括党的全国代表大会、中央委员会、中央政治局、中央政治局常务委员会及其办事机构和职能部门。党的地方组织包括党的省、自治区、直辖市，设区的市、自治州，县（旗）、自治县，不设区的市和市辖区的代表大会和它们选举产生的委员会、常务委员会及其办事机构和职能部门。党的基层组织是指在企业、农村、机关、学校、科研院所、街道社区、社会团体、社会中介组织、人民解放军连队和其他基层单位建立的党的组织。党的机关中的下列人员是公务员：① 中央和地方各级党委、纪检委的领导人员；② 中央和地方各级党委工作部门的工作人员；③ 中央和地方各级纪检机关内设机构的工作人员；④ 街道、乡镇党委机关的工作人员。

（2）人大机关的工作人员。我国人大组织包括全国人民代表大会及其常务委员会、地方各级人民代表大会及其常务委员会（乡镇人大不设常务委员会）。人大机关中的下列人员是公务员：① 各级人大常委会的领导人员；② 各级人大常委会工作机构（如办公厅、室，法制工作委员会等）的工作人员；③ 各级人大专门委员会的办事机构的工作人员。

（3）行政机关的工作人员。我国的行政机关包括国务院和地方各级人民政府。行政机关的下列人员是公务员：① 各级人民政府的组成人员；② 县级以上各级人民政府工作部门和派出机构的工作人员；③ 乡镇人民政府机关的工作人员。

（4）政协机关的工作人员。我国的政协机关包括中国人民政治协商会议全国委员会和地方各级委员会。政协机关中的下列人员是公务员：① 政协各级委员会的领导人员；② 政协各级委员会工作机构（如办公厅、室等）的工作人员；③ 政协专门委员会的办事机构的工作人员。

（5）审判机关的工作人员。我国的审判机关包括最高人民法院、地方各级人民法院、军事法院等专门人民法院。审判机关中的下列人员是公务员：最高人民法院、地方各级人民法院的法官、审判辅助人员和行政管理人员。

（6）检察机关的工作人员。我国的检察机关包括最高人民检察院、地方各级人民检察院和军事检察院等专门人民检察院。检察机关的下列人员是公务员：最高人民检察院、地方各级人民检察院的检察官、检察辅助人员和行政管理人员。

（7）民主党派机关的工作人员。我国有中国国民党革命委员会、中国民主同盟、中国民主建国会、中国民主促进会、中国农工民主党、中国致公党、九三学社、台湾民主自治同盟八个民主党派。民主党派机关中的下列人员是公务员：① 中央和地方各级委员会的领导人员；② 中央和地方各级委员会职能部门和办事机构的工作人员。

国家主席、副主席属于公务员。以上在列举公务员分布时，是以机关类型对其工作人员是否公务员进行界定的。国家主席在《宪法》中属于一类国家机构，但在现行体制下，其工作机构没有单独作为一类机关，且涉及人数很少，故不需要将其作为一个机关类型单独列举出来。

第二节　职位分类制度

职位分类制度是一种以工作职位为主要依据的人事分类制度。所谓"职位"，是指上级组织分配给工作人员的职务和责任。职位是职位分类的最基本元素，它有如下特点。

第一，职位是以"事"为中心而设置的，不因人设置。即先设职位，后有相应的公务人员。当缺乏合适的公务人员时，会出现"职位空缺"现象。

第二，职位的数量是有限的，其数量是由组织机构的职能、工作量、经费等因素决定的。根据这些因素所决定的职业数量，即为该组织机构的编制。

第三，职位具有相对稳定性。同一职位在不同时间内可由不同的人担任，不随公务人员的去留而变动。

第四，职位的确定必须依据一定的标准，包括职位名称、工作内容、责任大小、任职条件等。

职位分类的具体方式，按照公务员职位性质和内容的异同，依次划分为职门、职组和职系；再对各职系内的职位按照其责任轻重、工作难易和所需资格条件，划分为若干高低有序的级别，并在级别划分的基础上，进行级别列等，使处于不同职系的职位可以依职责轻重统一排列等级。因此，职位分类为公务员的考试、录用、考核、培训、奖惩、工资待遇等各项人事管理提供依据。

第三节　考核制度

考核制度是公务员制度的重要内容之一，是指公务员主管部门和各机关按照管理权限，依据一定的程序和方法，对所管理的公务员的政治业务素质和履行岗位职责、完成工作目标任务的情况，进行的了解、核实和评价。公务员在录用、晋升和调入之前，也需要对人选进行考察。这种考察也是一种了解、核实、评价活动。考察与考核有相似和相通的地方，但在目的、方法和内容的侧重点上又有所不同。公务员考核制度由以下要素构成。

第一，考核对象和考核主体。考核对象是已确定公务员身份的人员。其中又分为非领导成员和领导成员。非领导成员公务员的考核主体是本机关负责人、主管领导和本机关负责人授权的考核委员会。领导成员公务员的考核主体是主管机关，即按照管理权限管理领导成员的各级党委及其组织部门。

第二，考核内容。考核内容包括德、能、勤、绩、廉五个方面，重点考核工作实绩。

第三，考核形式。它主要分为平时考核和定期考核两种形式，对非领导成员公务员的定期考核采取年度考核的方式。

第四，考核的程序和方法。从理论上说，无论是定期考核，还是平时考核，都有一定的程序和方法，但由于平时考核采取灵活多样的方式进行，故一般在考核制度中，都不明确规定平时考核的程序和方法，而只对定期考核的程序和方法作出规范。

第五，考核等次。它是公务员定期考核结果的一种概括性反映，考核等次分为优秀、称职、基本称职、不称职四个等次。

第六，考核结果的使用。如何使用考核结果，关系到考核制度的严肃性和有效性，所以一般都把考核结果的使用作为考核制度的一个重要要素。《公务员法》规定，定期考核结果作为调整公务员职务、级别、工资以及公务员奖励、培训、辞退的依据。

第四节　职务任免制度

职务任免制度是指关于公务员职务任免形式、任免机关及其权限、任免职务的情形以及相关事宜的管理制度。职务任免是公务员管理中不可缺少的重要环节。科学完善的职务任免制度，与公务员管理的其他制度一起构成完整而系统的公务员管理制度体系，从而有效地发挥公务员制度的整体功能。

第一，职务任免的内容。职务任免包含任职、免职两个内容。任职是指任免机关按照管理权限，依据有关法律、法规，通过法定程序，任命公务员担任某一职务。与任职相对，免职则是指任免机关按照管理权限，依据有关法律、法规，通过法定程序，免去公务员担任的某一职务。出现职务任免的原因是多种多样的，有的是提拔任用，有的是降职使用，还有的是交流转任；有的是调入公务员队伍，有的是调离公务员队伍；等等。不管哪种情形，都必须经过职务任免这个环节。从内容上讲，升职与降职、调入与调离等都是其他管理环节的事情，都有专门的制度规定，职务任免只体现为一种形式和程序，但任免作为一个环节，关系和影响到其他管理环节，在公务员管理中，具有不可忽视的功能和作用。

第二，职务任免制度的功能。一是赋予职责。公务员最主要的义务是履行自身职责。通过履行职责，保证机关工作的正常运转，实现机关的职能作用。这是国家任用公务员的根本目的。那么，公务员的职责从何而来，又如何确定呢？通常来讲，就是岗位所要求的职责，即"在其位谋其政"。比如在一个单位，该单位负责人、中层干部、一般工作人员等所有人员，分别处在不同的岗位，各自履行相应的职责。公务员的职位是由一个单位的职能及其分工决定的，在一定职位上的公务员必须履行职责。职责来自职务，职务就是职责，职务和职责相互依存，融为一体，有什么样的职务就有什么样的职责。当要求一名公务员履行职责时，就需要赋予其一定的职务；公务员不能或不需要其履行职责时，自然就要免除其职务。从管理层面上看，公务员的职务都是通过任免环节实现的，由此看出，职务任免制度对于确定公务员职责具有重要的作用。另一方面，公务员只有通过职务任免程序，获得一定的职务，明确相应的职责，才能有效地履行公务员的义务。二是完善管理。对公务员的管理体现在身份管理和职务管理两个方面。公务员作为一种身份，其管理要求大体上是相同的，比如履行公务员义务、遵守公务员纪律等。也就是说，对公务员的身份管理不分类别和层次，是从其作为国家工作人员这个角度实施的共性管理。这种管理是必要的，它将公务员群体与其他社会群体区别开来，有利于保持公务员的国家公仆、人民公仆性质。但身份管理也有其不足的地方，这种管理只注重公务员的共性特点及与公务员队伍外人员的区别，没有体现公务员内部的个性特征，管理的针对性不强，不能满足对公务员科学系统管理的需要。为了弥补这个不足，就要建立公务员的职务管理系统，针对公务员所担任的职务，实施有针对性的管理。职务管理的起点就是职务任免环节。通过职务任免，确定每个公务员的职务，然后根据不同职务的特点、要求和公务员履行职务的情况，实施各项管理。比如工资福利待遇，主要依据公务员所任职务和其他条件来确定。再比如考核，就是要考核公务员履行职务的情况，以及在履行职务过程中的德才表现。三是保障权利，即保障机关和公务员双方的合法权利。一般而言，公务员身份已经确定，即与机关构成一定的权利与义务关系。在多方面的权利关系中，职务任用权是最为重要的。机关从保证工作有效运行考虑，有权任用公务员担任某一职务，行使某些权力；有权免去公务员担任的某一职务，另选他人担任。公务员担任某一职务后，享有非因法定事由、非经法定程序不被免职的权利。这种权利关系需要一个科学合理的制度来调节和规范，否则就会形成对立的关系。这一制度就是职务任免制度，它通过规定职务任免的条件、情形、权限、程序等，规范机关和公务员在这方面的行为，从而有效地保证双方的权利。

第五节　职务升降制度

职务升降制度是公务员制度的重要内容。职务升降是升职和降职的简称。升职，是根据机关工作需要和公务员本人的表现，将公务员职务从较低层次升任至较高层次。对公务员本人来说，这一管理活动是职务晋升；从机构组织的角度来说，则是一种选拔任用。降职，是对不称职的公务员，依照一定的程序，降低其原有的职务。晋升意味着公务员所处地位的上升、职权的加重和责任范围的扩大，降职意味着公务员所处地位的降低、职权和责任范围的缩小。《公务员法》第七章对公务员职务升降制度作了明确的规定。我国公务员职务升降制度立足我国国情，继承我们党干部选拔任用工作的优良传统，吸收近年来干部人事制度改革的成果，借鉴国外公务员制度的成功经验，体现了我国公务员制度的基本原则和特点。

第一，贯彻党管干部原则，集中体现了我们党干部选拔任用工作的政策。党管干部，很重要的一点体现在干部的选拔任用上。我国公务员职务升降坚持任人唯贤的干部路线，贯彻德才兼备的用人标准，考察评价干部注重工作实绩。按照干部管理权限，各级党委（党组）负责领导成员职务的升降。从具体规定看，职务升降制度坚持与《党政领导干部选拔任用工作条例》相衔接。中央1995年颁布、2002年修订的《干部任用条例》，明确规定了干部选拔任用工作的基本原则、基本程序、基本方法等。这些规定适用于公务员职务晋升。《干部任用条例》既是关于党政领导干部选拔任用工作的基本规章，也是公务员职务升降的重要依据。

第二，吸收干部选拔任用工作改革成果，注重扩大民主、强化竞争。近年来，干部选拔任用制度改革深入发展，取得了许多重要成果，如公开选拔、竞争上岗、任职前公示、任职试用期等。这些改革使干部选拔任用工作扩大了民主，拓宽了选人视野，强化了公开竞争。特别是公开选拔、竞争上岗作为干部选拔任用方式的创新，改变了公务员晋升的单一方式。这样，公务员传统晋升方式和公开选拔、竞争上岗方式并存，发挥两种方式的功能和作用，使公务员职务晋升制度更具生机和活力。

第三，实行降职制度，疏通公务员能上能下的制度渠道。在我国历史上，官员不仅仅被看做一种职业，而且被看做一种身份，具有身份特性，形成了中国长期以来的"官本位"现象。由于长期受到封建思想的影响，因此形成了以官阶作为衡量荣辱的观念。这种社会大环境严重阻碍了干部职务能上能下的正常化。实行降职制度，疏通公务员"下"的渠道，具有重要意义。

第六节　奖惩制度

奖惩制度是公务员管理的正负激励机制。

一、奖励制度

奖励制度是指机关依照法律规定或者有关章程的规定，对工作表现突出、有显著工作业绩或者有其他突出事迹的公务员或者公务员集体给予一定荣誉或者物质利益以示奖励的制度。奖励是公务员管理不可缺少的一种手段。《公务员法》第八章对公务员奖励制度作了明确的规定。奖励制度的建立有利于完善激励竞争机制，形成机关奋发向上的氛围；有利于调动和保护公务员的积极性与创造性，鼓励和引导公务员忠于职守、廉洁从政、依法行政。公务员奖励具有以下特点：一是奖励的主体是公务员所在的各类机关；二是奖励的对象是公务员或者公务员集体；三是奖励的条件是工作表现突出，有显著成绩和贡献，或者有其他突出事迹；四是奖励是依法进行的，即奖励的条件、种类、程序都是法定的，都要严格按照法律规定办理。《公务员法》第四十八条规定："对工作表现突出，有显著成绩和贡献，或者有其他突出事迹的公务员或者公务员集体，给予奖励。奖励坚持精神奖励与物质奖励相结合、以精神奖励为主的原则。公务员集体的奖励适用于按照编制序列设置的机构或者为完成专项任务组成的工作集体。"结合《公务员法》和实践经验，我国公务员奖励制度的原则有：一是物质奖励与精神奖励相结合、以精神奖励为主的原则；二是公平、公正、公开的原则；三是奖励个人与奖励集体并重的原则；四是定期奖励和及时奖励相结合的原则；五是有错必纠的原则。

二、公务员纪律

公务员纪律是指机关为保障实现其职能，维护机关的秩序和正常运转而制定的，要求每一个公务员都遵守的行为规范。公务员的义务和纪律都是公务员的行为规范。公务员的义务是从主动的作为方面对公务员提出的要求，公务员的纪律是从消极的不作为的角度对公务员提出的要求。

第一，公务员纪律的发展。我国历来非常重视通过公务员的纪律来规范公务员的行为。第一部宪法性文件《共同纲领》就对行政机关工作人员的惩罚作了原则性规定。1952 年政务院根据《共同纲领》制定了《国家机关工作人员奖惩暂行条例》。1957 年第一届全国人民代表大会常务委员会第八十二次会议通过并由国务院公布的《关于国家行政机关工作人员的奖惩暂行规定》规定了 12 项不得违反的纪律。1993 年国务院公布的《国家公务员暂行条例》规定了 14 项不得违反的纪律。2001 年《法官法》《检察官法》分别依照法官、检察官职务特点，规定了 13 项不得违反的纪律。2004 年中共中央公布的《中国共产党纪律处分条例》对党员不得违反的纪律作了全面具体的规定。这些法律、法规、规定的实施，对于教育公务员增强纪律观念，规范公务员的行为，保障公务员的合法权利，保证机关工作的顺利开展，发挥了重要作用。《公务员法》全面总结了实施公务员纪律制度的经验，为适应新形势下机关工作的新特点，对公务员提出了新要求，规定了公务员的 16 项纪律，使公务员的行为有所规范、有所遵循。

第二，公务员纪律的特征。一是法定性。公务员纪律的法定性，是指公务员纪律的内容是法定的，违反纪律的标准是法定的，调查处理的程序是法定的，处理依据是法定的。法律、法规规定为违反纪律行为的，应当依法进行处理；法律、法规没有规定为违纪的，不得追究纪律责任。公务员纪律的法定性是对公务员高标准、严要求的依据，也是公务员享有"非因法定事由、非经法定程序，不被免职、降职、辞退或者处分"权利的保障。公务员纪律的法定性是公务员管理法治化的必然要求，也是实现依法治国方略的要求。二是普遍性。公务员纪律的普遍性，是指法律规定的纪律制度和纪律措施在全体公务员中普遍适用，具有普遍的约束力，公务员必须一律遵循，不允许存在不受纪律约束的特殊公务员。三是强制性。公务员纪律的强制性是公务员纪律严肃性的必然要求。违法违纪应当承担的纪律责任是法定的，对公务员实施处分是由国家强制力保证的。实施公务员纪律，如果没有国家强制力的保障，公务员的纪律制度就无法得以实现，机关的正常工作秩序也无法得到保障。四是全面性。公务员与一般公民最大的不同在于公务员行使着公权力，他一方面是普通的民事主体，另一方面又是国家权力的执行者。公务员在工作、生活中的行为直接关系到国家的形象和声誉，因此必然要求公务员无论是工作行为还是日常生活行为，都要在全体公民中起到表率作用。

《公务员法》规定的公务员的纪律包括政治纪律、工作纪律、廉政纪律和道德纪律等，不仅涵盖与公务员履行职务相关的行为准则，而且包括公务员日常生活的行为准则，这是与其他特定社会组织的纪律制度所不同的。

三、处　分

处分是公务员违反纪律应当承担的法律责任，是一种惩戒形式。《公务员法》第五十五条规定："公务员因违法违纪应当承担纪律责任的，依照本法给予处分；违纪行为情节轻微，经批评教育后改正的，可以免予处分。"由此可见，对公务员进行处分应当具备一定的条件。一是公务员有违法或者违反纪律的行为。"违法"就是没有按照法律规定作为或不作为。"违纪"既包括违反《公务员法》规定的公务员不得违反的 16 项纪律规定，也包括其他法律、法规专门为职位或者工作性质特殊的公务员作出的特殊纪律规定，还包括各机关制定的内部纪律，当然，这些内部纪律不得与法律、法规规定的纪律相矛盾。二是公务员的违法违纪行为按照法律规定，应当承担纪律责任，且不存在免予处分的情形。具备了上述两个条件，机关可以依照法定程序，对公务员的违纪行为进行处分。对公务员免予处分，是指机关对虽有违反纪律行为，但情节显著轻微，且经过批评教育已经认识错误，并能够改正的违纪人员的一种处理措施。因此，免予处分的公务员并不是不构成违纪，只是可以免予处分。免予处分必须具备三个条件。一是公务员的行为构成了违纪，即公务员具有违纪的行为。需要特别指出的是，《公务员法》只规定了违纪行为可以免予处分，对违法行为则不能免予处分。二是违纪行为显著轻微，也就是说，违纪行为情节不恶劣，也没有造成不良后果或者后果危害不大。三是违纪者本人经过批评教育后，已认识了错误并能够及时改正。需要指出的是，具备上述三个条件，是"可以"免予处分，而不是"必须"或"应当"免予处分。在给予违纪公务员处分时，还应当考虑到违纪行为的性质、本人的一贯表现和对公务员队伍风气的影响程度等因素。

第七节　交流和回避制度

公务员交流和回避制度是公务员管理的两个重要制度，对于培养锻炼公务员，合理配置人才，改善队伍结构，促进廉政勤政建设，都有重要作用。建立公务员交流制度标志着公务员管理系统是一个灵活和开放的体系，体现出公务员管理体制的生机和活力。《公务员法》第十一章从以人为本的理念出发，总结过去公务员交流制度的实施经验，巩固成果，坚持与时俱进，进一步完善了具有中国特色的公务员交流和回避制度。在完善公务员回避制度时，总结过去公务员回避制度的实施经验，坚持宽严适度的回避标准，根据实际工作需要和公务员范围扩大后出现的新情况，对一些具体内容进行了补充，并注意了与其他法律、法规的衔接。

一、公务员交流制度

《公务员法》第六十三条第一款规定："国家实行公务员交流制度。"公务员的交流，是指机关根据工作需要或者公务员个人愿望，通过调任、转任、挂职锻炼等形式，变换公务员的工作职位，从而产生或者变更公务员职务关系或工作关系的一种人事管理活动与过程。把这一活动与过程的有关事项以法律的形式确定下来，并保证贯彻执行，就形成了公务员的交流制度。

二、公务员回避制度

公务员回避制度是指通过对公务员所任职务、执行公务和任职地区等方面作出限制性规定，减少由于亲属关系等人为因素对工作的干扰，保证公务员公正廉洁地执行公务的法律制度。回避，作为公务员管理的一个基本环节，在公务员管理中，有着独特的地位，发挥着公务员管理制度自身的预防、纠错和对公务员的保护功能，体现了公务员管理制度的公开、公正、公平。建立和完善公务员回避制度，对促进机关的廉政建设，帮助公务员摆脱各种亲属关系的羁绊，公正履行职责，提高工作效率，有积极的促进作用。

第八节 辞职和辞退制度

辞职辞退是公务员辞职和辞退公务员的统称。所谓公务员辞职，是指公务员根据本人意愿提出，并经过任免机关批准，依法解除其与机关的职务关系，或者担任领导职务的公务员依照法律规定的条件和程序辞去所担任的领导职务。前者称为公务员辞去公职，其直接结果是丧失公务员身份，公务员与机关的职务关系归于消灭；后者称为公务员辞去领导职务，其直接结果是公务员丧失原来担任的领导职务，职务关系变更，但没有失去公务员身份。所谓辞退公务员，是指机关依照法律规定的条件，通过一定的法律程序，在法定的管理权限内作出的解除公务员全部职务关系的行政行为。辞退的直接结果是解除了公务员与机关的工作关系。公务员辞职辞退是公务员管理的重要环节，它与公务员的录用、退休等一起，形成公务员队伍人员更新机制，在促进公务员队伍的新陈代谢、保证公务员队伍的精干和活力方面，具有非常重要的作用。建立健全辞职辞退制度，有利于畅通公务员队伍的"出口"，形成优胜劣汰和新陈代谢的良性机制；有利于规范机关的公务员管理行为，切实保障公务员的合法权益；有利于加强监督，推进领导人员的能上能下。

第九节　申诉和控告制度

公务员申诉制度和控告制度是公务员管理的重要内容。

一、公务员申诉制度

申诉是指当公民或者社会组织成员依照法律或者组织章程享有的权益受到侵害时，依照一定的程序，向有关机关或者组织说明和陈述，要求采取措施予以纠正和保护的行为。公务员的申诉，是指公务员依据《公务员法》的规定提出申诉、有关机关依法受理和处理的申诉制度。公务员申诉是公民申诉权的延续和具体体现。与公民的申诉相比，公务员的申诉具有以下特点：一是主体具有身份特殊性，公务员申诉的主体仅限于对涉及本人的具体人事处理不服的公务员；二是客体具有内部性，公务员申诉的客体是机关的人事处理行为，属于机关的内部管理行为；三是对象具有特殊性，公务员申诉的对象是对自己在行政上有隶属和管理关系的党政机关。

二、公务员控告制度

控告是指公民、法人或者其他组织成员向司法机关或者其他相关机关揭发违法违纪者及其违法违纪事实，并要求依法惩处的行为。公务员控告，是指公务员对机关及其领导人员侵犯其合法权益的行为向上级机关或者其他专门机关提出指控。公务员控告具有以下特点：一是控告的主体是合法权益受到侵害的公务员；二是控告的客体是机关及其领导人员侵害公务员合法权益的违法违纪行为；三是控告的目的是惩办违法违纪的机关及其领导人员，维护机关的管理秩序和公务员的合法权益。

三、公务员申诉与控告的联系与区别

公务员申诉和控告的相同之处在于：（1）主体都是公务员；（2）目的上都有维护公务员合法权益的方面；（3）性质上都属于公务员维护合法权益的救济手段；（4）都必须依照法定的程序进行。

公务员申诉和控告的不同之处如下。（1）目的不尽相同。控告除了有维护公务员个人合法权益的目的外，还有要求上级机关或者其他专门机关依法惩办违法违纪的机关及其领导人员的目的。（2）客体不同。申诉的客体是机关的人事处理行为，控告的客体是侵害公务员合法权益的机关及其领导人员的违法违纪行为。（3）范围不同。有关法律明确规定了申诉的范围，而对机关及其领导人员的控告内容则没有限制，对机关及其领导人员的任何违法违纪行为，只要忠于事实，公务员都可以行使控告权。（4）程序不同。申诉有规定的复核、申诉、再申诉程序，有层级限制，公务员只能按照层级逐级申诉，而控告不受层级限制。

第十节　公务员职位聘任制度

职位聘任是机关与所聘公务员按照平等自愿、协商一致的原则，签订聘任合同，确定双方权利、义务的一种任职方式。《公务员法》以职位聘任为核心，规定了聘任制的基本内容。聘任制，也称为聘用制、聘用合同制，是机关根据职位的需要，通过签订聘任合同，选拔、任用、管理公务员的一种人事管理制度。从形式上看，聘任制与选任制、委任制一样，是公务员的一种任职方式。但实质上，聘任制是以任职方式为核心的，包括产生方式和管理方式在内的一整套管理制度。

第一，职位聘任制的含义。一是职位聘任的主体是机关与公务员。这里所说的机关，包括中国共产党机关、人大机关、政协机关、行政机关、法院机关、检察院机关和民主党派机关等。这里所说的公务员，是指符合《公务员法》规定条件、依法按照有关程序选拔的人员。明确了职位聘任关系的主体，就明确了职位聘任既不是企事业单位任用工作人员的方式，也不是机关任用政府雇员或者兼职顾问等不具备公务员条件、不按照法定程序选拔的人员的方式。机关与公务员因职位聘任而形成的法律关系是人事行政法律关系，而不是单纯的劳动法律关系或民事法律关系，其产生、变更或者解除，适用《公务员法》和其他人事行政法律、法规。二是机关聘任公务员应当签订聘任合同。机关聘任公务员不是通过发布任职决定或者任职通知，而是采取签订聘任合同的方式来实现的。这就将聘任制公务员与其他公务员区别开来。三是职位聘任是一种任职方式。这就将职位聘任与单纯的身份管理区别开来。长期以来，身份对于我国干部人事管理的影响较深，干部人事管理诸多管理措施都是建立在身份基础上的。职位聘任以任职为基础，任职即成为公务员，与其他公务员一样，具有公务员身份；不任职，解除职务关系，就不是公务员，不再具有公务员身份。

第二，职位聘任制的特点。一是合同管理。聘任关系确定之后，机关对聘任制公务员的管理主要是依据《公务员法》和聘任合同进行的。聘任制公务员根据合同的约定履行职责，享受相应的待遇。二是平等协商。在聘任关系确定过程中，机关与应聘人员的地位是平等的。在签订聘任合同以后，虽然机关与聘任制公务员的关系已经变成隶属关系，但双方仍然可以通过协商一致的原则，变更或者解除聘任合同。三是任期明确。聘任制公务员都有明确的聘任期限，《公务员法》规定为 1~5 年。聘任期满，任用关系自然解除。需要时，可以约定续聘。

第十一节　调配录用制度

一、公务员录用制度概述

公务员录用制度，就是关于公务员录用的各种行为规范和准则的总称。主要内容包括录用的原则、标准、资格条件、方法、程序和录用的组织权限等。

1. 公务员考试录用制度的产生和发展

新中国成立初期，我国的干部录用工作中曾使用过公开招考的办法，但并没有作为一项制度被固定下来。从 20 世纪 50 年代开始，干部录用工作主要采取三种形式进行：一是由国家统一分配，各机关接受大中专毕业生；二是组织调配安置退役军人；三是有计划地从社会中吸收。在实践中，这种干部录用制度逐渐暴露出缺乏竞争激励机制、选才视野狭窄、选人用人缺乏客观标准等弊端。1980 年，邓小平提出要勇于改革不合时宜的组织制度、人事制度，要健全包括招考制度在内的一系列干部人事制度，为建立考试录用制度指明了方向。1982 年，劳动人事部制定了新中国第一个关于干部录用工作的综合性规定——《吸收录用干部问题的若干规定》，但从当时的宏观情况来看，干部录用的基本方式尚未发生根本变革，干部的主要来源仍然是分配的大中专毕业生和需要安置的军转干部。1989 年，中组部、人事部下发了《关于国家行政机关补充工作人员实行考试办法的通知》，强调凡进入国家行政机关，一律实行考试。考试成为录用工作人员的主要途径，标志着我国考试录用制度的初步确立。1993 年 10 月 1 日起实施的《国家公务员暂行条例》规定，国家机关录用担任主任科员以下非领导职务的公务员，采取公开考试、严格考核的办法，按照德才兼备的标准择优录用。正式在全国范围内全面推行公务员考试录用制度。2006 年 1 月 1 日《公务员法》正式实施。《公务员法》明确规定，录用担任主任科员以下以及其他相当职务层次的非领导职务公务员，采用公开考试、严格考察、平等竞争、择优录取的办法。至此，公务员考录工作正式步入法制化轨道。

2. 公务员考试录用制度的实施成果

考试录用制度的推行，开阔了选人视野，取得的成果主要包括以下几方面。一是确立了机关依法进人的新机制。坚持"凡进必考"，改变了进人上的随意性。二是改善了公务员队伍结构。通过打破身份、地域等方面的限制，公务员队伍构成多元化，结构日趋合理。三是考试录用法规体系逐步建立。自《国家公务员暂行条例》颁布至 2004 年，中央公务员主管部门共制定了 24 个考试录用法规和政策性文件，对考试录用工作的有关问题作了明确规定。各地区、各部门根据工作实际，又制定下发了相应的实施办法和细则，形成了涵盖笔试、面试、体检、考核、监督等诸多环节的考录法规体系，考试录用国家公务员工作开始步入规范化、制度化轨道。四是考试录用基础建设水平逐步提高。建立了一支优秀的公务员录用考试专家队伍，考试内容和方法不断改进，培训力度不断加强，网络作用得到充分发挥。

3. 考试录用制度的意义

考试录用制度作为公务员制度的基本特征和标志，充分体现了干部人事制度的深刻变革。其重要意义体现在以下四个方面：一是随着选拔人才视野的拓展，选拔方法科学水平的不断提高，考试录用制度有利于高素质公务员队伍建设；二是公开考试、严格考察作为公务员录用制度的基本方法，有利于公务员招录德才兼备原则的贯彻落实；三是考试录用制度有利于建立健全公平竞争和公开监督的用人机制；四是推行和完善考试录用制度，有利于促进市场经济体制下人事制度的变革。

二、公务员考试录用制度

1. 公务员录用制度的含义、基本原则、标准

公务员的录用，是指机关按照规定的条件和程序，面向社会采取公开考试、严格考察的办法选拔公务员的活动。公务员录用制度，就是关于公务员录用的各种行为规范和准则的总称。主要内容包括录用的原则、标准、资格条件、方法、程序和录用的组织权限等。我国的公务员录用制度，坚持公开、平等、竞争、择优的基本原则。德才兼备是我国公务员录用制度遵循的标准。

2. 公务员录用制度遵循的法规

《公务员法》第四章对公务员录用的适用范围、录用条件、录用组织权限和程序、新录用公务员的管理等方面都有明确的规定。其他国家和地方性配套法规主要有《公务员录用规定》《国家公务员录用面试暂行办法》《公务员录用体检通用标准》《辽宁省公务员录用实施办法（试行)》《沈阳市公务员面试规程》等。

3. 公务员录用的条件

我国对公务员录用条件的规定主要包括：招考条件，报考的基本条件、消极条件，职位要求的资格条件。

招考条件是指招录机关应当具备的条件，这是公务员录用的前提。机关录用公务员必须同时符合两个招考条件：一是必须在规定的编制限额内，各级机关、各部门无权超出规定的编制限额录用人员；二是必须有相应的职位空缺。

公务员录用的基本条件由《公务员法》作出统一规定，有政治条件、品质条件和能力条件等，具体包括：具有中华人民共和国国籍；年满十八周岁；拥护中华人民共和国宪法；具有良好的品行；具有正常履行职责的身体条件；具有符合职位要求的文化程度和工作能力；法律规定的其他条件；等等。

《公务员法》第二十四条规定了录用公务员的限制性条件，也就是消极条件，规定限制性条件是为了防止政治素质、业务素质不良的人员进入公务员队伍。不得录为公务员的人员共有三种类型：一是曾因犯罪受过刑事处罚的；二是曾被开除公职的；三是有法律规定不得录用为公务员的其他情形。

职位要求的资格条件，是指由录用主管部门依法规定的成为某个职位的公务员时不可缺少的条件。一般由招录机关提出，经省级以上考试录用主管部门批准后，予以公布。具体的职位资格条件各不相同。主要包括：一是年龄条件，一般规定报考人员年龄不超过 35 周岁；二是学历条件，一般应具有大专以上学历；三是专业条件；四是政治条件。在报考条件中，不得规定性别、家庭出身等歧视性条件。

4. 公务员录用考试的种类和方法

在我国，公开竞争性考试是录用考试的主体。《公务员法》规定，录用担任主任科员以下及其他层次的非领导职务公务员，采取公开竞争性考试，测验报考者的业务知识和技能。但是，录用特殊职位公务员，经省级以上公务员主管部门批准，可以简化程序或者采用其他测评办法。公开竞争性考试面向社会，公开报名，凡符合报考条件者，都可报考，考试成绩公开，考试过程接受社会公开监督。通过笔试、面试，按照成绩优劣排出名次，确定人选。对涉及国家安全、重要机密的职位，可以在一定的范围内，通过组织推荐、严格考察的方式确定拟任人选，然后采取有限竞争考试的方式确定人选；对专业特殊难以形成竞争的职位，可以采取审查资格证书或者考察实际操作演练能力的办法，通过有限竞争考试的方式确定人选。

考试的方法如下。我国公务员录用考试采取笔试和面试的办法。笔试是通过标准化试题和文字分析解答，测试报考者的文化和专业知识水平、运用文字的能力、综合分析能力和思维能力的一种测试方法。笔试的内容包括公共科目（一般为行政职业能力测试、申论等）和专业科目。笔试合格的报考者，按照录用计划三倍或者五倍的比例，确定参加面试的人选。面试考试采取考官小组与报考者直接交谈，或者就某个问题进行讨论或辩论等方式，对报考者素质、能力等方面进行综合评价。面试的基本方法有两种，一是结构化面试，二是无领导小组讨论。目前，面试方法主要为结构化面试。

5. 录用公务员的程序

我国公务员录用的程序，从发布招考公告、进行资格审查、考试、考察、体检、提出拟录用人员名单并予以公示到审批、备案等，都有一系列的明确规定。录用公务员必须按照《公务员法》规定的程序进行。

一是发布招考公告。除了法律规定不宜公开招考的职位之外，其他职位录用公务员时，都必须面向社会公开招考。招考公告一般应载明下列内容：招考的职位和名额、报考的资格条件、报名方式和时限、考试内容和科目、考试的时间和地点、报考者须提交的申请材料、其他注意事项等。

二是资格审查。资格审查主要了解报考者是否具备公务员的基本条件和所报考职位的资格条件要求。报考者应当同时符合基本条件、职位要求的所有资格条件，不能有限制性条件规定的情形，方可报考，并按照规定提交报名申请材料。招录机关在接到报名材料后，一般在规定的时限内完成资格审查工作。经审查，有一项条件不符的报考者，即不能参加该职位的考试。

三是对资格审查合格者进行考试。考试分为笔试和面试。笔试分为公共科目和专业科目，笔试成绩核对登记后，与考卷一起妥为保管。笔试结束后，按照规定的分数线确定合格者名单，并按照成绩由高到低确定进入面试人员名单，予以公布。面试也分为若干测评要素。面试结束后，按照规定的笔试、面试成绩权重计算综合分数，确定名次。

四是对考试合格者进行考察。考察是在考试的基础上进行的。考察对象确定后，首先由招录机关对其进行资格复审，采取调阅证书、文件材料等形式，确定其提交材料的真实性、准确性。考察的主要内容包括政治思想、道德品质、工作能力、工作表现和实绩、廉洁自律及需要回避等。考察工作按照录用主管部门的统一要求，由招录机关组成考察组组织实施。考察组对考察对象作出客观的评价，并形成书面考察材料。考察结果是招录机关确定拟录用人选的重要依据之一。

五是体检。体检是在考试和考察的基础上，对报考者适应职位要求的身体条件的检查。《公务员法》第二十九条规定，"体检的项目和标准根据职位要求确定。具体办法由中央公务员主管部门会同国务院卫生行政部门规定"。当前的体检法规为《公务员录用体检通用标准（试行）》。

六是提出拟录用人员名单，予以公示。考察工作结束后，根据拟任职位的要求，综合报考者的考试、考察、体检结果，经招录机关领导讨论同意，确定拟录用人员名单。拟录用名单由公务员主管部门通过网络等适当的形式，按照规定予以公示（公示时间一般为七天）。对有举报的拟录用人员，认真核实，确有问题的，应当取消录用。

七是审批。公示期满不影响录用的，由招录机关将拟录用人员名单按照规定报录用主管部门审批后，办理录用手续。

八是试用。我国《公务员法》中，没有将试用期作为公务员录用的程序，而是将试用期作为对新录用人员的要求规定的，实际上是将试用作为录用程序的继续和延伸。试用期公务员的特点是没有职务，但具有公务员身份。试用期长短不一，最短三个月，最长三年，一般规定为一年。试用期满，所在机关对其试用期的表现和工作业绩等进行全面的考核。考核合格的，按照有关规定确定其职务和级别。不合格的，取消录用。

6. 考试录用工作的保障

（1）法律保障。一是法律责任。《公务员法》第一百零一条对考录进行了法律规定，在法律中，对干扰和影响公平竞争、择优录用的各种不正当行为，明确了处理办法，防止和杜绝了可能出现的不正之风。二是回避制度。《公务员法》第六十八条第一款所列考生与录用考试工作人员系亲属关系的，在录用考试、考察等工作中，应该回避。同时规定了利害关系人等其他回避情况。三是申诉制度。《公务员法》第九十条规定了被取消录用人员有权按照法律规定提出申诉。

（2）便民保障。目前，录用机关采取很多措施，便利报考者报名参加考试，维护其合法权益。一是方便考生报考。全面采取网上报名方式，便利考生报考。对贫困家庭考生减免考务费用等。二是保障考生权益。如对资格审查工作规定明确的时限，为资格审查未通过者提供报考其他机关的机会。认为拟录用人员有问题，可以在公示期内向招录主管部门举报等。

（3）技术保障。随着科学技术水平的提高，技术支持和保障在考试录用中的作用日益明显。充分发挥网络的作用，提高工作效率，方便考生。利用无线电技术，对考场的监测手段进一步加强。试用了无纸化阅卷的方式，提高了考试的信度和效度。

（4）经费保障。对考试需要支出必要的经费予以保障。《公务员法》第七十九条规定，公务员录用所需费用，应当列入财政预算，予以保障。

三、公务员交流制度

1. 公务员交流制度的发展

干部交流制度是我们党和国家干部人事工作的一项重要制度，有计划地对干部进行交流，是我们党的优良传统，也是锻炼提高干部素质的一项重要措施。早在1962年，党中央就作出了《关于有计划有步骤地交流各级党政主要领导干部的规定》，使干部交流开始朝着规范化、制度化方向发展。改革开放以来，干部交流作为干部人事制度改革的一项重要内容，得到积极推进，并取得了显著成效。1990年，为完善交流制度，进一步深化干部制度改革，中央作出了《关于实行党和国家机关领导干部交流制度的决定》，明确要求"实行各级党和国家机关领导干部的交流制度"。1993年颁布实施的《国家公务员暂行条例》，将交流作为公务员管理制度的重要组成部分，并纳入法制管理的轨道。自《国家公务员暂行条例》颁布以来，人才为单位所有的旧制度被打破，党政干部交流的步伐明显加快。1999年中组部下发了《党政干部交流工作暂行规定》，对干部交流作出了全面规定，使干部交流工作呈现出新的发展势头，规模逐步扩大，范围不断拓展，制度日臻完善。在总结实践的基础上，2002年中央印发了《党政领导干部选拔任用领导条例》，作为党内法规，明确规定领导干部要有计划、有重点地进行跨地区、跨部门交流。2005年颁布的《公务员法》中对公务员交流制度的规定，推进和实现了公务员交流的制度化和规范化。

2. 公务员交流制度的地位和作用

公务员交流制度是《公务员法》的重要组成部分，它贯穿于公务员的"进""管""出"三个主要环节，对建立广纳群贤、人尽其才、能进能出的用人机制，起着有益的调节和补充作用，其独特的地位和作用是其他管理制度无法取代的。其作用主要体现在三个方面。

一是促进公务员的培养锻炼。实行公务员交流可以有计划地使公务员在上下级之间，各部门、各地区之间以及系统与系统之间交流，使公务员相互学习先进的管理经验与方法，密切上下级之间，各部门、各地区之间以及各系统之间的关系，促进相互协调与合作，相互帮助，取长补短。交流有利于开阔视野、丰富阅历、交流信息、增长才干，有利于公务员人才合理开发和使用。

二是合理配置人才。目前，不管是全国范围内的公务员调动，还是本单位内部的结构调整，都难以通过市场的手段实现，必须借助行政手段进行调配。通过交流制度，既可以调配担任一定领导职务的高层次公务员，又可以解决公务员队伍中存在的空缺、懒散、老化、不团结等弊端，使公务员队伍的组合得到优化，实现优势互补，保持旺盛的生机和活力。

三是预防腐败，加强廉政建设。建立交流制度，可在一定程度上防止和消除公务员的不廉洁行为，确保公务员在组织和执行公务过程中坚持公正，从制度上帮助公务员摆脱各种关系网的羁绊，从源头上预防和治理不正之风，有利于公务员形象的维护和良好社会风气的形成。

（1）公务员交流的含义。

公务员交流制度包括以下几方面含义。一是公务员交流的法定形式包括调任、转任和挂职锻炼三种，每种形式都有特定的目的、范围、对象及相应的条件和程序要求。二是交流是机关对公务员的一种管理活动和手段，无论哪种形式的交流，都必须经过机关决定安排或批办手续。三是公务员交流的原因有两方面：工作需要，照顾个人愿望。四是公务员交流的范围，既包括在公务员队伍内部交流，也包括与公务员队伍以外的其他从事公务的人员进行交流。五是公务员的交流一般属于同一职务层次之间的平级调动，但有时交流也与提拔使用与降职使用结合进行。

（2）公务员交流的法律依据。

《公务员法》第六十三条规定："国家实行公务员交流制度。公务员可以在公务员队伍内部交流，也可以与国有企业事业单位、人民团体和群众团体中从事公务的人员交流。交流的方式包括调任、转任和挂职锻炼。"

（3）公务员交流的范围。

公务员交流的范围包括内部交流和外部交流两种。内部交流，是指在公务员队伍内部交流，既可以在本部门、本单位内不同职位之间交流，也可以在不同地区、不同部门之间交流。外部交流，是指与国有企业事业单位、人民团体和群众团体中从事公务的人员的交流。

在内部交流中的转任，公务员的身份没有变，公务员的职务和级别没有变，变的是公务员和机关的行政隶属关系。而在外部交流中的调任，公务员的身份发生了改变，调任使非公务员的人员成为公务员。挂职锻炼比较特殊，它既属于内部交流，也属于外部交流，公务员可以到内部的下级机关或者上级机关、其他地区机关挂职锻炼，也可以到国有企业事业单位挂职锻炼，这里公务员变的是工作关系，公务员和机关的行政隶属关系没有变，其工资和人事关系还是由原机关管理。

（4）公务员交流制度的原则。

公务员交流制度有利于锻炼、提高公务员的能力，遏制腐败，提高工作效能。为了达到这些目的，在交流工作中，应坚持以下原则。

一是依法进行原则。在公务员交流制度中，对交流的各种形式及其适用的情况，各种交流程序、条件及要求等都有明确、具体的规定。在开展交流工作时，必须严格按照这些规定办事，不得随意变更。

二是适才适用原则。根据每个公务员受教育程度、思想性格、能力专长等方面的差异，安排在最适合发挥特长的岗位，以实现适才适用，人尽其才。

三是个人服从组织原则。公务员有义务服从组织的管理，服从组织因工作需要而作出的各种交流安排。对交流安排有不同意见，可向组织提出。但不能借此拖延或拒不服从安排。

四是合理原则。交流工作在充分考虑工作需要的前提下，灵活地、实事求是地处理好各种问题，尽量做到合情合理，尽可能减少公务员的后顾之忧，使他们心情愉快地接受交流，投入新的工作。

四、公务员调任、转任和特殊人员的选调制度

1. 公务员的调任制度

公务员调任，是指国有企业事业单位、人民团体和群众团体中从事公务的人员调入机关担任领导职务或者副调研员以上及其他相当层次的非领导职务。

当前，公务员调任的法律法规为《公务员法》和中组部、人事部颁布的《公务员调任规定（试行)》。

（1）调任的条件和要求。

《公务员法》对调任的条件和程序作了严格的规定，调任人选必须具备三方面条件：一是必须具备《公务员法》第十一条规定的条件及公务员应当具备的七项基本条件；二是必须具备拟任职务所要求的资格条件，即拟任职务所要求的思想政治素质、工作能力、文化程度和任职经历等方面的条件与资格；三是不得有《公务员法》第二十四条规定的情形，即当公务员的限制条件。

《公务员调任规定（试行)》第六条对公务员调任的

具体资格条件作出了具体而明确的规定，比如"专业技术人员调入机关任职的，应当担任副高级专业技术职务2年以上，或者已担任正高级专业技术职务"，等等。

（2）调任的适用对象和程序。

一般来说，拟调任的人员在原来的国有企事业单位、人民团体和群众团体中担任一定的职务，已经具备进入机关后准备担任职务的德、才条件。适用对象的这个特点使得调任的程序和适用职务与录用不同，调任只是通过严格考察的方式进行，调任人选调入机关担任比较高层次的职务，即领导职务和副调研员以上及其他相当层次的非领导职务。

调任必须符合严格的法定程序，主要包括：一是根据工作需要确定调任职位及调任条件；二是提出调任人选；三是征求调出单位意见；四是组织考察并集体讨论决定；五是调任公示；六是报批，办理调动、任职和公务员登记手续。

当符合调入条件的人较多时，为体现公平、竞争、择优的原则，必要时，可增加考试程序，更利于将优秀的人才选入公务员队伍。

2. 公务员转任制度

公务员转任，是指公务员因工作需要或者其他正当理由，在机关系统内跨地区、跨部门的调动，或者在同一部门内的不同职位之间进行的转换任职。

当前，沈阳市公务员转任的法律法规为《公务员法》

和沈阳市人事局颁布的《沈阳市公务员转任办法（试行)》。

（1）转任的条件和要求。

公务员转任应当符合三方面的基本要求。一是转任应当具备拟任职位所要求的资格条件。若不具备拟转任职位的任职资格条件，则不应转任。二是转任应当在规定的编制限额和职数内进行。既不能超编接收转任的公务员，也不能在违反职数比例的情况下接收转任的公务员。三是转任时需要职务升降的，应当按照公务员职务晋升或降职的有关规定，严格履行程序。

《公务员法》对领导成员的转任，突出了两方面要求：一是有计划，二是有重点。要求对公务员中领导成员的转任，应当事先制定计划，根据调整班子结构、培养年轻干部、解决班子不团结等情况，确定转任人员、转任去向、转任时机。

对担任内设机构领导职务和在特殊职位上任职的公务员，《公务员法》的规定重点强调了两点。一是转任范围主要在本机关内部，一般不跨地区、跨部门。从实践来看，跨地区、跨部门进行转任，涉及跨管理权限问题，操作难度大，不便于组织实施。二是规定转任的计划性。也就是要事先制定计划，确定转任的具体人员、转任去向、转任时机等。

（2）转任程序。

转任是一种行政行为，基本程序是：行政机关要求国家公务员转任时，必须提前一定时间告知当事人转任意向，说明拟任职务的具体情况，并征求公务员本人的意见；按照国家公务员管理权限进行审批；任免机关解除原职务，由新单位任免机关办理任职手续。个人申请转任时，应以书面形式，写明理由和拟转任单位，交任免机关审批。

3. 挂职锻炼

挂职锻炼，是指机关有计划地选派公务员在一定时间内到下级机关或者上级机关、其他地区机关以及国有企事业单位担任一定职务，接受锻炼，丰富经验，增长才干。

挂职锻炼是一种特殊的交流形式，主要体现在三方面。一是不办理调动手续。挂职锻炼只改变锻炼人员的工作关系，不改变其行政隶属关系。二是有时间性。挂职锻炼是一种临时性的交流，而不是长期的，一般为 1～3 年。三是内外混合型交流形式。挂职锻炼是既可以在机关内进行，也可以在机关外进行的内外混合型的交流形式。

挂职锻炼作为培养锻炼公务员的一条有效途径，主要有三种形式。一是进行实践锻炼。对市以上机关新录用的公务员，凡没有基层工作经历的，一般安排到市区、乡镇或企业等基层单位挂职锻炼，以丰富工作经历和阅历。二是进行锻炼培养。对综合素质高、工作业绩突出但缺乏领导经验的公务员，一般安排到相应的领导岗位上挂职锻炼。三是进行使用锻炼。对拟提拔使用或者拟离开公务员队伍到国有企业、事业单位任职的公务员，一般安排到拟任岗位或相应岗位挂职锻炼，挂职结束后，根据挂职期表现情况，决定是否正式任命。

第十二节　公务员培训教育

一、公务员培训教育概述

公务员培训教育工作根据《中华人民共和国公务员法》和《公务员培训规定（试行）》，遵循理论联系实际、以人为本、全面发展、注重能力、学以致用、改革创新、科学管理的原则，按照职位、职责要求和不同层次、不同类别公务员的特点进行。

培训对象为处级及以下公务员、参照《公务员法》管理单位的人员。担任处级领导职务的公务员每5年参加党校、行政学院或经局级以上单位组织、人社部门认可的其他培训机构累计3个月以上的培训。其他公务员参加脱产培训的时间一般每年累计不少于12天。公务员参加培训经考试、考核合格后，获得相应的培训结业证书。公务员按照规定参加脱产培训期间，其工资和各项福利待遇与在岗人员相同。

公务员培训分为初任培训、任职培训、专门业务培训和在职培训。

初任培训是对新录用的公务员，即经考试录用进入行政机关（含参照《公务员法》管理的单位），担任主任科员及其以下非领导职务人员进行的培训。通过初任培训，提高新录用公务员的政治素质，树立全心全意为人民服务的公仆意识；熟悉《公务员法》和行为规范，正确履行公务员的权利与义务；了解行政机关工作性质和运作过程；初步掌握工作的方法、程序和基本技能等，以适应本职位工作，做一名合格的公务员。培训内容分为公共必修课和专业必修课。公共必修课主要包括中国特色社会主义理论、《公务员法》和配套法规、行政管理学、依法行政、机关常用公文写作与处理、公务员行为规范、省情市情等课程。专业必修课的培训内容按照公务员的职位分类，根据相关业务工作需要设置。初任培训由组织、人社部门统一组织。初任培训在试用期内完成，时间不少于 20 天。没有参加初任培训或培训考试、考核不合格的新录用公务员，不能任职定级。

任职培训是按照新任职务的要求，对晋升领导职务的公务员进行的培训。任职培训的目的是使新晋升的公务员进一步提高思想政治水平、政策理论水平、业务知识水平、依法行政水平，培养组织领导能力、科学决策能力、综合协调能力和开拓创新能力，增强现代行政科学管理意识和全心全意为人民服务的公仆意识，以适应新任领导职务的要求。培训内容主要包括政治理论、领导科学、政策法规、廉政教育及所任职务相关业务知识等，重点提高其胜任领导工作的能力。任职培训在公务员任职前或任职后一年内进行，时间不少于 20 天。调入机关任职以及在机关晋升为副调研员、调研员职务层次的非领导职务的公务员，按照规定参加任职培训。没有参加任职培训或培训考试、考核不合格的公务员，应及时进行补训。

专门业务培训是根据公务员从事专项工作的需要进行的专业知识和技能培训，重点提高公务员的业务工作能力。专门业务培训的内容、时间和要求由机关根据需要确定。专门业务培训考试、考核不合格的公务员，不得从事专门业务工作。

在职培训是对全体公务员进行的以更新知识、提高工作能力为目的的培训。在职培训的内容、时间和要求由各级组织、人事部门和机关根据需要确定。对担任专业技术职务的公务员，应该按照专业技术人员继续教育的要求，进行专业技术培训。在职培训考试、考核不合格的公务员，年度考核不得确定为优秀等次。无正当理由不参加培训的公务员，根据情节轻重，给予批评教育或者处分。

组织、人社部门负责制定公务员脱产培训计划，选调公务员参加脱产培训。公务员所在机关按照计划完成调训任务。

公务员培训所需经费列入各级政府年度财政预算，并随着财政收入增长逐步提高，对重要培训项目予以重点保证。

党校、行政学院按照职能分工开展公务员培训工作。部门和系统的公务员培训机构，按照各自职责，承担本部门和本系统的公务员培训任务。其他培训机构经市级组织、人社部门认可，可承担机关委托的公务员培训任务。

组织、人社部门对公务员培训工作进行监督检查，制止和纠正违反《公务员培训规定（试行）》的行为。公务员所在机关未按照规定履行公务员培训职责的，由组织、人社部门责令限期整改，逾期不改的，给予通报批评。

二、公务员培训登记制度

为健全完善公务员培训约束激励机制，全面掌握和反映公务员参加培训的状况，保障公务员接受培训的权利和义务，加强和规范公务员培训管理，根据《中华人民共和国公务员法》和《公务员培训规定（试行）》，公务员的培训实行登记管理，辽宁省人力资源和社会保障厅制定了《公务员培训证书登记管理办法》（草案）。

公务员培训证书是公务员接受培训的记录和证明，所记载的公务员培训成绩和学习鉴定，是公务员年度考核、任职、定级和晋升职务的重要依据之一。

证书由辽宁省公务员培训主管部门统一印制，由沈阳市人社部门发放与登记管理，加盖公务员主管部门的公章方可生效。证书发放对象为处级及以下公务员、参照《公务员法》管理单位的人员。公务员参加由公务员主管部门组织或认可的初任培训、任职培训、专门业务培训和在职培训，均应在证书上登记。公务员参加上述各类培训，须由施教机构和单位人事部门负责登记培训科目、学时和考核（考试）成绩。

证书实行日常登记和年度审验结合的办法。如发现私自涂改证书登记内容、伪造证书等情形的，由验证机关收缴证书，并根据情节轻重，给予批评教育或者行政处分。

证书原则上由公务员所在单位人事部门统一妥善保管，对损坏或者遗失的培训证书，由公务员所在单位提出书面申请，凭单位和施教机构提供的培训情况证明，经发证部门同意后补发，并按照要求补记证书登记内容。培训证书全部登满后，凭原证书由发证部门更换，新、旧证书编号应当一致，原证书交还本人保管。公务员工作调动，证书可继续使用。

第三编 人才资源开发管理与事业单位人事管理

|第四章|
人才资源开发

第一节 人力资源开发概述

一、人力资源开发的概念

人力资源开发属于人力资源管理的领域，它在战略人力资源管理中，具有重要的作用。人力资源开发的定义为：开发者通过学习、教育、培训、管理、文化制度建设等有效方式，为实现一定的经济目标与发展战略，对既定的人力资源进行利用、塑造、改造与发展的活动。这里的开发者既可以是政府、机关、学校、团体、协会、私有机构、公共组织等，也可以是企业雇主、主管、个人、被开发者等。

二、人力资源开发的类型

人力资源开发的类型划分多种多样，从空间形式来看，有行为开发、素质开发、个体开发、群体开发、组织开发、区域开发、社会开发、国际开发等不同形式。

从时间形式来看，有前期开发、使用期开发与后期开发。所谓前期开发，是指人力资源形成期间与就业前的开发活动，包括家庭教育、学校教育、就业培训等；所谓后期开发，是指法定退休年龄后的人力资源开发活动。

从对象上划分，有品德开发、潜能开发、技能开发、知识开发、体能开发、能力开发、智力开发、人才开发、管理者开发、技术人员开发、普通职员开发等。

三、人力资源开发的特点

人力资源开发具有多方面的特点。一是特定的目的性与效益中心性。无论哪种类型的人力资源开发，都有其特定的目的，人力资源开发特定的目的性最终都体现在为实现一定的经济目标与价值目标的服务性上，都是以经济效益、社会效益与政治效益的获取为中心的。综合效益最大化是人力资源开发追求的目的。二是长远的战略性。人力资源开发是人力资源中长期规划实现的手段与途径。我国目前面临着知识经济到来与加入 WTO 后双重机遇与挑战，为了保证我国经济与政治稳定及持续发展，免受不良影响的冲击，我国必须制定切实可行的人力资源开发战略规划，并进行全方位的人力资源开发活动。三是基础的存在性。任何开发都是建立在一定对象的基础上的，毫无基础的对象是无法进行开发的。人力资源开发也不例外，它必须在开发的客体或对象具有一定的人力资源数量或质量时，才有可能对他们进行有效开发，这样的开发才有意义。四是开发的系统性。人力资源本身就是一种交流，其中包括要素结构子系统、数量分布子系统。要素相互作用影响子系统，要素相互生存发展子系统。因此，人力资源系统的特点决定了人力资源的开发必须具有系统性；否则，将事半功倍，甚至有劳无功。五是主客体的双重性。除个体自我开发外，任何人力资源开发都具有主客体的双重性，这是人力资源开发区别于其他资源开发的重要特点之一。六是开发的动态性。人力资源开发客体的主观能动性、开发过程中的长期性及开发活动的负责性，决定了人力资源开发的动态性。

第二节　高层次专业技术人才的选拔、培养与管理

按照 2010 年 6 月中共中央国务院印发的《国家中长期人才发展规划纲要（2010—2020 年）》文件有关精神，高层次专业技术人员是指具有较高专业知识或专门技能，在一定领域处于领先地位，进行创造性劳动，并对社会

作出突出贡献的专门人才，是人力资源中能力和素质较高的劳动者。沈阳市在《沈阳市"凤亲雁归"工程实施方案》（沈人才发〔2007〕8号）中，对高层次人才界定为中国科学院院士、中国工程院院士、中国社会科学院学部委员和国内外相应层次重要人才、名家大师以及获得正高级以上职称的各类人才。根据各地的不同情况，无论是"百千万人才工程"，还是"创新型领军人才""技术型领军人才""国家科技进步奖获得者"等，都可列为高层次专业技术人才。

一、选拔范围

根据近年来各地对高层次专业技术人才的界定，结合工作方案，给出下列选拔范围：

（1）担任市管副职以上领导职务的党政人才及其后备人才；

（2）具有3年以上担任世界五百强企业、国际知名企业（含驻华区域及以上机构）中层以上领导职务经历的经营管理人才，具有3年以上担任国内规范以上企业正副职经历或拥有国际、国内权威机构认证的中级以上职业经理人资格证书的经营管理人才；

（3）担任或曾经担任正高级职务（含社会科学和艺术类）或获得两项以上国家专利（其中一项为发明专利），并应用于生产实践，且产生显著效益的经营管理或专业技术人才；

（4）国家一级演员或享誉国内外的文化艺术名人；

（5）国内外高校和科研机构全日制毕业并获得博士学位的经营管理或专业技术人才；

（6）获得国外院校、机构硕士以上学位或国外高级技工以上职业等级证书并在国外企业、机构的管理或技术岗位工作 2 年以上的留学归国人才；

（7）从事或曾经从事市以上重大科技创新项目（获国家、省、市科技进步三、二、一等及以上奖励的）关键技术研究和核心部件制造的专业技术人才和高技能人才；

（8）全国技术能手，获得国家、省、市职业技能竞赛 10、5、3 以上名次的高技能人才；在企业技术革新中有重大成果，为企业年节约成本或增加效益 1000 万元以上的技能人才；

（9）经市以上农业综合管理部门评定的农村各业技术大王；

（10）经市人才管理机构认定、具有特殊才能的各类人才。

二、选拔条件

（1）政治方面：热爱祖国，坚持四项基本原则，遵纪守法，有良好的职业道德。

（2）业务方面（符合下列条件之一）：

① 在自然科学方面的研究成果有创造性，达到国际

领先或先进水平，或者获得国家自然科学二等奖以上科研课题的主要完成者。

在社会科学研究方面，其研究成果有独到见解，有创造性、开拓性，对发展新兴学科、发展专业基础有突出贡献，并获得重大社会效益。

② 在技术上有重大发明创造或技术革新，特别是在国家新兴产业，在国内外处于领先地位，并经实践证明具有显著的经济效益或社会效益，是获得国家发明二等奖以上、国家科技进步一等奖以上科研课题的主要完成者。

③ 在完成国家重点工程、重大科技攻关、大中型企业技术改造，以及在消化引进高科技产品、技术项目中，创造性地解决了重大技术难题，其技术水平处于国内领先地位，并取得了显著的经济效益或社会效益。

④ 长期在医疗卫生第一线工作，医疗技术精湛，多次成功地诊治疑难、危重病症，成绩突出，享有盛誉，得到国内外同行的公认。

⑤ 长期从事高等教育工作，在教书育人方面成绩卓著，得到同行专家公认，或者获得全国普通高校优秀教学成果特等奖的主要获得者。

⑥ 长期在农业生产、科技推广第一线工作，为推动农业科技进步和农村经济发展，在成果转化、技术改进或推广服务等方面作出优异成绩，在全国产生重大影响。

⑦ 在管理工作中，能结合实际运用现代化管理科学

的理论，提出整套切实可行的科学的管理方法或作出正确决策，并在其方法或决策指导下取得显著的经济效益或社会效益，其水平位于国内同行领先地位。

三、高层次专业人才培养

围绕提高自主创新能力、建设创新型国家，以高层次创新型科技人才为重点，努力造就一批高层次水平的科学家、科技领军人才、工程师和高水平创新团队，注重培养一线创新人才和青年科技人才，建设庞大的创新型科技人才队伍，《国家中长期人才发展规划纲要（2010—2020 年）》中提出，一是突出培养造就创新型科技人才，二是大力开发经济社会发展重点领域急需的紧缺专门人才，三是统筹推进各类人才队伍建设。在专业技术人才队伍建设中，应根据其自身特点，制订出相应的培养措施。具体举措有以下几点。

（1）在政策上为人选的成长创造有利条件。各地区、各部门要结合实际，在资金支持、项目扶持、表彰评选、助手配备、家属调动、住房与生活条件的改善等方面，采取有力措施，激发他们积极工作的内在动力。

（2）营造良好的学术交流环境。定期组织"百千万人才工程"人选专题学术论坛和高级研修班，采取特邀院士专题学术报告、与会青年专家学术交流、科学考察和国情教育等多种形式相结合，有利于知识资源的合理流动和青年专业技术人员的迅速成长。

（3）注重在实践中培养人才。充分利用国家重点实验室、博士后科研流动站、博士后企业工作站等形式，积极吸收人选参与重大科研、生产项目，鼓励他们参加各类学术活动，对他们委以重任，合理使用，赋予他们充分的科研自主权。

（4）发挥各类社会组织培养专业技术人才的作用。

（5）制定双向挂职、短期工作、灵活多样的人才柔性流动政策，引导党政机关、科研院所和高等学校专业技术人才向企业、社会组织和基层一线有序流动，促进专业技术人才合理分布。

（6）统筹推进专业技术职称和职业资格制度改革。完善政府特殊津贴制度，强化激励、科学管理，改进专业技术人才收入分配等激励办法。

四、高层次专业人才管理

高层次专业人才是人才的一个重要组成部分，各级党委政府有责任和义务肩负起加强与完善人才工作管理的任务，完善区管人才的领导体制，改进人才管理方式，加强人才工作法制建设，使高层次人才能在良好的工作环境中不断成长，为社会经济建设作出更大的贡献。

（1）对有突出贡献的专业技术人才实行宏观管理，各省、自治区、直辖市和部委、人力资源与社会保障部部门及专家所在单位负责日常管理。人保部门应建立有突出贡献的专家的考绩档案，及时了解他们在工作中作出的新贡献和出现的新情况，督促、检查专家工作、生活待遇的落实情况，切实做好服务工作。

（2）对有突出贡献的高层次专业人才的跨地区跨部门工作调动、健康变化、奖惩等重大情况，有关地区或部门应及时报人保部备案。

（3）凡丧失有突出贡献的专家所必需的政治思想基本条件，弄虚作假，谎报成果，擅自离职或未经组织同意长期出国（出境）不归者，取消其有关突出贡献的各类荣誉称号。

第三节　市场准入制度

所谓市场准入，一般是指货物、劳务与资本进入市场程度许可。

市场准入制度，是有关国家和政府准许公民和法人进入市场，从事商品生产经营活动的条件与程序规则的各种制度与规范的总称。它是商品经济发展的历史阶段，随着市场对人类生活的影响范围和程度日益拓展与深化，为了保护社会公共利益的需要而逐步建立和完善的。

市场准入制度是国家对市场进行干预的基本制度，作为政府管理的第一环节，它既是政府管理市场的起点，又是一系列现代市场经济条件下的一项基础性的、极为重要的经济法律制度，是一种政府行为，是一项行政许可制度。

人力资源开发准入制度，特指人力资源开发过程中准许个人和其他机构在人力资源市场从事招聘、管理档案、从事培训、从事测评、从事资源网络服务等活动的一项行政许可制度。

1997 年 3 月 28 日沈阳市第十一届人民代表大会常务委员会第二十八次会议通过，1997 年 5 月 30 日辽宁省第八届人民代表大会常务委员会第二十八次会议批准，《沈阳市人才市场管理条例》颁布实施，具有法律效力。随着市场经济不断发展的形势要求，2007 年 6 月 20 日沈阳市第十三届人民代表大会常务委员会第三十九次会议修订，同年 7 月 27 日经辽宁省第十届人民代表大会常务委员会第三十二次会议批准，2007 年 9 月 10 日起施行该条例。

该条例第五条规定，设立人才中介服务机构实行许可证制度。第六条、第七条、第八条规定人才中介机构具备的相应条件和从事的业务范围。具体包括如下内容。

第五条 设立人才中介服务机构实行许可证制度。设立人才中介服务机构，应当向人事行政部门提出书面申请。符合条件的，由人事行政部门颁发《人才交流服务许可证》。

第六条 设立人才中介服务机构应当具备下列条件：

（一）有开展人才交流中介服务活动的固定场所、设施和 10 万元以上注册资金；

（二）有 5 名以上大专以上学历、取得人才中介服务资格证书的专职工作人员；

（三）有健全的工作制度；

（四）能够独立享有民事权利，承担民事责任；

（五）法律、法规规定的其他条件。

第七条　人事行政部门应当在接到设立人才中介服务机构申请之日起 10 个工作日内审核完毕，并作出决定。10 个工作日内不能作出决定的，经人事行政部门负责人批准，可以延长 5 个工作日，并应当将延长期限的理由告知申请人。经审核同意的，应当在作出批准决定之日起 5 个工作日内向申请人颁发许可证；不同意的，应当书面通知申请人，并说明理由。

第八条　人才中介服务机构可以从事下列业务：

（一）进行人才推荐和人才招聘，为用人单位和应聘人才提供洽谈场所，举办人才交流会；

（二）人才测评；

（三）人才培训；

（四）收集、整理、储存、发布人才供求信息，并提供人才信息网络服务；

（五）法律、法规规定的其他有关业务。

人事行政部门可以根据经济、社会发展需要以及人才中介服务机构自身的设备条件、人员和管理等情况，批准其开展一项或者多项业务。

第四节　政府特殊津贴制度

为了进一步调动广大知识分子的积极性，发挥他们在社会主义现代化建设中的重要作用，从 1990 年开始，国务院决定，每年给一部分作出突出贡献的专家、学者、技术人员发放政府特殊津贴。

发放政府特殊津贴，对作出突出贡献的专家、学者、技术人员来说，既是一种实惠，又是一种荣誉，是党和国家对他们作出成绩的肯定和鼓励。可以提高一部分专家、学者、技术人员的工资待遇，改善他们的生活条件，又体现了按劳分配、鼓励先进的原则，更有利于激励广大知识分子奋发向上，为社会主义现代化建设多作贡献。目前，全国特殊津贴获得者近 1.5 万人，沈阳市截至 2010 年有 524 人。值得一提的是，高技能人才过去没有被列入国家特殊津贴获得者行列，2008 年起，沈阳市有 3 名高技能人才进入国务院特殊津贴者群体中，对广大产业工人是一个极大的鼓舞。

一、享受政府特殊津贴人员的选拔范围

选拔享受政府特殊津贴的对象是在科技、教育、文化、卫生等岗位和在工农业生产第一线作出重大贡献与取得突出业绩的专家、学者、技术人员。重点是在关系国民经济和社会发展的关键技术领域中涌现出来的优秀

人才，在信息、金融、财会、外贸、法律、现代管理及理论研究、新闻出版、文艺等领域作出重大贡献的专门人才。公有制经济成分和非公有制经济成分的企事业单位中符合选拔条件的人选，均可以按照选拔程序推荐。担任副省（部）级及其以上领导职务和享受副省（部）级及其以上待遇的专家、学者，在企事业单位中担任党政领导后不再直接从事专业技术工作的人员，党、政、军、群机关的工作人员，除中国科学院院士和中国工程院院士外，原则上不享受政府特殊津贴。

二、享受政府特殊津贴人员的选拔条件

享受政府特殊津贴人员的思想政治条件是热爱祖国，遵纪守法，有良好的职业道德，模范履行岗位职责。此外，享受政府特殊津贴人员必须从专业技术岗位上工作的在职人员中选拔。享受政府特殊津贴人员的选拔必须以近五年来取得的专业技术业绩、成果和贡献为主要依据，并得到本地区、本系统同行专家的认可。

享受政府特殊津贴人员必须具有高级专业技术职务，并应具备下列条件之一：

（1）中国科学院院士或中国工程院院士；

（2）在自然科学研究中，学术造诣高深，对学科的建设、人才培养、事业发展作出突出贡献，是学科领域的带头人；或研究成果有开创性和重大科学价值，得到国内外同行专家公认，达到国际国内领先或先进水平；

（3）在技术研究与开发中有重大发明创造、重大技术革新或解决了关键性的技术难题，取得显著的经济效益和社会效益；

（4）在社会科学研究中，成绩卓著，对社会发展和学科建设作出突出贡献，是学科领域的学术带头人；

（5）在信息、金融、财会、外贸、法律和现代管理等领域，为解决国民经济和社会发展的重大问题提供基础性、前瞻性、战略性的科学理论依据，作出特殊贡献的人员；

（6）长期工作在教育、教学工作第一线，对学科建设、人才培养、事业发展发挥了重大作用，所创建的新教育理论或教学方法，经省（部）级教育行政部门鉴定并普遍推广，成效显著并为同行所公认；

（7）长期工作在工农业生产和科技推广第一线，有重大技术突破，推进了行业技术进步和国民经济发展；或在技术成果向生产力转化或新技术、新工艺、新方法推广中，业绩突出，产生了显著的经济效益和社会效益；

（8）长期工作在卫生工作第一线，医术高超，多次成功地治愈疑难、危重病症，或在较大范围多次有效地预防、控制、消除疾病，社会影响大，业绩为同行所公认；

（9）在文化艺术、新闻出版领域，成绩卓著、享有盛名，是本领域的带头人；

（10）在教练执训工作中成绩卓著，为发展我国体育事业作出重大贡献的职业体育教练员。

三、政府特殊津贴发放办法

1990—1994 年享受政府特殊津贴的人员，每人每月由国家发给政府特殊津贴 100 元，退休后继续享受，数额不减。

1995—2000 年新选拔的享受政府特殊津贴人员，由国家一次性发给政府特殊津贴 5000 元；2001 年、2002年，一次性津贴 1 万元；2004 年起，一次性津贴 2 万元。政府津贴免征个人所得税。

四、对享受政府特殊津贴人员的考核

为了保证政府特殊津贴工作更好地起到激励作用并保持其严肃性，各级人事部门要定期对享受政府特殊津贴人员进行考核。

（1）对享受政府特殊津贴的专家、学者、技术人员的考核每两年进行一次。主要考核其表现和业绩，对他们在社会主义现代化建设中作出的新贡献和取得的新成就要及时掌握、充分肯定、大力宣传。考核主要是在职人员，特别是 55 岁以下的中青年专家、学者、技术人员。

（2）在考核中如发现有以下情况之一的，停发或取消政府特殊津贴：

① 弄虚作假，谎报成果，用欺骗手段取得政府特殊

津贴者，取消政府特殊津贴，收回政府特殊津贴证书（以下简称证书）；

② 丧失或违背享受政府特殊津贴所具备的政治思想基本条件者，取消政府特殊津贴，收回证书；

③ 未经组织同意出国半年以上不归者，停发政府特殊津贴；

④ 未经组织批准，自动离职者，停发政府特殊津贴；

⑤ 领取政府特殊津贴后，放松要求，不求上进，群众反映强烈的，要及时进行帮助教育。如经两次考核仍无改进表现，长期不起作用者，停发政府特殊津贴。

停发或取消政府特殊津贴，由人事部门商有关部门提出意见，经省、自治区、直辖市、计划单列市和部门领导核准后，报人事部核批。"大部制"改革后，人事部现为人力资源和社会保障部。

第五节　博士后制度

为加速培养和造就大批年轻、高水平的学术带头人与科技骨干，由李政道教授倡议、邓小平同志亲自决策，1985年经国务院批准（国发〔1985〕88号），我国开始实行博士后制度。这项制度主要是在一些具备条件的高等学校和科研机构里择优设立某学科的博士后科研流动站，挑选刚刚获得博士学位的优秀年轻人员进站，在规定的期限内从事研究工作。

为使博士后工作得以顺利开展，由国家人事、科技、教育、财政等有关部门领导和著名科学家组成了全国博士后管理协调委员会（办公室设在人事部专业技术人员管理司），负责协调有关工作。此后，国家陆续颁发了一系列有关博士后的特殊优惠政策和管理办法，构成了具有中国特色的博士后制度。

一、博士后研究人员的特点及招收博士后有关规定

1. 博士后研究人员的基本特点

博士后研究人员是指经批准并在全国博士后管理协调委员会办公室注册，在流动站或工作站里从事博士后科研工作的人员。具有如下几个特点。

（1）"博士后"不是学位，也不是专业技术或行政职务，只是一种特殊的职位。一位博士后人员在流动站从事一期或二期研究工作，仅表明一种工作经历。

（2）博士后研究人员属于国家正式工作人员，而不再是学生，他们在博士后研究期间要与其他正式职工一样计算工龄，除享受国家规定的优惠政策外，还享受同本单位正式职工一样的各种待遇。

（3）博士后研究人员主要从事具有探索、开拓、创新性质的研究工作。

（4）对设站单位来讲，博士后研究人员是有期限的工作人员，不列入单位的正式编制，工作期满后，必须

流动出站，在其获得固定工作岗位前，实际上处于流动状态。

2. 博士后研究人员应具备的基本条件和申请、审批程序

（1）具有博士学位，品学兼优，身体健康，年龄在四十岁以下的优秀青年，可以申请从事博士后研究工作。但对于委托培养、定向培养和具有现役军人身份的人员申请从事博士后研究工作，需征得其原工作单位或定向单位的同意并出具书面证明。此外，为避免学术上的"近亲繁殖"，各流动站设站单位培养的博士，毕业后不能申请进本单位同学科（一级学科）的博士后流动站，若进本单位不同学科的流动站，也须从严掌握。

（2）各设站单位须对申请从事博士后研究工作的人员提供的材料认真审核，并对其政治思想、道德品质、科研能力、学术水平和已取得的科研成果等进行全面考察，经过择优选择，确定最终人选。工作站单位一般须与流动站单位联合招收博士后研究人员，并共同协商做好人选考察、录用等管理工作。

（3）各设站单位将办理进站所需材料汇总后，报全国博士后管理协调委员会办公室或有关省（市）博士后工作主管部门核准。

（4）为了争取更多的海外优秀留学博士回国做博士后，国家采取了优惠措施：一是规定各类留学人员申请回国做博士后，国内各单位要顾全大局，支持他们到适

合发挥他们才能的单位做博士后；二是由于当前博士后流动站专业设置覆盖面的限制或其他原因难以被设站单位接收时，允许他们选择具备博士后研究条件而尚未设站的单位去做博士后；三是各单位可不受国家资助招收博士后研究人员计划名额的限制，接受优秀留学博士回国做博士后，所需经费由国家专项拨款。

二、博士后研究人员在站期间的管理

1. 博士后在站期间的管理

博士后在站工作期限一般为 2 ~ 3 年。各设站单位可以按照国家的法规和博士后工作的有关政策，与博士后研究人员就其福利待遇、工作期限、科研项目内容和应达到的工作目标及科研成果产权归属等双方认为有必要的事项签订协议（或合同），明确各自的权利、责任、义务和违反协议的处理办法。各单位要定期组织本单位各有关部门和合作导师等专家，对博士后研究人员的科研工作和协议履行情况进行检查与监督，同时逐步建立起在站博士后人员的考核和奖励办法。

2. 博士后研究人员的工资、福利待遇和住房

（1）博士后研究人员的工资。① 博士后研究人员岗位工资按照所聘岗位确定；薪级工资在第一站执行 16 级薪级工资标准，以后每做一站，提高两级薪级工资标准，如按此确定的薪级工资低于所聘岗位同等条件人员的，按照所聘岗位同等条件人员的薪级工资确定；绩效工资

由设站单位（含接收留学博士回国做博士后的非设站单位）根据其工作表现和实际贡献确定；津贴补贴按照国家有关规定执行。② 各设站单位应对博士后研究人员进行年度考核，对年度考核合格的博士后研究人员，每年增加一级薪级工资。③ 博士后研究人员工作期满出站，并被聘用到事业单位后，各设站单位应将其在站期间岗位工资、薪级工资及考核情况介绍到接收单位。在明确岗位前，博士后研究人员仍执行在站期间的工资标准；明确岗位后，按照所聘岗位执行相应的岗位工资标准，按照以下办法确定。被聘用在专业技术岗位的，原薪级工资低于所聘岗位起点薪级工资的，执行起点薪级工资标准；原薪级工资达到所聘岗位起点薪级工资的，薪级工资不变。被聘用在管理岗位的，薪级工资按照所聘岗位比照同等条件人员重新确定。

（2）博士后研究人员在做第一站博士后期间，中途退站、自动离站或在站工作时间少于 21 个月的，其出站后的工资待遇按照博士毕业生对待；在做第二站期间，则照按做完第一期博士后的人员对待。

（3）各设站单位应将博士后研究人员的社会保障纳入统一的社会保障政策，与设站单位职工享受同等的医疗保障待遇，所需资金的筹集应当执行设站单位职工医疗保障基金的筹集办法。

（4）设站单位应当采取多种形式为博士后研究人员提供住房等必要的生活条件，住房收费标准由设站单位或博士后公寓管理部门按照本单位或当地的收费标准确定。居住在博士后公寓内的博士后研究人员出站后，应及时从公寓中迁出。

3. 博士后及其配偶、子女办理户口准迁手续的有关规定

（1）博士后研究人员进站，可在设站单位所在地落常住户口。博士后研究人员可先到设站单位所在地公安部门办理户口准迁手续，再到原户口所在地办理迁出手续，最后回迁入地办理落户手续。出国前已注销户口的留学博士（含在国外获取长期居留证的博士），需先到原户口注销地户籍管理部门开具户口注销证明，再按照上述程序办理户口迁落手续。

（2）博士后流动期间，其配偶及未成年子女（指十八岁以下的未就业子女）可以随博士后一起流动。

4. 博士后配偶工作安排和子女入托、上学问题的有关规定

（1）博士后研究人员在站期间，如配偶申请随其流动，可到配偶所在工作单位办理借调工作或停薪留职手续，在此期间的职称、调资、医疗等由原工作单位按照国家和当地有关规定负责办理，需由双方协调解决的，由双方协商确定；如将人事档案关系转至当地人才交流中心，在此期间的职称、调资等，则由人才交流中心按照国家和当地有关规定办理。各有关部门、单位均应积极支持和协助。

（2）各设站单位应积极地为博士后研究人员的配偶安排和联系临时工作，博士后研究人员的配偶在寻找和应聘工作时，享受当地居民的同等权利。

（3）没有条件安置博士后研究人员配偶工作的设站单位，或配偶不随博士后研究人员流动，设站单位应发给博士后研究人员一定的生活补贴。

（4）博士后研究人员子女入托，上小学，报考（转入）中学、中等专业技术学校及高等院校，可在暂住户口所在地，按照当地常住户口居民的同等待遇，到当地教育部门办理有关手续。

5. 博士后研究人员的专业技术职务任职资格

（1）设站单位可以根据博士后研究人员在站期间的科研能力、学术水平、工作成果，在出站前按照国家有关规定为博士后研究人员评定专业技术职务任职资格。

（2）博士后研究人员的专业技术职务评审工作可与设站单位工作人员一同进行，也可以出站后再由接收单位委托设站单位评审或由设站单位提出专业技术职务任职建议。在工作站工作的博士后研究人员的高级专业技术职务任职资格可由与其联合培养博士后研究人员的流动站单位受理评审，或由工作站单位所在地高级专业技术评审委员会进行评审。

6. 在站期间博士后出国的规定

（1）博士后研究人员在站期间，根据工作需要，设站单位可安排他们出国参加国际学术会议或短期学术交流活动，期限一般不超过三个月。博士后研究课题如必须借助国外的研究条件进行，经设站单位批准，可以在国外进行博士后研究工作，但必须与设站单位签订相关协议。对出国逾期不归超过一个月的，应按照自动退站处理。

（2）现役军人博士后研究人员申请出国，还应征得其原所在大军区级单位政治机关的同意。

7. 博士后退站的有关规定

博士后研究人员在站期间，考核不合格；在学术上弄虚作假，影响恶劣的；受警告以上处分的；无故旷工连续 15 天或一年内累计旷工 30 天以上的；由于患病等原因难以完成研究工作的；出国逾期不归超过 30 天的，应予退站。

退站人员不再享受博士后研究人员的待遇。全国博士后管理办公室或有关省（市）博士后工作管理部门负责将他们的户口转至其直系亲属的户口所在地或新的工作单位所在地。设站单位负责为他们出具分配工资介绍信，并将档案材料转至其新的工作单位或其直系亲属所在地的人才交流中心。

三、博士后研究人员期满出站管理

（1）博士后研究人员工作期满必须出站，或者转到另一个设站单位从事博士后研究工作。

（2）博士后研究人员工作期满，应向设站单位提交工作总结、研究报告等书面材料。

（3）设站单位接到博士后研究人员的出站申请后，应当组织有关专家对其研究工作进行评审，并形成书面材料，归入其个人档案。

（4）博士后研究人员工作期满出站，除有协议的以外，其就业实行双向选择、自主择业。

（5）博士后研究人员工作期满出站申请自费出国，可以按照自费出国的有关规定，由设站单位或当地省（市）人才交流中心办理有关手续。如当地省（市）人才交流中心接收博士后研究人员本人的档案及户口，全国博士后管理协调办公室或有关省（市）博士后管理部门可为其办理相关手续，但不办理其配偶、子女户口随迁手续。

第六节　回国（来华）专家管理

吸引海外高层次科技人才来大陆定居工作是我国人事人才工作的重要内容之一。从新中国成立初，就有一大批华人华侨专家来华（回国）定居工作，为新中国的革命和建设事业作出了重要贡献。改革开放以来，越来越多的旅居国外的华侨、华人和台湾、港澳同胞中的一些科技专家回国（来华）定居工作。这些专家多数在欧美等经济发达国家学习并取得博士或硕士学位，他们中的许多人成为本单位的学术、技术带头人，作出了突出贡献，带动了我国一些新学科领域的发展。为了鼓励在科学技术或其他领域作出显著成绩、学有专长、有真才实学的优秀人才，以及其研究和工作领域处于国际领先地位、有发展前途的、我国急需的青年尖子人才回祖国大陆或来华定居工作，经党中央、国务院批准，人事部先后出台了《关于来华定居工作专家工作安排及待遇等问题的规定》（国办发〔1994〕102号）、《关于回国（来华）定居专家工作有关问题的通知》（人专发〔1995〕36号）等文件，对于旅居国外的华侨、华人和台湾、港澳同胞中的科技专家回祖国大陆或来华定居工作的工作安排，工资和生活津贴，来华旅费和其他补助费，出境及出境期间的待遇，探亲和休假，医疗和交通、住宿、购物等，住房，子女上学、就业，退休等方面都有规定。

（1）回国（来华）定居工作的科技专家是指具有大学本科毕业以上学历，并对某一门学科有专门研究或擅长某项技术的人才。为适应我国科技和经济事业的发展，工作对象重点是那些在科学技术或其他领域作出显著成绩、学有专长、有真才实学的优秀人才，以及其研究和工作领域处于国际领先地位、有发展前途的、我国急需的青年尖子人才。特别是国内急需的微电子、信息、生物、新材料、航空自动化、新能源、激光和海洋等高新技术领域或经济、金融、贸易、法律等社会科学方面的人才。

（2）申请回国（来华）定居工作的具体程序：先由本人填写"回国（来华）定居工作申请表"，再由受理的驻外使、领馆审核提出意见，并将申请表和能反映其学历、经历、专长的有关材料及近期身体健康检查证明，一并报送人事部专家司；待国内为其安排好工作和生活等事项，并经批准后，再通知申请人。对申请回国（来华）定居工作的专家，应热情地向他们介绍国内改革、开放和经济建设的新世纪对人才的需求情况，同时也要把各种困难充分地向他们讲清楚，请他们认真考虑；要详细地了解他们的要求、业务水平及身体健康状况；对有条件的，可建议他们先自费前来对国内的工作和生活情况作些了解，以便为定居工作作好必要的准备。

第七节　专业技术人员继续教育概述

一、继续教育的概念

继续教育是一个特定的教育领域，是指对在职专业技术人员的知识、技能进行补充、增新、拓宽和提高的一种高层次的追加教育。目的是使专业技术人员能跟上或适应科学技术日新月异的发展变化，以保证生产力的不断提高和发展。现代科学技术的飞速发展，传统的学校教育已不能终生受用，必须在职业岗位上不断地接受教育，即发展为终身教育的概念。

继续教育在国际上统称为"继续工程教育",意思是"工程师的继续教育"或"工程师与技术员的继续教育",即教育的对象只限于从事专业技术工作的在职人员,包括企业管理人员。我国继续教育的对象不仅限于工程技术人员,而是包括自然科学和社会科学在内的所有在职专业技术人员。

二、继续教育的起源与发展

继续教育是一项新兴的教育事业,于 20 世纪初在一些发达国家率先兴起。继续教育的兴起与发展,从根本上说,是由现代科学技术进步和经济发展决定的。继续教育推动着全球的产业革命和高科技的发展,推动着世界经济的突飞猛进。科学技术是国家强盛的关键因素,科技的竞争,经济的竞争,综合能力的竞争,归根结底是人才数量和素质的竞争,是教育水平的竞争,这已经成为国内外有识之士的一种共识。

我国的继续教育事业始于 20 世纪 80 年代初的改革开放,是随着改革开放而发生,伴着改革开放的深化而发展的。与国际上众多的国家相比,我国的继续教育事业起步虽然较晚,但发展很快。经过二十多年的努力,我国的继续教育从启蒙宣传、研究探索到积极实践,取得了累累硕果,走上了稳步发展的道路,并已在国际继续教育领域中占有重要的一席之地。

三、继续教育的地位和作用

继续教育在推动我国科技进步和经济社会发展进程中，处于十分重要的位置，并发挥着极为重要的作用。

（1）继续教育在科学技术第一生产力中处于保障性地位。科学技术是生产力诸要素的第一要素，是社会生产活动发展的第一推动力，是提高经济效益的第一因素，在现代化经济社会发展中，起着第一位的作用。而科学技术在诸多方面起到的重要作用，均离不开掌握和运用科学技术的专业技术人员与管理人员，而这些人员又离不开继续教育对他们的科技水平和业务能力的不断提高，因此，继续教育是保障"科学技术第一生产力"实现的关键。

（2）继续教育在科教兴国中处于先导性地位。世界上许多国家的发展，无不同重视教育、科技和人才相关。我国坚持科学技术是第一生产力，人才资源是第一资源，把经济建设真正转到依靠科技进步和提高劳动者素质的轨道上来，提出了科教兴国和人才强国战略，而重视教育，重视科技，重视人才，都离不开继续教育，继续教育在科教兴国中处于先导性地位。

（3）继续教育在社会主义现代化建设中的作用。继续教育在社会主义现代化建设中可以产生直接的或间接的科技效益、经济效益、社会效益和人才效益。它表现在科技、经济、社会的诸多方面。

继续教育可以缓解急需紧缺人才的匮乏，促使中青年专业技术人员脱颖而出。开展继续教育，可以在尽量短的时间内，培养造就出一大批具有国内外一流水平的跨世纪学术、技术带头人。

继续教育可以促进产业结构、产品结构调整和变革。当前，调整和变革我国的产业结构和产品结构，首先遇到的一大难题是人才个体的知识结构和人才群体的知识结构不能满足客观需要，存在着诸多缺陷，严重影响着当前产业结构和产品结构的调整与变革。要解决这一矛盾，一条重要的途径是大力开展继续教育，针对产业结构和产品结构调整的需要，拓展专业技术人员的知识面，更新知识，培养和造就一大批复合型人才，促进产业结构和产品结构的调整。

继续教育可以帮助企业摆脱困境，依靠技术进步增强竞争力，可以加速引进技术的消化吸收，可以促进企业管理水平的提高等。可以说，继续教育是实施科教兴国、人才强国战略不可或缺的一条重要途径。

第八节　继续教育制度的基本内容

1995 年 11 月，人事部印发的《全国专业技术人员继续教育暂行规定》是目前唯一的全国综合性继续教育法规。该规定共分五章三十条，主要内容包括继续教育的对象、内容、方式、时间，以及继续教育基地、师资、经费和组织管理、实施等。

一、继续教育的对象

继续教育作为一个新兴的教育领域，有其特定的对象。它是指企业和事业单位在职的专业技术人员，包括自然科学和社会科学的各类专业技术人员与管理人员。

二、继续教育的内容

继续教育的内容突出一个"新"字，根据社会主义市场经济和现代科学技术发展的需要，结合本职工作，突出新理论、新知识、新技术、新方法和新信息等的学习与获取。

三、继续教育的方式

继续教育的形式是不拘一格、灵活多样的。根据学习对象、内容、学习条件等具体情况的不同，采用培训班、进修班、研修班、专题讲座、学术交流、业务考察，以及有组织、有计划、有考核地自学等多种方式进行。

四、继续教育的师资

继续教育的师资是以兼职为主、专职为辅，专兼结合。要聘请科技、经济、教育和有关专业领域具有较高水平和丰富实践经验的专家、教授担任。

五、继续教育的组织管理和实施

继续教育实行统一规划、分级管理、归口负责、分工协作的工作方针，重视和发挥继续教育各个领域与各个方面的积极性。

（1）人事部负责全国继续教育的宏观管理，制定规划、法规，组织示范活动，进行协调和政策指导。各省、自治区、直辖市和国务院有关部委局的继续教育主管部门负责本地区、本系统的继续教育规划、计划、管理和实施。社会团体、学术组织在继续教育行政主管部门的指导下，开展继续教育，融通信息，提供咨询，促进横向联合，沟通国际交流。高等学校、科研院所要面向社会，充分发挥自身优势，积极提供继续教育服务。企业要将继续教育工作纳入企业发展规划，面向市场，根据需求，自主开展继续教育活动。

（2）按照教育、考核、使用相结合的原则，建立继续教育各种管理制度。对继续教育对象实行证书登记制度，连续记载专业技术人员接受继续教育的基本情况，作为专业技术人员考核的重要内容和任职、职业资格、人才流动的重要依据；建立继续教育统计制度，根据管理需要，对继续教育的人数、时间、内容、经费等基本情况进行常规统计和随机统计；对继续教育的效果实行评估制度，建立评估指标，对单位总体工作、领导责任目标、活动过程内容、个人学习效果等实施评估；对继续教育的开展实行奖励制度，对在继续教育工作中作出显著成绩的单位和个人，给予表彰和奖励。

（3）加强对继续教育内容的教学指导。根据不同学科、专业和行业领域的发展趋向，以及对专业技术人员素质的要求，组织有关行业、专业的专家编制继续教育科目指南，确定继续教育的导向性内容。

（4）参加和接受继续教育是专业技术人员的权利和义务。专业技术人员所在单位要保证专业技术人员参加继续教育的时间、经费和其他必要条件，在学习期间享受国家和本单位规定的工资、保险、福利待遇。专业技术人员要遵守继续教育的有关规定，服从所在单位继续教育的安排，接受对继续教育效果的检查和考核。在接受继续教育后，专业技术人员有义务更好地为本单位服务。

六、继续教育基地

继续教育的专门培训机构、高等院校、科研院所是实施继续教育的重要基地。各级继续教育主管部门要组织和协调各种社会办学力量，充分利用现有的办学设施，调动各方面的积极性，逐步建立和完善继续教育实施网络。

此外，关于继续教育经费，参照《国务院关于大力发展职业教育的决定》（国发〔2005〕35号）规定的职工工资总额1.5%～2.5%的比例执行。有条件的地方、部门和单位，可以建立继续教育基金。

第九节　继续教育规划与高研班

继续教育规划是反映继续教育事业在一定范围内、一定规模上、较长时间内的总方向、大目标以及主要步骤和措施的设想蓝图，是战略性的全局部署方案，是为继续教育计划提供方向、目标和政策的总体设想。

一、继续教育规划的作用

继续教育工作实现规划管理，有利于增强继续教育的导向性和整体效益，推动继续教育更好地为经济社会发展服务。

1. 发挥对继续教育工作的导向作用

到目前，我国共制定了"七五"、"八五"、"九五"和 2003—2005 年以及《国家中长期人才发展规划纲要（2010—2020）》五个继续教育规划，对于加强我国专业技术人员继续教育工作，发挥了重要的规划和指导作用，有力地推动了各领域、各地区的继续教育工作。据不完全统计，仅 2000—2005 年，全国参加继续教育的专业技术人员就超过 5000 万人次，继续教育在推动经济社会发展中的作用不断增强。2005 年，人事部又实施了专业技术人才知识更新工程"653 工程"，提出从 2005 年到 2010 年 6 年间，人事部会同有关部门在现代农业、现代制造、信息技术、能源技术、现代管理五大领域开展专项继续教育活动，重点培训 300 万名紧跟科技发展前沿、创新能力强的中等级专业技术人才。"653 工程"涉及的 5 个行业领域是关系我国经济社会发展和科技创新的重要专业技术领域，目的就是提升专业技术人员的创新能力，更新知识，通过对重点行业领域中高级人才的培训，加快我国专业技术人才知识更新的步伐，带动整个继续教育工作的开展。"653 工程"是"十一五"期间继续教育工作的龙头工程，对全局具有重要的示范和带动作用，已经列入国家国民经济和社会发展"十一五"规划。

2. 促进继续教育进入良性循环

继续教育如同其他任何工作一样，在遵循客观规律的基础上，不断发展提高。实施科学合理的继续教育规划，将引导继续教育工作不断坚持正确的方向，调动诸方面的积极因素，充分发挥工作效能，更好地提高管理水平，促进继续教育工作逐步走上以市场需求为导向、按需施教、提高质量、注重效益的良性循环。

3. 推动继续教育工作更好地为经济、科技、社会发展服务

继续教育规划的编制和实施，保证了继续教育工作更好地服务于经济、科技和社会发展的需要。继续教育规划的指导性越强，产生的效果就越好，发挥的作用就越大。

二、继续教育规划的类别

继续教育规划的类别可以从三个方面进行划分，即按照性能划分，按照层次划分，按照内容划分。

1. 按照性能划分

按照性能划分，可分为综合性规划、行业性规划和实体性规划三类。

综合性规划是综合反映国家或一个地区，在某一个时期内继续教育的发展规划。规划涉及的内容综合性较强，主要针对继续教育的方向、目标及共性任务等，如《全国专业技术人员继续教育"九五"规划纲要》《浙江省专业技术人员继续教育"九五"规划》等。

行业性规划是集中反映某一行业在一定时期内继续教育的发展规划，规划内容上具有鲜明的行业特色，明确为行业发展服务，在与其他规划的关联上，它以综合性规划为依据，是综合性规划的编制基础。

实体性规划是企业实体单位在一定时期内继续教育的发展规划。此种规划在内容上具有明显的针对性与可操作性，在与其他规划的关联上，它以综合性规划和行业性规划为依据，是综合性规划与行业性规划编制的基础。

2. 按照层次划分

按照层次划分，可分为四级。

一级规划即全国继续教育规划；二级规划包括省、

自治区、直辖市继续教育规划和国务院行业部委继续教育规划；三级规划包括地区（区县）继续教育规划、地方业务厅局继续教育规划、部委业务厅局继续教育规划、部委直属单位继续教育规划；四级规划一般是指基层单位继续教育规划。

3. 按照内容划分

按照内容划分，可分为总体规划和专项规划两类。

继续教育总体规划是对继续教育工作进行总体设想和全面管理的规划。各级继续教育主管部门均要首先编制继续教育总体规划，然后再依据规划重点或工作重点编制继续教育专项规划。继续教育专项规划是针对某一项工作、某一类人员、某种学习内容、某种学习方式等而编制的继续教育规划。其针对性强，适用面有限，如"紧缺人才工程培养规划""外向型人才培训规划"等。

三、继续教育规划的基本内容

继续教育规划的基本内容包括指导思想、规划目标、主要任务和保障措施等。

继续教育的指导思想是指在规划期内指导继续教育工作开展的主导思想。继续教育的规划目标是指在规划期内力求达到的继续教育工作的目标。继续教育的主要任务是指在规划期内，根据继续教育的指导思想，对总体目标进行分解而提出的各项任务。继续教育规划的具体措施是指为保证继续教育规划目标的实现和任务的完成而提出的相应的办法和手段。

四、继续教育的高研班

高研班是集多种继续教育形式于一体，多个研修环节有机结合的一种综合性继续教育活动，是对高层次专业技术人员进行继续教育的一种行之有效的形式。高研班的全称是"专业技术人员高级研修班"。

1. 高研班管理规范化的逐步成型

高研班自 1986 年开始举办，至今已有 20 多年的实践历程。这期间，在不断总结、交流经验的基础上，高研班日趋成熟。人事部于 1991 年制定印发了《全国专业技术人员高级研修班管理试行办法》（人培干发〔1991〕6 号），自此，高研班工作开始步入制度化、经常化的轨道。

1995 年 3 月人事部下发了《专业技术人员高级研修班管理办法》（人核培发〔1995〕26 号）（以下简称《高研班管理办法》），对试行办法进行修改完善，要求有条件的省、自治区、直辖市可结合具体情况制定本地区的高研班管理试行办法或实施细则，以推动所在地区高研班工作和继续教育工作的全面开展。《高研班管理办法》实施后，高研班工作的管理愈加科学化、规范化，较好地适应了社会主义市场经济发展的需要。

2. 《高研班管理办法》的主要内容

《高研班管理办法》共分十项，涵盖了高研班办班的全过程和高研班管理工作的全部内容。

（1）办班宗旨。高研班紧密围绕经济建设中心任务，根据国家经济、科技发展的需要，为振兴地方经济和行业的发展服务；重质量，讲效益，出成果，出人才，为促进继续教育事业深入开展、提高我国的综合国力作出贡献。

（2）学员条件。一是具有高级专业技术职务（职称）的专业技术人员和管理人员；二是荣获国家三等奖或部省二等奖以上的学术、技术带头人和项目课题负责人；三是在学术研究上确有造诣，实际工作中成果突出的中青年专业技术骨干。

（3）课题选择。高研班研修课题要围绕国民经济和社会发展规划的要求，结合承办地方和主办行业发展的需要，以及所具备的资源优势、智力优势等方面的条件，精心选择。要重视高新技术的课题和具有宏观指导意义的管理决策性课题；课题要针对性强，专业面宽，内容适宜，既便于学员相互交流，互补互学，又利于学员间深入研究探讨，相互启发创造性思维；课题的选择还要重点突出，抓准地方经济或行业发展中关键性的课题，以利于形成高研班集体研修成果（包括论文、报告和专题建议等），对经济、科技或其他实际工作起到推动和决策咨询作用。高研班对国家重点发展领域的课题要给予扶植和政策支持。

（4）研修活动。高研班的研修活动要精心设计，认真组织，讲求科学性，注重实效。坚持讲座、研讨、交流、考察、咨询等多种形式的有机结合。讲座内容要起点高，要紧密围绕高研班的研修课题，结合地方经济和行业发展中深层次的难点和重点，突出新理论、新技术、新方法、新信息的学习；研讨、交流活动要占一定的比例，保证一定的时间；考察、咨询活动的安排要以生产、科研一线单位为依托，有利于企业（行业）间的交流，有利于为经济、科技、社会发展提供有价值的服务。

（5）质量评估的效益跟踪。举办全国高研班的行业主管部门和承办全国高研班的地方人事厅（局）要负责抓好高研班的质量评估和效益跟踪工作。质量评估的内容包括：选题是否起点高、针对性强；需求预测是否准确；计划安排是否科学合理；组织管理是否严密有效；研修形成的论文（含集体论文）、研修小结、咨询建议、专题报告等研修成果的学术价值或实际效益如何；存在的问题和不足之处，有何建议等。为充分发掘高研班的内涵和潜在效益，《高研班管理办法》还要求各主办高研班的行业主管部门和承办高研班的地方要重视对高研班研修成果的扩散和高研班效益的跟踪，适时了解所办高研班的研修效果，以及产生的辐射效益和多方位的综合效益。

（6）考核与证书颁发。全国高研班结业前，要由承办单位对学员的资格，参加研修活动的情况，研修小结、论文及其他研修成果进行审核，三者均符合要求，方可颁发结业证书。学员在高研班的研修情况记入继续教育证书（手册），作为专业技术人员考核内容和使用条件之一。全国高研班结业证书由人力资源和社会保障部统一印制、编号，与联合主办的行业主管部门共同加盖印章。

（7）经费筹措。高研班经费实行多渠道、多途径筹集。承办全国高研班的地方人事部门要积极争取当地政府、社会团体以及行业学会的支持和资助。联合委托的主办部门要对承办高研班的地方，特别是老、少、边、穷地区和重点专业课题酌情给予资助。举办高研班要本着勤俭节约的原则，充分利用现有办学条件。对参加高研班的学员，不收学费，可酌情收取少量的资料费，用以补充办班经费的不足。

（8）职责分工。全国高研班由人力资源和社会保障部与国务院有关行业主管部门联合委托地方人力资源和社会保障厅（局）和业务厅（局）共同举办，各自的职责如下。

人保部负责高研班年度计划制订和组织协调工作，包括召集、主持有关行业主管部门参加的全国高研班年度选题座谈会；负责沟通地方人事部门与国务院有关行业主管部门的联系；编制下达全国高研班年度计划；负责了解全国高研班的综合性情况，总结交流高研班工作经验，适时组织评选、表彰优秀高研班；研究解决高研班工作中存在的问题；指导推进高研班的质量评估、效益跟踪以及研修成果的辐射和扩散工作。

行业主管部门负责高研班研修课题和讲座内容的审

定和把关；负责高研班研修内容的业务指导；帮助承办单位选聘师资，提供有关的科技信息资料；负责起草全国高研班的办班通知；牵头组织高研班的质量评估、效益跟踪以及高研班集体研修成果的扩散与推广工作。

承办全国高研班的地方人力资源和社会保障部门和有关业务厅局可参照各自上级主管部门的职责分工，各负其责，密切配合，共同做好高研班研修计划的安排、组织管理以及学员的选派工作，确保高研班的办班质量、水平和效益。

（9）报批程序。每年年初，由人力资源和社会保障部邀请国务院有关行业主管部门，研究提出本年度各行业部门高研班的选题意见和拟委托承办全国高研班的地方部门。

地方人事厅局愿意承办全国高研班的，可于每年二月底前，向人保部提出申请，并同时抄报国务院有关行业主管部门。

人保部依据行业主管部门的选题意见，结合地方提出的办班申请，进行汇总、遴选和协调，最后确定本年度全国高研班计划，并于当年三月底前下达地方人保厅局和国务院行业主管部门的有关业务司局。

（10）适用范围。《高研班管理办法》适用于人保部与国务院有关行业主管部门联合主办的全国高研班。各地方和各部门自办的行业性高研班和地域性高研班均可参照本办法，加强对高研班的管理。

3. 高研班的层次

高研班工作是一项跨行业、跨部门、跨地区的继续教育协作活动。多年来，已形成了一个特殊的继续教育协作体系，这个体系的组成包括国家继续教育主管部门、行业继续教育主管部门、地方继续教育主管部门以及办学单位。通过这个体系内的横向合作，纵向疏通，互相协调，有分有合的继续教育协作活动，形成了三类各有代表性的高研班，即全国高研班、地区高研班和行业高研班。

（1）全国高研班。全国高研班是指由国家继续教育主管部门（人保部）主办的或与行业主管部门联合主办的高研班。一般委托地方继续教育主管部门承办或与地方业务厅（局）共同承办，也可委托行业主管部门所属院校直接承办。

全国高研班的研修课题是围绕国家改革开放和经济、科技与社会协调发展的大局需要进行选定的。学员对象是跨行业、跨部门、跨地区地选择。

（2）地区高研班。地区高研班是指由地方继续教育主管部门举办或与当地业务厅（局）联合举办的高研班。地方高研班的研修课题是根据发展地方经济、推进地方科技进步的需要来选题的。学员对象是由本地区选派的。

（3）行业高研班。行业高研班是指由行业主管部门内主管继续教育工作的司局举办或与相关专业司局共同举办的高研班。研修课题是针对行业发展的需要来选题的。学员对象是从本行业系统内选派的。

|第五章|
人才资源配置

第一节　人才资源配置概述

人才问题是关系党和国家事业发展的关键问题。当今世界，多极化趋势曲折发展，经济全球化不断深入，科技进步日新月异，人才资源已成为最重要的战略资源，人才在综合国力竞争中越来越具有决定性的意义。《中共中央国务院关于进一步加强人才工作的决定》（中发〔2003〕16号）文件明确提出实施人才强国战略，以能力建设为核心，大力加强人才培养，坚持改革创新，建立和完善人才市场体系，促进人才合理流动，切实加强高层次人才队伍建设，推进人才资源整体开发，坚持党管人才原则等多项长期人才资源政策。辽宁省以邓小平理论和"三个代表"重要思想为指导，深入贯彻党的十六大、十六届三中全会和全国、全省人才工作会议精神，制定了《2004—2010年辽宁省人才队伍建设规划》，并明确了四项人才资源基本原则。

第一，坚持把加快辽宁老工业基地振兴作为人才队伍建设的根本出发点。按照振兴需要确定人才队伍建设的目标任务和政策措施，用振兴成果检验人才队伍建设的绩效。围绕建设"两大基地"和发展"三大产业"开发和配置人才资源，使人才总量增长、人才结构和分布调整、人才素质提高与老工业基地振兴目标、产业结构调整和经济增长方式转变相适应。

第二，坚持突出重点与整体推进相结合。按照"五个统筹"的要求，用好现有人才，引进急需人才，着重培养造就大批适应辽宁老工业基地振兴的县处级以上党政领导干部、优秀企业家、各领域高级专家和高技能人才，带动整个人才队伍建设。

第三，坚持把能力建设作为人才资源开发的主题。从促进经济社会发展和人才自身发展的需要出发，通过多种方法和途径，大力加强人才培养工作，不断提高人才素质，开发人才创新能力，促进各类人才全面发展。

第四，坚持不断创新选人用人机制。树立科学的人才观，把品德、知识、能力和业绩作为衡量人才的主要标准，不拘一格选人才。鼓励人人都作贡献，人人都能成才。全面贯彻尊重劳动、尊重知识、尊重人才、尊重创造的方针，坚持市场配置人才资源的改革取向，加强和改善宏观调控，努力形成广纳群贤、人尽其才、能上能下、充满活力的选人用人机制，把各类优秀人才集聚到振兴辽宁老工业基地的宏伟事业中来。

沈阳市作为东北地区的核心城市，市委办公厅和市政府办公厅制定了《关于建立市管优秀党政后备人才库的实施意见》《关于加快构建人才资源高地的若干意见》《沈阳市企业经营管理人才振兴行动纲要》等一系列人才资源建设配置的相关文件，为市人才资源配置工作指明了方向和前进的道路。

第二节　人才流动与人才市场

沈阳市依据《沈阳市人才市场管理条例》开展人才市场交流的工作。当前的《沈阳市人才市场管理条例》是 2007 年 6 月 20 日沈阳市第十三届人民代表大会常务委员会第三十九次会议修订，2007 年 7 月 27 日辽宁省第十届人民代表大会常务委员会第三十二次会议批准通过并执行的。《沈阳市人才市场管理条例》的主要内容包括如下几个方面。

一、关于人才中介服务机构的规定

第五条　设立人才中介服务机构实行许可证制度。设立人才中介服务机构，应当向人事行政部门提出书面申请。符合条件的，由人事行政部门颁发《人才交流服务许可证》。

第六条　设立人才中介服务机构应当具备下列条件：

（一）有开展人才交流中介服务活动的固定场所、设施和 10 万元以上注册资金；

（二）有 5 名以上大专以上学历、取得人才中介服务资格证书的专职工作人员；

（三）有健全的工作制度；

（四）能够独立享有民事权利，承担民事责任；

（五）法律、法规规定的其他条件。

第七条　人事行政部门应当在接到设立人才中介服务机构申请之日起 10 个工作日内审核完毕，并作出决定。10 个工作日内不能作出决定的，经人事行政部门负责人批准，可以延长 5 个工作日，并应当将延长期限的理由告知申请人。经审核同意的，应当在作出批准决定之日起 5 个工作日内向申请人颁发许可证；不同意的，应当书面通知申请人，并说明理由。

第八条　人才中介服务机构可以从事下列业务：

（一）进行人才推荐和人才招聘，为用人单位和应聘人才提供洽谈场所，举办人才交流会；

（二）人才测评；

（三）人才培训；

（四）收集、整理、储存、发布人才供求信息，并提供人才信息网络服务；

（五）法律、法规规定的其他有关业务。

人事行政部门可以根据经济、社会发展需要以及人才中介服务机构自身的设备条件、人员和管理等情况，批准其开展一项或者多项业务。

第九条　经人事行政部门审核同意并授权，人才中介服务机构可以开展以下人事代理业务：

（一）管理流动人员人事档案；

（二）在规定的范围内申报或者组织评审专业技术职务任职资格；

（三）按照有关规定办理转正定级和工龄核定；

（四）在人才与其所在单位劳动关系不变的前提下，受人才所在单位委托，将人才派遣至其他单位工作；

（五）其他需经授权的人事代理事项。

第十条　人才中介服务机构实行有偿服务，收费项目和标准按照国家和省的规定执行。

第十一条　人才中介服务机构改变名称、住所、经营范围、法定代表人的，应当按原审批程序办理变更登记手续；停业、终止的，应当办理注销登记手续。

第十二条　人才中介服务机构不得有下列行为：

（一）提供虚假广告或者信息；

（二）签订虚假合同或者在合同之外进行虚假承诺；

（三）与用人单位串通欺诈应聘人才；

（四）向应聘人才收取中介服务费以外的其他费用；

（五）未经用人单位同意，擅自转发、公布用人单位的招聘信息；

（六）未经应聘人才同意，公开其个人资料或者信息；

（七）法律、法规禁止的其他行为。

二、关于人才交流的规定

第十三条　人才中介服务机构举办人才交流会应当按照管理权限经人事行政部门审核批准，并办理相关手续。其中举办名称冠以"市"称谓的，应当经市人事行政部门批准。

人才交流会举办者应当对参加人才交流会的招聘单位进行资格审查，对招聘中的各项活动进行管理。

第十四条　用人单位可以通过委托人才中介服务机构、参加人才交流会、在公共媒体发布信息以及其他合法方式招聘人才。

第十五条　用人单位公开招聘人才时，应当出具有关部门批准其设立的有效文件或者营业执照（副本）、经办人员的身份证明以及授权或者委托证明，并如实公布拟聘用人员的数量、岗位和条件。

第十六条　用人单位招聘人才时，不得有下列行为：

（一）发布虚假的招聘信息；

（二）以保证金、押金等名义向应聘者收取费用，以欺诈手段或者采取其他方式谋取非法利益；

（三）扣押应聘人员的身份证、毕业证、学位证等证件；

（四）泄露应聘人员的隐私；

（五）以民族、宗教信仰等不当理由拒绝聘用或者提高聘用标准；

（六）除国家规定的不适合妇女工作的岗位外，以性别为由拒绝招聘妇女或者提高对妇女的招聘条件；

（七）擅自占用街道两侧、广场、过街天桥、地下通道及其他未经批准的公共场地从事人才招聘活动；

（八）法律、法规禁止的其他行为。

第十七条　用人单位不得聘用下列人员：

（一）未经单位或者主管部门同意，正在承担国家、省、市重点工程、科研项目的技术和管理的主要人员；

（二）未经单位或者主管部门同意，涉及国家秘密工作或者曾经涉及国家秘密工作尚在脱密期限内的人员；

（三）正在被采取刑事强制措施的人员；

（四）法律、法规规定不能流动的其他人员。

第十八条　人才应聘时，应当向用人单位出示身份证、工作证、学历证书、专业技术资格证书等有效证件，并如实提供本人的其他相关资料。

第十九条　应聘人才离开原单位，应当遵守与原单位签订的合同或者协议，不得擅自带走原单位的科研成果、专有技术资料等，不得泄露国家机密和原单位的商业秘密，不得损害原单位的合法权益。

第二十条　在人才交流活动中发生争议，所争议的事项，合同未约定的，当事人可以协商解决；协商解决不成的，依照国家和省有关规定办理。

第二十一条　未经市人事行政部门授权，任何单位不得管理流动人才的人事档案。任何人不得私自保管他人或者本人档案。

第二十二条 经审核同意开展人才派遣业务的人才中介服务机构，应当按照有关法律、法规的规定开展人才派遣业务。其费用可以与用人单位具体商定。

派遣人才时，人才中介服务机构应当与人才使用单位签订人才派遣协议、与被派遣人才签订劳动合同。

第三节 毕业生人才资源的配置

一、毕业生接收政策

（1）本科以上学历毕业生可在沈阳市办理先落户、后就业手续。

（2）专科（含高职）、中专毕业生选择在沈阳市就业，须在沈阳市找到接收单位，签订就业协议，可办理就业、落户手续。

（3）《关于转发辽宁省事业单位公开招聘人员办法的通知》（沈人发〔2007〕2号）规定，我市事业单位招聘人员，实行考试聘用。考试合格者办理派遣手续。

二、档案转接政策

1. 档案接收

毕业生档案材料必须齐全，三要包括以下材料：高考录取材料；普通高校毕业生登记表；在校期间的学习

成绩单；毕业生体检表；全国普通高校本专科毕业生
（研究生）就业通知书等。由学校在当年 8 月底之前统一
寄或送到沈阳市就业和人才服务局。毕业后 2 年内处于
未就业状态，沈阳市就业和人才服务局为其免费保管档
案。

2. 档案提取

有接收单位的毕业生，持单位提取档案介绍信和本
人身份证到沈阳市就业和人才服务局提取档案。

升学或考研的毕业生，凭录取通知书原件或复印件
到沈阳市就业和人才服务局提取档案。

三、毕业生办理户口政策

入学时没有办理户口迁移的辽宁生源毕业生，按照
辽宁省公安厅《关于对应届全日制普通高等院校毕业生
办理户口有关事宜的通知》（辽公治户字〔2004〕54 号）
的规定，凭毕业证、报到证到户口所在地公安派出所办
理户口迁移手续。

入学时户口迁入学校的沈阳生源毕业生，毕业后持
报到证到沈阳市就业和人才服务局办理落户通知书。继
续升学的毕业生持录取通知书、毕业证到沈阳市就业和
人才服务局办理落户通知书，而后到要落的公安派出所
办理落户手续。

户口落在沈阳市亲友家的，需征得亲友家所在地公
安派出所同意后，持报到证、亲友家户口簿到沈阳市就

业和人才服务局办理落户通知书，而后到要落的公安派出所办理落户手续。

户口落在沈阳市毕业生集体户口上的，本科及以上学历毕业生持报到证、毕业证和身份证原件及复印件 1 份、1 寸近期免冠照片 1 张、户口迁移证或常住人口登记卡；专科（含高职）毕业生除提供以上证件和材料外，另需提供就业协议书或劳动合同，到沈阳市就业和人才服务局毕业生就业指导处办理落户手续。

四、毕业生见习政策

与见习单位达成见习意向的毕业生，填写"沈阳市毕业生就业见习合同书"，经毕业生本人、见习单位、区县（市）人力资源和社会保障局三方签署意见后生效。见习期一般不超过 12 个月。见习毕业生在见习期间或期满后被见习单位正式录用的，要为毕业生办理正式录用手续，其见习期可作为工龄计算。

毕业生参加见习期间，由见习单位和市、区县（市）财政部门提供基本生活补贴，补贴标准不低于沈阳市城镇职工最低工资水平。其中，市财政部门给予相当于沈阳市城镇职工最低工资标准 60% 的补贴，补贴期限不超过 12 个月，区县（市）财政部门在市财政部门给予补贴基础上，视情况给予适当补贴，其余部分由见习单位承担。高校毕业生就业见习期间享受人身以外伤害保险，所需费用由财政承担。对见习单位支出的见习补贴费用，实行税前列支，并不计入社会保险费缴费基数。

五、大学生创业政策

1. 税收减免

对大学生创办企业初期（2 年内），按照每户每年
8000 元为限扣减；对企业吸纳大学生就业的，按实际招
用人数每人每年 4800 元定额扣减；减半征收房产税、城
镇土地使用税。（沈政发〔2009〕10 号）

2. 收费减免

毕业 3 年以内的普通高校毕业生，从事个体经营
（国家限制行业除外）的，自其在工商部门首次注册登记
之日起 2 年内免交登记类、证照类等行政事业性收费。
（沈政发〔2009〕10 号）

3. 小额担保贷款

对大学生创业提供 2 万元至 5 万元；对大学生在高
新技术领域实现自主创业的，最高提供 10 万元；对合伙
经营和组织起来就业的，按照人均不超过 5 万元，最高
不超过 50 万元给予贷款。贷款期限最长不超过 2 年。
（沈政发〔2009〕10 号）（沈人社发〔2010〕39 号）

4. 典当融资

典当行应对创业者免收典当综合费用，对免收的典
当综合费用由财政按照 27‰的月综合费率给予一次性补
贴，当金利息由当户个人承担。（沈劳社发〔2008〕8
号）

5. 创业带头人

签订 1 年以上劳动合同，依法缴纳社会保险费的创业带头人所创办的企业，为吸纳失业人员缴纳的社会保险费（养老保险、失业保险和基本医疗保险），分别由沈阳市或区县财政给予补贴。补贴期限暂定为 3 年（沈政发〔2009〕10 号）。

6. 商贸、服务型企业减免税费政策

对商贸企业、服务型企业，当年新招用持《再就业优惠证》人员，与其签订 1 年以上期限劳动合同并依法缴纳社会保险费的，按实际招用人数予以定额依次扣减税费。定额标准为每人每年 4800 元。

商贸、服务型企业吸纳就业困难人员就业，签订 1 年以上劳动合同并缴纳社会保险费的，企业所缴纳的基本养老、医疗、失业保险部分给予社会保险补贴，审批期限延长 3 年（沈政发〔2009〕10 号）。

第四节　留学回国人才资源的配置

《关于加快构建人才资源高地的若干意见》对留学回国人才资源的配置作了相关规定。

第五条规定，吸引海外留学人员和华侨、华人中的高级人才。要鼓励海外留学人员来沈投资创办企业。留学回国人员来沈创办企业，最低注册资金为 3 万元人民币。凡在浑南新区的中国海外学子创业园开办的企业，在场租、登记注册、资金扶持和信息咨询等方面，提供便捷的优质服务。留学人员和华侨、华人中的高级人才在国外或来沈工作期间，其合法提供的国外新产品、新工艺、新技术或科研成果被采纳投产，使用单位可给予一次性成果转让费或连续 3 年按其产生年经济效益的税后利润 5% 奖励本人，也可将其提供的合法科研成果作价入股，参与企业收益分配。到 2005 年，共吸引 800 多名海外高层次留学人员以多种方式为沈阳服务。

第六条规定，吸纳国外、境外优秀专家的智力。对于沈阳急需并为沈阳经济发展作出突出贡献的外国专家给予永久居留资格；对从事科研或为沈阳引进高新技术项目的外籍人员，因工作需要多次往返境内外者，给予办理多次有效返回签证；对沈阳市经济建设和社会发展作出突出贡献的台湾地区的科技人才，可给予办理 5 年有效的多次出入境签证；对来沈进行商贸或科技活动的外国人，因紧急情况未能在境外办妥签证者，可在沈阳口岸申办口岸签证。到 2005 年，共完成 350 项重点引智项目，引进 600 人次国外专家来沈服务。

第七条规定，开辟引进人才的"快车道"。各地、各部门要为引进人才提供高效、便捷的"一站式"服务。从外地引进因流动而辞职的人才，可根据本人要求和岗位需要，按照有关规定和程序恢复其原身份；引进硕士、博士人员，评聘专业技术职务可不受岗位、任职年限限制，根据本人条件，直接申请参加相应的专业技术职务评审，也可采取先聘后评的方式进行。

做好引进人才和配偶、子女的户口迁移、落户工作，暂不入户口的，由沈阳市人事部门发给"引进人才工作证"。在聘任期间，该证持有者及其配偶、同住的子女享受本市居民同等待遇。对于引进人才的子女，沈阳市政府有关部门要及时安排在条件较好的中小学校就读。创办"双语学校"，解决来沈外国专家、外籍华裔专家和归国留学人员子女就学问题。对于引进博士后的配偶，由沈阳市政府根据其本人条件指令性安置工作。

第八条规定，加大高层次人才培养力度。选拔培养中青年学术技术带头人，每年沈阳市要拿出 20 个以上的科技项目予以资助，选派 50 名优秀人才赴国外开展学术、技术交流，选送 500 人次出国（境）培训，为优秀人才举办 1～2 次大型新技术、新成果展览会。利用 3 年左右的时间，培养 WTO 事务高级专门人才，每年选拔 100 名优秀中青年管理人才进行重点培训，培养 200 名熟悉 WTO 事务的应用人才和 100 名精通 WTO 法规、国际贸易争端解决、谈判、反倾销等 WTO 事务的高级专门人才。

|第六章|
军队转业干部安置

第一节　军队转业干部安置概述

军队转业干部是党和国家干部队伍的组成部分，是社会重要的人才资源，是社会主义现代化建设的一支重要力量。军队转业干部为国防事业、军队建设作出了贡献和牺牲，应当受到国家和社会的尊重与优待。

军队干部转业到地方工作，是国家和军队的一项重要制度。从 2001 年起，依照中共中央、国务院、中央军委《关于军队转业干部安置暂行办法》（中发〔2001〕3号）对军队转业干部实行计划分配和自主择业相结合的方式安置。计划分配的军队转业干部由党委、政府负责安排工作和职务，自主择业的军队转业干部由政府协助就业、发给退役金。

军队转业干部安置工作，坚持为地方经济社会发展和军队建设服务的方针，贯彻妥善安置、合理使用、人尽其才、各得其所的原则。接收、安置军队转业干部是一项重要的政治任务，是全社会的共同责任。各区、县

（市）和市直有关部门（含中直驻沈单位），应当按照国家有关规定，按时完成军队转业干部安置任务。

各级党委、政府应当把军队转业干部安置工作纳入目标管理和绩效考核范畴，建立健全领导责任制，作为考核领导班子、领导干部政绩的重要内容和评选双拥模范城的重要条件。加强对军队转业干部安置工作的监督检查，坚决制止和纠正违反法律、法规和政策的行为；对拒绝接收军队转业干部或者未完成安置任务的单位和部门，组织、人事、编制等部门可以视情况，对其实行"四停止"，即停止审批工资、停止人员录用和调动、停止审批非领导职务、停止职称评审。

第二节　工作分配与就业

担任团级或团级以下职务（含相应职级文职干部和专业技术干部）且军龄不满 20 年的军队转业干部，由党委、政府采取计划分配的方式安置。担任团级和营级职务且军龄满 20 年的军队转业干部，可以选择计划分配或者自主择业的方式安置。

计划分配的军队转业干部，各级党委、政府应当根据其德才条件和在军队的职务等级、贡献、专长，贯彻公平、公正、公开的原则安排工作和职务。岗位安排以工作需要为主，兼顾本人意愿，确保军队转业干部人尽其才、各得其所。对自愿到边远艰苦地区工作的军队转业干部，应当安排相应的领导职务，德才优秀的可以提职安排。对自愿到事业单位的团级领导干部可直接安排领导职务。

担任专业技术职务的军队转业干部，一般应当按照其在军队担任的专业技术职务或者国家承认的专业技术资格，聘任相应的专业技术职务；工作需要的可以安排行政职务。担任行政职务并兼任专业技术职务的军队转业干部，根据地方工作需要和本人志愿，可以安排相应的行政职务或者聘任相应的专业技术职务。

各级党政群机关，凡有空编的，应首先从军队转业干部中补充人员；新增编制的，其三分之一用于安置军队转业干部；军转安置任务完成不好的，不安排考试录用人员；接收军队转业干部数量较多的，根据国家规定，按接收人数的25％增加行政编制，专门用于安置军队转业干部，且不得挤占或挪用。政法和执法监管部门调整和充实人员，应优先从军队转业干部中选用。热点部门可通过考试，采取公开、平等、竞争、择优的办法予以安置。参照公务员管理和全额拨款的事业单位，比照党政群机关的办法安置军队转业干部。其他事业单位也要积极接收军队转业干部，做好安置工作。

沈阳市接收和安置计划分配的军队转业干部，采取计划分配与按比例选要相结合、政策体现与平等竞争相结合、服务基层与分担困难相结合的分配原则。对担任团级职务的，不受非领导职务职数限制。对担任营级以下职务的，采取指令性分配指导下的考试考核和双向选择等办法安置。对有的岗位，也可以在军队转业干部中采取竞争上岗的办法安置。沈阳市对军队转业干部分配的具体方法如下。

（1）由市内和平、铁西、沈河、大东、皇姑、东陵、于洪、沈北、苏家屯九个区入伍的军转干部，其配偶常住户口在上述地区的，均可在市内安置，并打破上述九区的地界限制，可实行交叉分配安置。

（2）由新民市、辽中县、法库县、康平县入伍的军转干部，其配偶常住户口也在上述四县（市）或由上述县（市）随军，或是由外省、市原籍随军的，均回上述县（市）各自入伍地安置。

（3）由上述四县（市）入伍的副团职以上的军转干部，如在市内有接收单位、有住房，可照顾在市内进行安置且其配偶、子女可同时随迁市内。

（4）对获得战时三等功、平时二等功，在边远艰苦地区和从事飞行、舰艇工作满 10 年，因战因公致残，在海拔 3500 米以上地区连续工作满 5 年的军转干部，在分配去向方面给予照顾。

（5）团职军转干部是军转安置工作的重点，对担任部队领导职务满最低年限的团职军转干部，安排相应的地方领导职务确有困难的，可安排相应的非领导职务。接收的团职军转干部在确定地方的非领导职务时，当年不占地方非领导职务职数的限额，今后晋升也不占地方非领导职务的职数比例限额。

（6）对进入部分热点单位的军转干部，采取公开、公正、平等、竞争、择优的原则，实行考试与考绩相结合的办法予以接收安置。热点部门及其接收名额由市军转办协商后报市军队转业干部安置工作小组领导确定批准，市军转办同时负责考试的报名及全部的考务工作。试题及考试日期由全省统一确定，计算机统一判卷，具体详细情况请参考沈阳市每年度的《军队转业干部考试简章》。

（7）其他市直党政群机关、事业单位及各区接收军转干部，要按市里下达的分配计划，50%由接收单位自主选要，50%由市军转办指令性分配。军转干部可分配进入各级党政群机关工作，也可以分配进入各级各类事业单位工作。对各种类型的企业，在非军转干部本人意愿的情况下，不指令性地分配军转干部。

（8）中央直属驻沈的机关、事业、企业单位，要按市里下达的分配计划分担困难，承担和积极完成每年接收安置军转干部的任务。省直在沈的党政群机关、事业单位每年接收军转干部，从沈阳市每年接收的军转干部中选调和通过考试接收，具体事宜请参考省军转办每年的安置计划和实施办法。

（9）对国家每年按照接收军转干部的计划数所增加的行政编制，采取带编分配的办法，重点用于安置团职军转干部和部队组织推荐的优秀军转干部。同时要与各级领导班子建设通盘考虑，选调优秀的区职军转干部进入各级各类领导班子任职。对专业技术军转干部，一般对口安置聘任相应的专业技术职务。工作确实需要的，可以安排相应的行政职务。军转干部安置到事业单位的，给予三年的适应期，进入企业的给予二年的适应期，在适应期内，非军转干部本人原因，企业、事业单位不得违约解除与其签订的聘任合同或辞退军转干部。

（10）进入各级党政群机关、事业单位和各类企业的军转干部，按其在军队的职务等级一般平级套改地方非领导职务（个别安排地方领导职务的除外），其政治、生活、工资、福利等待遇按所接收单位与其军队职务等级相应或同等条件人员的标准享受。退休时也享受所在单位与其转业时军队职务等级相应或同等条件人员的退休待遇，但此规定不适用于到地方后受到降职降薪以上处分的军转干部。

对自主择业的军队转业干部，沈阳市采取提供政策咨询、组织就业培训、拓宽就业渠道、向用人单位推荐、纳入人才市场等措施，为其就业创造条件。各级机关、团体、企业事业单位在社会上招聘录用人员时，对适合军队转业干部工作的岗位，应当优先录用、聘用自主择业军队转业干部。

对从事个体经营或者创办经济实体的自主择业的军队转业干部，安置地政府应当在政策上给予扶持，金融、工商、税务等部门，应当视情提供低息贷款，及时核发营业执照，按照社会再就业人员的有关规定减免营业税。

第三节　军队转业干部待遇与家属安置

计划分配到各级机关、团体、事业单位的军队转业干部，其工资待遇按照不低于接收安置单位与其军队职务等级相应或者同等条件人员的标准确定，津贴、补贴、奖金以及其他生活福利待遇，按照国家有关规定执行。计划分配到企业的军队转业干部，其工资和津贴、补贴、奖金以及其他生活福利待遇，按照国家和所在企业的有关规定执行。

自主择业的军队转业干部，由安置地政府逐月发给退役金。自主择业军队转业干部的退役金和生活性补贴计发办法，按照国家现行有关规定执行；退役金和生活性补贴的调整，根据沈阳市接收的军队退休干部退休生活费和生活性补贴调整的情况相应调整。与此同时，还享受以下各项待遇：一是与公务员一样参加沈阳市城镇职工医疗保险并享受大病重病保险及公务员医疗补贴；二是按照有关规定报销冬季取暖费，团职干部按照105平方米待遇报销，营职干部按照85平方米待遇报销；三是从2009年4月起，发放与公务员同等待遇的住房补贴；四是自愿参加沈阳市自主择业军转干部管理办公室举办的专项培训和招聘活动。

对荣立三等功、二等功、一等功或者被大军区级以上单位授予荣誉称号的，在边远艰苦地区或者从事飞行、舰艇工作满 10 年、15 年、20 年以上的，分别按照 5%、10%、15% 的增加比例增发月退役金计发基数。合并计算后，月退役金数额不得超过本人转业时安置地同职务等级军队干部月工资和军队统一规定的津贴、补贴之和。

自主择业军队转业干部的退役金，免征个人所得税。自主择业军队转业干部被党和国家机关选用为正式工作人员的，停发退役金及其他各项待遇。

在家属安置上，沈阳市规定：（1）已婚或有正式工作的子女不能随迁；大中专院校或者职业技工学校的在校学生不能随迁；但确属军队转业干部的独生子女的，经审查核实并有部队师以上政治机关和当地县以上政府证明的可办理随迁和转学（含已婚子女的配偶）；（2）由军队转业干部赡（抚）养并长期在一起生活的年高体弱、丧失劳动能力的父母、岳父母以及父母双亡又无劳动能力的兄弟、姐妹有随军和移交手续的，经审查复核后可随迁；（3）军队转业干部的配偶和不满 15 周岁的子女可随军队转业干部一同迁入我市（或配偶随调）；（4）随调配偶是机关、事业单位干部的，干部录用手续、任职、级别等材料必须真实、齐全、符合有关规定，其工作安排纳入市人事局每年对部队现役军官随军家属的安置计划中一并随调对等安置；各类企业自行聘任的干部或其他的以工代干人员及工人，都按工人对待，纳入市劳动力市场，由市场统筹解决其工作就业问题；（5）随调配偶已达到退休年龄或患有严重疾病不能坚持正常工作的，不能随调，要由原单位办理退休或病休手续后，可来沈落户。

第四节　培训与社会保障

对计划分配的军队转业干部采取适应性培训和专业培训相结合的方法。培训工作贯彻"学用结合、按需施教、注重实效"和"先培训、后上岗"的原则，增强针对性和实用性，提高培训质量。

计划分配的军队转业干部的专业培训，由沈阳市军转办按部门或者专业编班集中组织实施。军队转业干部参加培训期间享受接收沈阳市在职人员的各项待遇。培训结束后，通过考试，发放军队转业干部培训合格证书和计算机中级证书。

自主择业军队转业干部的技能培训工作，纳入"沈阳市人才资源开发重点工作项目"，采取适应性培训和个性化培训相结合的办法，贯彻"政府主导、依托社会、个人自愿、按需培训"的原则，并依托现有自主择业军队转业干部的创业基地和公共实训基地进行职业培训，提高他们的就业创业能力。

军队转业干部的住房，由安置地政府按照统筹规划、优先安排、重点保障、合理负担的原则给予保障。具体保障办法，按照国务院办公厅、中央军委办公厅印发的

《军队转业干部住房保障办法》（国办发〔2000〕62号）执行。

计划分配的军队转业干部，到地方单位工作后的住房补贴，由安置地政府或者接收安置单位按照有关规定解决。自主择业的军队转业干部，到地方后未被党和国家机关、团体、企业、事业单位录用聘用期间的住房补贴，按照安置地党和国家机关与其军队职务等级相应或者同等条件人员的住房补贴的规定执行。

军队转业干部的军龄视同社会保险缴费年限。其服现役期间的医疗等社会保险费，转入安置地社会保险经办机构。

计划分配到各级机关、团体、事业单位的军队转业干部，享受接收安置单位与其军队职务等级相应或者同等条件人员的医疗、养老、失业、工伤、生育等社会保障待遇。计划分配到企业的军队转业干部，按照国家有关规定参加社会保险，缴纳社会保险费，享受社会保险待遇。

自主择业的军队转业干部，到地方后未被各级机关、团体、企业、事业单位录用聘任期间的医疗保险，按照安置地党和国家机关与其军队职务等级相应或者同等条件人员的有关规定执行。

|第七章|
专业技术人员职称

第一节　专业技术人员职称制度概述

一、现行职称工作制度的建立

职称制度是专业技术人才管理的一项基本制度，是评价专业技术人才学术技术水平和职业素质能力的一项主要制度，是加强专业技术人才队伍建设的重要抓手，也是人才科学配置和使用的重要依据。1985 年颁布的《中共中央关于科学技术体制改革的决定》在总结过去职称评定工作经验的基础上，改革职称评定制度，实行专业技术职务聘任制度，并相应地实行以职务工资为主要内容的结构工资制度。在此基础上，1986 年，《中共中央、国务院转发〈关于改革职称评定、实行专业技术职务聘任制度的报告〉的通知》（中发〔1986〕3 号）和《国务院关于发布〈关于实行专业技术职务聘任制度的规定〉的通知》（国发〔1986〕27 号）两份文件进一步明确规定，对专业技术人员管理工作进行重大改革，实行专业技术职务聘任制。

由于职称改革工作政策性强，涉及面广，必须集中统一领导，加强统一管理。国务院办公厅于 1995 年下发了《关于加强职称改革工作统一管理的通知》（国办发〔1995〕1 号），强调深化职称改革的方案、职称系列的调整和有关政策措施等重大问题，必须由党中央、国务院批准。

二、职称工作的范围和对象

职称工作是对专业技术人员的评价使用实行分类管理的一种制度建设，核心是根据时代发展需要，不断改革完善制度建设，充分调动专业技术人员工作的积极性、创造性。工作范围包括申报、评价、培养使用和政策指导等重要工作环节。工作对象是从事专业技术工作的人员。

三、职称工作的主要内容

职称工作必须按照国家、省有关政策规定，坚持改革创新，建立以能力和业绩为导向、科学的社会化的人才评价机制。主要内容是：按照社会主义市场经济发展的要求和专业技术人才队伍的特点，逐步建立科学、分类、动态、面向全社会专业技术人才的新型职称体系，形成以能力、业绩为导向，重在社会、业内认可的专业技术人才评价使用机制和"个人自主申报，业内公正评价，单位择优使用，政府指导监督"的职称工作运行机制。

四、职称包含的专业技术职务系列

1986 年以后，当时国家、省的职称改革领导小组陆续转发了高等学校教师、自然科学研究、社会科学研究、工程技术人员、农业技术人员、卫生技术人员、实验人员、中专学校教师、中学教师、小学教师、技工学校教师、经济专业人员、会计专业人员、统计专业人员、新闻专业人员、出版专业人员、翻译专业人员、体育教练、播音员、图书专业人员、档案专业人员、文博专业人员、工艺美术专业人员、艺术专业人员、律师专业人员、公证专业人员、海关专业人员、飞行专业人员、船舶专业人员共 29 个专业技术职务试行条例及实施意见。各系列专业技术职务试行条例的主要内容包括职务名称及级别设置、任职基本条件和岗位职责、任职资格评审、聘任与管理等。

五、职称晋升的方式

按照目前国家、省职称晋升有关政策规定，专业技术人员取得专业技术职务任职资格有三种方式：一是确定，全日制普通高校毕业生，可按规定条件直接确定；二是评审，可按规定条件和程序参加评审；三是考试，对国家（省）明确以考代评的系列级别，需参加全国

（省）统一考试。

第二节　专业技术职务聘任制度

一、专业技术职务聘任制度的基本内涵

专业技术职务是根据实际工作需要设置的有明确职责、任职条件和任期，并需要具备专门的业务知识和技术水平才能担负的工作岗位，不同于一次获得后终身拥有的学位、学衔等各种学术、技术称号。建立专业技术职务聘任制度，应当根据实际需要设置专业技术岗位，规定明确的职责和任职条件；在定编定员的基础上，确定高、中、初级专业技术职务的合理结构比例；由行政领导在经过评审委员会评定的、符合相应条件的专业技术人员中聘任；有一定的任期，在任职期间领取专业技术职务工资。

二、专业技术职务聘任的基本原则

1. 按岗聘任的原则

一是根据专业技术职务岗位的要求，考核应聘者的学识水平、业务能力是否达到专业技术职务岗位的要求；二是考核应聘者是否达到专业技术职务岗位要求的额定工作量，虽然具备专业技术职务岗位要求的学识水平和业务能力，但是工作量达不到要求，一般情况下也不应

聘任。

2. 公开聘任的原则

包括在聘任前将专业技术职务岗位数公开，岗位职责、岗位任务公开，工作定额公开，让应聘者全面了解专业技术职务岗位要求，以便确定自己的应聘意向，作出选择。贯彻公开聘任的原则还要坚持聘任中的民主性，要认真做好群众监督工作，采取恰当的形式让群众参与，防止授权聘任人或聘任组织的主观片面性。

3. 择优聘任的原则

择优聘任是聘任制的基本原则，也是聘任制的一项重要内涵。授权聘任人或聘任组织应在全面考核的基础上择优聘任。要着力制定完善择优聘任的办法，硬化择优指标，使择优聘任科学化和制度化。

4. 双向选择的原则

聘任制的基本特征是双向选择，给用人单位和专业技术人员双方都赋予了选择的权利。聘任单位根据专业技术职务岗位任务要求，择优选择应聘者；应聘者根据自己的意向应聘，使双方享有同等的权利。

三、专业技术职务聘任制度的主要内容

1. 岗位设置

专业技术岗位分为 13 个等级，包括高级岗位、中级岗位和初级岗位。高级岗位分 7 个等级，即 1 ~ 7 级（其中正高级岗位为 1 ~ 4 级，副高级岗位为 5 ~ 7 级）；中级

岗位分 3 个等级，即 8 ~ 10 级；初级岗位分 3 个等级，即 11 ~ 13 级。设岗是专业技术职务评聘的基础，也是聘任制的关键所在。只有按照因事设岗、精简高效、结构合理、群体优化的原则，规定明确的职责和任职条件，在定编定员的基础上，确定高、中、初级专业技术职务的合理结构比例，才能保证聘任制度正确、有效地实施。

企业单位可按照生产经营和技术工作的需要，自主设置专业技术职务岗位，根据专业技术人员履行岗位职责的工作能力和业务水平择优聘任。聘任期间享受企业规定的工资待遇。各级人社部门应区别不同企业的特点和经营管理水平，加强对企业专业技术职务评聘工作的指导和服务。

2. 岗位基本条件

一是遵守宪法和法律，二是具有良好的品行，三是岗位所需的专业、能力条件，四是适应岗位要求的身体条件，五是岗位所需要的其他条件。

3. 岗位设置程序

一是制定岗位设置方案，填写岗位设置审核表；二是按程序报主管部门审核、政府人力资源和社会保障部门核准；三是在核准的岗位总量、结构比例和最高等级限额内组织实施。

4. 专业技术职务聘任

专业技术职务实行聘任制度。由行政领导在符合相应任职条件的专业技术人员中聘任并签订聘约。

聘任专业技术职务，应在设岗、考核的基础上，严格掌握思想政治标准，坚持德才兼备的原则，实行竞争聘任和择优聘任。要有明确的聘任期限。在聘期内或聘任期满，对经严格考核不能履行岗位职责，不能完成岗位任期目标的人员，应解除聘约，按本人条件和工作需要另外聘任适当职务，享受新的任职岗位待遇。

5. 专业技术人员考核

对专业技术人员进行考核是实行专业技术职务聘任制度的基础和前提。考核要坚持客观公正、民主公开、注重实绩的原则，考核标准应以岗位职责及年度工作任务为基本依据，考核的主要内容包括德、能、勤、绩四个方面，重点考核工作实绩，并根据有关规定把考核结果与使用、晋升、奖惩结合起来。

各单位要建立健全专业技术人员考绩档案，将有关考核材料和考核结果及时整理归档，作为专业技术人员任职资格评审、晋升、奖惩的重要依据。

第三节　专业技术职务任职资格考试制度

一、实行专业技术职务任职资格考试制度的目的

从 1990 年起，在注重提高评审质量的同时，我国开始实行专业技术职务任职资格考试制度。相继在统计、计算机软件、经济、会计、审计等专业进行了资格考试。

对一些系列、层次的专业技术人员实行资格考试，初步建立考试与评审相结合的人才评价机制。根据规定，凡全国（全省）统一组织资格考试的，不再进行相应系列任职资格的评审工作。考试合格者颁发由人力资源和社会保障部（人力资源和社会保障厅）统一印制的专业技术资格证书，全国（全省）范围内有效。

二、专业技术职务任职资格考试种类

目前，专业技术职务任职资格考试主要有会计、经济、统计、审计、计算机技术与软件、出版、国际商务、卫生、新闻、翻译、律师等种类。

三、专业技术职务任职资格考试的组织与实施

1. 考试组织

专业技术人员资格考试实行全国（全省）统一组织、统一大纲、统一试题和统一评分标准。由人力资源和社会保障部（人力资源和社会保障厅）会同行业部门共同组织。人力资源和社会保障部门综合管理考试工作的职能包括以下几方面。

（1）认真作好各类专业资格考试工作的组织协调。会同有关行业部门作好考试工作各个环节的统筹安排，协调解决考试过程中的职能交叉，保证各类资格考试的顺利进行。

（2）认真落实每年资格考试工作的实施计划。按照

上级的有关规定，对各类专业资格考试的年度实施计划提出具体落实方案，并会同有关业务主管部门有计划有步骤地组织实施。

（3）认真做好报名的资格审查监督，保证考生质量。

（4）按照有关规定，负责资格考试结果的检查验收，保证考试结果的公正性和准确性。

（5）按照上级颁布的合格标准，负责资格证书的接收、验印和发放，保证资格证书及时、安全发到合格考生的手中，防止资格证书的遗失和损坏。

（6）作好各类专业资格考试在实施过程中的全面监督，及时发现和协调解决出现的各种矛盾和问题，并及时向上级部门反映和报告。

2. 考务工作

资格考试的考务工作是一项程序性、规范性、细致性很强的工作，包括组织考试报名、资格审查、考场设置、监考、判卷等。有关考试的专业、考试级别、报考条件、考试安排等，均以文件（函）的形式发至各级人力资源和社会保障部门及有关业务主管部门，各地均按照文件规定组织考务，开展考试工作。

3. 报考程序

专业技术人员报考的一般程序是：须由本人通过指定网络或当地考试管理机构报名；考试管理机构按规定程序和报名条件审查合格后，发给准考证；考生凭准考证在指定的时间、地点参加考试。

4. 资格考试工作的管理

为使资格考试工作逐步走上规范化、制度化的轨道，为专业技术人员的成长创造公开、公正、平等竞争的良好环境，更好地为经济建设和社会发展服务，原国家人事部下发了《关于加强专业技术人员资格考试工作管理的通知》（人发〔1997〕75 号）、《专业技术人员资格考试违规违纪行为处理规定》（人事部令第 3 号）等文件，以切实加强对资格考试工作的管理。

第四节　专业技术人员职业资格制度

一、专业技术人员职业资格制度的建立

1994 年，国家劳动部、人事部按照十四届三中全会《关于建立社会主义市场经济体制若干问题的决定》中关于实行学历文凭和职业资格两种制度的要求，制定下发了《职业资格证书制度规定》（劳部发〔1994〕98 号）文件，建立推行了专业技术人员职业资格制度。专业技术人员职业资格是对从事某一职业所必备的学识、技术和能力的基本要求，可分为准入许可（即从业资格）和水平评价（即执业资格）两类。从业资格是指从事某一专业（工种）学识、技术和能力的起点标准；执业资格是指政府对某些责任较大、社会通用性强、关系公共利益的专业（工种）实行准入控制，是依法独立开业或从

事某一特定专业（工种）学识、技术和能力的必备标准。

二、专业技术人员职业资格考试的种类

目前，专业技术人员职业资格考试主要有监理工程师、注册建筑师、注册结构工程师、造价工程师、质量工程师、注册税务师、注册会计师、注册安全工程师等种类。

三、职业资格制度管理的主要环节

目前，专业技术人员职业资格均通过考试方法取得，其管理的主要环节如下。

1. 考试组织

职业资格考试工作由人力资源和社会保障部会同国务院有关业务主管部门按照客观、公正、严格的原则组织进行。考试实行全国统一大纲、统一命题、统一组织、统一时间。考试一般每年举行一次。考试科目一般为专业基础理论知识、实际应用能力及相关的法律知识。

按照专业技术人员职业资格考试的报名条件规定，凡符合规定条件的中华人民共和国公民，均可报名参加考试。各专业技术人员职业资格考试实施办法对报考人员的学历和资历等有明确的要求。

2. 考务工作

参加考试，须由本人通过指定网络或当地考试管理机构报名。考试管理机构按规定程序和报名条件审查合

格后，发给准考证。考生凭准考证在指定的时间、地点参加考试。

3. 证书管理

考试合格人员，由国家授予相应的专业技术人员职业资格证书。职业资格证书是证书持有人专业水平能力的证明，可作为求职、就业的凭证和从事特定专业的法定注册凭证。专业技术人员职业资格证书在中华人民共和国境内有效。专业技术人员职业资格证书由人力资源和社会保障部统一印制，各地人力资源和社会保障部门具体负责核发工作。

4. 注　册

（1）许可性质的专业技术人员职业准入资格实行注册登记制度。注册是对专业技术人员执业管理的重要手段。未经注册者，不得使用相应名称和从事有关业务。国务院有关业务主管部门为相应专业技术人员职业资格的注册管理机构。各省、自治区、直辖市业务主管部门负责审核、注册，并报国务院业务主管部门备案。国家人力资源和社会保障部及各省、自治区、直辖市人力资源和社会保障部门对注册工作进行检查、监督。

（2）取得相应专业技术人员职业资格证书者，应在规定的期限内到指定的注册管理机构办理注册登记手续。注册有一定的有效期，一般为三年。有效期满必须重新注册。再次注册者，应经单位考核合格并取得知识更新、参加培训的证明。

（3）国务院业务主管部门负责确定必须由取得相应专业技术人员职业资格的人员充任的关键岗位及工作规范，并负责检查监督关键岗位的人员上岗及执业情况，对违反岗位工作规范者要进行处罚。

5. 罚　则

（1）对骗取、转让、涂改证书的人员，一经发现，发证机关应取消其资格，收回证书。

（2）对伪造专业技术人员职业资格证书者，要依法追究责任。

（3）获得专业技术人员职业资格证书人员在执业时，要遵守有关法律、法规和执业规范，不得利用职务之便，牟取不正当利益。违反者，给予必要的处分。情节严重的，送交司法机关处理。

|第八章|
事业单位人事管理

第一节　事业单位人事制度概述

事业单位人事制度是规范引导事业单位科学发展的人事法规政策。改革开放以来，国家和各级政府不断出台了一系列事业单位人事制度改革的法规政策。从 20 世纪 90 年代开始，加快了事业单位人事制度改革的步伐，沈阳市于 1997 年下达了《关于开展聘用合同鉴证工作有关问题的通知》（沈人发〔1997〕30 号），在科研院所试点的基础上，向全市事业单位推广。在总结经验的基础上，于 2000 年以沈阳市人民政府第 55 号令下达了《沈阳市事业单位聘用合同办法》。当年事业单位推聘率达 100%，在全国率先完成了推聘任务。1998 年下发了《沈阳市事业单位工作人员考核实施细则》（沈人发〔1998〕20 号），2009 年在 1998 年 20 号文件的基础上，又下发了《关于加强 2009 年度事业单位工作人员考核管理工作的通知》（沈人社发〔2009〕61 号），进一步规范了事业单位的考核工作，受到事业单位的欢迎，收到了良好效果。

2003 年国务院办公厅转发了人事部《关于在事业单位试行人员聘用制度意见的通知》（国办发〔2002〕35号），对全国事业单位实行聘用合同制进行了全面部署。从而加快了推进事业单位人事制度改革的步伐，提高了事业单位队伍的整体素质，增强了事业单位的活力。

为了加强事业单位改革的力度，在 2009 年"大部制"改革的过程中，沈阳市人事局与劳动和社会保障局合并，在成立人力资源和社会保障局后，成立了事业单位人事管理处，负责拟定事业单位人事制度改革方案和相关政策，指导、协调事业单位人事制度改革等具体工作，落实了"一件事由一个部门管理"的科学管理模式，使沈阳市事业单位管理走上规范化、科学化的轨道。

改革开放三十多年来，沈阳市先后推进了文化体制改革，2006 年依据《关于深化乡镇机构改革有关机构设置及人员分流政策的意见》（沈编办发〔2006〕55 号），在全省率先进行了乡镇事业单位改革，使乡镇事业单位编制由 4092 名精简为 1991 名，精简了 2101 名，精简幅度 51.3%。为使事业单位的公开招聘工作走上规范化轨道，2007 年下达了《关于转发辽宁省事业单位公开招聘人员办法的通知》（沈人发〔2007〕2 号），经过几年的实践，受到用人单位和参考人员的好评。2010 年 4 月依据《辽宁省人民政府关于实施国家基本药物制度推进基层医药卫生体制改革试点工作实施意见》（辽政发

〔2009〕35 号），开始推进沈阳市的基层医疗卫生机构综合改革，实现沈阳市基层医疗卫生机构管理体制和运行机制的根本性转变。

第二节 岗位设置管理制度

事业单位岗位设置管理制度，是推进事业单位分类改革的需要，是深化事业单位人事制度改革的需要，也是改革事业单位工作人员收入分配制度的紧迫要求，对于事业单位转换用人机制，实现由身份管理向岗位管理的转换，调动事业单位各类人员的积极性、创造性，促进社会公益事业的发展，具有十分重要的意义。

按照原人事部《事业单位岗位设置管理试行办法》（国人部发〔2006〕70 号）、《〈事业单位岗位设置管理试行办法〉实施意见》（国人部发〔2006〕87 号）和《辽宁省事业单位岗位设置管理实施意见》的规定和辽宁省政府要求，2010 年全省全面落实到位。沈阳市人力资源和社会保障局目前正在积极筹备，待条件成熟即全面推进岗位管理制度。

一、岗位类别

事业单位岗位分为管理岗位、专业技术岗位、工勤技能岗位三种类别。

1. 管理岗位

管理岗位指担负领导职责或从事一般性的普通管理任务的工作岗位。管理岗位的设置要适应单位运转灵活、工作高效的需要。管理岗位分为领导管理岗位（包括单位领导管理岗位和内设机构领导管理岗位，下同）和普通管理岗位。

2. 专业技术岗位

专业技术岗位指从事专业技术工作，具有相应专业技术水平和能力的工作岗位。专业技术岗位的设置要符合专业技术工作的规律和特点，适应发展社会公益事业与提高专业水平的需要。

3. 工勤技能岗位

工勤技能岗位指承担技能操作和维护、后勤保障、服务等职责的工作岗位。工勤技能岗位的设置要适应提高操作技能、提升服务水平的要求，满足单位业务工作的实际需要。鼓励事业单位后勤服务社会化，逐步扩大社会化服务的覆盖面。已经实现社会化的一般性劳务工作，不再设置相应的工勤技能岗位。

4. 特设岗位

根据事业发展和工作需要，经主管部门审核，并报市以上政府人事部门核准后，事业单位可设置特设岗位，作为事业单位中非常设岗位，主要用于聘用急需的高层次专业技术人才。在完成工作任务后，按照管理权限予以核销。

特设岗位不受事业单位岗位总量、结构比例和最高等级限制。特设岗位的等级根据实际需要，按照规定的程序和管理权限确定。

特设岗位的聘用，由事业单位按照特设岗位聘用条件确定拟聘人选，经主管部门、同级组织人事部门审核后聘用。

市组织人事部门根据实际情况，另行制定特设岗位的具体管理办法。

二、岗位等级

根据岗位性质、职责任务和岗位条件，对事业单位管理岗位、专业技术岗位、工勤技能岗位分别划分通用的岗位等级。

（1）沈阳市事业单位管理岗位分为 3 ~ 10 级 8 个等级。现行事业单位厅（局）级正职对应为三级、厅（局）级副职对应为四级、处级正职对应为五级、处级副职对应为六级、科级正职对应为七级、科级副职对应为八级、科员对应为九级、办事员对应为十级岗位。

（2）专业技术岗位分为 13 个等级，包括高级岗位、中级岗位、初级岗位。高级岗位分为 7 个等级，即 1 ~ 7 级，正高级岗位包括 1 ~ 4 级，其中一级是国家专设的特级岗位，副高级岗位包括 5 ~ 7 级；中级岗位分为 3 个等级，即 8 ~ 10 级；初级岗位分 3 个等级，即 11 ~ 13 级，其中十三级是员级岗位。

（3）工勤技能岗位包括技术工岗位和普通工岗位，

其中，技术工岗位分为 5 个等级，高级技师对应为一级、技师对应为二级、高级工对应为三级、中级工对应为四级、初级工对应为五级岗位；普通工岗位不分等级。

三、岗位结构

根据不同类型事业单位的职责任务、工作性质和人员结构特点，对事业单位管理岗位、专业技术岗位、工勤技能岗位实行总量、结构比例和最高等级控制。

事业单位三类岗位的结构比例按人员编制结构比例确定，控制标准如下。

（1）主要承担科研、教学、医疗等职责，以专业技术为主提供社会公益服务的事业单位，应保证专业技术岗位占主体，其主体岗位设置一般不低于单位岗位总量的 70%。

专业技术高级、中级、初级岗位之间的结构比例全市总体控制目标为 1:3:6。根据经济和社会事业发展水平和行业特点，对不同功能、规格、隶属关系和专业技术水平的事业单位，在总体控制目标以内，实行不同的岗位结构比例和最高等级控制。其中，市属事业单位不超过 2:4:4，区、县（市）属事业单位不超过 1:3:6，乡（镇、街道办事处）属事业单位不超过 0.5:3:6.5。

专业技术高级、中级、初级岗位内部不同等级之间的结构比例控制标准是：二级、三级、四级岗位之间的比例为 1:3:6；五级、六级、七级岗位之间的比例为

2：4：4；八级、九级、十级岗位之间的比例为3：4：3；十一级、十二级岗位之间的比例为5：5；十三级员级岗位没有比例限制。

（2）主要承担社会事务管理职责的事业单位，应保证管理岗位占主体，其主体岗位设置一般不低于单位岗位总量的50％。

管理岗位的最高等级，按照机构编制部门审定的机构规格确定。领导管理岗位按照机构编制部门核定的领导职数、职级和内设机构领导职数、职级确定；普通管理岗位的设置和结构比例，按照《中共辽宁省委组织部辽宁省人事厅关于全省事业单位实施岗位设置管理有关问题的处理意见》（辽人发〔2008〕16号）中关于管理岗位设置问题的规定执行。

（3）主要承担技能操作和维护、后勤保障、服务等职责的事业单位，应保证工勤技能岗位占主体，其主体岗位设置一般不低于单位岗位总量的50％。

工勤技能岗位技术工结构比例，全市控制目标标准是：一级、二级、三级岗位分别按照不超过工勤技能岗位总量的1％，5％，30％左右设置；四级、五级工勤技能岗位的设置不受结构比例限制。

严格控制工勤技能一级、二级岗位的总量。技术工一级、二级岗位，主要在科学研究、教学、医疗、农业技术、工程技术、实验等领域，承担技能操作和维护等职责，在技能水平要求较高的专业技术辅助岗位中设置。

一级岗位只在基础科学研究和农业技术、工程技术领域高层次专业技术辅助技能岗位中设置。对技能操作要求不高的技术工岗位，一般不设置一级、二级岗位。

四、岗位条件

岗位条件是指受聘到某种岗位上工作的人员应具备的条件。岗位条件包括岗位基本条件和各类岗位聘用条件。

1. 各类岗位的基本条件

遵守宪法和法律，具有良好的品行，岗位所需的专业、能力或技能条件，适应岗位要求的身体条件，岗位所需要的其他条件。

2. 管理岗位聘用条件

管理岗位的工作人员一般应具有中专以上文化程度，其中六级以上管理岗位，一般应具有大专以上文化程度；

受聘到三级、四级管理岗位的条件按组织人事管理的有关规定执行；

受聘到五级管理岗位的人员，需在下一级管理岗位工作2年以上，其中，受聘到五级普通管理岗位的人员，需在六级管理岗位工作4年以上；

受聘到六级、七级、八级管理岗位的人员，需分别在下一级管理岗位工作3年以上，其中，受聘到六级普通管理岗位的人员，需在七级管理岗位工作4年以上。

3. 专业技术岗位聘用条件

专业技术岗位的条件按照现行专业技术职务评聘的

有关规定执行。除实行以聘任代替评审的市属本科高校教师职务系列外，聘用专业技术职务要具备相应的专业技术职务任职资格。

实行职业准入控制的专业技术岗位的基本条件，应包括准入控制的要求。

专业技术高级、中级、初级岗位内部不同等级岗位聘用条件，在政府人事部门指导下，由主管部门和事业单位按照《辽宁省事业单位岗位设置管理实施意见》和行业指导意见，根据岗位职责任务、专业技术水平要求等因素综合确定。

4. 工勤技能岗位聘用条件

受聘到一级、二级工勤技能岗位工作的人员，需在本工种下一级岗位工作满 5 年，并分别通过高级技师、技师技术等级考评；

受聘到三级、四级工勤技能岗位工作的人员，需在本工种下一级岗位工作满 5 年，并分别通过高级工、中级工技术等级考核；

学徒（培训生）学习期满和工人见习、试用期满，通过初级工技术等级考核后，可聘到五级工勤技能岗位工作。

5. 转岗条件

在管理岗位、专业技术岗位、工勤技能岗位之间流动，应在岗位有空缺的条件下进行，具体各类人员的转岗基本条件，按照《中共辽宁省委组织部辽宁省人事厅关于全省事业单位实施岗位设置管理有关问题的处理意见》（辽人发〔2008〕16号）中关于三类岗位人员转岗聘用问题的规定执行。其中由专业技术岗位或工勤岗位聘用到管理岗位的，应按照干部管理权限履行审批程序。

五、岗位审核

事业单位在编制限额内按照科学合理、精简效能的原则进行岗位设置，坚持按需设岗、竞争上岗、按岗聘用、合同管理。岗位设置应体现本单位的社会功能、职责任务和工作需要，明确岗位管理名称、职责任务、工作标准和任职条件。

（1）事业单位岗位设置按照以下程序进行：各事业单位拟定本单位的岗位设置方案，并按规定填写"事业单位岗位设置审核表"；按规定报其主管部门审核；按管理权限报请政府人事部门核准；在核准的岗位总量、结构比例和最高等级限额内，各单位制定出岗位设置实施方案，编制岗位说明书；广泛听取职工对岗位设置实施方案的意见；岗位设置实施方案由单位负责人员集体讨论通过；组织实施。

（2）事业单位岗位设置的审核和核准。

事业单位岗位设置实行核准制度，严格按照规定的程序和管理权限进行审核。具体程序为：

市直属事业单位的岗位设置方案分别报同级政府人事部门核准；市直各部门所属事业单位的岗位设置方案，

经主管部门审核汇总后，报市政府人事部门核准；

实行市以下垂直管理的系统，其各区、县（市）的事业单位岗位设置方案经市主管部门审核汇总后，报市政府人事部门核准；

区、县（市）直属、部门所属和乡镇（街）事业单位的岗位设置方案，按其管理权限经上级主管部门审核，并经区、县（市）政府人事部门审核汇总后，报市政府人事部门核准。

（3）有下列情形之一的，岗位设置方案可按照上述的权限申请变更：事业单位出现分立、合并，需对本单位的岗位进行重新设置的；上级或同级机构编制部门进行机构编制调整，增减机构编制的；按照业务发展和实际情况，为完成工作任务确需变更岗位设置的。

（4）建立"事业单位岗位管理手册"（以下简称"手册"）管理制度，对岗位设置实行规范管理。经核准的岗位设置总量、结构比例、最高等级、岗位调整、岗位聘用等情况记入"手册"，作为公开招聘人员、核定工资报酬、确定岗位等级的凭据。

六、岗位聘用

事业单位按照《辽宁省事业单位岗位设置管理实施意见》及经核准的岗位设置方案，根据按需设岗、竞聘上岗、按岗聘用的原则，确定具体的工作岗位，明确岗位等级，编制岗位说明书，聘用工作人员。

（1）事业单位聘用人员，应在岗位有空缺的条件下，在岗位结构比例限额内，按照公开招聘、竞聘上岗的有关规定择优聘用。事业单位首次实行岗位设置管理的，按照核准的岗位设置方案，对本单位已签订聘用合同人员按现聘岗位进入相应的岗位等级。竞聘高等级岗位，按规定的方法和程序择优聘用。

（2）事业单位须与受聘人员签订聘用合同。聘用合同期限内调整岗位的，应对聘用合同的相关内容作出相应的变更。聘用合同是建立人事关系、确定工资待遇、落实社会保险、转移人事档案、办理落户的基本依据。

（3）对于人员少的事业单位，岗位结构比例可实行集中调控，根据实际情况实行人员集中聘用，具体办法由市政府人事部门与主管部门研究制定。

（4）对事业单位确有真才实学、贡献突出、岗位急需且符合破格条件的管理岗位领导人员、专业技术人员，可按照干部人事管理权限破格聘用。其中，领导管理岗位的人员，可破格聘用到上一个级别岗位；专业技术岗位人员，可在同一层级岗位中高聘到上一个等级岗位。破格聘用级别不能超过本岗位设置的最高等级。

（5）事业单位工作人员原则上不得同时在两类岗位上聘用。以管理岗位、工勤技能岗位为主体的事业单位的工作人员，不得在两类岗位同时聘用；以专业技术岗位为主体的事业单位，领导管理岗位的人员，确实从事专业技术工作，并具有专业技术资格，完成专业技术岗位任务的，可以同时聘用到专业技术岗位工作，但须占本单位相应岗位数额。此类岗位的设置和聘用须经市以上政府人事部门核准。

（6）事业单位专业技术一级岗位是国家专设的特级岗位，该岗位人员的聘用按照国家有关规定进行。

专业技术二级岗位的聘用，按照表属关系，经市政府人事部门审核后，报省政府人事部门核准。

（7）事业单位首次进行岗位设置和岗位聘用，岗位结构比例不得突破现有人员的结构比例。现有人员的结构比例已经超过核准的结构比例的，应通过自然减员、调出、低聘或解聘的办法，逐年达到规定的结构比例。尚未达到核准的结构比例的，要严格控制岗位聘用数量，根据事业单位发展要求和人员队伍状况等情况逐年逐步到位。

第三节　聘用制度

聘用制度是事业单位的基本用人制度。推行聘用制度是当前人事改革的重要内容，是转换用人机制、搞活用人制度的重要手段和措施。2002 年 7 月，国务院办公厅转发了《人事部关于在事业单位试行人员聘用制度意见》（国办发〔2002〕35 号），对聘用的基本原则、实施范围、聘用程序以及聘用合同等内容作出了具体规定。

一、聘用制度的指导思想和原则

为深化事业单位人事制度改革，规范对聘用合同的管理，保障用人单位和职工的合法权益，根据国家有关法律法规，结合沈阳市实际情况，制定适用于沈阳市各类事业单位（以下简称聘用单位）及其人员的聘用政策和制度，沈阳市人力资源和社会保障局是沈阳市事业单位实行聘用合同制的行政主管部门，具体负责贯彻实施。规定聘用单位与受聘人员必须签订确立聘用关系的聘用合同，明确双方的权利和义务。聘用单位聘用人员，应贯彻公开、平等、竞争、择优的原则。聘用单位实行聘用合同制的具体实施方案，须经职代会或职工大会讨论通过，报上级主管部门和人事部门审核备案后实施。

二、聘用的权限、条件及程序

聘用单位法定代表人或行政领导班子成员由上级主管部门按有关规定和程序聘用或任用，其他领导班子成员和不宜聘用的领导职务人员按有关规定办理。职工由聘用单位自主聘用。全民所有制事业单位聘用人员必须按国家下达的人员计划，在编制部门批准的编制、职数和人事部门核定的职务限额内进行。

受聘人员应具备拥护党的路线、方针、政策，遵纪守法，具有良好的职业道德，与所聘岗位相适应的文化程度、专业知识和工作能力，身体健康，能坚持正常工作以及聘用岗位需要的其他条件等条件。聘用单位在本单位内部聘用人员时，受聘人员不受原身份限制。

聘用的基本程序为：

（1）公布聘用名额、职位、条件、办法及有关事宜；

（2）本人提出申请；

（3）进行民主测评、组织考核和必要的业务考试，双向选择，竞争上岗；

（4）单位领导集体讨论，确定受聘人员；

（5）签订聘用合同；

（6）聘用合同签订后，聘用单位应在一个月内到所属政府人事部门办理合同鉴证手续。聘用后，聘用单位对聘用新进人员实行试用期制度，试用期最长不得超过六个月。对政策性安置人员，如聘用单位聘用复转军人、大中专毕业生，按国家有关规定执行。

三、聘用合同的订立、变更、终止、解除及经济补偿

签订聘用合同应严格遵守国家的法律法规，遵循平等自愿、协商一致的原则。聘用合同采取书面形式。合同的内容规定了聘用期限、工作岗位、工作报酬、失业保险、养老保险、福利待遇、工作纪律和劳动保护，以及合同的变更、解除、终止的条件和违约责任等。聘用合同的期限分为固定期限、无固定期限和以完成特定的工作为期限。聘用合同的期限由当事人双方协商确定。但受聘人员在同一聘用单位连续聘用满十年以上，且当

事人双方同意续签聘用合同的，如果受聘人员提出订立无固定期限聘用合同，可以订立无固定期限聘用合同。违反法律、法规，以欺诈、威胁等不正当手段订立的聘用合同为无效合同。无效合同由人事争议仲裁机构确认。聘用单位对个人行为能力受到限制的原固定制职工，可缓签聘用合同。原固定制职工不愿与聘用单位签订聘用合同，又不属于缓签范围的，应给予两个月的择业流动期，流动期内享受原工资福利待遇。自行流动期满后仍不愿与聘用单位签订聘用合同的，其原人事关系自行终止，由聘用单位办理辞退手续。聘用单位签订的不规范合同，应重新签订聘用合同。严格督促落实聘用合同，任何一方违约，造成经济损失的，都应按照合同规定承担违约责任，赔偿其经济损失。任何一方不得擅自变更。以下几种情形可以解除聘用合同：

（1）受聘人员在试用期内，被发现有不符合聘用条件的；

（2）受聘人员不履行聘用合同的；

（3）受聘人员违反聘用合同规定或严重失职给单位利益造成重大损失的；

（4）受聘人员不能胜任工作，经过培训或者调整工作岗位仍不胜任的；

（5）受聘人员患病或非因公负伤，医疗期满后不能从事原工作，也不服从另行安排适当工作的；

（6）聘用合同订立时所依据的客观情况发生重大变

化，致使原合同无法履行，经当事人协商不能就变更聘用合同达成协议的；

（7）公派或自费留学无故逾期不归的，受聘人在聘期内被开除、被依法追究刑事责任的，聘用合同自行解除。

对特殊情况如：① 受聘人员患病或者负伤，在规定医疗期内的；② 女职工在孕期、产期、哺乳期的；③ 受聘人员因公负伤或者患职业病医疗终结，经有关部门鉴定丧失或部分丧失工作能力的；④ 法律法规规定的其他情形等，不得终止或解除聘用合同。对①在试用期内的；② 聘用单位不履行聘用合同或违反国家政策规定的；③ 符合国家有关规定，经聘用单位批准后考入大中专院校、应征入伍、被录用为国家公务员和机关工作人员的等情形中，任何一种形式受聘人员可以通知聘用单位解除聘用合同。聘用单位和受聘人员中一方要求解除或终止聘用合同的，应当在三十日前以书面形式通知对方，并保证在不损害双方当事人合法权益的情况下，对有关事宜作出妥善处理。聘用合同终止后不再续签的或解除聘用合同的受聘人员，可以持单位出具的终止、解除聘用合同证明，到政府人事部门所属人才交流服务机构登记，通过人才市场介绍择业或自谋职业，并享受沈阳市关于失业人员和再就业的有关优惠政策。失业期间的待遇，按照国家、省、市有关规定执行。对法定代表人和行政领导的离任审计作出了明确的要求。对特殊情况解除或终止合同的聘用单位，要求应根据受聘人员在本单位工作年限（含原职工转制前的连续工龄），发给一定的经济补偿，如由聘用单位解除的，聘用单位应根据受聘人员在本单位的工作年限，每满一年发给相当于本人一个月工资的经济补偿金，但最多不超过十二个月，工作时间未满一年的，应按一年标准发给经济补偿金。因单位被撤销终止聘用合同和由聘用单位解除合同的，聘用单位应按受聘人员在本单位工作年限，每满一年发给相当于本人一个月工资的经济补偿金。经济补偿金的月工资计算基数为本人上一年月平均工资。受聘人员经聘用单位出资培训的，双方应当根据实际情况约定培训后的服务期限。没有约定的，受聘人员要求解除合同时，聘用单位可适当收取培训费，收费标准按培训后回单位服务的年限，以每年递减培训费用20%的比例计算。

四、受聘人员的待遇

受聘人员的工资可根据国家规定的工资政策，按照按劳分配与按生产要素分配相结合的原则，视其岗位、责任大小、难易程度和任务完成情况灵活确定，合理拉开档次。聘用单位和受聘人员应按照国家法律法规规定的权利和义务，参加养老、失业、医疗、工伤等社会保险，并享受各项社会保险待遇。受聘人员的工时，公休假日，女职工保护，因公负伤、致残和死亡，非因公负伤和患病等各项福利待遇，均按国家有关规定执行。受聘人员在聘期内享有国家规定的培训和继续教育权利。聘用合同制人员的工作年限，应当将其在各聘用单位工作的时间合并计算。

五、原固定制人员的落聘管理

落聘人员的管理，是事业单位改革的重要组成部分，管理效果直接影响甚至决定改革成效。落聘人员是指原固定制职工因机构撤并、精简人员不符合岗位要求和身体不适等原因未被聘用的。落聘人员在单位内部的待聘期限最长不得超过一年。在待聘期内，聘用单位应当给落聘人员提供一次或两次上岗机会。对于内部待聘期满仍未能聘用上岗的，聘用单位可委托政府人事部门所属的人才交流服务机构代为推荐。委托推荐期限为半年至一年。委托推荐期满，仍未被聘用单位聘用的，由聘用单位办理辞退手续。落聘人员在待聘期和委托推荐期内不再保留原岗位待遇，但工资不得低于本市规定的最低工资标准。原固定制职工距法定退休年龄五年以内，且工作年限满二十年以上的，因体弱多病等原因不能坚持正常工作的，经本人自愿，聘用单位及主管部门同意，所在市区、县（市）人事部门批准，可在聘用单位内部提前退岗休养。提前退岗休养期间的待遇，由本单位参照本市有关退休人员待遇的标准执行。

第四节　公开招聘制度

事业单位公开招聘制度是指为规范用人行为，防止用人上的随意性和不正之风，事业单位凡出现空缺岗位，除涉密岗位确需使用其他方法选拔人员的以外，都要按照规定程序，面向社会进行公开招聘。事业单位公开招聘制度是事业单位人事制度改革的一项重要内容，既有利于规范事业单位进人的程序，加强政府对事业单位管理的监督，也有利于扩大事业单位选人用人的视野，拓宽选人进人渠道，保证事业单位新进人员的素质，优化人才资源配置，为更好地提供社会服务打好基础，同时也有利于体现社会就业的公平，维护求职人员和用人单位的合法权益，保证事业单位客观公正地选用人才。2007 年沈阳市转发了《辽宁省事业单位公开招聘人员办法》，并严格执行。

一、公开招聘的适用范围、指导原则

事业单位中的专业技术人员、管理人员和工勤人员，除国家政策性安置、按干部人事管理权限由上级任命及涉密岗位等确需使用其他方法选拔任用的人员以外，一律实行公开招聘。涉密岗位主要指公安、国家安全、机要、保密等部门所属事业单位的有关岗位。事业单位公开招聘人员，应遵守国家法律、法规和政策规定，坚持德才兼备和公开、平等、竞争、择优的原则。坚持政府宏观管理与落实单位用人自主权相结合，按岗招聘、统一规范、分级管理。在核定的人员编制和岗位结构比例限额内，根据空缺岗位职责和任职条件的要求，采取考试、考核的方法进行。事业单位公开招聘工作的主管机关是各级党委组织部门、政府人事行政部门。党委组织部门、政府人事行政部门与事业单位的上级部门负责对事业单位公开招聘工作进行指导、监督和管理。

二、招聘对象的范围、条件及程序

事业单位公开招聘人员面向社会，凡符合条件的各类人员均可报名应聘。应聘人员基本条件：

（1）具有中华人民共和国国籍；

（2）遵守宪法和法律；

（3）具有良好的品行；

（4）岗位所需的专业或技能条件；

（5）适应岗位要求的身体条件；

（6）岗位所需的其他条件。

设置条件时不得设置歧视性条件或者为特定人员设置条件。公开招聘应按下列程序进行：

（1）制定招聘计划；

（2）发布招聘信息；

（3）受理应聘人员的申请，对资格条件进行审查；

（4）考试、考核；

（5）身体检查；

（6）根据考试、考核结果，确定拟聘人员；

（7）公示拟聘人员的有关情况；

（8）对拟聘人员进行备案，并办理有关手续；

（9）签订聘用合同，并到同级政府人事行政部门鉴证。

三、招聘计划、信息发布与资格审查

事业单位公开招聘人员，根据本单位人员编制、岗位结构比例限额和相应岗位空缺情况编制招聘计划。招聘计划主要包括以下内容：招聘岗位条件，招聘时间，招聘人员数量，招聘方法等。

事业单位申报招聘计划须填写"事业单位公开招聘人员计划申请表"。省直属事业单位的招聘计划报省委组织部门或者省政府人事行政部门备案，部门所属事业单位的招聘计划经上级主管部门核准后报省委组织部门或者省政府行政部门备案。

市直属或者部门所属事业单位的招聘计划，报市委组织部门或者市政府人事行政部门核准。

县（市、区）直属或者部门所属事业单位的招聘计划，报县（市、区）党委组织部门或者政府人事行政部门核准，并按管理权限报市委组织部门、政府人事行政部门备案。

对于未申报招聘计划或者所申请招聘计划未经党委

组织部门、政府行政部门备案核准的，事业单位不得招聘人员。

事业单位招聘人员一般由招聘工作主管机关或者事业单位主管部门公开发布招聘信息。招聘信息载明用人单位情况简介，招聘的岗位，招聘人员数量及待遇，应聘人员条件，招聘办法，考试、考核的时间（时限）、内容、范围，报名方法等需要说明的事项。用人单位或者组织招聘的部门应对应聘人员的资格条件进行审查，确定符合条件的人员。

1. 考试、考核与体检

事业单位招聘不同类别的人员，采取不同的方法。

（1）招聘具有高级专业技术职务、硕士以上学位的人员，急需引进的高层次、短缺人才，采取考核的办法。考核的人选由用人单位在报名人员中遴选确定，考核工作由用人单位或者单位主管部门组织进行。

（2）招聘专业技术人员、管理人员，采取考试和考核的方法。考试分为笔试和面试。笔试由用人单位自行组织，也可以由党委组织部门、政府人事行政部门、事业单位上级主管部门统一组织。面试由用人单位或者单位主管部门组织。实行笔试、面试权重计分的办法，笔试、面试成绩权重比例根据招聘岗位的性质和特点，可确定为4:6或者5:5。根据权重成绩，按招聘计划1:1的比例确定考核人选。考核工作由用人单位或者单位主管部门组织进行。

（3）招聘工勤人员，采取现场测试实际技能和考核的方法，由事业单位或者事业单位主管部门组织进行。

考试内容应当为招聘岗位所必需的职业素质、专业知识、业务能力和工作技能。对拟聘人员考核的主要内容为思想政治表现、道德品质、业务能力、工作实绩等情况。

对拟聘人员的体检，由事业单位主管部门组织。体检标准可参照《公务员录用体检通用标准（试行）》（国人部发〔2005〕1号）。对身体条件有特殊要求岗位的体检标准，国家有明确规定的执行国家标准规定。

2. 聘　用

经用人单位负责人员集体研究，按照考试、考核结果择优确定拟聘人员。对于拟聘人员应在一定范围进行公示，公示期为7日。公示由组织招聘的机构负责实施。事业单位确定拟聘人员后，须填写"辽宁省事业单位公开招聘人员备案表"，按管理权限报党委组织部门、政府人事行政部门备案，并办理有关手续。对于不符合招聘条件、弄虚作假或者未按规定程序招聘的人员，党委组织部门、政府人事行政部门不予备案，事业单位不得聘用。用人单位法定代表人或者其委托代理人与受聘人签订聘用合同，确立人事关系。签订聘用合同及聘后管理等事项，按有关规定办理。事业单位公开招聘的人员按规定实行试用期制度。试用期一般不超过6个月（大中专毕业生见习期1年），国家另有规定的按规定执行。试用期包括在聘用合同期限内。试用期满合格的，予以正式聘用；不合格的，取消聘用。

党委组织部门、政府人事行政部门及事业单位的上级主管部门要认真履行监管职责，对事业单位招聘过程中违反干部人事纪律规定的行为要予以制止和纠正，确保招聘工作的公开、公平、公正。

第五节　考核奖惩制度

考核奖惩制度是事业单位人事管理的一项重要制度。按照客观公正、民主公开、注重实绩的原则，认真实行事业单位工作人员考核制度，把工作能力、业务水平以及服务对象的满意程度作为考核的重要依据，正确评价事业单位工作人员的德才表现和工作实绩，激励督促事业单位工作人员提高政治业务素质，认真履行职责，并为其晋升、聘任、奖惩、培训、辞退以及调整工资待遇提供依据。

一、考核的内容和标准

（1）考核的内容包括德、能、勤、绩四个方面，重点考核工作实绩。

德，主要考核政治、思想表现和职业道德表现；

能，主要考核业务技术水平、管理能力的运用发挥，业务技术提高、知识更新情况；

勤，主要考核工作态度、勤奋敬业精神和遵守劳动纪律情况；

绩，主要考核履行职责情况，完成工作任务的数量、质量、效率，取得成果的水平以及社会效益和经济效益。

（2）考核标准应以岗位职责及年度工作任务为基本依据，具体标准在政府人事部门与主管部门的指导下，由各单位根据实际情况自行制定。

考核标准应明确具体，不同专业和不同职务、不同技术层次的工作人员在业务水平和工作业绩方面应有不同的要求。

（3）考核结果分为优秀、合格、基本合格、不合格四个等次。

工勤考核结果未设基本合格等次，对德、能、勤、绩表现较差，在年度考核中难以确定等次的人员，可先予以告诫，期限为 3～6 个月。告诫期满有明显改进的，可定为合格等次；仍表现不好的，定为不合格等次。

对于试用（见习）期的工作人员参加考核，不确定等次，考核情况作为试用（见习）期满任职定级的依据，新调入人员工作未满半年的和经组织批准长期到外单位帮助工作的，由所在单位在征求原单位意见的基础上写出评语，确定考核等次。

有下列情况者，不参加考核，不确定等次，不计算考核年限：因病、事假全年工作未满 6 个月的；非单位派出但经单位同意外出学习的，超过考核年度半年的；

被立案审查尚未作出结论的。

（4）职员考核各等次的基本标准如下。

优秀：正确贯彻执行党和国家的路线、方针、政策，模范遵守国家的法律、法规和各项规章制度，廉洁奉公，精通业务，工作勤奋，有改革创新精神，成绩突出。

合格：正确贯彻执行党和国家的路线、方针、政策，自觉遵守国家的法律、法规和各项规章制度，廉洁自律，熟悉业务，工作积极，能够完成工作任务。

基本合格：政治、业务素质一般，组织纪律松懈，工作责任心一般，履行岗位职责较弱，或工作作风方面存在明显不足，不能全面完成承担的工作任务或经常出差错，或有较大失误，连续旷工5天以上不超过10天或一年内累计旷工15天以上不超过20天。

不合格：政治、业务素质较低，组织纪律较差，难以适应工作要求，或工作责任心不强，不能完成工作任务，或在工作中造成严重失误。

（5）专业技术人员考核各等次的基本标准如下。

优秀：拥护党和国家的路线、方针、政策，模范遵守国家的法律、法规及各项规章制度和职业道德，工作责任心强，勤奋敬业，专业技术能力强或提高快，工作有创新，在科研、教学、业务技术工作中成绩突出。

合格：拥护党和国家的路线、方针、政策，自觉遵守国家的法律、法规及各项规章制度和职业道德，工作负责，业务熟练，专业技术能力较强或提高较快，能够履行岗位职责、完成工作任务，无责任事故。

基本合格：与职员考核中的基本合格等次标准相同。

不合格：政治、业务素质较低，组织纪律较差，难以适应工作要求，或工作责任心不强，履行岗位职责差，不能完成工作任务，在工作中造成严重失误或责任事故。

（6）工人考核各等次的基本标准如下。

优秀：政治思想表现好，模范遵守法律、纪律和各项规章制度，精通业务，工作勤奋，责任心强，确保劳动安全，工作成绩突出。

合格：政治思想表现好，自觉遵守法律、纪律和各项规章制度，熟悉业务，工作积极，无责任事故，注重劳动安全，能够履行岗位职责，完成工作任务。

不合格：组织纪律较差，难以适应工作要求，履行岗位职责差，不能完成工作任务；或工作责任心不强，在工作中造成严重失误；或忽视劳动安全，违反工作和操作规程，发生严重事故。

（7）年度考核要严格坚持标准，符合实际，职员和专业技术人员被确定为优秀等次的人数，一般掌握在本单位工作人员总人数的15%，最多不超过20%。工人被确定为优秀等次的人数，一般掌握在本单位工作人员总人数的10%，最多不超过15%。

二、考核的方法和程序

（1）事业单位工作人员的考核，实行领导与群众相国专家获奖。

五、外国专家日常管理有关要求

外国专家日常管理的有关要求主要有：聘请单位在外国专家到职时，除口头告知有关注意事项外，还应以书面形式告知其应遵守的法律法规和规章制度；聘请单位应在外国专家初次到任时，给予工作、生活方面的指导，并告知相关管理人员的联系方法、相关事件发生时的处理办法及解决的方式等；如果合同规定由外国专家本人在国外购买医疗及意外保险，聘请单位应在其到职时，查验相应的保单并记录相关联系方法，以便及时与保险公司取得联系；聘请单位应及时为专家取得完税证明及兑换外汇所需要的证明；有条件的聘请单位，可给外国专家开设介绍中国文化、风俗等方面内容的讲座；进行合同管理，除政府间协议、校际交流等专门协议外，专家无论来自何种渠道，都建议聘请单位使用由国家外国专家局统一印制的标准合同，同时，以合同附件的形式，明确约定外国专家的工作任务和生活待遇等事项；进行制度管理，聘请单位应制定外国专家工作制度、外国专家管理工作制度等，明确外国专家管理工作所应遵循的原则、责任、权限、方法等，便于在实际工作中有章可循，不断提高外国专家管理水平。

结合，平时与定期相结合，定性与定量相结合。

考核要注重实效，简便易行，宜于操作。

（2）考核由事业单位负责人负责。必要时，事业单位负责人可以授权同级副职或有关机构负责人负责考核。

（3）考核分为平时考核和年度考核。平时考核随时进行，由被考核人根据工作任务定期记实，主管领导负责检查。年度考核一般每年年末或翌年年初进行。年度考核以平时考核为基础。

（4）年度考核的基本程序是：被考核人个人总结、述职；主管领导人在听取群众意见的基础上，根据平时考核和个人总结写出评语，提出考核等次意见；考核组织对主管领导人提出的考核意见进行审核，事业单位负责人确定考核等次；将考核结果以书面形式通知被考核人；考核事业单位担任各级领导职务的工作人员必要时可以进行民主评议或民意测验。

（5）事业单位负责人的年度考核参照第（4）条规定的程序，由主管部门组织实施。

（6）事业单位工作人员对年度考核结果如有异议，可以在接到考核结果通知之日起十日内向考核组织申请复核，考核组织在十日内提出复核意见，经部门或单位负责人批准后以书面形式通知本人。其中，如复核结果仍被确定为不合格等次的人员对复核意见不服，可以向上一级主管单位人事机构提出申诉。

（7）年度考核工作结束后，考核结果存入本人档案。

三、考核结果的使用

（1）事业单位工作人员在年度考核中被确定为合格以上等次的，按照下列规定办理：

按照有关规定晋升工资档次和发给奖金；

职员连续三年考核被确定为合格以上等次的，具有晋升职务的资格；连续两年以上被确定为优秀等次的，具有优先晋升职务的资格；

专业技术人员年度考核被确定为合格以上等次的，具有续聘的资格；

工人连续两年考核被确定为优秀等次的，具有聘任技师的优先资格。

被确定为优秀等次的，在享受上述四项政策的基础上，还享受以下政策：竞聘上岗时优先聘用；在年度奖励性绩效工资分配上应给予适当倾斜。

（2）被确定为基本合格等次的，按照下列规定处理：①对其进行诫勉谈话，限期改进；②一年内不予晋升职级；③下一年度不予晋升薪级工资档次；④不享受本年度绩效工资中年终奖励津贴部分。

（3）年度考核被确定为不合格等次的，除按照基本合格等次规定处理外，再按照下列规定处理：①当年考核被确定为不合格等次的，不发年终奖金，并予以批评教育；②连续两年考核被确定为不合格等次的，根据不同情况，可予以降职、调整工作、低聘或解聘；③连续两年考核被确定为不合格等次的，又不服从组织安排或重新安排后年度考核仍不合格的，予以辞退。

（4）对年度考核实行告诫的工人，暂不兑现考核结果，待告诫期满，依据所定等次办理。

（5）考核结果的使用，应与事业单位评选先进活动、开展奖励表彰工作紧密结合。

四、考核的组织管理

（1）事业单位在年度考核时设立非常设性的考核委员会或考核小组，在单位负责人的领导下，负责年度考核工作。

（2）考核组织由本单位负责人、人事机构和有关部门负责人及工作人员代表组成。考核组织的日常事务由本单位人事机构承担。

（3）考核组织的职责是：①依据有关规定制定本单位年度考核实施办法；②组织、指导、监督本单位年度考核工作；③审核主管领导人写出的考核评语以及提出的考核等次意见；④审核事业单位工作人员对考核结果不服的复核申请。

（4）事业单位的负责人、主管领导人、考核委员会或考核小组成员，必须按规定要求，实事求是地进行考核。对考核过程中有徇私舞弊、打击报复、弄虚作假行为的，必须严肃处理。

（5）建立事业单位年度考核工作审核备案制度。审核备案的方法是：年度考核基本结束时，各单位将考核工作总结报上一级主管单位人事机构进行审核。

（6）考核工作按照单位组织实施、逐级申报的原则，各单位拟定的年度考核结果和各等次所占比例情况，需经主管部门审核同意后，在本单位进行公示（公示至少三天），公示无异议后，单位将考核相关材料一并报送主管部门审核，市直属各主管部门汇总后，统一报市人力资源和社会保障局审核备案，各区、县（市）属主管部门需经各区、县（市）人事管理部门审核汇总，并由各区、县（市）人事管理部门统一报市人力资源和社会保障局审核备案。

各部门应加强考核工作的监督指导，对考核程序、结果和所占比例不符合政策规定的，以及单位职工对考核和考核结果反映比较大的，应及时提出处理意见并限期整改。市、区县（市）两级人事管理部门应不定期对考核情况进行抽查。

（7）政府人事部门负责综合管理、监督指导事业单位年度考核工作。

第六节　解聘辞聘制度

按照事业单位养老保险等社会保障制度改革的进程，全面推行事业单位人员聘用制度，规范事业单位人员解聘辞聘的条件和程序，建立完善与聘用制度和岗位管理相配套的辞职辞退制度，畅通事业单位人员"出口"是事业单位改革的一项重要任务。

一、解除聘用合同

受聘人员有下列情形之一的，聘用单位可以随时单方面解除聘用合同：

（1）连续旷工超过 10 个工作日或者 1 年内累计旷工超过 20 个工作日的；

（2）未经聘用单位同意，擅自出国或者出国逾期不归的；

（3）违反工作规定或者操作规程，发生责任事故，或者失职、渎职，造成严重后果的；

（4）严重扰乱工作秩序，致使聘用单位或其他单位工作不能正常进行的；

（5）被判处有期徒刑（含缓刑）或者被劳动教养的；

（6）对在试用期内被证明不符合本岗位要求又不同意单位调整其工作岗位的。

受聘人员有下列情形之一的，聘用单位可以单方面解除聘用合同，但是应当提前 30 日以书面形式通知拟被解聘的受聘人员：

（1）受聘人员患病或者非因公负伤，医疗期满后，不能从事原工作也不能从事由聘用单位安排的其他工作的；

（2）受聘人员年度考核或者聘期考核不合格，又不同意聘用单位调整其工作岗位的，或者虽然同意调整工作岗位，但到新岗位后考核仍不合格的。

受聘人员有下列情形之一的，可以通知聘用单位解除聘用合同：

（1）在试用期内的；

（2）聘用单位不履行聘用合同或者违反国家政策规定的；

（3）符合国家有关规定，经聘用单位批准后考入全日制大中专院校、应征入伍、被录用为国家公务员或事业单位工作人员的。

二、终止聘用合同

有下列情形之一的，聘用单位可以终止聘用合同：

聘用合同订立时所依据的客观情况发生重大变化（单位注销、改企转制等情形发生时），致使原合同无法履行，经当事人双方协商，不能就变更聘用合同达成协议的；

聘用单位对受聘人员作出开除处分决定或者作出自动离职、除名处理决定，并履行了送达程序的。

|第九章|
外国专家管理概述

第一节　外国专家管理概述

外国专家管理工作是引进国外智力工作的一项重要内容，是一项政策性很强的工作。沈阳市外国专家管理工作由市外国专家局归口负责，主要是本着寓管理于服务中的原则，根据国家、省有关规定，结合沈阳市实际，通过外国专家来华许可、聘请单位资格认可、外国专家奖励、相关政策措施引导等手段实施。

一、外国专家主要类型

根据国家外国专家局《关于印发〈外国专家来华工作许可办理规定〉等的通知》（以下简称《通知》）（外专发〔2004〕139 号）等文件规定，外国专家按其工作领域主要分为经济技术类和文教类，具体为：

（1）为执行政府间、国际组织间协议、协定和中外经贸合同，应聘在中国工作的外国籍专业技术人员或管理人员；

（2）应聘在中国从事教育、科研、新闻、出版、文化、艺术、卫生、体育等工作的外国籍专业人员；

（3）应聘在中国境内的企业中担任副总经理以上职务，或享受同等待遇的外国籍高级专业技术或管理人员；

（4）经国家外国专家局批准的境外专家组织或人才中介机构常驻中国代表机构的外国籍代表；

（5）应聘在中国从事经济、技术、工程、贸易、金融、财会、税务、旅游等工作，具有特殊专长、中国紧缺的外国籍专业技术或管理人员。

其中，第（2）、（3）条外国专家（外籍专业人员）应具有本科学士以上学位和 5 年以上相关工作经历（其中语言教师应具有本科学士以上学位和 2 年以上相关工作经历，且教授的语言应是其母语）。

二、外国专家来华工作许可制度

按照国际惯例和我国实际情况，国家外国专家局制定了一整套行之有效的准入管理制度，其主要手段就是签发"外国专家来华工作许可证"和"外国专家证"。"外国专家来华工作许可证"是国家外国专家局和外交部共同制定的一种证明专家身份的证件，授权给各省、市外国专家局签发，来华长期工作的外国专家凭此证件到中国驻外使领馆申请来华职业（Z）签证。"外国专家证"明确了外国专家来华工作的合法身份和具体类别，是办理"外国人居留许可"的基本依据，凭此证依法享受有关规定明确的各种待遇。

办理外国专家来华工作许可（外国专家证）的主要政策依据是《国务院对确需保留的行政审批项目设定行政许可的决定》（国务院令第 412 号）、国家外国专家局《关于印发〈外国专家来华工作许可办理规定〉等的通知》（外专发〔2004〕139 号）等文件规定。（具体办理原则和程序见第二节）

自 2008 年 6 月 1 日起，沈阳市外国专家局受辽宁省外国专家局委托，按属地化管理原则，办理沈阳地区外国专家来华工作许可（外国专家证）事项。市外国专家局指定专人负责此项工作。办理过程中，主要采取以下管理与服务措施。一是依法规范办理，确保审批质量。严格按照国家、省有关规定，认真进行来华外国专家的资格认定，并实行层层审批制，严把外国专家来华的入门关。二是缩短办理时限，提高办事效率。来华许可办理时限从国家规定的 20 日缩短至 5 日，外国专家证办理从 7 日缩短到 3 日。三是实行政务公开，做到阳光审批。在网上公开办理流程和办理结果。截至 2010 年 9 月，已办理 1000 余例外国专家来华工作许可（外国专家证）。

三、聘请外国文教专家单位资格认可制度和年检制度

1. 聘请外国文教专家单位资格认可制度

对聘请外国文教专家单位实行资格认可制度，就是根据国际惯例和我国外国文教专家聘请和管理工作实际，

依法对国内聘请外国文教专家的单位实行资格审查，对其中条件具备者颁发资格证书。凡拟聘请外国文教专家的单位，均须获得聘请外国文教专家单位资格认可，并取得"聘请外国文教专家单位资格认可证书"。该证书是办理外国专家来华工作许可、邀请函电、外国专家证及在华居留手续的基本证明。

办理聘请外国文教专家单位资格认可的主要政策依据是《国务院对确需保留的行政审批项目设定行政许可的决定》（国务院令第412号）、国家外国专家局《关于印发〈外国专家来华工作许可办理规定〉等的通知》（外专发〔2004〕139号）等文件规定。按照上述规定，申请聘请外国专家单位资格认可的单位应具备以下条件：具有独立法人资格；经过行业资质认可；设有外国专家管理和服务工作的专门机构，配备具有良好业务素质的工作人员；外国专家管理制度和外事工作人员制度健全；具有聘请外国专家所需的工作条件、生活设施和安全保卫能力；具有聘请外国专家所需的经费保障等。

沈阳市外国专家局受辽宁省外国专家局的委托，负责沈阳地区聘请外国文教专家单位资格认可初审工作。市外国专家局会同市外办、市公安局、市教育局等部门共同对申报单位的资格进行初步认定，如符合有关规定要求，则市外国专家局将同意受理意见上报辽宁省外国专家局，由辽宁省外国专家局进行最终审批，对合格者颁发"聘请外国文教专家单位资格认可证书"。目前，沈阳地区共有 112 家聘请外国文教专家资格单位。

2. 聘请外国文教专家单位资格年检制度

对外国文教专家聘请资格单位实施年检是外国文教专家管理的一个重要手段。政策依据是国家外国专家局《关于印发〈外国专家来华工作许可办理规定〉等的通知》（外专发〔2004〕139 号）及每年的年检通知等文件规定。

每年年底，沈阳市外国专家局将根据国家、省外国专家局的部署，对所有获得资格认可的单位进行年检。年检通过自查和抽查相结合的方式进行，以聘请单位自查为主，市外国专家局会同市外办、公安局、教育局等有关部门进行抽查。主要检查资格单位执行有关政策、管理制度、处理合同纠纷等管理和服务方面的情况。市外国专家局提出初检建议报省外国专家局审批。根据不同情况，年检处理结果为：对正常开展聘用工作的单位，准予注册；对聘用管理过程中出现一般性问题或一年内未正常开展聘请工作的单位，暂缓注册；对因取消、合并等原因不再聘请或连续两年未聘请外国专家的单位，注销聘请资格；对聘用中出现严重问题的单位，吊销聘请资格，两年后方可重新申请。市外国专家局根据政务公开的原则，每年都在《沈阳日报》及沈阳海外人才网上对所有资格单位年检情况进行公示，有力推进聘请单位在社会监督下依法开展外国专家聘请和管理工作。

四、外国专家奖励制度

外国专家奖励工作是外国专家管理工作的重要组成部分，旨在促进我国经济、科技、文化、教育等方面的对外交流与合作，充分调动外国专家的工作积极性，鼓励外国专家为我国经济建设和社会发展作出更大的贡献。

外国专家奖励工作体系分为国家、省、市等层次。

"友谊奖"是中国政府对在华工作外国专家的最高奖项，政策依据是国家外国专家局《印发〈关于设立"友谊奖"的暂行规定〉的通知》（外专发〔1991〕122 号）及每年的评选通知文件。沈阳市每年都按照国家外国专家局的部署积极开展"友谊奖"的人选申报工作。目前，沈阳市共有 9 名外国专家获奖。

"辽宁友谊奖"是辽宁省政府对在辽工作外国专家的最高奖项，政策依据是辽宁省人民政府《关于设立外国专家"辽宁友谊奖"和"辽宁外国专家荣誉奖"的通知》（辽政发〔2002〕58 号）及每年的评选通知文件。沈阳市每年都按照辽宁省外国专家局的部署积极开展"辽宁友谊奖"和"辽宁外国专家荣誉奖"的人选申报工作。目前，沈阳市共有 45 名外国专家荣获"辽宁友谊奖"。

"沈阳玫瑰奖"是沈阳市政府对在沈工作外国专家的最高奖项。为鼓励对沈阳市经济社会发展作出突出贡献的外国专家，沈阳市政府于 1993 年设立了"沈阳玫瑰奖"。2010 年，沈阳市出台了《沈阳市外国专家奖励实施方案》（沈政办发〔2010〕14 号），对"沈阳玫瑰奖"的评选条件、评选程序、奖励措施等相关事项进行了明确规定，为今后的外国专家奖励工作提供了政策依据，促进了奖励工作的进一步制度化、规范化。"沈阳玫瑰奖"每年评选一次。评选对象为应聘（邀）在沈阳政府机关、管理部门、工商企业、农业、教育、科研、医药卫生、金融、文化、新闻出版、体育等单位工作的各类外国专家（港、澳、台地区及侨居国外的中国籍专家不在评选范围之内）。评选条件主要为：积极传授新技术、新工艺、新方法，为沈阳市解决技术、管理等方面的关键问题，或填补了某项空白，取得较大经济效益或社会效益者；在沈阳市工程建设项目的建成、投产、运行管理等方面作出较大贡献者；为企业技术进步、技术攻关提出重要建议，并取得较大经济效益者；积极培养人才，捐赠有重要价值的仪器设备、图书资料等，在科研、教学工作中作出较大贡献者；为引进国外智力和国际人才交流作出较大贡献者等。沈阳市人力资源和社会保障局（市外国专家局）本着公开、公正、透明的原则，组织实施"沈阳玫瑰奖"的评审工作，并将评选出的候选人名单及有关事迹材料报市人民政府审定。沈阳市政府每年举行授奖仪式，对荣获"沈阳玫瑰奖"的外国专家进行表彰奖励，为每名获奖专家颁发荣誉证书和价值 3000 元人民币以下的纪念性奖品。目前，沈阳市共有 357 名外

六、外国专家有关问题处理

1. 发生纠纷时的处理

根据国家、省有关规定，出现纠纷时，外国专家和聘请单位双方可进行协商，对协商结果应作书面记录并由双方签字确认。如协商无效，可以书面形式向省外国专家局或市外国专家局进行投诉，由省外国专家局或市外国专家局进行调解，调解结果应作书面记录并由三方签字。如发生纠纷的双方中任何一方不服调解，可直接向当地法院提出诉讼，由法院按规定程序进行判决。法院的判决结果由聘请单位报省外国专家局或市外国专家局备案。

针对纠纷处理，沈阳市外国专家局与一家专门律师机构合作，聘请常年法律顾问，建立了涉外纠纷协调、处理、解决机制，为外国专家和聘请单位提供专业化的政策和法律服务，切实保障了外国专家的合法权益。

2. 涉及外国专家突发事件的处理

针对涉及外国专家突发事件的处理，根据国家外国专家局《外国专家在华工作应急处置预案》（外专发〔2006〕103 号），结合沈阳实际，沈阳市出台了《沈阳市外国专家突发事件应急处置预案》（沈人发〔2007〕7号），市外国专家局与市公安、教育、安全等部门协调配合，建立了外国专家突发事件的应急处置工作机制，形成了市、区县（市）两级联动的工作体系，为确保在沈外国专家突发事件的妥善处理提供了体制机制保障。各聘请单位也应建立完善相关管理制度，明确规定有关突发事件的防范和处置措施。

第二节　外国专家来华工作许可

自 2008 年 6 月 1 日起，沈阳市外国专家局受辽宁省外国专家局委托，按属地化管理原则，办理沈阳地区外国专家来华工作许可（外国专家证）事项。

一、许可名称

外国专家来华工作许可（外国专家证）。

二、许可依据

（1）《国务院对确需保留的行政审批项目设定行政许可的决定》（国务院令第 412 号）。

（2）国家外专局《关于印发〈外国专家来华工作许可办理规定〉等的通知》（外专发〔2004〕139 号）。

（3）辽宁省外国专家局《关于印发辽宁省聘请外国专家（外籍专业人员）管理工作实施细则（试行）的通知》（辽外专〔2007〕67 号）。

三、申请条件

申请外国专家来华工作许可（外国专家证）的外国

专家应遵守中国的法律法规，身体健康，无犯罪记录，并符合下列条件之一：

（1）为执行政府间、国际组织间协议、协定和中外经贸合同，应聘在中国工作的外国籍专业技术人员或管理人员；

（2）应聘在中国从事教育、科研、新闻、出版、文化、艺术、卫生、体育等工作的外国籍专业人员；

（3）应聘在中国境内的企业中担任副总经理以上职务，或享受同等待遇的外国籍高级专业技术或管理人员；

（4）经国家外国专家局批准的境外专家组织或人才中介机构常驻中国代表机构的外国籍代表；

（5）应聘在中国从事经济、技术、工程、贸易、金融、财会、税务、旅游等工作，具有特殊专长、中国紧缺的外国籍专业技术或管理人员。

其中，第(2)、(3)条外国专家（外籍专业人员）应具有本科学士以上学位和 5 年以上相关工作经历（其中语言教师应具有本科学士以上学位和 2 年以上相关工作经历，且教授的语言应是其母语）。

四、外国专家来华工作许可办理程序和要求

1. 申请材料

申请材料是申请人的重要书面证明，而且应由聘请单位协助申请人准备并代理其向实施机关或受委托实施机关提交。申请材料包括如下内容。

（1）外国专家来华工作许可申请表。

（2）个人简历（包括学历、工作经历）。一般由申请人提供，聘请单位认定。

（3）最高学历证书或专业资格证明材料复印件。最高学历证书应由授予学历证书的相关教育部门出具，专业资格证明材料指由有关专业组织颁发的证明专业水平的凭证。

（4）经中国驻外使、领馆认证的外国卫生医疗机构或中国政府指定的卫生检疫部门出具的健康证明书。对年龄不满18周岁的随行家属不需要体检，健康证明书一年内有效。根据情况，对连续在我境内工作短期出国并再次入境的外国专家，可适当放宽健康证明的有效期，但聘请单位一定要出具说明材料。

（5）聘用协议或合同。

①《通知》第三条第（一）款外国专家（外籍专业人员），需提交有关项目协议和项目批件复印件；

②《通知》第三条第（二）款外国专家（外籍专业人员），需提交国家外国专家局统一印制的标准聘用合同。

③《通知》第三条第（三）款外国专家（外籍专业人员），需提交企业任命书或聘用合同复印件；

④《通知》第三条第（四）款外国专家（外籍专业人员），需提交常驻中国代表机构的批准文件和外国代表任命书或其他具有法律效力的派遣文书复印件；

⑤《通知》第三条第（五）款外国专家（外籍专业人员），需提交聘用协议或合同复印件。

另外，除签订标准聘用合同外，还应签订附加合同并明确外国专家（外籍专业人员）应达到的工作要求和目标、工资的支付方式和交税方式、提前解除合同以及违约赔偿、聘请单位所提供的福利待遇以及需由外国专家（外籍专业人员）自行负责解决的事项及购买保险相关事项等。在合同中应注明"本合同（协议）必须在申请人获得实施机关或受委托实施机关签发的来华工作许可、工作签证和居留许可，并发生实际聘用关系后才正式生效"。

2. 申　请

除驻沈阳市的中央和省直属单位聘请外国专家（外籍专业人员）向省外国专家局提出申请外，其他单位聘请外国专家，按照属地管理原则向沈阳市外国专家局提出申请。

3. 受　理

对申请材料齐全、符合法定形式，或者申请人按照要求提交全部申请材料的，予以受理。对申请材料不齐全或者不符合法定形式者，告知申请人需要补正的内容，经告知仍无法补正的，不予受理。

4. 审　批

依据有关规定，对受理的申请材料进行审查，并在二十日内作出决定。

若有下列情况之一的，作出不予行政许可的决定：

（1）申请材料不真实（包括伪造、隐瞒事实真相等）；

（2）申请人不符合外国专家条件（包括工作经历不足或学历不够、教授的语言不是其母语、申请人有不良记录等）；

（3）实施机关认为不适宜发给申请人"外国专家来华工作许可"的其他情况。

对给予行政许可的决定，自决定之日起十日内颁发、送达由国家外国专家局统一印制的"外国专家来华工作许可证"。

五、外国专家证办理程序和要求

"外国专家证"分为文教类和经济技术类两种，除上述《通知》第三条第（二）款发放文教类外国专家证外，其他四款均发放经济技术类外国专家证。

（1）获得"外国专家来华工作许可"的申请人需提供以下材料：

① 外国专家证申请表；

② 有效护照首页及签证复印件一份；

③ "外国专家来华工作许可"存根；

④ 办理工作许可时未提交健康证明的，需出具"外国人体格检查记录"；

⑤ 对文教类专家办理工作许可时未提供合同原件

的，需交验国家外国专家局印制的合同及附加合同原件及复印件各一份；

⑥ 二寸免冠照片一张；

⑦ 如有随行家属，需交验家属有效护照首页、签证复印件一份及一寸照片一张。

（2）办理"外国专家证"延期需提供以下材料：

① 外国专家证延期申请表；

② 交验专家有效护照原件，提交复印件一份并加盖公章；

③ 居留许可复印件；

④ 交验续聘合同及附加合同原件，提交复印件一份；

⑤ 根据情况，实施机关可要求提供申请人的学历和健康证明材料。

（3）办理"外国专家证"转聘手续需提供以下材料：

① 持有省外国专家局或市外国专家局颁发的外国专家证办理转聘时：

A. 外国专家证申请表；

B. 护照首页复印件；

C. 居留许可及签证复印件；

D. 国家外国专家局标准合同及附加合同或协议；

E. 外国专家（外籍专业人员）推荐信原件。

② 办理其他类型转聘时：

A. 外国专家证申请表；

B. 护照首页复印件；

C. 居留许可及签证复印件；

D. 外国人体格检查记录；

E. 个人简历；

F. 学历证书或专业资格证书；

G. 国家外国专家局标准合同及附加合同或协议；

H. 外国专家（外籍专业人员）推荐信及解聘证明原件；

I. 二寸免冠照片一张。

（4）对持有有效护照、职业（Z）签证以外来华的外国人，要求办理"外国专家证"的，除特殊专业人才和急需高层次人才外，原则上不予办理。如需办理的，用人单位与受聘外国专家在签订工作合同前需与所在市外国专家局协商，并报省外国专家局审批同意后，方可签订聘用合同。对符合条件的需提供以下材料：

① 外国专家证申请表；

② 交验有效护照、签证及居留许可原件，提交复印件一份并加盖公章；

③ 外国人体格检查记录；

④ 个人简历；

⑤ 提交最高学历证书或专业资格证明材料复印件一份并加盖公章；

⑥ 交验国家外国专家局标准合同及附加合同或协议

原件，提交复印件一份；

⑦ 聘请单位初次办理须提交聘请外国专家单位资格认可证书复印件或证书编号；

⑧ 二寸免冠照片一张。

（5）办理经济类"外国专家证"需提供以下材料：

① 外国专家证申请表；

② 护照首页复印件；

③ 签证复印件；

④ 外国人体格检查记录；

⑤ 个人简历；

⑥ 学位证书或专业资格证书；

⑦ 企业聘书或劳动合同；

⑧ 企业法人营业执照复印件；

⑨ 二寸免冠照片一张。

（6）办理"外国专家证"携带家属需提供以下材料：

① 家属有效护照及签证复印件；

② 18岁以上须提供外国人体格检查记录；

③ 一寸免冠照片一张。

（7）办理"外国专家证"注销手续需提供以下材料：

① 外国专家证注销申请（包括外国专家或外籍专业人员姓名、国籍、护照号码、申请单位等相关信息）；

② "外国专家证"原件。

省外国专家局或市外国专家局根据申请出具注销证明。

（8）外国专家（外籍专业人员）兼职需提供以下材料：

① 聘请单位申请报告；

② 双方聘请单位所签协议或合同原件；

③ "外国专家证" 复印件。

|第十章|
引进国外智力项目

第一节　智力项目引进概述

一、国外智力项目引进的发展历程

国外智力项目引进是指根据国家经济建设的急需、产业政策的调整及经济形势的总体要求，围绕重点企业关键性技术改造和升级，聘请国外专家来华短期或长期指导或合作研发，实现对国外先进技术的引进、消化、吸收和再创新，从而形成具有我国自主知识产权的新技术、新工艺、新产品。

1983 年 7 月 8 日，邓小平同志发表了著名的"七·八"讲话，指出"要扩大对外开放，要利用外国智力，请一些外国人来参加我们的重点建设和各方面的建设"，并强调，"引进国外人才，要从认识上有一个根本转变，态度上要积极，不能慢慢吞吞，坐而论道"，"必须统一规划，统一政策，有组织有计划地进行，扎扎实实地做好工作"。以此为标志，揭开了新中国引智事业的新篇章。江泽民同志曾指出，扩大对外开放，加强国际科技交流和合作，积极引进国外先进技术、人才，博采众长，为我所用，是加快我国技术升级和经济发展的有效途径。这项基本政策要长期坚持下去。胡锦涛同志也非常重视引智工作，把引进国外智力工作提高到我国改革开放战略和社会主义经济建设的重要组成部分的高度。随着改革开放的深入发展和社会主义事业的不断进步，国家出台了《引进国外技术、管理人才项目管理办法》（外专发〔2008〕2号）、《引进人才专家经费管理实施细则》（外专发〔2001〕7号）等一系列文件，沈阳市也相应出台了《沈阳市引进国外人才专项经费管理暂行办法》（沈人发〔2004〕11号）、《沈阳市引进国外人才专家经费管理实施细则》（沈人发〔2004〕12号）等相关文件，引进国外技术、管理人才项目的管理更加规范化和科学化。

二、国外智力引进项目的分类

国外智力项目引进管理工作是引进国外智力工作的重要组成部分。引进国外智力项目以促进我国经济和社会发展为核心，根据国家重点建设工程、重大技术改造工程、重大科技攻关项目以及各部门（各行业）、各地区经济社会发展需要来组织实施，以达到提高生产和管理水平、提高形成自主知识产权和自主创新能力等目的。具体来说，国外智力项目按行业类别，分为装备制造、汽车及零部件、医药化工、软件信息、现代服务、新材料和新能源、农业及农产品深加工等产业项目；按经费资助类别，分为常规项目、重点项目、东欧和独联体引智专项项目、软件与集成电路引智专项项目、引进国外智力成果示范推广项目；按专家来源，分为专家组织项目和非专家组织项目。

三、国外智力项目引进的管理机构

国家外国专家局是引进国外智力项目计划的组织实施部门，各省、自治区、直辖市和副省级城市外国专家局，国务院有关部委（局、集团公司）引智归口管理部门，新疆生产建设兵团外国专家局（以下简称引智归口部门）是引进国外智力项目计划的实施部门。国家外国专家局受理各引智归口部门提出的引进人才项目计划和经费申请，对引智归口部门申报的所有引进人才项目计划和经费进行审核，对符合标准的项目给予一定的引智经费资助，对当年引智归口部门专家经费使用情况进行检查，并于每年国家财政布置部门预算后，下达征集下一年度引进人才项目计划和经费通知；引智归口部门根据国家外国专家局下达的征集下一年度引进人才项目计划和经费通知的要求，负责受理本地区、本部门项目单位提出的引进人才项目计划和经费通知的要求，负责受理、审查本地区、本部门项目单位提出的引进人才项目和经费申请，经审理后形成引进人才项目年度计划和经费申报建议，上报国家外国专家局，并做好对引进人才项目经费的财务监督和检查工作；每年各地区上报国家的项目获批经费资助后，各地区政府将给予一定比例的配套资助。沈阳市政府对列入国家支持的项目实施1∶1的配套资助。

第二节　引进外国专家、出国（境）培训项目审核、审批

一、引进外国专家项目的审批程序

引进外国专家项目是引进国外智力工作的基础性、关键性工作，其审核、审批严格按专家初评、引智归口部门审查、国家外国专家局业务主管部门审核、专家评审委员会评审、国家外国专家局批准的程序进行。

（1）项目单位申请引进外国专家项目时，需请三名以上同行业专家对项目进行初评，并将专家初评意见按要求填写在项目申请表评审意见栏目内。

（2）引智归口部门负责对本地区、本部门引进外国专家项目进行审查，将审查通过的项目汇总后，按规定的方式上报国家外国专家局；国家外国专家局业务主管部门对各引智归口部门申报的所有引进外国专家项目计划和经费进行严格审核，主要内容是项目申报材料的规范性、电子数据的有效性、项目申请表填报质量、申请

经费规模等。

（3）专家评审委员会对重点项目、东欧和独联体引智专项项目、软件与集成电路引智专项项目等是否符合国家产业政策、是否为本行业领先技术、引进人才的必要性以及在项目中所发挥的作用等方面进行评审。

（4）国家外国专家局按国家有关规定批准各地区的引进外国专家项目，并于当年的第一季度下发到各引智归口部门。

二、出国（境）培训工作的基本概念

出国（境）培训是引进国外智力工作的重要组成部分，是指企事业单位和国家机关选派技术和管理人员赴国外及香港、澳门、台湾地区，采取授课、研修或实习等多种形式，学习先进生产技术、科学管理经验以及其他国内难以学到的业务知识。出国（境）培训工作坚持"以我为主、为我所用、趋利避害、更有成效"的方针，国家出台了《关于派遣团组和人员赴国（境）外培训的暂行管理办法》（外专发〔1993〕314）、《出国（境）培训经费管理实施细则（暂行）》（外专发〔2003〕15号）、《加强党政干部因公出国（境）经费管理暂行办法》（财行〔2008〕230号）等有关文件。

三、出国（境）培训工作的管理机构

国家外国专家局归口管理全国的出国（境）培训工

作，负责对各地区、各部门出国（境）培训工作进行指导、监督和检查，组织实施国家重点出国（境）培训项目，总体调节出国（境）培训布局，对承办培训业务的国（境）外机构进行资格认可，跟踪重点项目培训成果；各省区市外国专家局和国务院各部委、各直属机构引进国外智力工作归口管理部门是本地区、本部门出国（境）培训工作归口管理部门，负责组织本地区、本部门重点出国（境）培训项目组织上报、综合协调和管理等工作。

四、出国（境）培训项目的分类

出国（境）培训项目分为审批类出国（境）培训项目和审核类出国（境）培训项目。审批类出国（境）培训项目是指各引智归口管理部门向国家外国专家局申请立项、由国家引进国外智力专款全额或部分资助的国（境）外培训。此类培训具有两个特征：一是由国家外国专家局审批，出具出国任务批件；二是多数有国家引智经费的全额或部分资助。审核类出国（境）培训项目是指各地区、各部门、各人民团体及各企事业单位通过友好关系或经济技术合作关系等与外方签约安排的国外培训项目，可由对方出资或由我方参团单位自筹经费。

五、出国（境）培训项目的申报程序

审批类出国（境）培训项目要经过出国（境）培训项目计划申报、出国（境）培训项目立项和出国（境）

培训项目执行三项程序。目前，培训项目按照其内容性质分为专业技术项目和管理项目两类，其中专业技术类项目是申报项目单位填写好申请表后交省区市或部委局出国培训归口管理部门审核同意后，即可报国家外国专家局；管理项目是申报项目单位填写好申请表后需经省区市或部委局有出国任务审批权的外事主管部门审核同意后，由该省区市、部委局出国培训归口管理部门报国家外国专家局。国家外国专家局一般于每年9月、10月份下发《关于申报出国（境）培训项目计划的指导意见》（以下简称《指导意见》），各引智归口管理部门组织企事业单位、国家机关按照《指导意见》的要求，于11月份申报明年的审批类出国（境）培训项目计划。项目申报单位将出国（境）培训项目报送所在地区的引智归口管理部门，经审核同意并汇总后统一上报国家外国专家局出国培训管理司。国家外国专家局严格按照国务院制定的《〈关于派遣团组和人员赴国外培训的规定〉的暂行实施细则》以及国家外国专家局和外交部联合制定的《关于派遣团组和人员赴国（境）外培训的暂行管理办法》有关规定，结合各地区和部门经济以及社会发展的实际需要，一般于每年的1月底前将本年度的审批类出国（境）培训项目立项通知和计划汇总表下达到省区市、部委局出国（境）培训归口管理部门。

审核类出国（境）培训项目的计划与审批类项目计划同时或稍后申报。考虑到自筹经费、外方资助项目的特殊性，必要时年中可以进行适当调整。审核类出国（境）培训项目是由部门和地方出资（含外方出资）的项目，需经部委局或省区市有出国任务审批权的外事部门审批下达出国任务批件之后，由当地出国（境）培训归口管理部门上报国家外国专家局审核，国家外国专家局按照国家有关规定审核通过后，下达出国（境）培训审核件，各地区出国（境）培训归口管理部门严格按照审核类项目的有关规定办理这类项目的出国手续，并于每年7月上旬和次年的元月上旬将"国家外国专家局出国（境）培训审批、审核情况汇总表"连同统计分析说明报国家外国专家局出国培训管理司。

第三节　成果推广和基地示范建设

一、引智成果推广和基地示范建设概述

引智成果是指通过开展引进国外智力工作，引进、消化、吸收和创新所形成的新产品、新技术、新工艺或先进的管理方法等。国家为促进工农业引进国外智力成果的消化、吸收并尽快转化为现实生产力，快速取得规模效益，出台了《国家引进国外智力成果示范推广基地和国家引进国外智力示范单位管理办法》（外专发〔2008〕23号），将取得引智成果并在成果示范推广方面作出显著成绩的单位，命名为"国家引进国外智力成果

示范推广基地"；将引智工作成效显著，取得先进、适用、成熟、有良好的经济效益和社会效益，并自愿积极开展宣传、示范引智工作的单位，命名为"国家引进国外智力示范单位"。沈阳市制定了《沈阳市建立引智示范企业农业引智成果推广示范基地试行办法》（沈人发〔2003〕33号），建立了沈阳市引智基地和示范单位。引智成果推广和基地示范建设是引进国外智力的一项重要工作，通过建立基地和示范单位，形成引智成果示范推广体系，促进引智成果共享，加快生产力的发展，实现引智工作为经济建设和社会发展服务、为全面建设小康社会服务的宗旨。

二、引智成果推广和基地示范建设的管理机构

国家外国专家局根据全国引智工作总体规划，制定引智基地和示范单位的发展规划和相关政策，设立评审委员会，负责引智基地和示范单位的评审工作；支持引智基地和示范单位以"国家引进国外智力成果示范推广基地"或"国家引进国外智力示范单位"的名称对本单位和被命名的引智成果产品或技术进行宣传；支持引智基地和示范单位申请国家或地方政府的国际间科技合作等重点项目、参加国家或地方政府有关奖项的评选；对引智基地和示范单位申报的引智项目予以优先安排，项目申报和经费使用按照国家引智专项经费管理的有关规定办理；组织新闻媒体宣传报道引智基地和示范单位，

开展引智基地和示范单位开展引智成果示范推广交流、推介、展览等活动。

各省、区、市引智归口管理部门负责组织本地区、本部门引智基地和示范单位的申报、推荐和日常管理工作，为引智基地和示范单位的发展提供服务和支持，争取地方政府和有关部门在政策、资金等方面的支持；积极促进已取得的引智成果或工作经验的推广和普及，作好示范，扩大影响，推动成果更快应用到生产上，尽快取得规模效益。此外，还对引智基地和示范单位进行年度审查，于每年 12 月底之前，向国家外国专家局报送年度审查意见和说明材料，国家外国专家局对引智归口部门上报的年审报告审定之后给予批复。

三、引智成果推广和示范基地的申报条件及程序

申报引智基地和示范单位的单位必须是中国境内依法设立的企业或事业法人；具有水平较高的管理人员和技术人员队伍；引智成果在国内同行业具有领先地位，对周边地区或相关领域的单位有较强的示范和带动作用；具备实现计算机网络信息化管理和适于开展示范和推广的手段和能力。

各省、区、市引智归口管理部门按规定于每年 5 月底之前向国家外国专家局报送申报材料（一个引智归口管理部门每年推荐的申报单位一般不超过两个，超过两个的，国家外国专家局按照排名受理前两个），国家外国

专家局引智基地和示范单位的评审分为初审、专家审查和评委会评审三个阶段。初审由评委会办公室负责，根据有关文件规定，对申报单位的资格、申报材料的准确性和完备性进行审查，符合规定的申报单位进入下一轮的评审；专家审查由评委会办公室邀请国家相关行业的专家组成专家咨询委员会，通过实地考察、现场答辩等形式，对申报单位进行评审，专家咨询委员会提出对申报单位的综合评审意见，并向评委会提交建议参加评审的候选名单；评委会根据候选名单和综合情况，投票确定评审结果，对通过评审的引智基地和示范单位公示十天，公示结束后，国家外国专家局核准评审结果，批准命名引智基地和示范单位并予以公布，向被命名单位颁发标牌和铭牌，引智基地和示范单位命名的有效期为五年。

四、引智成果推广和示范基地的撤销

国家外国专家局对有以下情况之一的引智基地和示范单位将予以撤销：一是通过提供虚假材料或其他不正当手段，骗取引智基地或示范单位命名的；二是违反有关法律法规，在引智成果示范、推广工作中进行虚假宣传、商业炒作等或有重大失误的；三是引智归口管理部门年度审查不合格，经实地考察后，认为不适合继续作为引智基地或示范单位的；四是存在其他不适宜继续作为引智基地或示范单位问题的。

第十一章
国际交流与合作

第一节　国际交流与合作概述

当今世界，随着经济全球化和科技高新化的深入发展，全球范围内以信息技术为主要标志的科技进步日新月异，科技革命已经成为推动现代生产力发展最活跃的因素，特别是知识经济在全球范围内蓬勃兴起，预示着当今的经济社会发展中知识、人才资源的作用正在超越传统的工业和农业资源，人才资源变得越来越重要。而在科技全球化条件下，人才与其他市场要素往往不再属于一个单位、一个地区乃至一个国家的固有资源，科技人才及高级管理人才的国际流动与配置成为不可逆转的趋势，高端国际化人才的争夺成为国际人才竞争的焦点。时代呼唤人才，人才引领发展。国际社会对优秀人才特别是高新技术产业人才的争夺空前激烈，以国际化人才跨国流动为主要表现形式的人才国际化已经成为一种不可逆转的时代潮流。就一个国家或地区而言，正确认识和把握人才国际化的程度、规律和特点，对于研究提出在全球化背景下吸引、保留人才的应对之策，从而在竞争激烈的国际环境中获得并保持长久竞争优势，具有非常重要的意义。当代国际经济科技的竞争、综合国力的竞争，归根到底是人才的竞争，实质上是开发智力资源、争夺智力资源的竞争。因此，面对白热化的"智力资源争夺战"，凡是具有远见的、对经济真正能够确定一个正确发展战略的国家，都把人才作为一个最重要的要素，置于经济发展战略的显著地位。

经济的全球化与人才的国际化密切相关，相互促进。我国加入世界贸易组织后，跨国公司将大举进入中国市场，它们带来的不仅仅是资金与技术，同时还带进一大批国际化的人才，将对我国未来的智力引进和技术创新趋势产生十分重要的影响。从市场经济运行的角度来分析，加入世界贸易组织会从很多方面扩大市场对技术创新的有效需求，同时也能有效地降低由智力引进带来技术创新的经济成本。

第二节　国际人才的实质

一、国际人才的特征和含义

1. 国际人才的特征

国际人才有六大特征：一是全球化视野、全球化的思维模式；二是随时学习新知识、新技术；三是具有较强的创新能力和国际竞争能力；四是熟悉国际规则，具有国际动作能力；五是具有良好的跨文化沟通能力，熟悉多元文化，具有国际交流交际能力；六是具有海外留学、工作的经历和经验。

2. 国际人才的含义

国际人才有三层含义：一是人才构成国际化；二是人才流动国际化；三是人才素质国际化。

二、国际人才的素质

在我国，国际人才应该具有以下共同的素质。

第一，政治素质。包括思想、纪律、作风等方面，具体来说，有高度的政治责任感，有坚定正确的政治方向；有强烈的事业心；热爱本行业，热爱本单位，热爱本职工作，并为之努力奋斗。

第二，品德素质。思想方法和思维方式正确合理，解放思想，实事求是，头脑清醒，思维敏捷，诚实守信，不弄虚作假。

第三，技术（业务）素质。熟悉国际交往的有关要求和规则，既有扎实的高水平的基础理论知识，又有某一专业的精湛技术和丰富的实际工作经验。

第四，管理素质。具有坚实的管理知识、丰富的管理经验、较强的管理能力。

第五，语言素质。既要有很强的语言表达能力，还要有很强的文字表达能力。同时熟练掌握一门或几门外国语言，听、说、读、写能力都很强，与外国人交流没有语言障碍。

第六，身体素质。身体健康，能够始终保持旺盛的精力，胜任本职工作。

三、国际人才引进应对措施

从世界范围来看，主要有三种人才引进模式。第一种模式是技术移民，这种模式多为发达国家采用。主要通过高工资、优越的生活条件、先进的科研设备以及诱人的创业机会来吸引国外高科技人才移民。第二种模式是到国外办科学研究机构、技术开发中心和实验室，或向对方国家的研究机构、大学和企业投资，直接在当地利用国外智力，掌握先进技术。第三种模式是为解决经济、科技、文化、教育、管理和社会发展中的问题，根据国民经济发展需要和本国经济负担能力，有选择地聘请国外专家来本国工作。由于受到经济发展水平和经济负担能力的限制，我国的技术移民政策吸引力较低。而我国现阶段还没有直接到国外办科研机构的实力，因此，在未来相当长一段时间，我国需要采取以第三种模式为主的引智模式，随着经济发展到一定阶段，再过渡到前两种人才引进模式。

与发达国家相比，尽管我国在国际人才竞争中仍处于总体上的相对劣势，但也应当看到我国的有利因素：经济持续快速增长，社会稳定，能够为人才提供广阔的事业发展空间；对外开放和开放型经济的发展，为我国开展人才（智力）国际交流提供了众多的机会。我国社会主义市场经济体制的初步建立，促进了企业市场经济的发展，增强了企业市场竞争意识，激发了企业不断开发新产品，采用新技术、新工艺和开展技术创新的热情，使一批高新技术产业近年来在国内得到了迅速的发展。高新企业要持续发展，最重要的是拥有大批技术和管理人才。因此，企业对引进国外智力表现出极高的热情和积极性。

引进境外智力和人才，是我国政府和沈阳市长期坚持的一项重要工作，也是对外开放及开展国际交流与合作的重要组成部分。它对提高沈阳市各领域和各行业的科技创新水平、增强沈阳市科技和产业的国际竞争力，具有不可替代的作用。改革开放以来，沈阳市引进的境外专家一直保持较大的规模，境外专家已成为沈阳市人才资源的重要组成部分。

目前，国际人才交流与合作要紧紧围绕引进海外高层次急缺人才，主要采取以下应对措施。

（1）放开眼界，广纳人才。引进国外人才要不拘一格，采取各种方法和形式。既可聘请在职的中青年专家，也可聘请退休的老专家；既可聘请从事科学技术研究和开发的高级专家，也可聘请具有专门实用技术的专门人才；既可聘请咨询专家，也可聘请管理专家；既可通过联合设计、联合制造、合作开发等形式引进技术、培养人才，也可采取技术入股、股权分配、技术分配和其他方式开发新产品、新技术。

（2）广开引智工作渠道。要努力拓宽引进渠道，充分利用政府间交往、友好城市交流、国际经贸洽谈、国际会议和民间交流等机会，充分发挥海外同乡会、同学会、校友会以及对我友好的国际友人、外国专家、外籍院士、外籍政府顾问和留学生、访问学者的作用；重视现代通讯媒介和网络技术，如国际互联网等工具，收集引智信息，建立国际智力人才库。广揽国外人才；充分依靠我驻外使领馆、驻外商务机构、驻外新闻机构开展引智工作，利用各种传媒扩展引智工作在国内外的影响和作用。

（3）采取灵活多样的引智形式。聘请外国专家担任企业实职，诊断咨询、技术指导、技术入股、中外双方联合设计、合作攻关、合作研究、共同开发、委托海外专家或企业托管经营、创办留学生创业园等都是引智工作的有效形式。在此基础上，要进一步开拓创新，不断丰富引智形式，提高引智工作水平。

（4）培育和建立引智市场机制。一方面，为适应社会主义市场经济的要求，需要强化引智机构的宏观管理职能，建立完备、高效的引智工作体系，按照国家和沈阳市产业政策，制定智力引进的长期规划，并对引智项目单位进行必要的指导；另一方面，要加快引入市场机制，需要培育和建立引进智力的市场功能，结合国际国内人才市场，拓宽信息网络，建立人才库、专家库、项目库，探索建立国际人才中介机构，促进国际人才交流与合作。

（5）重点为发展高新技术产业服务。要结合《我国科技进步战略纲要》，重点围绕电子信息和网络技术、生物工程与新医药、光机电一体化、新材料、新能源以及环境保护等高新技术，以高新技术产业开发区和留学生创业园为依托，积极引进国外智力，研究、开发高新技术产品，加快科技成果向生产力转化的进程，大力推进高新技术产业化和支柱产业高新技术化，培育和壮大新的经济增长点。

（6）努力加大引进海外学子和华侨华人智力资源的力度。国外华人智力资源是不可忽视并具有引进价值的力量。目前，有35万名国外华人分布在103个国家（主要集中在几个发达国家），他们正在国外进行学习、合作研究、学术访问等，应鼓励他们通过项目合作、兼职、考察、讲学等多种形式为祖国服务。这些人才站在当代科学技术的前沿，掌握了较多的现代科技知识和国外最新发展动向，对国内科技情况也比较了解，有拳拳报国之心且无语言障碍，愿意为中国引进先进的科学技术，引进现代化管理理念。因此，要加大工作力度，制定相关政策和法规，优化软、硬件环境和条件，采取多种方式和措施，吸引大批海外学子和华侨、华人回流，为祖国服务。

（7）建立激励机制。对有突出贡献的外国专家，通过授予"荣誉市民"称号，颁发"友谊奖""玫瑰奖"，给予永久居留资格，通过参与股权分配等方式进行奖励。同时，要加大新闻媒体的舆论宣传力度，积极宣传外国专家的先进事迹及其工作成果，充分体现其人生价值，调动和发挥外国专家的工作积极性。为境外人才提供良好的待遇和工作环境。要通过优厚的待遇和条件吸引境外高级人才。

第三节　海外研发团队管理制度

沈阳市引进海外研发团队工作紧紧围绕全市经济和社会发展大局，采取政策扶持、引导和协调服务相结合等措施，通过鼓励和支持重点领域重大企业引进海外高层次人才研发团队，研发出具有国际竞争力的新产品，引领和支撑我市产业结构的优化升级，全面提升产业技术水平和科技自主创新能力，加速推进新型产业化进程，促进经济增长从"投资拉动"向"创新驱动"的新提升，更好地为沈阳老工业基地全面振兴服务。

一、海外研发团队的基本内涵和作用

与海外研发团队相近的概念是"海外人才团队引进"，最早表述在 2003 年 12 月印发的《中共中央、国务院关于进一步加强人才工作的决定》中，而海外研发团

队的概念是在 2006 年沈阳市出台的《加快推进创新型城市建设的有关配套政策文件》中首次提出。2008 年，辽宁省人力资源和社会保障厅正式界定了海外研发团队的概念，即指企业以新产品、新技术、新工艺研发为目的从国（境）外聘请的专家团队，成员一般不少于 3 人。这里所说的海外研发团队，其核心专家必须是在国际上享有较高声誉的科学家、知名学者，或在国外重大科技项目、工程建设中承担重要任务或发挥过重要作用的高级技术人才。

通常所说的引智，一般是指企事业单位就某一设备、某一技术领域的单个元器件或个别技术环节难题引进海外专家的过程。引进的形式大多是一个项目引进一个专家，所引进的海外专家以退休专家、二线专家为主。与传统的引智相比较，引进海外研发团队主要具有三个方面的突出作用。

（1）能够为企业解决新产品研发中的系统性难题。海外研发团队的专家不仅在本行业具有世界前沿技术水平，拥有技术专利和诀窍，而且大多是具有丰富实践经验的、至今仍然工作在一线的中坚骨干力量。这些专家在新产品研发的设计、制造、材料、工艺等各个环节各有侧重，分工明确，在核心专家的带领下，充分发挥每一个成员的知识和技能，能够解决处理复杂的系统性的技术难题。

（2）能够缩短新产品的研发周期和节省研发投入。

海外研发团队的专家在国外相关领域具有类似项目的成功研发经验或长期的技术储备，为此。在此基础上开展联合研发，不仅可以解决产品本身的设计、制造难题，少走弯路，缩短研发周期，降低研发成本，而且在材料、工艺等多个相关环节提供指导和服务，也相应地减少了企业配套技术的研发投入。

（3）能够促进企业自身人才的培养。海外研发团队在项目研发中大多需要中方技术团队的配合和参与，通过双方共同合作、联合攻关，中方技术人员能够消化、吸收海外研发团队带来的先进技术和实践经验，促进企业自身人才的培养。

二、海外研发团队管理制度

1. 归口管理制度

在市政府的领导下，沈阳市人力资源和社会保障局（外国专家局）负责全市引进外国专家工作的统一管理，制定工作规范和实施细则，组织协调市发展改革委、经委、科技局和财政局等市直相关部门，根据市经济发展的布局和产业结构调整的需要，不断更新和充实项目，共同做好引进海外研发团队项目的管理和服务工作，确保引进国外智力工程的完整和卓有成效。

2. 强化责任制度

沈阳市人社局、经信委、发改委、科技局主要领导是引进海外研发团队工作的第一责任人，要将这项工作摆上重要日程，亲自抓规划，亲自抓项目，亲自抓落实，加强工作力量，建立项目专人负责制，为引进海外研发团队企业提供一对一的服务，及时掌握引进海外研发团队的进展情况，帮助企业解决引进过程中的难题。

3. 市直部门联席会议制度

成立由沈阳市人社局、经信委、发改委、科技局等市直有关部门组成的引进海外研发团队工作协调小组，办公室设在市人社局，明确市经信委、发改委、科技局等部门协助配合市人社局，共同做好海外研发团队项目的征集、筛选、论证和考核、结项综合评估工作。小组定期召开工作会议，通报引进海外研发团队工作情况，分析形势，调整对策，研究解决遇到的新情况、新问题。指导和督办各项工作的落实。

4. 项目月报制度

对征集到的项目按照行业领域、技术水平、外国专家规模进行分类梳理，建立详细的项目专项档案，加强项目跟踪联系，沈阳市外国专家局组成专门工作团队，对企业申报的项目逐一调研走访，与企业建立一对一的服务联系，指导企业做好项目的包装、申报工作，每月定期收集汇总项目信息，为每个项目建立专项档案，跟踪服务，全力推进外国专家引进，确保项目实施取得实效。

5. 项目结项考核制度

引进海外研发团队项目结项后，辽宁省人社厅、发改委、经信委、科技厅和有关专家，对项目结项条件、项目实施计划、经费使用情况、产品实际技术水平、产品市场前景及经济和社会效益等进行综合评估考核。对结项考核合格者并报辽宁省政府审定后，由项目单位所在市政府向省政府报捷。

6. 绩效考核制度

引进海外研发团队工作是沈阳市的重点工作之一，市政府将引进海外研发团队工作纳入对人社局、经信委、发改委、科技局的绩效考核内容，对年终未完成承接任务的单位要在考评总分中予以减分，主要考核引进海外研发团队项目的立项数和结项数，以督促各相关部门高度重视并抓好落实。如项目能得到省级相关部门的立项认定，沈阳市财政将给予项目单位200万元的资金补贴。

|第十二章|
绩效考评

第一节　政府绩效评估的内涵和实质

一、绩效的概念

关于绩效的概念，学术界一般从个体和组织两个层面来解释。层面不同，绩效所包含的内容、影响因素及测量方法也不同。即使在同一层面上，定义也不尽相同。

从个体层面上，主要有两种观点。一种认为绩效是结果，另一种认为绩效是行为。如国际著名人力资源管理学者伯纳丁教授认为："绩效应该定义为工作的结果，因为这些工作结果与组织的战略目标、顾客满意感及所投资金的关系最为密切。"而行为绩效论说的主要代表人物坎贝尔认为："绩效是行为的同义词，它是人们实际的行为表现并是能观察得到的。"

从组织层面上，可以分为广义概念和狭义概念。广义概念认为，绩效不仅体现在时效、速度、理想的投入产出比，更主要的是体现在组织的多元目标实现上，是数量和质量的统一，是价值和功效的统一。如英国政府在运用"绩效"概念衡量政府行政活动的效果时，即包括了经济、效率、效能三项指标，其中，"经济"涉及成本和投入之间的关系，"效率"涉及投入和产出之间的关系，而"效益"则涉及产出和客观效果之间的关系。狭义概念把绩效等同于生产率、效率和效能。如孔茨认为，"生产率"这一概念反映了个人和组织绩效的多个层面，包括效益和效率，他认为效益指的是目标的实现程度，而效率则是用最少的资源达到既定的目标。

绩效一般有三种类型。一是以顾客为中心的绩效，包括产品和服务的绩效，是指关于顾客感觉、反应和行为的测量和指示物，以及相对于顾客的产品和服务等特性的测量和指示物。具体而言，包括顾客保留、投诉、顾客调查结果、产品可靠性、服务反应时间等。二是财务与市场绩效，指的是关于成本、收入和市场地位的测量，资产利用、资产增产和市场份额。具体而言，包括投资回报、资产负债率、资产回报、运作利润等。三是运作绩效，指的是组织上、人力资源和供应商在有效性和效率方面的测量和指示物。具体而言，包括周期、生产率浪费减少、社区参与等。

单纯从语言学的角度来看，绩效包含成绩和效益的意思。用在经济管理活动方面，是指社会经济管理活动的结果和成效；用在人力资源管理方面，是指主体行为或者结果中的投入产出比；用在公共部门中来衡量政府活动的效果，则是一个包含多元目标在内的概念。

二、政府绩效评估的基本含义

政府绩效，又称为"政绩"或公共绩效，在西方也称为"公共生产力""国家生产率""公共管理绩效"等，是政府及其他公共权力组织在依法对社会经济活动进行管理和服务中所产生的结果和效能。政府绩效评估就是根据管理的效率、能力、服务质量、公共责任和社会公众满意程度等方面的判断，对政府公共部门管理过程中投入、产出、中期成果和最终成果所反映的绩效进行评定和划分等级。政府绩效评估以绩效为本，谋求现代信息技术在政府公共部门之间、政府公共部门与社会公众之间进行沟通与交流的广泛运用，谋求顾客通过公共责任机制对政府公共部门的直接控制，谋求政府管理对立法机构负责和对顾客负责的统一；它以服务质量和社会公众需求的满足为第一评价标准，蕴涵了公共责任和顾客至上的管理理念；它以加强与改善公共责任机制，使政府在管理公共事务、传递公共服务和改善生活质量等方面具有竞争力为评估目的。政府绩效评估是一个复杂的体系，可以从行政理念、制度模式和管理工具三个层面来理解和定义。在行政理念层面，它强调结果导向、公民导向、绩效导向，要求政府提高服务意识，强化责任机制，提高行政效能；在制度模式层面，它要求建立以绩效为导向的公共评价体系、公共预算体系和公共管理体系，需要对行政体制和机制进行一系列的创新和变革；在管理工具层面，它提供多种提高公共管理效能的技术工具和管理方法，进行有效的经济性、效率性和效益性测评，如著名的 PART 项目评估工具和平衡计分卡等。政府绩效评估有目标导向功能、监控支持功能、测量推动功能、比较提高功能、公开透明功能五个基本功能。五个基本功能作用的充分发挥为建立充满活力、富有效率、廉洁公正、为民服务的政府提供了制度保证。

三、政府绩效评估的本质

政府绩效评估是近几十年来政府再造运动的核心内容，是当代西方行政管理模式转变的标志，从根本上看，它是一种以绩效为导向，以提高公共资源使用效能和完善公共责任机制为目标，以管理和服务对象的满意为最终衡量标准，适应经济市场化、政治民主化和社会信息化发展要求的新公共管理模式。其本质特征主要表现在三个方面。

第一，它是对官僚主义行政管理的革命，是公共管理模式的重大创新和变革。西方传统官僚体制是 20 世纪初形成的，它是以大批量、流水线生产为特征的工业经济时代的产物，随着知识经济和信息社会的到来，这一制度出现了浪费、官僚主义、效率低下等突出问题，严重滞后了经济发展要求。美国著名行政学家威尔逊在其新版《官僚机构》一书中，将国家绩效评估与政府再造相提并论，并指出："国家绩效评估的重要主题是解决现代政府的'根本问题'——对庞大的自上而下的、中央集权的官僚机构的过分依赖。绩效评估意味着将硅谷的青春活力注入华盛顿官僚主义的古老传统中"。政府绩效评估是行政管理的一场"静悄悄的革命"，它的意义不限于方法论的变革和管理手段的改进，而是行政管理理念和行政管理模式的根本创新，是对传统"官僚主义"行政管理的革命。其标志主要表现在三个转变。一是坚持绩效导向，从权威崇拜向崇尚绩效转变。政府绩效评估充分吸收现代企业文化，绩效指标像企业的利润指标一样，成为公共管理的灵魂和核心。政府部门的预算要根据绩效报告确定，公共项目的运作要进行绩效考评，个人的待遇实行绩效薪酬，政府的威望和执政的持续性，从根本上也取决于政绩好坏。二是坚持公民导向，从对上负责到对下负责。威尔逊在总结近百年来美国行政管理改革经验时指出，在过去 17 任总统中，有 11 任曾进行过扩展责任、提高效率的改革，但国家绩效评估是从完全不同于以往的设想开始的，即"在以往强调官员对上级权威负责之处，国家绩效评估则强调对公众的敏感性"。公共管理改革的实践证明，只有建立对下负责的机制，才能为政府管理带来持久的活力和动力。三是坚持结果导向，从重过程到重结果。长期以来，西方行政管理在坚守法制和规则的同时，也往往陷入繁重的规则和程序之中，影响了管理的效率和活力，戈尔的改革报告标题就是《从繁文缛节到效果：构建一个工作更有效、成本更低的政府》。强调政府管理体系要对结果负责，而不仅仅是对过程负责、对规则负责。结果导向就是用最终成效来衡量工作、决定预算和资源的分配，强调服务质量和成果。结果管理在世界范围内冲击了几千年的行政传统习惯，是现代政府绩效评估的一大亮点。

第二，政府绩效评估不是简单的管理工具，而是一套系统的制度安排。美国审计署认为，绩效管理是由一个相互补充的三大环节构成的动态过程，包括确定战略方向，制定年度目标和测度体系，展示绩效水平。从政府绩效评估实践看，其理念思想和操作方法是同整体行政管理的变革紧密联系在一起的，其本质不是简单的管理工具，而是一套系统的制度安排。从评估自身体系看，包括确定战略方向和标准、制定绩效指标、监控实施过程、收集绩效信息、运用绩效结果等重要环节。从评估实施的要求看，需要其他相关制度的配套，包括政务公开制度、财政预算制度、组织人事制度、公务员薪酬制度等，需要这些制度按照绩效导向的原则来构建和改革。从评估持续发展的动力看，需要进行行政管理理念的创新、体制的变革和方式的革命，涉及行政决策、执行、考评全过程。如果简单地将评估作为一种技术手段或单项管理制度，就评估谈评估，将导致评估的动力没有来源，评估的科学性没有保障，评估的开展没有力度，必然结果是评估的困惑或工作上的形式主义。因此，要从

行政管理全局的变革，来定位建立政府绩效评估制度的
要求，从行政管理模式的整体创新来推动政府绩效评估
的实践发展。

　　第三，政府绩效评估着眼于公共目标和标准的清晰
量化，大大提高了公共管理的科学化水平。长期以来，
公共管理标准的模糊性和不确定性导致公共管理一直徘
徊在主观与客观之间，使考核评估工作成为管理上的
"瓶颈"。现代政府绩效评估经过长期实践的发展，形成
了以"3E"为基础的理论体系，即从经济性、效率性和
效益性三方面来衡量公共绩效。经济性评估主要目的是
在政府机关中树立成本意识，节约开支，少花钱多办事，
完成既定的目标任务，花费的资源水准越低，经济性越
强。效率性评估是测定行政管理过程中投入和产出的比
率，分为生产效率和配置效率两种，主要回答机关组织
在既定的时间内，各种资源的投入形成了什么产出，是
投入与产出的关系。效益性评估关注的是组织工作的质
量和社会最终效果，效益最终要体现在人民满意和社会
经济发展上，是产出与产效的关系。"3E"理论的提出
及在运用中产生的各种量化技术手段，使公共绩效评估
的价值判断统一，标准具体明确，并可以进行量化考核。
政府绩效评估使公共管理上的模糊变为清晰，定性判断
变为定量测评。公共组织和个人绩效水平的可测量、可
量化、可比较，是公共管理方法上的重大突破和革命，
为公共管理科学化开辟了新的道路。

第二节　我国政府绩效评估的发展历程

我国行政管理体制改革也是始终伴随着绩效评估而不断深化的。改革开放以来，20 世纪 70 年代末 80 年代初，政府从企业管理领域引进的目标管理，就属于绩效评估的雏形。这一机制上的创新，与体制的转轨相辅相成，相互促进。后来，行政管理体制改革提出了转变政府职能的要求，找到了行政审批制度改革这一突破口，其中就有绩效评估作出的努力。国务院行政审批制度改革办公室在工作一开始就引入绩效评估的方法和机制，由部门、专家、群众共同参与，对政府行政审批事项进行定性及定量的分析评估，根据评估结果确定哪些审批项目要革除，哪些审批项目要改变管理方式，哪些审批项目可以保留。可见，我国行政改革从操作层面看起点很高，是把行政体制的改革与管理机制的创新紧密结合起来进行绩效评估的。

我国绩效评估的实践，有两件事可以作为开端的标志。一个是山西运城地区行署的"新效率工作法"，另一个是山东烟台市公共服务部门的"社会服务承诺制"。"新效率工作法"在我国政府界产生了很大影响，包括国务院办公厅有关处室在内的各地政府办公厅、办公室都有到运城考察学习的，一时成为政府枢纽机关提高工作效率的典型。

1996 年，中国行政管理学会和中国行政管理杂志社联合山东省社科院和烟台市人民政府在烟台市召开了"服务承诺制研讨会"，对烟台城市建设系统通过借鉴新加坡、中国香港的做法，实行社会服务承诺制，进行了研究。

自此以后，探索绩效评估的热潮在全国很大范围内展开。有的地方把绩效评估寓于机关日常管理制度中，使传统管理制度焕发了新的生机；有的地方将绩效评估重点在公共服务部门应用，改善政府及行业服务质量，提高公民满意度；有的地方组织专业职能部门开展绩效评估，以效能监察为主要内容进行评估；有的地方运用国际通用的绩效模型开展绩效评估；还有的地方大胆探索绩效评估主体的多元化，引入"第三方"评估机制，或是由专业机构作为评估主体，或是由广大群众作为评估主体，对政府绩效进行评价。正在呈现出政府管理创新的无限生机和活力。

我国绩效评估走了一条"理论引导，地方先行，科学决策，互动共推"的路子。"理论引导"，是说在 20 世纪 90 年代以来全国出现了一批敏锐的先行学者，他们致力于介绍、引进西方的绩效评估经验，研究符合中国国情的绩效评估的性质定位、价值取向、方法技术、指标体系、评估主体、结果运用等，形成了许多成果，使实践工作者的思想得到了武装。"地方先行"，是说 20 世纪 90 年代中后期，许多地方政府对绩效评估倾注了极大的热情，作了大量富有首创精神的实践探索，虽然五花八门、水平不一，但意义重大，其中有很多成功的案例。"科学决策"，是说高层决策者贯彻落实科学发展观和政绩观，绩效评估被提到了中央政府的义事日程，正在逐步形成一整套政策框架。"互动共推"，是说地方政府的实践探索与理论工作者的理论探索形成了互动，党和政府决策科学化、民主化进程与专家学者、一线实际工作者的深化研究进程形成了互动，绩效评估理论的应用与评估结果的运用形成了互动，这三种力量找到了一个非常好的结合点，这就是行政管理理论与实践结合、共同推动绩效评估的开展。绩效评估研究与决策之间的关系，是我国行政管理理论与实践关系的缩影。从一定意义上说，绩效评估走出的这条新路子，勾画了我国政府自身现代化的脉络，代表了公共管理发展的方向。

2004 年修订《国务院工作规则》时，"建立健全公共产品和服务的监管和绩效评估制度"被写进了《国务院工作规则》。2005 年政府工作报告中，温家宝总理提出了"抓紧研究建立科学的政府绩效评估体系和经济社会发展综合评价体系"的要求。2006 年 9 月 4 日，国务院召开全国电视电话会议，部署加快推进政府职能转变和管理创新工作。会上，温家宝总理进一步强调指出，"绩效评估是引导政府及其工作人员树立正确导向、尽职尽责做好各项工作的一项重要制度"，"要科学确定政府绩效评估的内容和指标体系，实行政府内部考核与公众评议、专家评价相结合的评估办法，促进树立与科学发展观相适应的政绩观"，"要抓紧开展政府绩效评估试点工作，并在总结经验的基础上逐步加以推广"。

至此，我国在绩效评估上迈出了重要的一步。

第三节　我国开展政府绩效评估的现实意义

建立科学的政府绩效评估体系，是行政管理制度的重大创新，是我国进入改革发展新阶段的必然要求。它对于贯彻落实科学发展观、突破改革"瓶颈"制约、推进社会主义现代化建设，具有全局性的重要意义。

一、有利于落实科学发展观

我国的改革发展正处在关键时期，既是"发展的黄金时期"，也是"矛盾的凸显期"，能否抓住机遇，处理好各种矛盾和问题，保持经济又好又快发展，促进精神文明、物质文明、政治文明的协调发展和社会全面进步，关键在于能否贯彻好、落实好科学发展观。科学发展观内涵丰富，要将其落到实处，转化为各地、各部门工作的指导思想和实际行动，需要一套科学的评价标准和考评体系，科学的发展观、政绩观呼唤建立科学的绩效评估体系。一段时期以来，一些地方大搞"形象工程"和"政绩工程"，一味地追求 GDP 增长；中央的科学决策在一些地方贯彻不力，搞"上有政策下有对策"；还有些地方和部门的大局意识不强，过于看重局部利益和部门利益，有令不行，有禁不止。这些改革发展中的深层次矛盾和问题的解决，需要强有力的制度和体制保障，要有科学的考评体系，规范、引导和评价各级政府的行为。为此，中央先后提出了要建立符合科学发展观要求的经济社会发展综合评价体系、干部实绩考核评价标准和政府绩效评估体系。在三大考评体系中，政府绩效评估体系居于基础和中心地位。经济社会发展的综合评价主要反映一个地区的综合发展水平，是政府、社会团体和企业综合作用的结果，不能直接用于测度一届政府的绩效水平；干部的实绩，特别是主要领导人员的实绩，要在政府绩效评估的基础上进行界定。没有科学的政府绩效评估，就很难对一个干部的实绩进行科学的评价考核。实践证明，有效的政府绩效评估，对各级政府行为的引导最直接、最全面、最有力，它将科学发展观的原则要求变成可以量化考核的目标体系，强化各级政府部门的绩效意识，树立科学的政绩观念，形成正确的决策导向和工作导向，提高重大决策部署和政策的执行力，为树立和落实科学发展观提供有力的支撑和坚强的保证。

二、有利于深化政府管理体制改革

古今中外的历史发展表明，政府的绩效水平是决定一个社会发展快慢的重要因素，在现代综合国力的竞争中，政府管理效能是国家竞争力的重要体现。我国经过三十多年的改革开放，经济社会生活发生了巨大的变化，社会主义市场经济体制日趋完善，在这一伟大的历史变革过程中，农村的生产方式、企业的管理模式都发生了革命性的转变，工作效率成倍提高，社会活力充分迸发。与此同时，我国的行政管理体制也进行了重大改革，在机构调整、人员精简、职能转变等方面，取得了明显的进展。但总体上看，我国政府的管理方式还滞后于社会主义市场经济发展的要求，落后于其他社会组织的变革步伐，在管理理念和运行机制上，还有比较浓厚的官僚主义色彩，还存在公共服务质量不高、公共资源配置不合理、行政行为不规范、行政效能低下等突出问题，深化行政管理体制改革，推进政府管理创新，已成为我国进一步推进改革开放和现代化建设的关键。当前我国的政府管理改革面临新的挑战，随着我国经济规模的扩大和国家财力的增长，可供政府配置的公共资源越来越多，政府手中握有大量的公共工程和公共财力，提高公共资源的配置效率成为我国综合竞争力的重要组成部分和各级政府的重大责任。同时也要看到，随着信息化水平和人民生活水平的不断提高，社会公众对政府的要求也越来越高，基本公共服务供给与需求的矛盾越来越突出，人们不再满足于知道在公共服务上花了多少钱，更关心公共支出取得的效果，关心对公众的工作生活带来的切实改善。因此，如何在有限的政府资源的约束之内，进一步强化、优化公共服务职能，提高公共服务质量和效益，跟上社会需求不断提高的步伐，是今后各级政府都将面对的一个严峻挑战。这就要求我们不仅要有加快政府改革的紧迫感，而且要创新政府改革的思路，既要解决好政府"干什么"的问题，也要解决好政府"怎么干"和"干的成效"问题。由原来的重行政体制调整向体制改革与机制创新并重转变，在进一步转变政府职能、搞好精兵简政的同时，将行政理念的更新、政府管理方式的变革、公共服务质量的提高放到更加突出的位置。建立科学的政府绩效评估制度，有利于改变粗放低效的行政管理模式，形成以绩效为导向、以公民满意为标准的管理机制，优化公共资源配置，提高行政效能，促进行为规范、运转协调、公正透明、廉洁高效的行政管理体制的形成。

三、有利于深化干部人事制度改革

长期以来，考核难问题一直影响着公务员制度的完善和发展，成为当前制约深化干部人事制度改革的"瓶颈"。无论是企业管理还是公共部门管理，对领导和职工的基本要求是业绩导向，不讲业绩的企业要破产，不讲业绩的政府要倒台。我国的《公务员法》和党的政策，都明确提出干部的选拔任用要重实绩。科学、准确地考核实绩成为干部考核任用的基础。干部的业绩特别是党政领导干部的业绩是与组织的目标要求紧密结合起来的，是在组织功能的发挥中、职责的履行中表现出来的。当组织的目标不清、职责不明，绩效没有科学的评估时，组织内的个体业绩很难有客观的尺度来衡量。同时，当组织的业绩没有考核压力时，组织成员的考核动力也不足，组织考核是个体考核的基础和条件。现代绩效评估将使政府的绩效评价建立在科学的理论和方法的基础上，并以量化的直观形式表现出来，将组织评估与个人特别是部门领导人的实绩评估结合起来，建立组织评估与公务员考核、任用、奖惩有机衔接的机制，开辟了干部考核的新道路，为科学地选拔干部、奖励干部和使用干部奠定了坚实的基础。目前在政绩考核中存在着片面追求经济指标的倾向，根本原因是缺乏一套全面的科学的政府管理绩效评价体系和机制。同时，绩效评估的过程也是公民广泛参与的过程，是政府部门的管理过程和结果公开的过程，这样可为公众参与对政府工作及其领导人的评价和监督开辟现实的途径，增加改革和发展的智慧和动力。考核机制的创新，将推动干部人事制度改革迈上新台阶，形成良好的导向，有效地开发机关人才资源潜力，极大地调动广大公务员干事创业的积极性和创造性。

四、有利于构建社会主义和谐社会

解决人民群众最关心、最直接、最现实的利益问题，密切"党群""干群"关系，建设人民信任、满意的政府，是社会和谐、国家长治久安的基础和关键。当前人民群众最为关注、和谐社会建设面临的最大挑战在于，地区、城乡及经济社会发展不平衡，社会保障体系不完善，居民收入差距过大，上学难、看病难、住房难问题持续存在，资源环境破坏严重，腐败现象比较严重等突出问题。这些问题集中起来，与我国当前面临的两对突出矛盾紧密相连：一是公民日益增长的对公共服务的需求与公共服务总体供给不足、质量不高的矛盾；二是市场经济体系逐步发展完善对政府管理职能和效能的要求与政府职能转变缓慢、效能不高的矛盾。建立科学的政府绩效评估体系，提高公共权力和行政资源的使用效率，有利于加快改善我国公共服务的状况，缓解我国当前面临的突出矛盾和问题，推动关系人民群众切身利益问题的解决。同时，科学的政府绩效评估制度，为公众参与对政府工作及其领导人的评价和监督开辟了现实的途径，有利于建立"对下负责"的行政责任机制，提高行政的回应力和透明度，增强民众对政府的信任和支持，促进社会主义的民主法治建设，增加促进改革发展以及构建和谐社会的智慧和动力。

第四节　沈阳市政府绩效考评的主要内容

一、组织机构

设立沈阳市政府绩效评估工作领导小组，领导小组组长由市长担任，副组长由市政府常务副市长、政府秘书长担任，组成成员为市政府办公厅、市发改委、市监察局、市人社局、市统计局等相关部门主要领导。

领导小组工作职责：审定政府绩效评估实施细则；检查被评估单位指标完成情况；审定年终评价结果；提请市政府审定绩效评估表彰方案。

领导小组下设办公室，设在沈阳市人力资源和社会保障局，办公室主任由市人社局主要领导兼任。

领导小组办公室工作职责：制定年度政府绩效评估指标体系；组织责任单位制定指标评估实施细则；组织和协调有关部门采取实地调查、专项检查、抽样检查等方式，核实和调度各被考评单位有关指标完成情况；汇总年终评估结果，提出下一步工作意见和建议；提出表彰方案等。

为确保政府绩效考评工作顺利、稳妥地推进，设立沈阳市政府绩效考评工作责任单位。分别为市政府办公厅（市政府应急办）、市政府法制办、市发展改革委（市服务业办）、市经委、市教育局、市科技局、市民委（市宗教局）、市公安局、市消防局、市监察局（市政府纠风办）、市民政局、市财政局、市人社局、市建委、市城建局、市房产局、市信息产业局、市中小企业局、市农委（市扶贫办）、市外经贸局、市商业局、市文化广电新闻出版局、市卫生局、市人口计生委、市环保局、市体育局、市统计局、市食品药品监管局、市信访局、市安全监管局、市行政执法局（市城管办）、市国税局、市地税局、市政务公开办、市资金办、国家统计局沈阳调查队、市农民工维权中心、市地震局等。

责任单位工作职责：提出考核指标及考评实施细则；对被考评单位指标完成情况进行调度；年终作出最终评价，并向市政府绩效考评工作领导小组办公室提出被考评单位改进工作的建议。

二、对象分类及内容

1. 考评对象

各区、县（市）政府及开发区管委会，市政府各部门，市直单位；部分中、省直驻沈单位。

2. 考评分类

绩效评估对象分为 A 和 B 两大类。

A 类：区、县（市）政府及开发区管委会；

B 类：市政府组成部门、市直单位及部分中、省直驻沈单位。

根据属性相近、相互可比的原则，将 B 类细分为B1，B2，B3，B4 四类。B1 为综合及社会管理、服务部门，B2 为经济部门，B3 为执法部门，B4 为部分中、省直驻沈单位。

三、考评内容、指标及分值

1. 考评内容

（1）A 类单位考评内容为四大项：① 经济发展；

② 以民生为重点的社会建设；③ 生态环境建设；④ 政府自身建设。

（2） B 类单位考评内容为两大项：① 重点工作；② 效能建设。

2. 指标设置

将省政府对市政府绩效考评的内容、《市政府工作报告》部署的任务、市政府确定的惠民实事及其他重点工作设置为具体的考评指标。

3. 分值分配

A 类总分值设为 1000 分，B 类总分值设为 100 分。根据考评指标的重要程度和导向作用，对每项指标分别赋值。

四、考评方法及程序

1. 考评方法

考评方法分为指标考核和实地调查两种方式。

（1） 指标考核。针对不同的指标项，采取两种评分方法。

第一种方法，采用功效系数法，计算公式为

[（单项指标总量－单项指标总量最小值)/(单项指标总量最大值－单项指标总量最小值) ×0.4 +0.6] ×指标分数×权重比例 +[（单项指标增速－单项指标增速最小值)/(单项指标增速最大值－单项指标增速最小值) ×0.4 +0.6] ×指标分数×权重比例 =

　　此方法用于计算经济指标。

第二种方法，由责任单位根据指标的实际完成情况进行评分。

此方法用于经济指标以外的其他考评指标。

（2）实地调查。采取专项检查、抽样调查、暗访、查看资料等方式对考评指标完成情况进行核实。

2. 考评程序

考评程序分为如下五个阶段。

第一阶段，制定考评指标体系。由市政府绩效考评工作领导小组办公室组织各责任单位制定年度考评指标体系方案，主要包括考评项目、指标名称、基础分值及责任单位等内容，报市政府绩效考评工作领导小组审定后，提交市政府常务会议确定。

第二阶段，制定实施细则。以年度考评指标体系为依据，由市政府绩效考评工作领导小组办公室组织各责任单位细化分解考评指标，可将一级指标分解为原则上不超过三个的二级指标，并提出每项指标的基础分值、指标解释及评分办法等。实施细则报市政府绩效考评工作领导小组审定后实施。

第三阶段，日常考评。考评对象根据实施细则的有关要求，结合自身实际，对指标完成情况进行阶段性自评，及时发现和解决存在的问题。同时，市政府绩效考评工作领导小组办公室及各责任单位要加强对指标完成情况的日常督查力度，特别是对于全市重要工作、重大项目及经济社会重点难点问题进行及时跟踪、督促和检查。对日常考评中发现的问题，要责成相关单位认真查找原因，采取有效措施，及时进行整改。

第四阶段，年终考评。各责任单位根据实施细则明确的评分办法，通过指标考核和实地调查，对考评对象各项指标完成情况进行综合评分，并按照评分结果排序，提交市政府绩效考评工作领导小组办公室审核汇总后，形成年度考评结果，报市政府绩效考评工作领导小组审定，最后提交市政府常务会议确定。

第五阶段，考评结果运用。具体体现在以下四个方面。

一是作为表彰奖励的依据。对年度绩效考评结果成绩突出的，授予单位主要领导"市长特别奖"；对年度绩效考评结果综合排名前三名的单位，市政府将给予通报表彰、颁发奖牌；对年度绩效考评重点单项工作成绩优异的单位，给予通报表彰、颁发奖牌；对中、省直驻沈单位的绩效考评结果，将通报其上级机关。

二是作为政绩考核的依据。将年度绩效考评结果报告市委，作为对考评对象领导班子政绩考核和领导干部使用的重要依据。

三是作为编制和安排财政预算的依据。市政府在编制和安排财政预算时，将依据考评结果优化资源配置。

四是作为查找差距、督促整改的依据。将考评结果以适当形式告知考评对象，指出存在的主要问题，督促查找原因，改进工作。

第四编　机关事业单位工资福利、退休、工资基金、工勤人员管理

|第十三章|
机关事业单位工资福利管理

第一节　机关事业单位工资概述

一、机关事业单位工资制度的历史沿革

工资是指用人单位依据国家有关规定和劳动关系双方的约定，以货币形式支付给劳动者的报酬。新中国成立以来，机关事业单位工资制度先后进行了四次大的改革。第一次是 1956 年，在由供给制与工资制度并存过渡到全部实行工资制度的基础上，国家机关和企事业单位统一实行了职务等级工资制。同时，根据各地区物价、生活水平，实行工资区类别制度。第二次是 1985 年，机关事业单位工资制度与企业分离，由职务等级工资制改

为以职务工资为主的结构工资制，基本工资构成分为职务工资、基础工资、工龄津贴和奖励工资四项。第三次是 1993 年，机关与事业单位工资制度分离。公务员的基本工资实行以职务工资和级别工资为主的职级工资制，分为职务工资、级别工资、基础工资和工龄工资四项，建立根据考核结果正常晋升工资的机制。同时，取消工资区类别制度，实行地区津贴、岗位津贴和年终一次性奖金制度。事业单位实行职务（岗位）等级工资制，其中，专业技术人员实行专业技术职务（岗位）等级工资制，管理人员实行职员等级工资制。机关事业单位工人按照技术工人和普通工人分别制定了标准。2006 年，我国机关事业单位开始实行新的工资制度，这是继 1956 年、1985 年和 1993 年三次改革以来的第四次大的工资制度改革。

二、机关事业单位现行工资制度情况

从 2006 年 7 月 1 日起，党中央、国务院决定对公务员、事业单位工作人员原有的工资制度进行改革，实行新的工资制度。这次机关事业单位工资收入分配制度改革，是深化整个社会收入分配制度改革的重要组成部分，是党中央、国务院从贯彻落实科学发展观、构建社会主义和谐社会、完善社会主义市场经济体制的要求出发作出的重大决策。对于公务员队伍建设和提高政府行政效能，有效地解决当前机关事业单位收入分配领域存在的突出问题，充分调动广大干部职工的积极性、主动性和创造性，具有十分重要的意义。这次机关事业单位工资制度改革主要有四个方面：一是机关公务员实行职务与级别相结合的工资制度；二是事业单位实行岗位绩效工资制度；三是完善机关事业单位的津贴补贴制度；四是调整机关事业单位离退休人员待遇。

第二节　公务员工资制度

一、公务员工资制度改革的原则

（1）贯彻按劳分配原则，进一步理顺工资关系，合理拉开不同职务、级别之间的工资差距。

（2）坚持职务与级别相结合，增强级别的激励功能，实行与工资等待遇适当挂钩。

（3）健全公务员工资水平正常增长机制，建立工资调查制度，定期调整工资标准，使公务员的工资水平与经济社会发展水平相适应。

（4）加强工资管理，严格监督检查，有效地调控地区工资差距，逐步将地区工资差距控制在合理的范围。

二、公务员工资制度的基本内容

1. 公务员职级工资制

（1）基本工资结构。公务员基本工资由职务工资、级别工资两项构成。

职务工资主要体现公务员的工作职责大小。一个职务对应一个标准，领导职务和相当职务层次的非领导职务对应不同的工资标准。公务员按所任职务执行相应的职务工资标准。

级别工资主要体现公务员的工作实绩和资历。公务员的级别为27个，每一职务层次对应若干个级别，每一级别设若干个工资档次。公务员根据所任职务、德才表现、工作实绩和资历确定级别和级别工资档次，执行相应的级别工资标准。

（2）基本工资正常晋升办法。公务员晋升职务后，执行新的职务的职务工资标准，并按规定晋升级别和增加级别工资。公务员年度考核称职及以上的，一般每五年可在所任职务对应的级别内晋升一个级别，一般每两年可在所任级别对应的工资标准内晋升一个工资档次。公务员的级别达到所任职务对应的最高级别后，不再晋升级别，在最高级别工资标准内晋升级别工资档次。

2. 机关工人岗位技术等级（岗位）工资制

（1）机关工人基本工资结构。主要由岗位工资和技术等级（职务）工资构成。岗位工资根据工作程度和工作质量确定，按照初级工、中级工、高级工三个技术等级和技师、高级技师两个技术职务设置，分别设若干工资档次。技术等级（职务）工资根据技术水平高低确定，一个技术等级（职务）对应一个工资标准。普通工人仍实行岗位工资制，基本工资构成为岗位工资一项。

（2）基本工资正常晋升办法。机关工人年度考核合格及以上的，一般每两年可在对应的岗位工资标准内晋升一个工资档次。

3. 津贴补贴制度

在清理规范津贴的基础上，实施地区附加津贴制度，完善艰苦边远地区津贴制度和岗位津贴制度。

（1）实施地区附加津贴制度。地区附加津贴主要反映地区经济发展水平、物价消费水平等方面的差异。

（2）艰苦边远地区津贴制度。艰苦边远地区津贴主要是根据自然地理环境、社会发展等方面的差异，对在艰苦边远地区工作人员给予适当的补偿。

（3）岗位津贴制度。在特殊岗位工作的人员，实行岗位津贴制度。国家对岗位津贴实行统一管理。在清理现有各项岗位津贴的基础上，对岗位津贴进行规范，具体方案由国家另行制定。在此之前，经国家批准建立的机关工作人员岗位津贴仍按现行规定执行。除国务院和国务院授权的人事部、财政部外，任何地区、部门和单位不得自行建立岗位津贴项目或调整岗位津贴实施范围和标准。地区、部门和单位现自行建立的岗位津贴以及在国家规定之外自行扩大范围和提高标准的部分一律取消。

4. 工资水平正常增长机制

建立工资调查制度，国家定期进行公务员和企业相当人员工资收入水平的调查比较。各类津贴补贴标准的调整办法，结合完善津贴补贴制度，由国家另行制定。

5. 年终一次性奖金

对年度考核为称职（合格）及以上的工作人员，发放年终一次性奖金，在考核结果确定后兑现，奖金标准为本人当年 12 月份的基本工资。年度考核为基本称职、不称职（不合格）的人员，不发放年终一次性奖金。

三、公务员工资制度的主要特点

（1）改革工资制度和清理规范津贴补贴相结合。清理规范公务员津贴补贴，既是规范公务员的收入分配秩序，也是为改革制度创造条件，目的是通过改革建立科学合理的公务员工资制度，通过规范秩序促进严肃纪律，从而建立起新机制和一个好的制度框架，为今后继续深化改革奠定基础。

（2）适当向基层倾斜。主要包括：适当增加级别，提供充分的级别晋升空间；加大不同职务对应级别的交叉幅度，使低职务公务员可以晋升到较高的级别；加大级别工资的比重，使晋升级别对提高工资发挥更大的作用；实行级别与工资等待遇挂钩，使公务员不晋升职务也能提高待遇；对县乡党政主要领导高定级别。

（3）向艰苦边远地区倾斜。主要包括：扩大艰苦边远地区津贴实施范围，将符合条件的县市区列入范围；适当增设津贴类别，由四类调整为六类；适当调整津贴标准，使津贴水平有一定幅度的提高；建立动态调整机制，定期评估调整范围和类别。

（4）增强工资激励功能。将基本工资结构由四项调整为两项，解决原来切块偏多、功能重叠的矛盾；进一步理顺工资关系，适当拉开不同职务、级别之间的工资差距，更好地体现职责和贡献大小。

主要法律、法规、规章：《辽宁省人民政府关于印发〈辽宁省机关事业单位工作人员工资制度改革实施意见〉的通知》（辽政发〔2006〕40号）。

第三节　事业单位工作人员收入分配制度

一、事业单位工作人员收入分配制度改革的原则

（1）贯彻按劳分配与按生产要素分配相结合的原则，建立与岗位职责、工作业绩、实际贡献紧密联系和鼓励创新创造的分配激励机制。

（2）适应事业单位聘用制改革和岗位管理的要求，以岗定薪，岗变薪变，加大向优秀人才和关键岗位的倾斜力度。

（3）建立体现事业单位特点的工资正常调整机制，使事业单位工作人员收入与经济社会发展水平相适应。

（4）坚持搞活事业单位内部分配，进一步增强事业单位活力。

（5）实行分级分类管理，加强宏观调控，规范分配

秩序，理顺分配关系。

二、事业单位工作人员收入分配制度的基本内容

1. 实行岗位绩效工资制度

岗位绩效工资由岗位工资、薪级工资、绩效工资和津贴补贴四部分组成，其中，岗位工资和薪级工资为基本工资。

（1）岗位工资。岗位工资主要体现工作人员所聘岗位的职责和要求。事业单位岗位分为专业技术岗位、管理岗位和工勤技能岗位。专业技术岗位设置 13 个等级，管理岗位设置 10 个等级，工勤技能岗位分为技术工岗位和普通工岗位，技术工岗位设置 5 个等级，普通工岗位不分等级。不同等级的岗位对应不同的工资标准。工作人员按所聘岗位执行相应的岗位工资标准。

（2）薪级工资。薪级工资主要体现工作人员的工作表现和资历。对专业技术人员和管理人员设置 65 个薪级，对工人设置 40 个薪级，每个薪级对应一个工资标准。对不同岗位规定不同的起点薪级。根据工作人员工作表现、资历和所聘岗位等因素，对其确定薪级、执行相应的薪级工资标准。

（3）绩效工资。绩效工资主要体现工作人员的实绩和贡献。国家对事业单位绩效工资分配进行总量调控和政策指导。事业单位在核定的绩效工资总量内，按照规范的程序和要求，自主分配。

事业单位实行绩效工资后，取消现行年终一次性奖金，将一个月基本工资的额度以及地区附加津贴纳入绩效工资。

（4）津贴补贴。事业单位津贴补贴，分为艰苦边远地区津贴和特殊岗位津贴补贴。

2. 实行工资分类管理

对从事公益服务的事业单位，根据其功能、职责和资源配置等不同情况，实行工资分类管理。基本工资执行国家统一的政策和标准，绩效工资根据单位类型实行不同的管理办法。

3. 工资正常调整机制

（1）正常增加薪级工资。在年度考核的基础上，对考核合格及以上等次的工作人员每年正常增加一级薪级工资。

（2）岗位变动调整工资。工作人员岗位变动后，按新聘岗位执行相应的工资标准。

（3）调整基本工资标准。国家根据经济发展、财政状况、企业相当人员工资水平和物价变动等因素，适时调整工作人员的基本工资标准。基本工资标准调整由国家统一部署，具体方案由人事部、财政部拟定，报国务院批准后实施。

（4）调整津贴补贴标准。国家根据经济发展、财政状况及调控收入分配关系的需要，适时调整艰苦边远地区津贴标准和特殊岗位津贴补贴标准。

4. 完善高层次人才和单位主要领导分配激励约束机制

（1）完善高层次人才分配激励措施。

（2）建立事业单位主要领导收入分配激励约束机制。

5. 健全收入分配宏观调控机制

实行工资分级管理，明确中央、地方和部门的管理权限。

完善收入分配调控政策，规范工资收入支付方式，加强工资收入支付管理，建立统分结合、权责清晰、运转协调、监督有力的宏观调控机制，将事业单位工作人员的工资收入纳入调控范围，规范收入分配秩序。加强监督检查，健全纪律惩戒措施，维护国家收入分配政策的严肃性。

主要法律、法规、规章：《辽宁省人民政府关于印发〈辽宁省机关事业单位工作人员工资制度改革实施意见〉的通知》（辽政发〔2006〕40号）。

第四节　机关事业单位福利制度概述

一、机关事业单位福利制度的基本内涵

机关事业单位福利制度主要是指国家和单位为保障和解决机关事业单位工作人员工作、生活及家庭中的基本需要和特殊困难，在工资和保险待遇之外，以补贴、实物和服务等方式，对工作人员给予经济帮助和生活照

顾的制度。

二、机关事业单位福利制度的特点和作用

机关事业单位福利制度的主要特点：一是保障性；二是辅助性；三是实物性；四是多样性。

职工福利制度的作用主要有以下几个方面：一是对职工基本生活的保障作用；二是对职工部分支出的弥补作用；三是有利于恢复工作能力，维护身体健康。

第五节 机关事业单位现行福利制度

一、工时制度

现行政策是 1995 年 3 月国务院修改的《国务院关于职工工作时间的规定》（1995 年国务院第 174 号令）和原人事部配套制定的《国家机关、事业单位贯彻〈国务院关于职工工作时间的规定〉的实施办法》，从 1995 年 5 月 1 日起开始执行。国家机关、事业单位职工实行统一的工作时间，每日工作 8 小时，每周工作 40 小时，星期六和星期日为周休息日。

二、休假制度

1. 法定节假日

法定节假日是国家为统一全国的年节及纪念日放假

作出的规定。最早是 1949 年 12 月政务院第十二次政务会议通过公布的《全国年节及纪念日放假办法》，1999 年 9 月国务院第 270 号令第一次修订，2007 年 12 月国务院第 513 号令第二次修订。法定节假日包括 4 类。一是全体公民放假的节日。现行规定是 11 天，分别是：元旦、清明、五一节、端午、中秋 5 个节假日各放假 1 天，国庆节放假 3 天，春节放假 3 天。全体公民放假的节日如果适逢星期六、星期日，应当在工作日补假。二是部分公民放假的节日。主要有妇女节、青年节、儿童节、建军节。三是少数民族习惯的节日。由各少数民族聚居地区的地方人民政府规定。四是其他节日、纪念日。

2. 带薪年休假制度

（1）年休假制度。累计工作满 10 年的，年休假 5 天；已满 10 年不满 20 年的，年休假 10 天；已满 20 年的，年休假 15 天（国家法定休假日、休息日不计入年休假假期，年休假期间享受与正常工作期间相同的工资收入）。职工依法享受寒暑假天数多于年休假天数的、请事假累计 20 天以上且单位按规定不扣工资的、累计工作满 1 年不满 10 年请病假累计 2 个月以上的、累计工作满 10 年不满 20 年请病假累计 3 个月以上的、累计工作满 20 年请病假累计 4 个月以上的不享受当年年休假，如已享受，不享受下一年年休假。依法享受寒暑假人员，因工作需要未休的，所在单位应安排其休年休假；休寒暑假少于年休假天数的，应补足其年休假天数。年休假在一个年度内可以集中安排，也可以分段安排，除工作需要外，一般不跨年度安排（因工作需要不安排休年休假，应征求本人意见）。

（2）工作人员年休假工资报酬。支付标准：每应休未休1天，按照本人应休年休假当年日工资收入300%支付（当年日工资收入计算办法：本人全年工资收入除以全年计薪天数261天），其中包括工作人员正常工作期间的工资收入。因个人原因不休年休假的、请事假累计已超过本人应休年休假天数但不足20天的只享受正常工作期间的工资收入。

主要法律、法规、规章：《机关事业单位工作人员带薪年休假实施办法》（人事部令第9号）、《转发国家人事部〈机关事业单位工作人员带薪年休假实施办法〉的通知》（辽人发〔2008〕7号）、《转发辽宁省人事厅所转发的〈机关事业单位工作人员带薪年休假实施办法〉的通知》（沈人发〔2008〕10号）。

3. 探亲假

探亲假是国家给予与配偶和父母分居两地的职工在一定时期内回家与配偶或父母团聚的假期。探亲假制度从1958年开始实行，1981年3月国务院重新修订颁布了《关于职工探亲待遇的规定》（国发〔1981〕36号）。享受探亲假的条件是，凡工作满1年的正式职工，与配偶或父母不住在一起，又不能在公休假日团聚的，可以享受探望配偶或父母的待遇。探亲假期是，职工探望配偶的，每年给予一方探亲假一次，假期为 30 天；未婚职工探望父母，原则上每年给假一次，假期为 20 天，两年探亲一次的假期为 45 天；已婚职工探望父母的，每 4 年给假一次，假期为 20 天。另外，根据实际需要给予路程假，探亲假期包括公休假日和法定节日在内。职工在规定的探亲假期和路程假期内，按照本人的标准工资发给工资。职工探望配偶和未婚职工探望父母的往返路费，由所在单位负担。已婚职工探望父母的往返路费，在本人标准工资 30% 以内的，由本人自理，超过部分由所在单位负担。

4. 病事假

现行的病假政策，是按照 1981 年国务院《关于国家机关工作人员病假期间生活费待遇的规定的通知》（国发〔1981〕52 号）的规定执行的，事业单位工作人员参照执行。主要内容是：职工病假在 2 个月以内的，发给原工资。病假超过 2 个月的，从第 3 个月起，工作年限不满 10 年的，发给本人工资的 90%；工作年限满 10 年的，工资照发。病假超过 6 个月的，从第 7 个月起，工作年限不满 10 年的，发给本人工资的 70%；工作年限满 10 年和 10 年以上的，发给本人工资的 80%。职工在病假期间，可以继续享受所在单位的生活福利待遇。职工在病假期间享受上述生活待遇，应有医疗机构证明，并经主管领导批准。

5. 婚丧假

婚丧假最早是劳动部 1959 年 6 月下发的〔59〕中劳薪字第 67 号通知规定的。1980 年 2 月，国家劳动总局、财政部下发了《关于国营企业职工请婚丧假和路程假问题的通知》（（80）劳总薪字 29 号），规定职工结婚或直系亲属死亡时，可由本单位领导批准，酌情给予 1~3 天的婚丧假。同时，职工结婚时双方不在一地工作的，或直系亲属死亡时需要本人去外地料理丧事，可以另给路程假。在批准的婚丧假和路程假期间，工资照发，路费由本人自理。

6. 产　假

1955 年 4 月，国务院下发的《关于女工作人员生产假期的通知》（（55）国人常字第 12 号）就对产假作出了规定。1988 年 7 月，国务院下发了《女职工保护规定》（国务院令第 9 号），其中对产假作了修改完善。同年 9 月，劳动部商人事部同意，就执行中的具体问题下发了《关于女职工生育待遇若干问题的通知》（劳人险字〔1988〕2 号），按照文件规定，女职工产假为 90 天，其中包括产前休假 15 天。难产增加 15 天。多胎生育的，每多生一个婴儿，增加产假 15 天。女职工怀孕不满 4 个月流产时，应当根据医务部门的意见，给予 15~30 天的产假；怀孕满 4 个月以上流产时，给予 42 天产假。女职工在规定的产假期间，由所在单位照发工资，产假期满由于身体原因不能工作的，其超过产假期间的待遇按照职工患病的有关规定处理。

三、福利费制度

1. 福利费提取标准

全省机关、事业单位工作人员福利费提取标准为每人每月 10 元。

2. 福利费使用范围

一是解决工作人员供养家属的生活困难，二是解决工作人员家属因病治疗或死亡丧葬发生的困难，三是解决工作人员及家属因天灾人祸等意外事故和灾害造成的困难，四是慰问患病工作人员少量慰问品的开支，五是用于托儿所、幼儿园、理发室、浴池、活动室等集体福利设施零星购置费的部分补助。福利费补助的对象，仅限于工作人员本人和依靠工作人员供养的父母、配偶、子女及未成年的或丧失劳动能力的弟妹。

3. 福利费管理

一是福利费由各单位人事部门掌管使用，列入人事部门日常工作；二是各单位要成立委员会或小组，实行民主管理，监督本系统、本单位福利费使用情况，定期研究福利费掌管使用问题，评议补助对象及标准，并向职工公布账目；三是福利费实行单独管理，专款专用，不得挪用，不得同包干经费和单位提取的集体福利基金混用；四是对工作人员生活困难补助，必须履行审批手续，个人提出申请，经群众讨论，福利委员会或小组评议，由单位人事部门或领导审定。

主要法律、法规、规章：《关于调整机关、事业单位工作人员福利费提取标准的通知》（辽人发〔1996〕28号）、《辽宁省人事厅、财政厅关于省直机关、事业单位工作人员福利费掌管使用的有关规定》（辽人发〔1990〕4号）、《转发关于调整机关、事业单位工作人员福利费提取标准的通知》（沈人发〔1996〕43号）。

四、遗属的抚恤和生活照顾

1. 丧葬补助费标准

丧葬补助费标准随职工月平均工资调整而调整，2009年7月1日起，机关事业单位工作人员（含离退休人员）因病或非因工（公）死亡，其丧葬补助标准调整为7386元；因工（公）死亡，调整为14772元。

主要法律、法规、规章：《关于调整机关事业单位工作人员死亡后丧葬补助费标准的通知》（沈人发〔2009〕41号）。

2. 死亡一次性抚恤金标准

发放标准：机关烈士、因公牺牲、病故人员分别为本人生前80个月、40个月、20个月基本工资或基本离退休费；事业单位因公牺牲、病故人员分别为本人生前40个月、20个月基本工资或基本离退休费，烈士的抚恤待遇，按国家有关规定执行。基数：机关为本人生前最后一个月基本工资。其中，公务员为本人职务工资和级别工资之和，技术工人为本人岗位工资技术等级（职务）工资之和，普通工人为本人岗位工资，离退休人员为本人生前最后一个月享受的国家规定的基本离退休费，退职人员为本人基本退职生活费。事业单位为本人生前最后一个月基本工资，即岗位工资与薪级工资之和，离退休人员为本人生前最后一个月享受的国家规定的基本离退休费，退职人员为本人生前基本退职生活费。

主要法律、法规、规章：《关于国家机关工作人员及离退休人员死亡一次性抚恤发放办法的通知》（民发〔2007〕64号、沈民〔2007〕89号）、《转发辽宁省人事厅等部门所转发的关于事业单位工作人员和离退休人员死亡一次性抚恤金发放办法的通知》（沈人发〔2008〕19号）。

3. 遗属生活困难补助标准

非农业人口按高于本人户籍所在地政府确定的城市居民最低生活保障标准30%，农业人口由原100元提高到180元。符合下列条件的遗属，除按上述补助标准发给外，按下列标准增加补助费：（1）1937年7月6日前参加革命工作的其无固定收入遗属增加20%，抗日战争时期参加革命工作的其无固定收入遗属增加15%，解放战争时期参加革命工作的离休干部和符合劳人险〔1983〕3号文件规定享受原工资100%退休费的新中国成立前参加工作的其无固定收入遗属增加10%；（2）在保护、抢救国家财产、对敌斗争中死亡以及因工（公）牺牲、死亡工作人员遗属增加20%；（3）孤身一人又无其他生活来源遗属增加 20%。同时符合上述三项，只按最高一项标准增加补助费。

主要法律、法规、规章：《关于调整国家机关事业单位工作人员遗属生活困难补助标准有关问题的通知》（辽人发〔2007〕22 号、沈人发〔2008〕3 号）。

五、因公（工）负伤及伤残抚恤制度

1. 认定工伤的条件

（1）在工作时间和工作场所内，因工作原因受到事故伤害的；（2）工作时间前后在工作场所内，从事与工作有关的预备性或者收尾性工作受到事故伤害的；（3）在工作时间和工作场所内，因履行工作职责受到暴力等意外伤害的；（4）患职业病的；（5）因工外出期间，由于工作原因受到伤害或者发生事故下落不明的；（6）在上下班途中，受到机动车事故伤害的；（7）法律、行政法规规定应当认定工伤的其他情形。

2. 视同工伤的条件

（1）在工作时间和工作岗位，突发各类疾病死亡或者从医疗机构初次接诊时间起计算，在 48 小时之内经抢救无效死亡的；（2）在工作时间和本单位内并且在紧急情况下，为维护用人单位正当利益，实施非岗位工作职责的行为受到伤害的；（3）受指派参加抢险救灾、防治疫病或者见义勇为等维护国家利益或者社会公共利益行为受到伤害或者感染疫病的；（4）原在军队服役，因战、

因公负伤致残，已取得伤残军人证，到用人单位后旧病复发的；（5）在工作时间内受到单位安排从事临时性的指定工作时发生事故伤害的；（6）在工作时间内，虽不在本岗位劳动，但由于单位设施不全，劳动条件和作业环境不良，发生人身伤害、急性中毒事故的。

下列情形之一，不得认定工伤或者视同工伤：（1）在实施犯罪或者违反治安管理行为过程中伤亡的；（2）因醉酒直接导致伤亡或者因醉酒处于神志不清状态而发生伤亡事故的；（3）自残、自杀或者在用人单位明令禁止并且明显警示的情况下，超越本岗位职责擅自接触有毒有害物质以及动用危险器具等导致伤亡的。

主要法律、法规、规章：《工伤保险条例》《关于机关事业单位工作人员工伤认定和伤残鉴定有关问题的处理意见》（辽人发〔2005〕193号）、《关于进一步做好机关事业单位工作人员工伤认定工作有关问题的通知》（沈人发〔2009〕13号）。

3. 工伤待遇

（1）享受工伤医疗待遇；（2）医疗期间工资照发；（3）需要到外地就医治疗或者疗养的，往返车船票按出差旅费予以报销；（4）住院治疗或疗养期间按出差补助标准发给伙食补助费；（5）治疗和疗养期间继续享受单位其他福利待遇；（6）对于临时工因公受到伤害的待遇问题，依据辽宁省人事厅辽人函〔2005〕133号执行。

主要法律、法规、规章：《关于调整职工因公（工负伤住院治疗期间伙食补助标准的通知》（辽劳险字〔1989〕24 号）。

4. 伤残等级鉴定

因公（工）伤残人员机员由民政部门、事业单位由人事部门负责鉴定。事业单位工作人员被认定工伤并存在残疾或按规定被诊断、鉴定为职业病的，应当进行伤残等级鉴定，伤残等级由重至轻分为一至十级。自伤残等级鉴定结论作出之日起 1 年后，工伤职工或者其直系亲属、所在单位认为伤残情况发生变化的，可以申请伤残等级复查鉴定。

5. 因工致残待遇

（1）伤残抚恤金标准：一级 25250 元、二级 22360元、三级 19460 元、四级 15320 元、五级 11590 元、六级9800 元、七级 7040 元、八级 4550 元、九级 3310 元、十级 2480 元。（2）被评为一至四级伤残的享受护理费，具体标准是：一级每月 1493 元、二至四级每月 1195 元。

主要法律、法规、规章:《关于沈阳市机关事业单位工作人员因公（工）伤亡管理问题的通知》（沈人发〔1990〕127 号）、《辽宁省人事厅、劳动局关于认定国家机关、事业单位工作人员因工伤亡审批手续的通知》（辽人发〔1992〕43 号）、《关于调整部分优抚对象抚恤和生活补助标准的通知》（沈民〔2009〕93 号）、《关于调整国家机关事业单位因工（公）致残人员护理费标准的通知》（沈人〔2009〕42 号）。

|第十四章|
机关事业单位退休管理

第一节　机关事业单位退休制度的基本内涵

退休制度是国家机关事业单位工作人员符合法定条件、办理有关手续、退出工作岗位、享受规定的养老待遇的一种制度。

第二节　机关事业单位退休条件与待遇

一、机关事业单位工作人员退休（职）条件

1. 正常退休条件

具备下列条件之一者办理正常退休：（1）干部。男满60周岁，女满55周岁，参加革命工作年限满10年的；（2）工人。男满60周岁，女满50周岁，参加革命工作年限满10年的；（3）完全丧失工作能力的公务员。

2. 提前退休条件

（1）机关工作人员的提前退休条件。

① 机关公务员的提前退休政策。公务员符合下列条件之一的，本人自愿提出申请，经任免机关批准，可以提前退休：工作年限满 30 年；距国家规定的退休年龄不足 5 年，且工作年限满 20 年。

② 机关工勤人员的提前退休条件。符合下列条件之一的，可办理提前退休手续：男年满 50 周岁、女年满 45 周岁且工龄满 10 年，经过医院证明完全丧失工作能力的；因工致残，经过医院证明完全丧失工作能力的。

（2）事业单位工作人员的提前退休条件。

① 符合下列条件之一的，可办理提前退休手续：男年满 50 周岁、女年满 45 周岁且工龄满 10 年，经过医院证明完全丧失工作能力的；因工致残，经过医院证明完全丧失工作能力的。

② 从事井下、高空、高温、特别繁重体力劳动或者其他有害身体健康的特殊工作，男年满 55 周岁、女年满 45 周岁，连续工龄满 10 年的可以办理提前退休手续。

3. 退职政策规定

经过医院证明完全丧失工作能力，又不具备退休条件的事业单位干部、工人和机关工勤人员，应当退职。退职后，按政策规定每月发给相应的退职生活费。

二、机关事业单位基本离退休（退职）费计算办法

1. 工资制度改革后离休人员离休费计发办法

2006 年 7 月 1 日工资制度改革后离休的人员，公务

员离休费按本人离休前职务工资和级别工资之和全额计发离休费。事业单位工作人员按本人离休前岗位工资和薪级工资之和全额计发离休费。

2. 工资制度改革后退休人员退休费计发办法

2006年7月1日工资制度改革后退休的公务员，退休费按本人退休前职务工资和级别工资之和的一定比例计发。其中，工作年限满35年的，按90%计发；工作年限满30年不满35年的，按85%计发；工作年限满20年不满30年的，按80%计发；工作年限满10年不满20年的，按70%计发；工作年限不满10年的，按50%计发。

2006年7月1日工资制度改革后退休的机关技术工人，退休费按本人退休前岗位工资和技术等级工资之和的一定比例计发，普通工人退休费按本人退休前岗位工资的一定比例计发。其中，工作年限满35年的，按90%计发；工作年限满30年不满35年的，按85%计发；工作年限满20年不满30年的，按80%计发；工作年限满10年不满20年的，按70%计发。

2006年7月1日工资制度改革后退休的事业单位工作人员，退休费按本人退休前岗位工资和薪级工资之和的一定比例计发。其中，工作年限满35年的，按90%计发；工作年限满30年不满35年的，按85%计发；工作年限满20年不满30年的，按80%计发；工作年限满10年不满20年的，按70%计发。

3. 工资制度改革后退职人员退职生活费计发办法

2006 年 7 月 1 日工资制度改革后按国发〔1978〕104 号文件规定办理退职的人员，按下列办法计发退职生活费。

（1）事业单位退职人员的退职生活费按本人退职前岗位工资、薪级工资之和的一定比例计发。其中，工作年限满 20 年以上的，按 70% 计发；工作年限满 10 年不满 20 年的，按 60% 计发；工作年限不满 10 年的，按 50% 计发。

（2）机关退职技术工人的退职生活费，按本人退职前岗位工资和技术等级工资之和的一定比例计发。其中，工作年限满 20 年以上的，按 70% 计发；工作年限满 10 年不满 20 年的，按 60% 计发；工作年限不满 10 年的，按 50% 计发。

主要法律、法规、规章：《国务院关于安置老弱病残干部的暂行办法》（国发（1978）104 号）、《中华人民共和国公务员法》、《辽宁省人民政府关于印发〈辽宁省机关事业单位工作人员工资制度改革实施意见〉的通知》（辽政发〔2006〕40 号）。

第三节　机关事业单位提高退休费比例政策规定

提高退休费比例，总体来说，共分为两种：一种是享受特殊贡献的提高比例；另一种是按其他有关规定提高退休费比例。提高退休费计发比例后的退休费不得超过本人原基本工资。

一、特殊贡献待遇

退休人员享受特殊贡献待遇的标准、项目和范围（未尽事项以文件规定为准）如下。

1. 提高本人退休时基本工资15%的项目和范围

（1）国务院、中央军委命名和授予的劳动英雄、战斗英雄、劳动模范、功臣（大功、一等功）、先进生产（工作）者；

（2）获得国家颁发的一等自然科学奖、发明奖。

上述人员退休后仍保持荣誉的。

2. 提高本人退休时基本工资10%的项目和范围

（1）荣获省、市优秀共产党员称号的；

（2）以省、市政府（人民委员会、革命委员会）名义命名授予的劳动模范、先进生产（工作）者、"五好"职工；

（3）国家各部、委命名授予的劳动模范、先进（生产）工作者；

（4）部队军以上单位（不包括中央军委）命名和授予的战斗英雄；

（5）获得国家颁发的二等自然科学奖、发明奖，获得省、中央、国家机关各部委颁发的一等重大科研成果奖，获得沈阳市政府颁发的科技进步奖（科技成果奖）一等奖的主要完成人员（前5人）、振兴奖（个人）；

（6）1983 年 4 月召开的全国"五讲四美"为人师表活动先进代表会议，会上表彰的 857 名优秀教师。

上述人员退休后仍保持荣誉的。

3. 提高本人退休时基本工资 5% 的项目和范围

（1）国家颁发的三、四等自然科学奖、发明奖，省、中央、国家机关各部委颁发的二等重大科研成果奖，获得沈阳市人民政府颁发的科技进步奖（科技成果奖）二等奖及星火奖一、二等奖的主要完成人员（前 5 人），退休时仍保持荣誉的；

（2）获得部队军以上单位（不包括中央军委）授予的大功、一等功的；

（3）以省政府名义命名的科技先进工作者；

（4）以省政府名义命名的托幼先进工作者；

（5）以省政府名义命名的职工教育先进工作者；

（6）以省政府名义命名的优秀教育工作者；

（7）1977 年以省革命委员会名义命名的先进知青工作者；

（8）以省政府名义命名的卫生模范先进工作者；

（9）以省委名义命名的优秀党务工作者；

（10）以省委名义命名的统战系统先进个人；

（11）以省委、省政府名义命名的老干部先进工作者；

（12）1990 年以省政府名义命名的土地管理先进工作者；

（13）以省政府名义命名的计划生育先进工作者；

（14）1983 年以省政府名义授予的民族团结模范个人；

（15）以省委名义命名的直属机关先进工作者；

（16）省政府批准记一等功；

（17）沈阳市人民满意公务员；

（18）1955 年 9 月 12 日，辽宁省人民委员会发布辽（55）农字第 4312 号命令，奖励 1954 年农业增产第一批劳动模范 58 名；

（19）1955 年 11 月 26 日，辽宁省人民委员会发布辽（55）农字第 6192 号命令，奖励 1954 年农业增产第二批劳动模范 86 名；

（20）1957 年 8 月 9 日，辽宁省人民委员会辽（57）农褚字第 642 号文件，发布 1956 年农业增产第一批受奖名单的通知，授予 161 名个人为辽宁省农业增产模范称号；

（21）1957 年 10 月 31 日，辽宁省人民委员会辽（57）农褚字第 977 号文件，发布 1956 年农业增产第二批受奖名单的通知，授予 247 名个人为辽宁省农业增产模范称号；

（22）1957 年 11 月 6 日，辽宁省人民委员会辽（57）林清字第 1014 号文件，发布关于奖励 1956 年林业模范的通知，授予林业模范个人 27 名。

以上奖项获得两项及以上或同一奖项获两次及以上

的可提高本人退休时基本工资的 10% 。

沈阳市以市委、市政府名义表奖的同类项目可与省享受相应待遇。

主要法律、法规、规章：《转发 < 关于劳动模范等先进人物退休时提高退休费标准的几个问题的通知 > 的通知》（沈劳人发〔1985〕87 号）、《关于加发市劳动模范退休费的通知》（沈劳发〔1988〕56 号）、《转发省关于退休人员享受特殊贡献待遇有关问题的通知》（沈人发〔1991〕91 号）、《关于转发省人事厅等部门〈关于部分荣誉称号获得者可以享受特殊贡献待遇的通知〉的通知》（沈人发〔1993〕47 号）和《辽宁省人事厅、辽宁省财政厅关于印发 < 辽宁省国家公务员奖励暂行办法 > 的通知》（辽人发〔1996〕8 号）。

二、其他提高退休费比例

（1）凡中华人民共和国成立后在辽宁省机关、人民团体、民主党派、企事业单位工作的归侨职工，男工龄满 30 年、女工龄满 25 年以上者，其退休费按本人退休前的标准工资全额计发。（归侨）

（2）凡 1993 年工资制度改革后机关、事业单位因公（工）被评为特等残废（对应一级）的人员加发退休费的 10%；被评为一等残废（对应二至四级）的人员加发退休费的 5%，但最高不超过原工资的 100%。

（3）终生未生育也未收养子女的亡妻（含已领取

"独生子女父母光荣证"的夫妻，其独生子女在未生育下一代之前死亡或因发生意外丧失劳动能力的，不再生育或者收养子女的），属于国家机关、事业单位职工的，退休后由其所在单位按照本人标准工资的全额发给退休费。

（4）曾经在西藏自治区工作，以后调到其他省、市、自治区工作，就地退休的职工，在西藏海拔3500米以上地区累计工作满10年不满15年的，其退休费标准提高5％；累计工作满15年以上的，其退休费标准提高10％。

主要法律、法规、规章：《转发关于部分归侨职工退休费计发标准问题的通知》（沈侨办发〔1996〕26号）、《转发省人事厅关于机关事业单位因公（工）致残完全丧失工作能力人员退休费问题的通知》（沈人发〔1997〕13号）、《关于调整独生子女父母奖励费等有关计划生育待遇问题的通知》（沈人口发〔2005〕32号）、《关于如何执行〈关于西藏干部、工人离休、退休、退职工作中有关问题处理意见的报告〉的函》（劳人险〔1982〕32号）和《国务院办公厅转发国家人事局、国家劳动总局关于西藏干部、工人离休、退休、退职工作中有关问题处理意见的报告的通知》（国办发〔1982〕36号）。

第四节　机关事业单位特殊工种退休条件

（1）从事井下、高空、高温、繁重体力劳动和其他有害健康工作的工人，男年满55周岁，女年满45周岁，连续工龄或工作年限满 10 年，无论现在或过去从事这类工作，凡符合下列条件之一者，均可以按照《国务院关于工人退休、退职的暂行办法》（国发〔1978〕104 号）文件第一条第（二）款的规定办理退休：

① 从事高空和特别繁重体力劳动工作累计 10 年的；

② 从事井下高温工作累计满 9 年的；

③ 从事其他有害身体健康工作累计满 8 年的。

（2）所说的高温作业，应符合 GB 4200—84《高温作业分级》标准中的第四级；繁重体力劳动作业，应符合 GB 3869—83《体力劳动强度分级》标准中的第四级；高空作业，应符合 GB 3608—83《高处作业分级》标准中的第二级，并经常在五米以上的高处作业，无立足点或牢固立足点，确有坠落危险的。

（3）所说的其他有害身体健康工作包括有毒有害作业在内。有毒有害作业系指工人在生产中接触以原料、成品、半成品、中间体、反应副产物形式存在，并在操作时可经呼吸道、皮肤或口进入人体而对健康产生危害的物质。如经常、直接、大量接触汞、苯、砷、氯乙烯、铬酸盐、重铬酸盐、黄磷、铍、对硫磷、羰基镍、氯甲醚、锰、氰化物、三硝基甲苯、铅及其化合物和二硫碳等，但目前的工艺设备还不能完全控制其危害，劳动条件在短期内仍难以改善的，在确定和审批有毒有害作业提前退休工种时，要严格掌握。要对毒物的危害程度和工人接触毒物的有关情况，进行调查研究，分析比较，然后将危害严重的工种列为本行业的提前退休工种试行。不应采取对接触毒物工人不论是直接接触还是间接接触，也不分经常接触还是偶尔接触，一律列入提前退休工种的做法。对有的有毒有害工种一时看不准分不清的，可以暂时不定。

（4）凡是有条件通过工艺改革、技术措施等办法使劳动条件得到改善而不认真采取措施改善的，从事这种作业的工种不能列为提前退休工种。例如对从事玻璃、耐火、建材、炭黑等有粉尘的作业工种，暂不列为提前退休工种。

（5）各有关主管部门在审批提前退休工种工作中，遇有部门之间互相类似的工种需要进行协调、平衡时，应征求劳动人事部的意见后再行审批。

主要法律、法规、规章：劳动人事部《关于改由各主管部门审批提前退休工种的通知》（劳人护〔1985〕6号）。

|第十五章|
机关事业单位工资基金管理

第一节　机关事业单位工资基金管理概述

　　工资基金是指国家在一定时期内为有计划地支付国家机关、企业和事业单位全体职工劳动报酬而设置的一项专用资金。机关事业单位工资基金管理，是政府人事部门一项经常性的重要工作，最直接、最主要的作用是确保国家机关事业单位工资总额计划的正常实施。做好工资基金管理工作，是国家控制消费基金过快增长、抑制通货膨胀、保持社会供求总量平衡的重要手段，对促进社会经济协调稳定发展，具有重要意义。

第二节　机关事业单位工资基金管理政策规定

　　（1）全民所有制企业、事业、机关、团体单位，凡发给职工个人的劳动报酬和按国家规定发放的津贴、补贴等，不论其资金来源如何，属于国家统计局规定工资总额组成范围的项目，均纳入工资基金管理范围之内。

（2）基层单位要根据上级主管部门下达的年度工资总额计划，编制分季度或分月的工资基金使用计划，经主管部门审核同意并报送人事部门批准后，按要求列入经各级人事部门核发的"工资基金管理手册"（机关、事业单位使用本），开户银行据此监督支付。

（3）各单位只能在本单位现金结算的开户银行设立一个工资基金专户，所有用于工资性支出的资金必须存储在工资基金专户中，并凭各级人事部门核发的"工资基金管理手册"支取职工月份工资。

（4）凡在辽宁省境内银行和其他金融机构开立账户的机关、团体、企业（不含个体经营户和私营企业）、事业单位发给职工个人的劳动报酬和按国家规定发放的津贴、补助等，均应列入工资基金监察范围。

为搞好工资基金监察工作，省市劳动、人事行政部门应对本辖区内工资基金提取、使用实施监督检查。监督检查权限和方法：可查阅被监察单位的文件、资料和召开有关人员座谈会了解情况；对违反工资基金管理法规、规章和工资政策的单位，可直接调查、取证，向有关主管部门提出行政处罚建议；对违反工资基金管理法规、规章和工资政策的行为可以正式文件通知纠正；对违反工资基金管理法规、规章和工资政策的有关负责人和直接责任人，可向其主管部门或监察部门提出行政处分建议；对情节严重，构成犯罪的，应提请司法机关依法追究刑事责任。

主要法律、法规、规章：《工资基金暂行管理办法》（国发〔1985〕115号）、《辽宁省党政群机关、事业单位工资基金管理实施细则》（辽人法发〔1991〕3号）、《转发省劳动局等四部门关于展开工资基金监察工作的报告》（辽政办发〔1991〕64号）。

第三节　机关事业单位工资基金管理内容

一、核发"工资基金管理手册"

新组建（转制）的机关、事业单位，凭批编文件（转制批件）、单位执行工资标准批复件和事业单位法人登记证，按管理权限到市、区、县（市）人力资源和社会保障局办理工资基金管理单位登记手续，核发"工资基金管理手册"。

二、换发"工资基金管理手册"

沈阳市机关、事业单位"工资基金管理手册"换发工作由市人力资源和社会保障局负责统一办理，每年12月份进行。换发时，各单位须提供上一年度的"工资基金管理手册"，其中，事业单位需提供有效期内的事业单位法人登记证，人员编制发生变化的单位需提供批编文件。

三、核定年度人员和工资总额使用计划

沈阳市机关、事业单位"工资基金管理手册"年度人员和工资总额使用计划审核工作每年 1 月份进行，各单位按上一年度 12 月份实际在职、离退休人数和应发工资总额填写年度使用计划后，按管理权限报市、区、县（市）人力资源和社会保障局办理审核手续，同时提供上一年度 12 月份在职人员和离退休人员的工资条。

四、审核"工资基金管理手册"月工资支付记录

沈阳市机关、事业单位在职人员、离退休人员、临时用工人员的月工资（离退休费、劳务费）须通过"工资基金管理手册"领取支付。各单位按每月实际的在职人员、离退休人员、临时用工人员工资条数据填写"工资基金管理手册"工资（离退休费）支付记录，按管理权限报市、区、县（市）人力资源和社会保障局办理审核手续。

五、工资基金监察

工资基金监察是由工资基金监察部门和其监察人员按照监察程序、规定对被监察单位的工资支出、会计资料及其他有关资料所反映的对职工工资支付、收入情况进行的审查和评价，以达到查错防弊、改进工资管理的一种行政监督活动，是工资基金管理的重要手段。沈阳

市机关、事业单位工资基金监察工作每年集中开展一次，由市人力资源和社会保障局负责制订方案并组织实施。

主要法律、法规、规章：《工资基金暂行管理办法》（国发〔1985〕115 号）、《辽宁省党政群机关、事业单位工资基金管理实施细则》（辽人法发〔1991〕3 号）、《转发省劳动局等四部门关于展开工资基金监察工作的报告》（辽政办发〔1991〕64 号）。

|第十六章|
机关事业单位工勤人员管理

第一节　机关事业单位工勤人员招聘、调动(草案)

一、招　聘

（1）沈阳市机关、事业单位新进入的工勤人员实行面向社会公开招聘。新招聘工勤人员，要严格控制在机关工勤人员编制和规定的事业单位工人结构数额内。招聘工作由沈阳市人力资源和社会保障局负责管理。

（2）机关、事业单位招聘工勤人员（不含国家政策性安置人员）的原则、标准和条件是：具备岗位所需的职业技能条件；品行端正，身体健康；机关（含参照公务员法管理单位）招聘的要具有大专以上文化程度，司机在35周岁以下，打字员在30周岁以下，其他工种在40周岁以下；事业单位招聘的要具有高中以上文化程度，男性在45周岁以下，女性在35周岁以下。

（3）机关、事业单位招聘工勤人员的程序是：用人单位申报招聘计划，经主管部门同意后，报沈阳市人力资源和社会保障局核准；由沈阳市人力资源和社会保障局联合用人单位行政主管部门发布招聘信息，组织报名和资格审核；由沈阳市人力资源和社会保障局或由其委托的用人单位或用人单位主管部门采取现场测试的方式进行实际操作技能考评，并进行综合素质的考核，按照平等竞争、德才兼备、择优聘用的原则确定拟聘人员；拟聘人员在用人单位和应聘人员范围内进行公示，公示期为 5 天，公示期满后无异议的，确定聘用人员。

（4）确定招聘的人员，由用人单位填写"机关（事业单位）聘用合同制工勤人员审核表"（一式二份），经主管部门同意后，持人事档案及有关材料，报沈阳市人力资源和社会保障局办理招工聘用手续。

二、调　动

（1）机关、事业单位从机关、事业单位调入工勤人员，要严格控制在机关工勤人员编制和规定的事业单位工人结构数额内。

（2）机关、事业单位内部调动工勤人员，由调入单位填写"机关、事业单位工勤人员调动表"（一式四份），经调出单位及主管部门和调入单位及主管部门同意后，持"编制核验单"和人事档案，按管理权限报市、区、县（市）人力资源和社会保障局办理核准手续。

主要法律、法规、规章：《关于国家机关、事业单位工勤人员依照执行〈劳动法〉有关问题的复函》（人办法函〔1995〕8 号)、《沈阳市机关事业单位贯彻〈劳动法〉若干意见的通知》(沈人发〔1995〕32 号)、《事业单位公开招聘人员暂行规定》(中华人民共和国人事部令第 6 号)、《辽宁省事业单位公开招聘工作人员办法》(辽人发〔2007〕1 号)。

第二节　机关事业单位工勤人员工作业绩考核

(1) 机关、事业单位工勤人员工作业绩考核分为日常考核和年度考核。市直单位的考核工作由沈阳市人力资源和社会保障局负责管理,区、县(市)所属单位的考核工作由区、县(市)人力资源和社会保障局负责管理。日常考核由各单位结合日常工作自行安排,年度考核由主管部门统一部署、各单位具体组织实施。

(2) 机关、事业单位工勤人员年度考核要以履行岗位职责和完成工作任务为主要内容,重点考核工勤人员的工作表现和工作实绩。考核结果分为优秀、合格、不合格三种,介于合格与不合格之间的定为告诫。告诫人员实行考验期,时间为 3~6 个月。考验期满后,根据实际表现重新确定考核结果。各单位工勤人员年度考核优秀人员不得超过工勤人员总数的 15%。

(3) 机关、事业单位工勤人员年度考核结束后,由单位填写"机关事业单位工勤人员年度考核结果名册"和"机关事业单位工勤人员年度考核工作审核验收登记

表"，经主管部门同意后，按管理权限报市、区、县
（市）人力资源和社会保障局审核并备案。

主要法律、法规、规章：《〈沈阳市机关事业单位工
勤人员年度考核暂行办法〉的通知》（沈人发〔1996〕
56 号）。

第三节　机关事业单位工勤人员辞职、辞退

一、辞　职

（1）机关、事业单位工勤人员可以自愿提出辞职，
由本人向所在单位提出书面申请，填写"机关事业单位
工勤人员辞职登记表"，经本单位批准后，按管理权限报
主管部门备案。辞职人员的书面申请和批准后的"机关
事业单位工勤人员辞职登记表"装入本人档案。

（2）辞职工勤人员的人事档案，待业期间由原单位
或市、区、县（市）人才中心保管，就业后按有关规定
转递。

二、辞　退

（1）机关、事业单位辞退工勤人员，由单位提出书
面处理意见报告，详细说明辞退理由和依据，在认真听
取群众意见和经所在单位领导集体讨论后，填写"辞退
机关事业单位工勤人员登记表"，按管理权限报主管部门

批准。辞退人员的处理意见报告和批准后的"辞退机关事业单位工勤人员登记表"装入本人档案。

（2）被辞退工勤人员的人事档案，待业期间由原单位或市、区、县（市）人才中心保管，就业后按有关规定转递。

主要法律、法规、规章：《关于贯彻〈国家公务员辞职辞退暂行规定〉的实施意见》（辽人发〔1996〕35号）、《全民所有制事业单位辞退专业技术人员和管理人员暂行规定》（人调发〔1992〕18号）。

第四节　机关事业单位工人技术等级

一、工人技术等级晋升考核

（1）沈阳市机关、事业单位工人技术等级晋升考核工作由市人力资源和社会保障局负责制订方案并组织实施，原则上每两年进行一次。

（2）参加工人技术等级晋升考核且理论知识考试和操作技能考核成绩均为合格的人员，由单位填写"国家机关事业单位工人技术等级考核晋升表"，经主管部门同意后，统一到沈阳市人力资源和社会保障局办理技术等级晋升审核手续，核发"职业资格证书"。

二、工人技师聘任

（1）机关、事业单位工人技师实行评聘分开制度。从 2007 年起，参加工人技师晋升考核且理论知识考试和操作技能考核成绩均为合格的人员，可取得技师职业资格，并颁发证书。取得技师职业资格并被聘任同级岗位的人员，从聘任的下月起执行技师职务工资标准；从解聘的下月起改为高级工技术等级工资。

（2）机关、事业单位工人技师岗位聘任指标实行总量管理。工人技师聘任指标由沈阳市人力资源和社会保障局按市直各部门和区、县（市）机关、事业单位工人总量的一定比例下达。市直各部门工人技师聘任指标按工人总量的 5% 确定，区、县（市）工人技师聘任指标按工人总量的 4% 确定。

（3）取得工人技师职业资格人员的岗位聘任由市直主管部门和区、县（市）人力资源和社会保障局在规定指标内自行确定。聘任技师岗位的人员，由所在单位填写"机关事业单位技师岗位聘任表"和"机关事业单位技师岗位聘任人员名单表"，经主管部门同意后，报沈阳市人力资源和社会保障局备案。各单位凭"机关事业单位技师岗位聘任表"办理工资标准核定及退休费标准审核手续。

（4）机关、事业单位聘任的工人技师职务，仅在本单位本工种范围内有效。技师变更技术工种岗位的，要按新的技术工种重新考核；技师调动工作，仍需聘任为技师的，要在技师聘任指标内由新的工作单位重新办理聘任手续。

主要法律、法规、规章：《关于印发〈辽宁省机关、事业单位工人技术等级岗位考核办法〉的通知》（辽人发〔1998〕41号）、《辽宁省国家机关、事业单位工人技师评聘工作试点意见》（辽人发〔1997〕29号）。

第五节　机关事业单位临时用工管理规定

一、严格控制临时用工范围、岗位和数量

（1）机关、参照《公务员法》管理事业单位除工勤人员以外的岗位及其他事业单位的党务、组织、人事、行政、财务、物资、后勤管理等岗位不得招用临时工。事业单位专业技术岗位原则上不得招用临时工。

（2）机关、事业单位招用的临时工，需具备临时用工岗位工作所需要的技术和技能条件；品行端正；身体健康；年满16周岁以上、40周岁以下。原则上不得返聘离退休人员。不得招用已与其他用工单位订立劳动合同且尚未解除劳动合同的临时工。

（3）机关、事业单位招用临时工的数量，原则上限定在单位人员编制的空余数额内。单位人员编制满员，确因工作需要招用的，需由用工单位提出书面申请，经

主管部门同意，按管理权限批准后方可招用。

二、严格规范招用程序和用工手续

（1）机关、事业单位招用临时工，须向政府人力资源和社会保障部门申报计划，填报"机关事业单位临时用工计划申报表"（一式三份），经主管部门同意、政府人力资源和社会保障部门批准后方可招用。

（2）机关、事业单位要在经批准的计划内招用临时工。招用方式由用人单位自行确定。单位自行招用的，须填写"机关事业单位招用临时工名单表"（一式三份），经主管部门同意后，按管理权限报政府人力资源和社会保障部门办理用工手续，用工期满后要及时清退，因工作需要继续招用的，要重新申报计划和办理手续；通过外包、实行社会化服务及劳务派遣方式招用的，报政府人力资源和社会保障部门备案。

三、加强临时用工劳动合同管理

（1）机关、事业单位招用临时工，须订立书面劳动合同，自用工之日起一个月内，签订"沈阳市机关、事业单位临时用工人员劳动合同书"（一式两份），并按管理权限到政府人力资源和社会保障部门办理鉴证手续。机关、事业单位与临时用工人员订立、变更、解除、终止劳动合同，按照《劳动合同法》的有关规定执行。

（2）机关、事业单位与临时用工人员订立劳动合同原则上一年一签。临时用工人员订立的劳动合同要约定试用期，劳动合同期限三个月以上不满一年的，试用期为一个月。临时用工人员试用期间不符合招用条件的，应予解除劳动合同。

（3）临时用工人员劳动合同期满后，用工单位要及时终止劳动合同。用工单位在临时用工人员劳动合同期间解除劳动合同的，要提前三十日以书面形式通知临时用工人员。用工单位解除或终止临时用工人员劳动合同，须向临时用工人员支付经济补偿的，按照《劳动合同法》的有关规定执行。

四、规范临时用工劳动报酬、保险、福利管理

（1）机关、事业单位临时用工人员的劳动报酬，按照不得高于用工单位在职同类人员月平均工资标准和不得低于当地最低工资标准的原则，由用工单位与临时用工人员协商确定。

（2）机关、事业单位自行招用临时工的劳动报酬纳入工资基金管理，须通过"机关事业单位工资基金管理手册"领取、支付。临时用工人员的工资总额使用计划和月工资支付计划，须按管理权限报政府人力资源和社会保障部门办理审核手续。

（3）机关、事业单位临时用工人员，从招用的当月起，由用工单位按企业办理各项社会保险。

（4）机关、事业单位临时用工人员，在工作中受到

事故伤害的，由用工单位按工伤认定程序申报认定因工伤亡和评定伤残等级，并按照相应的伤残等级享受因工伤亡待遇。机关、事业单位返聘的离退休人员，在工作中受到事故伤害的，不能认定为工伤，用人单位可与本人协商解决，发生争议的，可按民事诉讼程序处理。

　　主要法律、法规、规章：《劳动法》、人事部《关于加强计划管理，控制机关事业单位工勤人员过快增长的通知》（人发〔1997〕69号）、《转发市人事局关于机关事业单位工作人员工资制度改革实施意见的通知》（沈政办发〔1994〕4号）、《关于进一步规范和完善事业单位基本养老保险办法的意见》（沈政办发〔2005〕5号）、《关于机关事业单位临时用工人员因工伤亡认定问题的答复意见》（辽人函〔2005〕3号）。

第五编　国家工作人员纪律

第十七章
国家工作人员纪律

第一节　纪律的概述

一、纪律的含义

纪律通常是指一定的社会组织为了实现其宗旨、任务并建立工作活动的正常秩序而通过一定程序制定的，要求其成员必须严格遵守的章程、守则、条例、制度等具有强制性和约束力的行为规范。纪律通常具有明确的约束对象、具体的规范内容、严格的执行标准和完备的处理程序。纪律通过限制性规定产生积极的管理作用。对于组织来说，纪律是其存在的前提条件和生存的保证，没有纪律的组织将难以维持。

二、纪律的特征

1. 义务性

权利和义务是构成一切社会规范的基本内容。纪律作为社会规范的一种，其内容通常是义务性的规定，是必须遵守的。

2. 强制性

任何社会规范都不会在社会生活中自动地实现，它们都离不开一定的强制性予以保证。纪律作为社会规范的一种，同样也不例外。各种社会组织制定的纪律规范虽然也通过对其组织成员进行经常性的纪律教育来保证实施，但这种纪律教育并不是保证纪律实施的唯一的和万能的手段。为了有效地维护组织的整体和根本的利益，各种社会组织几乎毫无例外地都要凭借对违反纪律的组织成员施以由纪律规范的各种纪律制裁，即凭借强制性来保证纪律的实施。

3. 规范性

纪律的规范性是指纪律规定了不该做什么行为、禁止做什么行为，从否定的方面为该组织成员提供了行为的模式、标准和方向。

三、纪律的重要性

（1）通过实施纪律，能够保证组织有秩序高效率地运转。组织成员对组织纪律的积极遵守是完成组织工作的前提和保障。合理的纪律规范能促进组织内部的稳定、和谐。

（2）能够加强对组织成员行为规范的教育，规范成员行为，促进成员素质建设。

（3）在国家机关中实施严格的纪律，还能促进国家机关勤政、廉政建设，树立党和政府在人民群众心目中的良好形象。

第二节　违反纪律的责任

一、承担违纪责任的条件

（1）要有违纪行为。违纪行为，是违反纪律的行为的简称，是一个与遵守纪律的行为相对称的概念。违纪行为既可以是积极的作为，也可以是消极的不作为。无论其表现为作为还是不作为，都必须表现为外在的行动，只有违纪的思想或意识活动，不能构成违纪行为。

（2）违纪行为尚未构成犯罪，或虽然构成犯罪，但依法不追究刑事责任。违反纪律的行为超过一定的限度，就构成犯罪。构成犯罪，就必须按照刑法的规定承担刑事责任。根据刑法和刑事诉讼法的规定，在两种情况下，虽然构成犯罪，但不追究刑事责任。一是检察机关在审查案件时，对于依照刑法规定，虽然构成犯罪，但不需要判处刑罚或者免除刑罚的，可以作出不起诉决定。对于情节显著轻微、危害不大，不认为是犯罪的，不追究刑事责任，或不起诉。二是人民法院对于虽然构成犯罪，但犯罪情节轻微不需要判处刑罚的，可以免于刑事处分，但可根据案件的不同情况，予以训诫或者责令具结悔过、赔礼道歉、赔偿损失或者由主管部门予以处分。

（3）主观上有过错，即违纪行为是出于故意或过失。故意是指明知自己的行为会导致违纪的后果，并且希望或放任这种结果发生。过失是指因为疏忽大意或行为不慎，而造成违纪后果。

一般说来，组织成员只要具备上述三个条件，就必须承担违纪责任。

二、承担违纪责任的形式

当组织成员一旦具备了承担违纪责任的条件后，就要承担违纪责任。纪律处分是承担违纪责任的主要方式，它是社会组织依照一定的程序对违反纪律者采取的一种强制性措施。它可依社会组织的性质的不同而异，如行政机关的纪律处分、党的纪律处分、企业职工的纪律处分和学校的纪律处分，等等。纪律处分的规范已上升为法律规范的，则该处分具有法律性质，如公务员的纪律处分等。纪律处分如未经国家法律的确认，则属一般的内部纪律处分，不具有法律强制力。

1. 党的纪律处分的种类

2003 年 12 月 31 日中共中央发布的《中国共产党纪

律处分条例》规定，对违反党章和其他党内法规，违反
国家法律、法规，违反党和国家政策、社会主义道德，
危害党、国家和人民利益的党员，依照规定应当给予下
列党纪处分：警告；严重警告；撤销党内职务；留党察
看；开除党籍。

（1）党员受到警告或者严重警告处分，一年内不得
在党内提升职务和向党外组织推荐担任高于其原任职务
的党外职务。

（2）党员受到撤销党内职务处分，二年内不得在党
内担任和向党外组织推荐担任与其原任职务相当或者高
于其原任职务的职务。

对于应当受到撤销党内职务处分，但是本人没有担
任党内职务的，应当给予其严重警告处分。其中，在党
外组织担任职务的，应当建议党外组织撤销其党外职务。

（3）留党察看处分，分为留党察看一年、留党察看
二年。对于受到留党察看处分一年的党员，期满后仍不
符合恢复党员权利条件的，再延长一年留党察看期限。
留党察看期限最长不得超过二年。

党员受留党察看处分期间，没有党内表决权、选举
权和被选举权。留党察看期间，确有悔改表现的，期满
后恢复其党员权利；坚持不改或者又发现其他应受党纪
处分的违纪行为的，应当开除党籍。

党员受到留党察看处分，其党内职务自然撤销。对
于担任党外职务的，应当建议党外组织撤销其党外职务。

受到留党察看处分的党员，恢复党员权利后二年内，不得在党内担任和向党外组织推荐担任与其原任职务相当或者高于其原任职务的职务。

（4）党员受到开除党籍处分，五年内不得重新入党。

2. 公务员纪律处分的种类

公务员纪律处分的种类形成有一个演变的过程。1952 年政务院颁布的《国家机关工作人员奖惩暂行条例》规定的处分有六种：警告、记过、降级、降职、撤职、开除。1957 年国务院颁布的《关于国家行政机关工作人员的奖惩暂行规定》规定的处分有八种：警告、记过、记大过、降级、降职、撤职、开除留用察看、开除。1993 年国务院颁布的《国家公务员暂行条例》在对上述两个法律文件规定的处分种类进行综合分析的基础上，充分体现对公务员从严要求的精神，并考虑到与辞退等其他公务员管理环节相协调的需要，规定公务员的纪律处分为六种，即警告、记过、记大过、降级、撤职和开除。现行的《公务员法》规定的纪律处分种类沿袭了《国家公务员暂行条例》的规定。2007 年 4 月 22 日，温家宝总理签发第 495 号国务院令，公布《行政机关公务员处分条例》，对行政机关公务员处分作出进一步明确规定。

第三节　政治纪律

一、政治纪律的含义和基本内容

政治纪律是党依据不同时期政治任务的要求，对党的各级组织和全体党员的政治活动和政治行为确定的必须共同遵守的行为准则，它是保证全党在政治上、思想上、组织上、行动上统一的基础。其核心是要求各级党组织和全体党员在政治原则、政治立场、政治观点上必须与党中央保持高度一致，绝不允许自行其是。在新的历史时期，党的政治纪律就是坚持党的基本理论、基本路线、基本纲领和基本经验，坚定走中国特色社会主义道路的信念，坚决贯彻执行党的路线、方针、政策。这是党的政治纪律对各级党组织和全体党员的根本要求。

政治纪律在保持党的政治上的统一、实现党的政治路线、完成党在不同历史阶段的政治任务等方面具有关键性的作用。因此，政治纪律是纪律体系中最重要的组成部分，带有全局性和根本性的特点。

二、党的政治纪律的主要内容

党的十一届三中全会以来，党中央强调了加强党的政治纪律，要求全党各级组织和全体共产党员，都必须贯彻党的路线、方针、政策和决定，坚定不移地执行四项基本原则，同党中央保持政治上的高度一致。决不允许对党的路线、方针、政策和决定持消极抵制、公开对抗或阳奉阴违的态度，不允许搞资产阶级自由化，不允许怀疑和否定四项基本原则，不允许在政治上背离和对抗党的领导。党的十一届五中全会通过的《关于党内政治生活的若干准则》规定："对于关系党和国家的根本利益和全局的重大政治性的理论和政策问题，有不同看法，可以在党内适当的场合进行讨论。但是在什么时候、用什么方式在报刊上进行讨论，应由中央决定。党的报刊必须无条件地宣传党的路线、方针、政策和政治观点。对于中央已经作出决定的重大政治性的理论和政策问题，党员如有意见，可以经过一定的组织程序提出，但是绝对不允许在报刊、广播的公开宣传中发表同党中央的决定相反的言论；也不得在群众中散布与党的路线、方针、政策和决议相反的意见。"《中国共产党章程》第十五条进一步强调："有关全国性的重大政策问题，只有党中央有权作出决定，各部门、各地方的党组织可以向中央提出建议，但不得擅自作出决定和对外发表主张。"党的十五届六中全会通过的《中共中央关于加强和改进党的作风建设的决定》又特别强调："党的各级组织和全体党员必须坚持党的基本路线，自觉同党中央保持高度一致，维护中央权威，保证中央政令畅通。"这些规定都是党的政治纪律的核心内容，它是维护全党政治上的团结统一的重要保证。

三、公务员的政治纪律

公务员的政治纪律就是公务员在政治方面必须遵守的行为准则。规定公务员的政治纪律，是由我国机关及其公务员的职业性质决定的。作为机关工作人员的公务员，必须拥护党和政府的政策和法律，与党和政府保持一致，只有这样，才能保证公务执行的正确性和有效性。《中华人民共和国公务员法》第一次以法律的形式比较集中、概括地规定了公务员的纪律，其中一部分即属于政治纪律，包括公务员不得散布有损国家声誉的言论，不得组织或者参加旨在反对国家的集会、游行、示威等活动，不得组织或者参加非法组织，不得组织或者参加罢工。

四、违反政治纪律应承担的责任

2003年12月31日中共中央发布的《中国共产党纪律处分条例》对违反政治纪律的组织和党员应承担怎样的责任，作出了明确的规定。具体如下。

（1）组织、参加反对党的基本理论、基本路线、基本纲领、基本经验或者重大方针政策的集会、游行、示威等活动的，对策划者、组织者和骨干分子，给予开除党籍处分。

对其他参加人员或者以提供信息、资料、财物、场地等方式支持上述活动者，情节较轻的，给予警告或者严重警告处分；情节较重的，给予撤销党内职务或者留党察看处分；情节严重的，给予开除党籍处分。

对不明真相被裹挟参加，经批评教育后确有悔改表现的，可以免予处分或者不予处分。

（2）坚持资产阶级自由化立场，公开发表反对四项基本原则，或者反对改革开放的文章、演说、宣言、声明等的，给予开除党籍处分。

公开发表违背四项基本原则、违背改革开放或者其他有严重政治问题的文章、演说、宣言、声明等的，给予批评教育；情节较重的，给予警告或者严重警告处分；情节严重的，给予撤销党内职务、留党察看或者开除党籍处分。

违反党和国家有关规定，播出、刊登、出版《中国共产党纪律处分条例》第一款、第二款所列文章、演说、宣言、声明等的，对主要责任者和其他直接责任人员，给予严重警告或者撤销党内职务处分；情节严重的，给予留党察看或者开除党籍处分。

（3）从国（境）外携带反动书刊、音像制品、电子读物等入境的，给予批评教育；情节较重的，给予警告或者严重警告处分；情节严重的，给予撤销党内职务、留党察看或者开除党籍处分。

（4）组织、领导旨在反对党的领导、反对社会主义制度、敌视政府或者危害国家安全的非法组织的，对策划者、组织者和骨干分子，给予开除党籍处分。

对其他参加人员，情节较轻的，给予警告或者严重警告处分；情节较重的，给予撤销党内职务或者留党察看处分；情节严重的，给予开除党籍处分。

（5）组织、领导会道门或者邪教组织的，对策划者、组织者和骨干分子，给予开除党籍处分。

对其他参加人员，情节较轻的，给予警告或者严重警告处分；情节较重的，给予撤销党内职务或者留党察看处分；情节严重的，给予开除党籍处分。

对不明真相的参加人员，经批评教育后确有悔改表现的，可以免予处分或者不予处分。

（6）拒不执行党和国家的方针政策和重大工作部署、决定，或者故意作出与党和国家的方针政策和重大工作部署、决定相违背决定的，对直接责任者，给予严重警告或者撤销党内职务处分；情节严重的，给予留党察看或者开除党籍处分。

（7）在党内以组织秘密集团等方式进行分裂党的活动的，给予开除党籍处分。

参加秘密集团或者其他分裂党的活动的，给予留党察看或者开除党籍处分。

（8）参加国（境）外情报组织或者向国（境）外机构、组织、人员非法提供情报的，给予开除党籍处分。

（9）投敌叛变的，给予开除党籍处分。向敌人自首的，给予开除党籍处分。

（10）在国（境）外、外国驻华使（领）馆申请政治避难，或者违纪违法后逃往国（境）外、外国驻华使（领）馆的，给予开除党籍处分。

在国（境）外公开发表反对党和政府的言论的，依照前款规定处理。

故意为上述行为提供方便条件的，给予留党察看或者开除党籍处分。

（11）挑拨民族关系制造事端或者参加民族分裂活动的，对策划者、组织者和骨干分子，给予开除党籍处分。

对其他参加人员，情节较轻的，给予警告或者严重警告处分；情节较重的，给予撤销党内职务或者留党察看处分；情节严重的，给予开除党籍处分。

对不明真相被裹挟参加，经批评教育后确有悔改表现的，可以免予处分或者不予处分。

有其他违反党和国家民族政策的行为，情节较轻的，给予警告或者严重警告处分；情节较重的，给予撤销党内职务或者留党察看处分；情节严重的，给予开除党籍处分。

（12）组织、利用宗教活动反对党的路线、方针、政策，煽动骚乱闹事，破坏国家统一和民族团结的，对策划者、组织者和骨干分子，给予开除党籍处分。

对其他参加人员，情节较轻的，给予警告或者严重警告处分；情节较重的，给予撤销党内职务或者留党察看处分；情节严重的，给予开除党籍处分。

对不明真相被裹挟参加，经批评教育后确有悔改表现的，可以免予处分或者不予处分。

有其他违反党和国家宗教政策的行为，情节较轻的，给予警告或者严重警告处分；情节较重的，给予撤销党内职务或者留党察看处分；情节严重的，给予开除党籍处分。

（13）组织、利用宗族势力对抗党和政府，妨碍党和国家的方针政策以及法律、法规的贯彻实施，或者制造宗族矛盾破坏社会稳定的，对策划者、组织者和骨干分子，情节较重的，给予开除党籍或者留党察看处分；情节较轻的，能够认真检讨并有悔改表现的，给予撤销党内职务或者严重警告处分。

（14）编造谣言丑化党和国家形象，情节较轻的，给予警告或者严重警告处分；情节较重的，给予撤销党内职务或者留党察看处分；情节严重的，给予开除党籍处分。

传播谣言丑化党和国家形象，情节较重的，给予警告或者严重警告处分；情节严重的，给予撤销党内职务处分。

（15）在涉外活动中，其行为在政治上造成恶劣影响，损害党和国家尊严、利益的，给予撤销党内职务或者留党察看处分；情节严重的，给予开除党籍处分。

第四节 工作纪律

一、保密纪律

1. 国家秘密的定义、范围及密级

根据《公务员法》的规定，公务员应当履行"保守国家秘密和工作秘密"的义务。《中华人民共和国保守国家秘密法》（1988 年 9 月 5 日第七届全国人民代表大会常务委员会第三次会议通过）和《中华人民共和国保守国家秘密法实施办法》（1990 年 5 月 25 日国家保密局令第 1 号）规定，国家秘密是指关系国家的安全和利益，按照法定程序确定，在一定时间内只限一定范围的人员知悉的事项。国家秘密的范围包括：

（1）国家事务的重大决策中的秘密事项；

（2）国防建设和武装力量活动中的秘密事项；

（3）外交和外事活动中的秘密事项以及对外承担保密义务的事项；

（4）国民经济和社会发展中的秘密事项；

（5）科学技术中的秘密事项；

（6）维护国家安全活动和追查刑事犯罪中的秘密事项；

（7）其他经国家保密工作部门确定应当保守的国家秘密事项。

政党的秘密事项中符合国家秘密定义的，也属于国家秘密。

在工作过程中，对所处理的秘密事项要及时、正确确定秘密的范围与密级，防止由于国家秘密的密级及其密级的具体范围确定不当，给国家利益造成危害或给工作带来不便。《保密法》规定各单位对所产生的秘密事项必须在十日内按照程序确定密级。国家秘密的等级分为"绝密""机密""秘密"三级，相应的标准是：

"绝密"是最重要的国家秘密，被泄露后会使国家的安全和利益遭受特别严重的损害；

"机密"是重要的国家秘密，被泄露后会使国家的安全和利益遭受严重的损害；

"秘密"是一般的国家秘密，被泄露后会使国家的安全和利益遭受损害。

在定密过程中遇到不明事项，应及时向保密部门请示，由保密工作部门审核确定。

2. 人事工作中国家秘密的密级及其密级的具体范围

根据《人事工作中国家秘密及其密级具体范围的规定》（1989年10月24日人办发〔1989〕8号）和《人事工作中国家秘密及其密级具体范围的补充规定》（1992年12月29日人办发〔1992〕1号），地（市）级以上人事、职改部门及所属的考试机构组织的各类职称考试在启用前的试题（包括备用题）、标准答案及评分标准，尚未公布的试题、考试成绩统计和分析情况，命题人员及工作情况等属国家秘密。

（1）全国专业技术职称考试在启月前的试题（包括备用题）、标准答案及评分标准属绝密。

（2）全国专业技术资格考试的试题（包括备用题）、试卷在启用前的命题细目表，省级、地（市）级各类职称统一考试在启用前的试题（包括备用题）、标准答案及评分标准属机密。

（3）地（市）级以上各类职称统一考试命题工作及其人员的有关情况，尚未公布的考试成绩、统计数字和分析情况属国家秘密。

公务员考试及其他涉及范围较大的考试在启用前试题（包括备用题）、标准答案及评分标准，尚未公布的试题、考试成绩统计和分析情况、命题人员及工作情况，尚未公布的军转工作政策、计划，职称改革方案，国家机关及事业单位工作人员、工资情况、统计资料、人员变动安排计划、工作方案等事宜的密级的确定，要严格按照《保密法》及《保密法实施办法》的规定执行。人社部门其他不属国家秘密的内部事宜，未经批准也不得擅自公开。

3. 保密制度

对于掌握和经管重要国家秘密或经常接触大量国家秘密的人员，除了加强政治思想教育（包括保密教育、纪律教育）以外，还要进行必要的审查和严格的管理。这里有几种情况：

① 经管国家秘密事项的专职人员，任用前要按照规定进行审查，贯彻先审后用的原则；

② 因工作需要接触绝密级国家秘密的人员（包括阅读绝密事件，参加绝密会议，参与绝密事项的研究和管理等）应当事先经过批准；

③ 经管国家秘密事项的专职人员出境，应当经过批准任命的机关批准，即经过对其有人事管理权的主管机关批准，未经审查批准不得出境；

④ 经管国家秘密事项的专职人员出境，国务院有关主管机关认为其出境后将对国家安全造成危害或者对国家利益造成重大损失的，不得批准其出境。

另外，对诸如机要、公安、安全等部门的人员还有一些特殊的要求。

（1）关于国家秘密载体的保密制度。

国家秘密载体主要包括密件和密品两大类。属于国家秘密的文件、资料和其他物品，包括胶片、音像带、磁盘、光盘等，统称为密件。属于国家秘密的产品或设备，统称为密品。国家秘密的绝大多数都存在于这两类载体当中，因而，这两类载体是保密的主要对象。对以上两类秘密载体的保密规定主要有如下几方面。

① 对于密件的制作、收发、传递、使用、复制、摘抄、保存和销毁等所有环节都要执行保密办法。

② 对于绝密级的密件还必须采取以下保密措施：

A. 非经原确定密级的机关、单位或者其上级机关批准，不得复制和摘抄；

B. 收发、传递和外出携带，由指定人员担任，并采取必要的安全措施；

C. 在设备完善的保险装置中保存。

③ 属于国家秘密的设备或产品的研制、生产、运输、使用、保存、维修和销毁，应由国家保密部门会同中央机关制定保密办法。

④ 报刊、书籍、地图、音像等媒体的发行和传播，应遵守保密规定。

⑤ 电信通信和办公自动化设备等用于处理秘密信息的设备，必须采取保密措施（例如建立和公众网络隔离的专网、信道加密、终端加密等）。

作为国家工作人员还必须严格做到：不在普通电话上讲国家秘密；不用明码电报传递国家秘密；坚持密电密复，不用明电答复密电；召开涉及国家秘密内容的会议不使用无线电话筒；不自编密码进行通信。

（2）关于对外提供国家秘密的保密制度。

未经有关主管部门的批准，禁止将属于国家秘密的文件、资料和其他物品携带、传递、寄运到境外。对外提供秘密事项必须同时具备四个条件，即对外交往、合作事项中确属必须提供；平等互利；事先呈报有相应权限的国家主管部门批准；要求对方承担保密义务。

在对外交往与合作中需要提供国家秘密事宜的，应按照程序进行报批。批准对外提供国家秘密事项的机关，应当向同级政府的保密主管部门通报有关情况，如果对外提供的国家秘密涉及多部门的，可以由有关保密工作部门进行组织协调。

（3）关于涉密会议和其他涉密活动的保密制度。

涉密会议或其他涉密活动，往往大量地涉及某方面的国家秘密，尤其要做好保密工作。应采取的保密措施有：选择具有保密条件的场所；根据工作需要，限定参加会议人员的范围，对参加涉及绝密事项会议的人员予以指定；依照保密规定使用会议设备和管理会议文件、资料；确定会议内容是否传达及传达范围。

对其他涉密活动，应制定专项保密方案，有关保密工作部门或主办单位认为必要时，应协同工作。保密工作部门负有协调、指导、监督的职责。国家工作人员发现国家秘密已经泄露或可能泄露时，要立即报告并采取措施。

二、外事纪律

在改革开放的条件下，对外交往日益增多，涉及的内容也十分复杂。严守外事纪律，对保证我国的尊严和声誉，抵制资产阶级腐朽思想的侵蚀，确保党和国家外事政策的贯彻执行有重要的意义。

外事工作纪律指党和国家有关外事活动的一系列原则和具体规定，是所有涉外人员必须严格遵守的行为规范。

1. 对涉外人员的基本要求

随着对外开放的深入和扩大，国家机关都不同程度地担负着一些外事工作任务，党和政府对涉外工作人员提出了一些基本要求。涉外人员要做到：（1）忠于祖国，发扬爱国主义精神，坚决维护国家主权和利益，坚决维护民族尊严，不做任何不利于祖国的事，不说任何不利于祖国的话；（2）在一切对外活动中要严格按照党的方针政策办事；（3）坚持无产阶级国际主义，不搞大国沙文主义；（4）站稳立场，坚持原则，富贵不能淫，贫贱不能移，威武不能屈；（5）分清内外，提高警惕，严守国家机密，严格执行保密规定；（6）不许背着组织私自收受外国人礼品，反对各种不良倾向和不正之风；（7）谦虚谨慎，不卑不亢，讲究文明礼貌，注意服饰仪容；（8）严禁酗酒，在对外活动中饮酒不得超过本人酒量的三分之一；（9）坚持勤俭办事的原则，反对铺张浪费，发扬艰苦朴素的优良传统，抵制资产阶级思想的侵蚀；（10）加强组织观念，自觉遵守纪律，如实反映情况，严格执行请示汇报制度，顾全大局，协同对外。这些都是要求涉外人员必须遵守的外事纪律。

2. 关于赠送和接收礼品的纪律规定

虽然在对外交往中赠送和接收礼品的情况比较复杂，但是作为国家工作人员在进行外事活动过程中，一定要认真贯彻执行赠送和接收礼品的有关规定，做到坚持原则与遵守外交礼仪相结合。

为了加强对国家行政机关工作人员在对外公务活动中赠送和接受礼品的管理，严肃外事纪律，保持清廉，有关部门作出了一系列规定。这些规定的主要内容有以下几个方面。

（1）党和国家机关工作人员在国内交往中，不得收受可能影响公正执行公务的礼品馈赠，因各种原因未能拒收的礼品，必须登记上交。在国内交往（不含亲友之间的交往）中收受的其他礼品，除价值不大的以外，均须登记。

（2）按照规定须登记的礼品，自收受礼品之日起（在外地接受礼品的，自回本单位之日起）一个月内由本人如实填写礼品登记表，并将登记表交所在机关指定的受理登记的部门。受理登记的部门可将礼品登记情况在本机关内公布。登记的礼品按规定应上交的，与礼品登记表一并上交所在机关指定的受理登记的部门。

（3）对于收受后应登记、上交的礼品在规定期限内不登记或不如实登记、不上交的，由所在党组织、行政部门或纪检监察机关责令登记、上交，并给予批评教育或者党纪政纪处分［参见《关于对党和国家机关工作人员在国内交往中收受礼品实行登记制度的规定》（中办发〔1995〕7号）］。

（4）国家领导人、政府部门和地方政府负责人出国访问，根据国际惯例和国别情况，可以酌情赠送礼物。对首次访问我国的外宾，如果对方赠礼，可以适当回赠。

对来华帮助建设、免费讲学或者长期工作的外国专家、学者和技术人员离华回国时，可以赠送纪念品。

对再次或者多次访问我国的外宾，包括参加定期磋商、会晤、会议等活动的外宾，可以商对方互相免赠礼品。如果对方坚持赠礼，可以向代表团团长及其夫人、重要成员适当回礼。

对外赠送礼物必须贯彻节约、从简原则，礼物应尽量选择具有民族特色的纪念品、传统手工艺品和实用物品，朴素大方，不求奢华。

（5）所受礼物，价值按照我国市价折合人民币不满200元的，留归受礼人使用；200元以上的，按照以下办法处理。

① 贵重礼品，黄金、珠宝制品，高级工艺品，有重要历史价值的礼品，由受礼单位交礼品管理部门送有关机构或者博物馆保存、陈列。

② 专业用品、设备器材和具有科研价值的礼品，可以留给受礼单位。

③ 高级耐用品，汽车、摩托车，交礼品管理部门；电视机、摄像机、录像机、组合音响、高档照相机等，交礼品管理部门处理，经礼品管理部门同意后也可以留给受礼单位。

④ 食品、烟酒、水果类礼品，可以归受礼人本人或者其所在单位。

⑤ 高中档实用物品，如钟表、收录机、衣料、服装

等，按照国内市价折半价由受礼人所在单位处理，可以照顾受礼人，每人一年以两件为限。

⑥ 其他贵重物品和未经礼品管理部门批准归受礼人或者其所在单位的物品，全部交由礼品管理部门处理。礼物变卖收入一律上缴国库。

（6）在对外公务活动中如果对方赠送礼金、有价证券，应当谢绝；确实难以谢绝的，所收礼金、有价证券一律上缴国库。

（7）受礼人应当按照《国务院关于在对外公务活动中赠送和接受礼品的规定》的要求填写礼品申报单。

（8）出访、来访以外的其他对外交往中赠送礼品的标准和接受礼品的处理，参照前列有关规定办理。

（9）对外赠送礼物金额由财政部门和外交部规定。两部可以根据我国物价的变动，对金额作出调整并发文通知，其他任何部门均无权变更（参见中办发《关于认真贯彻执行＜国务院关于在对外公务活动中赠送和接受礼品的规定＞的通知》）。

国家工作人员有违反上述外事纪律行为，尚未构成犯罪的，或虽已构成犯罪但依法不追究刑事责任的，要给予警告直至开除的处分；违纪行为轻微，经批评教育后改正的，可以免予处分。对于在涉外活动中违反纪律的党员，应按照中央纪律检查委员会颁布的《共产党员在涉外活动中违反纪律党纪处分的暂行规定》严肃处理。

3. 关于严格控制出国访问的纪律规定

改革开放以后，在一些地方和部门出现了领导干部出国热度加大、出访国家过多、出访时间过长的问题，影响了国内工作。鉴于此，党中央、国务院发布了一系列通知和规定，对党和国家机关省、部级（含副省、副部级）以上领导干部出国和赴港澳地区访问问题提出了明确的纪律规定，要求党政机关干部必须遵守以下纪律。

（1）凡与出国任务无直接关系、不主管有关业务的党政机关干部，一律不得借故出访；凡专业人员可以完成的出国任务，党政机关干部不得参加。

（2）党政机关和其他业务主管部门的干部，不得以上下级关系或某种工作关系为由，公开或暗示要求参加企事业单位的出国团组。企事业单位组派出国团组，也不应为"照顾关系"或达到某种目的而邀请与出国任务无直接关系的党政机关和其他业务主管部门的干部参加。

（3）凡外国或港澳地区机构、人员邀请我党政干部出访，不论是否对方提供经费，均应根据我方实际需要决定，不能一概应邀，更不能降低身份前往。党政领导干部不得接受港澳商人资助到国外考察、旅行。不得暗示或授意外国或港澳机构、人员发出邀请，也不得为达到出国回访的目的而有意邀请对方先行来访，严禁党政机关干部利用我驻外机构邀请的名义出访。未经批准，任何人均不得擅自对外确认应邀出访。

（4）凡在境外举办的一般性展览会、洽谈会，均由派出单位组织精干的业务团组负责工作，党政机关干部不应另行组团参加。设在境外的企业开业或周年纪念等礼仪活动，除特殊批准外，省、部级以上党政干部不应专程前往。

（5）为保证出访后续工作的连续性，凡即将脱离现职的各级党政干部，除确因工作需要者外，一般不再安排出国执行任务。已离休、退休的党政干部，不再派遣出国执行公务。

（6）不论哪一级党政机关干部率团出国，均应根据出国任务的实际需要，严格限制随行人数和出访时间。

各地区、各部门机关地、司级以下（含地、司级）干部及工作人员临时因公出国，也要参照上述精神严格审批，从严控制，切实纠正出国过多、过滥的现象。

三、人事工作纪律

人事工作者除了要遵守国家工作人员的一般工作纪律以外，还必须遵守人事（组织）工作纪律。《中华人民共和国公务员法》、《党政领导干部选拔任用工作条例》（中发〔2002〕7号）、《中国共产党党内监督条例》（试行）等法规中都有一些工作纪律方面的规定。

1. 人事工作纪律要求

（1）在考试录用（聘用）过程中，要认真贯彻公开、平等、竞争、择优的原则，做到政策、条件、办法、成绩、结果公开，在全面考核的基础上，按照德才兼备的原则，择优录用（聘用），不得泄露考试内容或擅改分数；不得以权谋私录用不合条件的人员。

（2）人员晋升任用必须坚持德才兼备标准和"四化"原则，严格按照规定办理；推荐信函、电话记录必须公开、秉公处理；不得封官许愿，卖官买官；不得擅自动议，违反规定，简化程序，突击提拔或超职数提拔。

（3）考核工作必须把党管干部与群众监督有机地统一起来，根据民主集中制的原则和集体讨论决定的原则，按照规定程序进行，做到客观公正，并按要求将结论与当事人见面，不得徇私舞弊和挟嫌报复；实施奖惩要依据规定进行，严禁打击报复或搞个人恩赐。

（4）机构编制数额、年度增员指标、增资指标、单位补充人员指标的确定和分配，要严格按照规定程序操作，不得个人说了算，不得事先许愿，严禁利用指标捞取好处。

（5）人员调配要严格按政策进行，做到政策、指标、程序、结果四公开，不得利用调动安插亲友，不得突破指标限额。

（6）工资晋级要做到政策规定和办理结果公开，严格执行国家的调资标准和方案，不得违反规定擅开口子；不得为讨好领导或照顾亲友而降低条件或改变条件方案；不得弄虚作假为自己或他人晋级。

（7）评聘专业技术人员职务要严格把关，任职资格应通过考试、考核相结合的办法获得；招聘专业技术人员的岗位和数额要向全体专业技术人员公布，确保公平竞争，择优聘任；严禁在组织有关专业技术人员的考试、考核和发放证书中乱收费；不得利用职权放宽条件以牟取私利或为亲友评定职称、聘任职务。

（8）在转业军人安置工作中，要通过部队移交部门和新闻媒介公开政策规定、办理程序和分配计划以及所涉及人员所有应当了解的相关事项，增强工作的透明度；安置工作必须通过正常的组织渠道办理；禁止借便接受馈赠，安置不符合条件的亲友或牟取其他私利。

（9）人事部门要严格执行任职回避、轮岗政策，凡从事机构编制数额、年度增员增资指标分配、军官转业安置、评聘专业技术职务、考试录（聘）用、考核奖惩、人员调配等工作的同志在同一岗位任职不得超过四年，回避、轮岗后不得利用工作便利或施加影响干涉其他人员行使公务。

（10）要严格遵守保密纪律和新闻规定，公务员未经组织同意和授权，不得自行发布新闻，不得以国家工作人员身份接受媒体采访。对尚未公布的人事工作计划、方案和政策，以及统计资料、任免材料、试题题库、机构编制等事宜和其他一些诸如干部人选、人员档案之类的人事工作内部事项不得擅自泄露、扩散。

《党政领导干部选拔任用工作条例》第六十三条要求选拔任用党政领导干部必须做到"十不准"，即不准超职数配备领导干部，或者违反规定提高干部的职级待遇；不准以书记办公会、领导圈阅等形式，代替党委（党组）

会集体讨论决定干部任免；不准临时动议决定干部任免；不准个人决定干部任免，个人不能改变党委（党组）会集体作出的干部任免决定；不准拒不执行上级调动、交流领导干部的决定；不准要求提拔本人的配偶、子女及其他亲属，或者指令提拔秘书等身边工作人员；不准在机构变动和主要领导成员工作调动时，突击提拔调整干部，或者干部在调离后，干预原任职单位的干部选拔任用；不准在选举中进行违反党的纪律、法律规定和有关章程的活动；不准在干部考察工作中隐瞒、歪曲事实真相，或者泄漏酝酿、讨论干部任免的情况；不准在干部选拔任用工作中任人唯亲，封官许愿，营私舞弊，搞团团伙伙，或者打击报复。

2. 对违纪行为的纠正与惩处

根据《公务员法》和《党政领导干部选拔任用工作条例》等法律法规的规定，对违反人事工作纪律的单位或个人要依照有关的规定，视情节轻重给予批评教育或处分，触犯刑律的要依法追究法律责任。

对违反《公务员法》的行为，由县级以上领导机关或者公务员主管部门按照管理权限区别不同情况，分别予以责令纠正或者宣布无效；对负有责任的领导人员和直接责任人员，根据情节轻重，给予批评教育或者处分；构成犯罪的，依法追究刑事责任。

对违反《党政领导干部选拔任用工作条例》规定的干部任免事项，不予批准；已经作出的干部任免决定一律无效，由党委（党组）或者组织（人事）部门按照干部管理权限予以纠正，并按照规定，对主要责任人以及其他直接责任人作出组织处理或者纪律处分。对无正当理由拒不服从组织调动或者交流决定的，依照法律及有关规定就地免职或者降职使用。用人失察失误造成严重后果的，根据具体情况，追究主要责任人以及其他直接责任人的责任。党委（党组）及其组织（人事）部门对干部选拔任用工作和贯彻执行条例的情况进行监督检查，受理有关干部选拔任用工作的举报、申诉，制止、纠正违反条例的行为，并对有关责任人提出处理意见或者处理建议。纪检机关（监察部门）按照有关规定，对干部选拔任用工作进行监督检查。

第五节　廉政纪律

廉政纪律就是国家工作人员在保持清正廉洁、反对腐败现象、加强党风廉政建设中必须遵守的行为准则。

党风廉政建设和反腐败工作，是党的建设新的伟大工程的重要组成部分，是和谐社会建设的重要政治基础，是关系国家发展全局、关系最广大人民根本利益、关系社会公平正义的重大问题和紧迫任务。

廉政建设和反腐败斗争，一方面，要通过教育提高广大工作人员的思想政治素质，提高全心全意为人民服务的自觉性；另一方面，要抓住最容易产生腐败问题的部位和环节，严格纪律，制定各项政策法规，建立和完善各项管理制度和监督制约机制。

廉政纪律的主要内容归纳起来主要有以下几个方面。

一、廉洁从政的行为准则

为密切党和政府与人民群众的关系，保持社会稳定，保证改革开放和经济建设的顺利进行，1993 年 10 月 5 日，党中央、国务院在《关于反腐败斗争近期抓好几项工作的决定》中，提出了党政机关县（处）级以上领导干部廉洁自律的"五条规定"。1994 年 3 月 1 日，中共中央纪律检查委员会三次会议又重申和提出党政机关县（处）级以上领导干部廉洁自律的"新五条规定"。2010 年 1 月 18 日，中共中央发布了《中国共产党党员领导干部廉洁从政若干准则》。以上这些规定是保证党员领导干部廉洁从政的全面而系统的防范措施，为党员领导干部保持廉洁提供了具体的行为规范。这些规定的基本精神和主要内容如下。

（1）禁止利用职权和职务上的影响谋取不正当利益。

① 不准索取管理、服务对象的钱物；

② 不准接受可能影响公正执行公务的礼物馈赠和宴请；

③ 不准在公务活动中接受礼金和各种有价证券；

④ 不准接受下属单位和其他企业、事业单位或者个人赠送的信用卡及其他支付凭证，把本单位用公款办理

的信用卡归个人使用；

⑤ 不准以虚报、谎报等手段获取荣誉、职称及其他利益；

⑥ 不准利用本人及家庭成员婚丧嫁娶以及工作调动、过生日、迁新居等机会大操大办，挥霍浪费，更不准动用公款公物操办和借机敛财。

（2）禁止私自从事营利性活动。

① 不准个人经商、办企业；

② 不准违反规定在各类经济实体中兼职（包括名誉职务）或者兼职取酬以及从事有偿的中介活动；

③ 不准违反规定买卖股票；

④ 不准个人在国（境）外注册公司或者投资入股。

（3）禁止假公济私、化公为私。

① 不准用公款报销或者用本单位的信用卡支付应由个人负担的费用；

② 不准借用公款逾期不还；

③ 不准公费出国（境）旅游或者变相出国（境）旅游；

④ 不准用公款获取各种形式的俱乐部会员资格和用公款参与营业性歌厅、舞厅、夜总会等高消费的娱乐活动；

⑤ 不准以个人名义存储公款。

（4）禁止借选拔任用干部之机牟取私利。

① 不准采取不正当手段为本人谋取职位；

② 不准泄露酝酿讨论干部任免的情况；

③ 不准在工作调动、机构变动时，突击提拔干部，或者在调离后干预原地区、原单位的干部选拔任用；

④ 不准在干部考察工作中隐瞒或者歪曲事实真相；

⑤ 不准在干部选拔任用工作中封官许愿，打击报复，营私舞弊。

（5）禁止利用职权和职务上的影响为亲友及身边工作人员谋取利益。

① 不准要求或者指使提拔配偶、子女、其他亲友及身边工作人员；

② 不准用公款支付配偶、子女及其他亲友学习、培训的费用；

③ 不准为配偶、子女及其他亲友出国（境）旅游、探亲、留学向国（境）外个人或者组织索取资助；

④ 不准妨碍涉及配偶、子女、其他亲友及身边工作人员案件的调查处理；

⑤ 不准为配偶、子女和其他亲友经商办企业提供便利和优惠条件。

（6）禁止讲排场、比阔气、挥霍公款、铺张浪费。

① 不准在国内公务活动中接受超过规定标准的接待；

② 不准违反规定压价购买住房、利用职权为自己和子女、亲友购买住房提供优惠条件，违反规定建私房，用公款超标准为个人装修住房；

③ 不准擅自用公款包租或者占用客房供个人使用；

④ 不准违反规定购买和更换进口豪华小汽车，利用职权向企业、下属单位换车、借车和摊派款项买车，用贷款、集资款和专项资金购买供领导干部使用的小汽车；不准违反规定使用军警车号牌、外籍车号牌，未经批准不准用公款和单位的车辆学习驾驶技术；

⑤ 不准擅自用公款配备、使用通信工具。

事业单位领导干部的廉洁自律，参照党政机关领导干部的廉洁纪律执行。

二、关于赠送和收受礼品的纪律规定

1. 关于严禁在国内公务活动中赠送和接受礼品的规定

我国关于在国内公务活动中不得赠送和接受礼品的政策法规主要有：

1988 年 12 月 1 日国务院发布的《国家行政机关及其工作人员在国内公务活动中不得赠送和接受礼品的规定》（国务院令第 20 号）；

1993 年 4 月 27 日中共中央办公厅、国务院办公厅发布的《关于严禁党政机关及其工作人员在公务活动中接受和赠送礼金、有价证券的通知》（中办发〔1993〕5 号）；

2001 年 3 月 26 日中纪委、监察部发布的《关于各级领导干部接受和赠送现金、有价证券和支付凭证的处分规定》（中纪发〔2001〕6 号）。

以上规定和通知作出的具体纪律要求如下。

（1）国家机关及其工作人员（包括离休、退休干部和受党政机关委托、聘任从事公务的人员），特别是领导机关和领导干部，在国内公务活动中，不得赠送和接受礼品。

（2）国家机关及其工作人员不得假借名义或者以变相形式赠送和接受礼品：

① 以鉴定会、评比会、业务会、订货会、展销会、执行会、茶话会、新闻发布会、座谈会、研究会等各种会议和礼仪、庆典、纪念、商务等各种活动的名义；

② 以祝贺春节、元旦、国庆节、中秋节和其他节假日的名义；

③ 以试用、借用、品尝、鉴定的名义；

④ 以祝寿、生日、婚丧嫁娶的名义；

⑤ 以其他形式和名义。

（3）各级领导干部一律不得接受下列单位或者个人的现金、有价证券和支付凭证：

① 管理和服务的对象；

② 主管范围内的下属单位和个人；

③ 外商、私营企业主；

④ 其他与行使职权有关系的单位和个人。

（4）国家机关工作人员违反上述规定接受礼品的，根据数额多少、情节轻重，分别给予警告直至撤职处分。

国家机关工作人员违反上述规定接受或赠送礼品，数额较少、情节轻微，经批评教育表示悔改的，可以免予处分。

（5）国家机关及其工作人员为谋取不正当利益而赠送、接受或者索取礼品的，按照国家有关惩治行贿、受贿的法律、法规处理。

（6）对接受的礼品必须在一个月内交出并上交国库。所收礼品不按期交出的，按贪污论处。

2. 关于在国内交往中收受的礼品实行登记制度的规定

1995 年 4 月 30 日，中共中央办公厅、国务院办公厅联合发布了《关于对党和国家机关工作人员在国内交往中收受的礼品实行登记制度的规定》，1996 年 10 月 9 日，中纪委又就此规定中的几个问题作了进一步的明确。具体纪律要求如下。

（1）党和国家机关工作人员在国内交往中，不得收受可能影响公正执行公务的礼品馈赠，因各种原因未能拒收的礼品，必须登记上交。

（2）按照规定须登记的礼品，自收受礼品之日起（在外地接受礼品的，自回本单位之日起）一个月内由本人如实填写礼品登记表，并将登记表交所在机关指定的受理登记的部门。

登记的礼品按规定应上交的，与礼品登记表一并上交所在机关指定的受理登记的部门。

（3）对于收受后应登记、上交的礼品在规定期限内不登记或不如实登记、不上交的，由所在党组织、行政部门或纪检监察机关责令其登记、上交，并给予批评教育或者党纪政纪处分。

国有企业、事业单位的负责人，国家拨给经费的各社会团体中依照法律从事公务的人员，适用本规定。

三、关于汽车配备和使用管理的纪律规定

我国关于党政机关汽车配备标准和使用管理方面的政策规定主要有：

1989年9月6日，中共中央办公厅、国务院办公厅发布的《关于中央党政机关汽车配备和使用管理的规定》；

1994年9月5日，中共中央办公厅、国务院办公厅发布的《关于党政机关汽车配备和使用管理的规定》；

1999年3月3日，中共中央办公厅、国务院办公厅发布的《关于调整党政机关汽车配备使用标准的通知》；

2004年6月17日，国务院机关事务管理局发布的《中央国家机关公务用车编制和配备标准的规定》。

以上规定和通知作出的具体要求主要有如下几方面。

（1）各部门和地方不得擅自为领导干部超标准配备或调换专车。

（2）党政机关车辆配备要坚持使用国产车的原则。

（3）坚持因私用车收费制度。所有机关干部和职工

均不得用公车办私事。遇有特殊情况必须用车的，一律
按规定收费。各部门都要严格执行统一规定的专车使用
登记和因私用车收费制度。

四、关于严禁用公款旅游的纪律规定

中共中央办公厅、国务院办公厅 1986 年 2 月 1 日联
合发布了《关于坚决制止干部用公款旅游的通知》，1998
年 11 月 10 日发布了《关于严禁党政机关到风景名胜区
开会的通知》。主要规定如下。

（1）各级领导干部，首先是高级干部，必须做到不
用公款旅游。如果违反规定，领导机关和纪检部门要责
令他们认真检查，严肃处理。

（2）严禁借出差、开会等名义用公款旅游。

（3）各级党政机关一律不准到庐山、黄山、峨眉山、
普陀山、九华山、五台山、武夷山、九寨沟、张家界、
黄果树瀑布、西双版纳和三亚热带海滨 12 个风景名胜区
召开会议，一律不准借在其他地方召开会议之机到上述
12 个风景名胜区旅游。

（4）坚决制止以参观学习为名用公款旅游。

（5）各级干部疗养、休养和探亲，必须严格执行国
家有关规定。

五、关于在国内公务活动中的纪律规定

中共中央办公厅、国务院办公厅于 1989 年 9 月 18

日联合发布了《关于在国内公务活动中严禁用公款宴请和有关工作餐的规定》，1994 年 4 月 28 日，又联合发布了《关于党政机关工作人员在国内公务活动中食宿不准超过当地接待标准的通知》。为进一步规范党政机关国内公务活动，严肃接待纪律，2006 年 10 月 20 日，中共中央办公厅、国务院办公厅联合发布了《党政机关国内公务接待管理规定》。以上文件对在国内公务活动中严禁用公款宴请和接待标准作了明确的规定，具体如下。

（1）党政机关工作人员（含离休、退休人员，下同）在国内进行各种公务活动，包括上级到下级（含到企业、事业单位）检查指导工作、调查研究，同级之间、地区之间公务往来、参观学习以及干部工作调动等，严禁用公款搞任何形式的宴请。

（2）接待单位应当严格按照接待标准提供住宿、用餐、交通等服务，不得超标准接待，不得用公款大吃大喝，不得组织到营业性娱乐、健身场所活动，不得以任何名义赠送礼金、有价证券和贵重礼品、纪念品，不得额外配发生活用品。

（3）接待对象需要安排住宿的，接待单位应当在定点饭店或者内部宾馆、招待所安排。接待对象应当在本级财政部门规定的住宿费开支标准上限以内，按照收费标准交纳住宿费，回本单位凭据报销。

（4）接待对象需要安排用餐的，接待单位应当按照当地财政部门规定的伙食标准安排，不得超标准安排用餐，提倡自助餐，一般不安排宴请。

六、关于申报收入和报告个人重大事项的纪律规定

1. 关于申报收入的规定

规定国家某些工作人员必须申报自己的收入，是现代许多国家和地区廉政纪律的主要内容。我国关于收入申报的政策法规主要是 1995 年 4 月 30 日中共中央办公厅、国务院办公厅发布的《关于党政机关县（处）级以上领导干部收入申报的规定》。具体内容如下。

（1）申报对象。

各级党的机关、人大机关、行政机关、政协机关、审判机关、检察机关、社会团体、事业单位的县（处）级以上领导干部以及国有大、中型企业的负责人。

（2）申报内容。

① 工资；

② 各类奖金、津贴、补贴及福利费等；

③ 从事咨询、讲学、写作、审稿、书画等劳务所得；

④ 事业单位的领导干部、企业单位的负责人承包经营、承租经营所得。

（3）申报时间。

每年 7 月 1 日至 20 日申报本年度上半年的收入，次年 1 月 1 日至 20 日申报前一年度下半年的收入。

因特殊情况不能按时申报的，经接受申报部门批准，

可以适当延长申报时间。

（4）对违反申报纪律的处罚。

申报人不申报或者不如实申报收入的，由所在党组织、行政部门或者纪检监察机关责令其申报、改正，并视情节轻重给予批评教育或者党纪政纪处分。

2. 关于报告个人有关事项的规定

2006 年 9 月 24 日，中共中央办公厅发布了《关于党员领导干部报告个人有关事项的规定》，对党员领导干部报告个人有关事项问题作了严格的纪律规定。其主要内容如下。

（1）报告对象。

各级党的机关、人大机关、行政机关、政协机关、审判机关、检察机关中县处级副职以上（含县处级副职）的党员干部；

人民团体、事业单位中相当于县处级副职以上的党员干部；

副调研员以上非领导职务的党员干部。

（2）报告内容。

① 本人的婚姻变化情况；

② 本人持有因私出国（境）证件的情况；

③ 本人因私出国（境）的情况；

④ 子女与外国人、港澳台居民通婚的情况；

⑤ 配偶、子女出国（境）定居及有关情况；

⑥ 配偶、共同生活的子女（指同财共居的子女）私

人在国（境）外经商办企业的情况；

⑦ 配偶、共同生活的子女担任外国公司驻华、港澳台公司驻境内分支机构主管人员的情况；

⑧ 配偶、子女被司法机关追究刑事责任的情况；

⑨ 本人认为应当向组织报告的其他事项。

（3）报告时间、形式。

报告人在事后 30 日内以书面形式报告。因特殊原因不能按时报告的，特殊原因消除后应及时补报并说明原因。报告人应于每年 1 月 31 日前集中报告一次上一年度有关情况。

（4）对违反报告纪律的处理。

党员领导干部无正当理由不按时报告，不如实报告，隐瞒不报的，其所在组织应当调查核实，并视情节轻重，采取批评教育、限期改正、责令作出检查、诫勉谈话、通报批评等处理。

|第十八章|
人力资源和社会保障信访制度

第一节　信访概述

一、概　念

1. 信　访

信访是指公民、法人或者其他组织采用书信、电子邮件、传真、电话、走访等形式，向各级人民政府、县级以上人民政府工作部门反映情况，提出建议、意见或者投诉请求，依法由有关行政机关处理的活动。

2. 信访人

采用书信、电子邮件、传真、电话、走访等形式，向各级人民政府、县级以上人民政府工作部门反映情况，提出建议、意见或者投诉请求的公民、法人或者其他组织，称为信访人。

二、沿　革

1. 沿　革

沈阳市人力资源和社会保障局信访工作办公室成立于 2010 年 3 月。2009 年 9 月，沈阳市政府根据国家规定进行了政府机构改革，将市人事局、市劳动和社会保障局合并，成立了沈阳市人力资源和社会保障局。2010 年 1 月，沈阳市人力资源和社会保障局党组决定成立了沈阳市人力资源和社会保障局信访稳定工作领导小组（沈人社党组〔2010〕1 号），下设办公室。2010 年 3 月，沈阳市人力资源和社会保障局将原市人事局办公室负责的信访工作、原市劳动和社会保障局劳动争议仲裁处负责的信访工作、原市劳动和社会保障局信访稳定工作办公室、原市劳动和社会保障局 12333 电话咨询中心、市新中国成立前老战士办公室进行整合，成立了沈阳市人力资源和社会保障局信访工作办公室。

2. 信访工作办公室主要职责

（1）综合管理和协调人民群众到沈阳市人力资源和社会保障局的来访、给沈阳市人力资源和社会保障局和局领导的来信（包括信件、电报、电子邮件、传真等）的处理工作；

（2）转送、交办、督办、督查信访事项；

（3）综合统计、研究分析来信来访情况，开展调查研究，及时为局领导和业务处室科学决策服务；

（4）承办领导交办的其他信访事项；

（5）12333 电话咨询中心的管理；

（6）协助有关部门处理涉及人力资源和社会保障局

职能范围的集体访或重大、复杂、疑难信访问题；

（7）负责局信访稳定工作领导小组办公室日常工作；

（8）负责局信访稳定小组的日常事务，包括研究和制定信访稳定工作的方案措施，监督各处室单位信访稳定工作制度的落实，组织各处室单位对信访不稳定苗头定期进行排查，研究提出重大信访事件的应急预案，协调群体性突发事件的预警稳控及处理，负责政策法规出台前的信访稳定风险评估、听证的具体组织工作，作好信访稳定形势分析，承办局信访稳定工作领导小组交办的其他信访稳定事项。

三、信访原则

信访原则主要有便民原则；属地管理、分级负责，谁主管、谁负责原则；依法、及时、就地解决问题与疏导教育相结合原则；治标与治本相结合原则；责任原则。

（1）便民原则，也称为方便信访人原则。各级行政机关要为信访人了解信访事项的受理、办理信息等方面提供各种便利条件，促进信访人反映的情况、意见、建议和投诉请求得到迅速反馈和处理。

（2）属地管理、分级负责，谁主管、谁负责原则。属地管理、分级负责，概括起来说，就是按照信访问题发生地和信访人所在地，把信访事项转送或者交办有关地方和部门解决，属于哪一地区、哪一级，就由哪一地区、哪一级解决，做到层层负责、件件落实。

谁主管、谁负责，是指同级政府各职能部门按照信访问题的性质在各自职责范围内处理信访问题。

（3）依法、及时、就地解决问题与疏导教育相结合原则。依法解决问题，是指要依照法律、法规、规章和有关政策的规定，解决信访人提出的投诉请求。及时、就地解决问题，是指要提高信访问题处理的效率和水平，迅速、快捷地在当地解决群众信访反映的问题。疏导教育，是指做好说服、解释和思想政治工作，疏导群众情绪，对群众进行法制宣传、教育，引导其知法、守法，依法信访，以理性、合法的方式表达利益诉求。

（4）治标与治本相结合原则。治标，就是采取认真负责的态度，及时解决已经发生的信访问题，化解已经产生的矛盾和纠纷。治本，就是严格依法行政，减少和防止违法的或者不当的行政行为发生；同时，还要认真研究群众通过信访渠道反映的意见和建议，研究信访事项涉及的普遍性、政策性问题，完善有关法律、法规和政策，改进我们的工作，维护人民群众的合法权益。治标与治本相结合，就是把解决已发生的信访问题与从源头上减少因违法行政引发的信访问题结合起来。

（5）责任原则。责任原则是指处理人民来信来访是各级政府和政府部门的法定职责，如果不积极履行职责，不认真处理信访事项，造成后果的，要承担相应的法律责任。

第二节　信访制度

　　信访制度是关于信访活动行为规则的总称。信访制度是做好信访工作的重要条件和保证，是提高处理信访事项的效率和效果的关键。目前，沈阳市人力资源和社会保障局制定了《信访事项办理程序》《重大信访事项排查调处工作暂行规定》《领导接访工作制度》《信访初访接待工作办法》《重点信访案件办理工作细则》《信访事项复查复核暂行办法》等制度。

一、《信访事项办理程序》主要内容

　　（1）登记；

　　（2）出具是否受理书面告知书；

　　（3）调查处理；

　　（4）复查；

　　（5）复核；

　　（6）附件：① 信访事项受理告知书；② 信访事项不予受理告知书；③ 信访事项转送告知书；④ 信访事项不再受理告知书；⑤ 信访事项处理意见书；⑥ 信访事项复查意见书；⑦ 信访事项复核意见书。

二、《重大信访事项排查调处工作暂行规定》主要内容

　　（1）排查调处是指机关各处室、局属各单位对所辖

范围内可能影响社会稳定的重大信访事项进行排查梳理、分析预测、掌握控制和调查处理的过程。

（2）应列入排查的"重大信访事项"是指：集体10人以上，到市委、市政府机关3次以上，到省委、省政府机关2次以上，到中央国家机关1次，且上访人首次上访后超过两个月仍未得到解决或继续上访的集体访事项；持续到市级信访机构上访4次，到省级上访机构上访3次，到国家信访机构上访2次，且上访人首次上访后超过3个月仍未得到解决或继续上访的个体上访事项；联合签名人员超过50人，重复联名2次以上，且写信人首次来信后超过2个月仍未得到解决或继续上访的联名信访事项；上访人扬言自杀、爆炸或其他极端行为的信访事项。排查单位认为应列入排查的重大信访事项。

（3）调处工作。凡排查出的重大信访事项要逐案明确责任人，跟踪督办，直至化解；排查出的重大信访事项不能按期办结的，需向局稳定工作领导小组提交由主管局长签发的书面报告，说明具体情况；排查出的重大信访事项要与"领导接待日"相结合，纳入"领导接待日"并上报具体时间、地点。

三、《领导接访工作制度》主要内容

（1）领导接访制度是指局领导及处以上干部按照信访工作领导小组的安排或根据自己所辖工作的需要，直接接待处理信访事项的一项工作制度。每月安排四次局

级领导接待上访职工群众，如遇特殊情况可随时安排。

（2）领导接待信访事项的后续办理工作，由相关业务处室负责调查协调处理，并将处理结果上报接访领导，经领导审阅后将办结情况及时通报局稳定办，由稳定办负责向信访人下达"信访事项处理意见书"。

（3）所称"领导"，是指局领导班子成员或局级领导，业务处室负责人是指各处处长或副处长。

四、《信访初访接待工作办法》主要内容

1. 接访范围

信访人采用走访形式，对社会保障政策法规的制定和执行，向市人力资源和社会保障局提出意见、建议和要求，依法应当由市人力资源和社会保障局有关部门解答和处理的活动；上级信访工作机构首次交办的信访案件均在初次接访范围之内。

2. 初访处理程序

初访处理程序如下：个人初访接待；集体初访接待；处室领导接待（范围为参加窗口接访的处室）。信访人首次来市人力资源和社会保障局上访，由政策咨询大厅工作人员负责接待，对信访人提出的建议和意见，市人力资源和社会保障局所有工作人员均有义务进行解答，并告知信访人相关机构和受理程序。

3. 责任追究

稳定工作领导小组对在接访过程中因相互推诿、态

度生硬、解答不认真而造成信访人重访、缠访的；对交办的初访信访案件，因承办处室（单位）处置不力造成重大影响的，经请示局党组同意后，在全局通报。对直接责任人按市委、市政府有关规定，由组织人社部门和纪检监察部门追究责任。

五、《重点信访案件办理工作细则》主要内容

（1）受理、立案、交办；

（2）承办、查证；

（3）处理和决策；

（4）反馈、告知；

（5）复查；

（6）结案标准、结案审理；

（7）归卷存档；

（8）简易程序；

（9）附则。

六、《信访事项复查复核暂行办法》主要内容

（1）总则；

（2）复查、复核及原则；

（3）复查、复核范围；

（4）复查、复核主体；

（5）复查、复核程序；

（6）市政府复查、复核操作办法；

（7）复查、复核意见效力；

（8）复查、复核工作责任；

（9）附则。

第三节　咨询服务

（1）向社会公布沈阳市人力资源和社会保障局信访工作机构的通信地址、电子邮箱、投诉电话、接待时间和地点、查询信访事项处理进展及结果等事项。

（2）设立沈阳市人力资源和社会保障局政策咨询大厅，方便群众政策咨询。咨询大厅共设有医疗保险、工伤保险、失业保险、劳动监察、养老保险、劳动关系、劳动仲裁7个窗口，为人民群众政策咨询提供服务。

（3）建立12333电话咨询中心，设立30个咨询坐席，接听、答复群众涉及人力资源和社会保障方面的政策咨询。开通自动语音系统，24小时为群众提供政策帮助。

（4）在沈阳市人力资源和社会保障网站公布与信访工作有关的法律、法规、规章，在信访接待场所公布信访事项的处理程序，以及为信访人提供便利的相关事项。

（5）建立领导接访制度，信访人可以在公布的接待日和接待地点向有关领导（负责人）反映信访事项。工作部门的负责人或者指定的人员，可以就信访人反映突出的问题到信访人居住地与信访人面谈沟通。

（6）信访工作办公室对有重大影响的信访案件，组织相关社会团体、法律援助机构、相关专业人员等共同参与，运用咨询、教育、协商、调解、听证等方法，依法、及时、合理处理信访人的投诉请求。

第六编　劳动就业

第十九章
劳动就业

第一节　劳动就业概述

劳动就业，是指在法定劳动年龄内有劳动能力的公民依法从事有劳动报酬或者经济收入的社会职业。劳动就业是公民的劳动权利和义务实现的形式之一。劳动就业一方面可以为社会创造财富，另一方面可以满足劳动者的物质文化需要，是个人行为和社会行为、个人利益和社会利益相统一的活动。劳动就业作为一个法律概念，具有以下几个特点。

第一，劳动就业的主体是在法定劳动年龄内具有劳动能力的公民。如果主体不是在法定劳动年龄内（始于最低就业年龄，止于退休年龄）的公民，就不是劳动就业。

第二，劳动者所从事的社会职业是有劳动报酬或者经营收入的。劳动者据此可以维持本人及国家规定的劳动者平均赡养的一定家庭成员的基本生活需要。如果所从事的工作是无偿的，没有劳动报酬和经营收入的，就不是劳动就业。

第三，劳动者所从事的社会职业是合法的，是为国家和社会所承认的。如果劳动者从事违法犯罪活动，或者所从事的社会职业是不为国家和社会所承认的，即使可以获得一定的经济利益，也不是劳动就业。

根据国际劳动组织的通用就业标准，凡是在规定的最低就业年龄以上，具有以下情况的都属于就业人员。（1）正在工作中的人。包括在规定时期内，正从事有劳动报酬或者经营收入的工作的人员。（2）有职业但临时没有工作的人员，如由于疾病、事故、休假、劳动争议或者因气候不良、机器设备损坏等原因而临时停工的人。（3）雇主和自营人员。与劳动就业相对应的是失业。所谓失业，是指在法定劳动年龄内有劳动能力和就业愿望的公民未能实现就业的状态。

失业作为一个法律概念，具有以下特征。

第一，失业者仅限于依法应当保障其就业的公民。没有达到法定最低劳动就业年龄或者超过法定劳动年龄的人、完全丧失劳动能力的人和无就业愿望的人，以及在校学生、现役军人等无需保障其就业的人员，不存在失业问题。

第二，失业必须是处于未获得就业岗位的状态。已有就业岗位却因故暂时未能在岗劳动的状态不属于失业。

第三，失业不受未能获得就业岗位的原因的限制。无论是在市场上有就业机会而不接受可获得的就业岗位，还是因无就业机会而无法获得就业岗位，均属于失业。也就是说，失业既包括非自愿失业，也包括自愿失业。

第四，失业的表现形式仅以显性（外在性）失业为限，不包括经济学意义上的隐性（潜在性）失业。

第二节　劳动就业的原则

劳动就业的基本原则是指在劳动就业过程中必须遵守的基本准则。它是《劳动法》中所规定的准则。

一、国家促进就业的原则

我国《劳动法》对促进就业作了专门的规定。国家促进就业的措施主要有：①国家通过促进经济发展，创造就业条件，扩大就业机会；②国家采取一系列措施鼓励企业、事业单位、社会团体等在法律法规允许的范围内兴办产业或者拓展经营，以增加就业机会；③国家支持劳动者自谋职业；④国家建立和健全劳动就业的服务体系。

二、平等就业和双向选择原则

平等就业是指劳动者就业，不因民族、种族、性别、宗教信仰不同而受歧视，均享有平等地获得就业机会的权利。它具体包括两个方面的内容：一是就业资格的平等，即劳动者的就业资格是平等的，不因民族、种族、性别、宗教信仰不同而受歧视；二是就业能力衡量尺度的平衡，即社会对公民的劳动行为能力要以同一标准进行衡量。双向选择是指劳动者根据自己的意愿、爱好以及才能等自由选择职业，而用人单位有权根据实际需要自主选择劳动者。双向选择有利于发挥雇用双方的能动性。

三、照顾特殊群体就业原则

照顾特殊群体就业原则的主要体现就是为特殊群体提供特殊就业保障。特殊就业保障的对象包括妇女、残疾人、退役军人和少数民族人员。《劳动法》第十三条规定："妇女享有与男子平等的就业权利。在录用职工时，除国家规定的不适合妇女的工种或者岗位外，不得以性别为由拒绝录用妇女或者提高对妇女的录用标准。"第十四条规定："残疾人、少数民族人员、退出现役的军人的就业，法律、法规有特别规定的，从其规定。"

第三节　就业服务和管理

《中华人民共和国就业促进法》对就业服务和管理作出了明确的规定。

（1）县级以上人民政府培育和完善统一开放、竞争有序的人力资源市场，为劳动者就业提供服务。

（2）县级以上人民政府鼓励社会各方面依法开展就业服务活动，加强对公共就业服务和职业中介服务的指导和监督，逐步完善覆盖城乡的就业服务体系。

（3）县级以上人民政府加强人力资源市场信息网络及相关设施建设，建立健全人力资源市场信息服务体系，完善市场信息发布制度。

（4）县级以上人民政府建立健全公共就业服务体系，设立公共就业服务机构，为劳动者免费提供下列服务：

① 就业政策法规咨询；

② 职业供求信息、市场工资指导价位信息和职业培训信息发布；

③ 职业指导和职业介绍；

④ 对就业困难人员实施就业援助；

⑤ 办理就业登记、失业登记等事务；

⑥ 其他公共就业服务。

公共就业服务机构应当不断提高服务的质量和效率，不得从事经营性活动。公共就业服务经费纳入同级财政预算。

（5）县级以上地方人民政府对职业中介机构提供公益性就业服务的，按照规定给予补贴。国家鼓励社会各界为公益性就业服务提供捐赠、资助。

（6）地方各级人民政府和有关部门不得举办或者与他人联合举办经营性的职业中介机构。地方各级人民政府和有关部门、公共就业服务机构举办的招聘会，不得向劳动者收取费用。

（7）县级以上人民政府和有关部门加强对职业中介机构的管理，鼓励其提高服务质量，发挥其在促进就业中的作用。

（8）从事职业中介活动，应当遵循合法、诚实信用、公平、公开的原则。

用人单位通过职业中介机构招用人员，应当如实向职业中介机构提供岗位需求信息。禁止任何组织或者个人利用职业中介活动侵害劳动者的合法权益。

（9）设立职业中介机构应当具备下列条件：

① 有明确的章程和管理制度；

② 有开展业务必备的固定场所、办公设施和一定数额的开办资金；

③ 有一定数量具备相应职业资格的专职工作人员；

④ 法律、法规规定的其他条件。

设立职业中介机构，应当依法办理行政许可。经许可的职业中介机构，应当向工商行政部门办理登记。

未经依法许可和登记的机构，不得从事职业中介活动。

国家对外商投资职业中介机构和向劳动者提供境外就业服务的职业中介机构另有规定的，依照其规定。

（10）职业中介机构不得有下列行为：

① 提供虚假就业信息；

② 为无合法证照的用人单位提供职业中介服务；

③ 伪造、涂改、转让职业中介许可证；

④ 扣押劳动者的居民身份证和其他证件，或者向劳动者收取押金；

⑤ 其他违反法律、法规规定的行为。

（11）县级以上人民政府建立失业预警制度，对可能出现的较大规模的失业，实施预防、调节和控制。

（12）国家建立劳动力调查统计制度和就业登记、失业登记制度，开展劳动力资源和就业、失业状况调查统计，并公布调查统计结果。统计部门和劳动行政部门进行劳动力调查统计和就业、失业登记时，用人单位和个人应当如实提供调查统计和登记所需要的情况。

第四节　劳动就业援助

根据《中华人民共和国就业促进法》，关于劳动就业援助的规定如下。

（1）各级人民政府建立健全就业援助制度，采取税费减免、贷款贴息、社会保险补贴、岗位补贴等办法，通过公益性岗位安置等途径，对就业困难人员实行优先扶持和重点帮助。就业困难人员是指因身体状况、技能水平、家庭因素、失去土地等原因难以实现就业，以及连续失业一定时间仍未能实现就业的人员。就业困难人员的具体范围，由省、自治区、直辖市人民政府根据本行政区域的实际情况规定。

（2）政府投资开发的公益性岗位，应当优先安排符合岗位要求的就业困难人员。被安排在公益性岗位工作的，按照国家规定给予岗位补贴。

（3）地方各级人民政府加强基层就业援助服务工作，对就业困难人员实施重点帮助，提供有针对性的就业服务和公益性岗位援助。

地方各级人民政府鼓励和支持社会各方面为就业困难人员提供技能培训、岗位信息等服务。

（4）各级人民政府采取特别扶助措施，促进残疾人就业。

用人单位应当按照国家规定安排残疾人就业，具体办法由国务院规定。

（5）县级以上地方人民政府采取多种就业形式，拓宽公益性岗位范围，开发就业岗位，确保城市有就业需求的家庭至少有一人实现就业。

法定劳动年龄内的家庭人员均处于失业状况的城市居民家庭，可以向住所地街道、社区公共就业服务机构申请就业援助。街道、社区公共就业服务机构经确认属实的，应当为该家庭中至少一人提供适当的就业岗位。

（6）国家鼓励资源开采型城市和独立工矿区发展与市场需求相适应的产业，引导劳动者转移就业。

对因资源枯竭或者经济结构调整等原因造成就业困难人员集中的地区，上级人民政府应当给予必要的扶持和帮助。

第五节　劳动就业的政策支持

根据《中华人民共和国就业促进法》，关于劳动就业的政策支持的规定如下。

（1）县级以上人民政府应当把扩大就业作为重要职责，统筹协调产业政策与就业政策。

（2）国家鼓励各类企业在法律、法规规定的范围内，通过兴办产业或者拓展经营，增加就业岗位。

国家鼓励发展劳动密集型产业、服务业，扶持中小企业，多渠道、多方式增加就业岗位。

国家鼓励、支持、引导非公有制经济发展，扩大就业，增加就业岗位。

（3）国家发展国内外贸易和国际经济合作，拓宽就业渠道。

（4）县级以上人民政府在安排政府投资和确定重大建设项目时，应当发挥投资和重大建设项目带动就业的作用，增加就业岗位。

（5）国家实行有利于促进就业的财政政策，加大资金投入，改善就业环境，扩大就业。

县级以上人民政府应当根据就业状况和就业工作目标，在财政预算中安排就业专项资金用于促进就业工作。

就业专项资金用于职业介绍、职业培训、公益性岗位、职业技能鉴定、特定就业政策和社会保险等的补贴，小额贷款担保基金和微利项目的小额担保贷款贴息，以及扶持公共就业服务等。就业专项资金的使用管理办法由国务院财政部门和劳动行政部门规定。

（6）国家建立健全失业保险制度，依法确保失业人员的基本生活，并促进其实现就业。

（7）国家鼓励企业增加就业岗位，扶持失业人员和残疾人就业，对下列企业、人员依法给予税收优惠：

① 吸纳符合国家规定条件的失业人员达到规定要求的企业；

② 失业人员创办的中小企业；

③ 安置残疾人员达到规定比例或者集中使用残疾人的企业；

④ 从事个体经营的符合国家规定条件的失业人员；

⑤ 从事个体经营的残疾人；

⑥ 国务院规定给予税收优惠的其他企业、人员。

（8）对《中华人民共和国就业促进法》第十七条第四项、第五项规定的人员，有关部门应当在经营场地等方面给予照顾，免除行政事业性收费。

（9）国家实行有利于促进就业的金融政策，增加中小企业的融资渠道；鼓励金融机构改进金融服务，加大对中小企业的信贷支持，并对自主创业人员在一定期限内给予小额信贷等扶持。

（10）国家实行城乡统筹的就业政策，建立健全城乡劳动者平等就业的制度，引导农业富余劳动力有序转移就业。

县级以上地方人民政府推进小城镇建设和加快县域经济发展，引导农业富余劳动力就地就近转移就业；在制定小城镇规划时，将本地区农业富余劳动力转移就业作为重要内容。

县级以上地方人民政府引导农业富余劳动力有序向城市异地转移就业；劳动力输出地和输入地人民政府应当互相配合，改善农村劳动者进城就业的环境和条件。

（11）国家支持区域经济发展，鼓励区域协作，统筹协调不同地区就业的均衡增长。

国家支持少数民族地区发展经济，扩大就业。

（12）各级人民政府统筹做好城镇新增劳动力就业、农业富余劳动力转移就业和失业人员就业工作。

（13）各级人民政府采取措施，逐步完善和实施与非全日制用工等灵活就业相适应的劳动和社会保险政策，为灵活就业人员提供帮助和服务。

（14）地方各级人民政府和有关部门应当加强对失业

人员从事个体经营的指导，提供政策咨询、就业培训和
开业指导等服务。

第六节　公平就业

根据《中华人民共和国就业促进法》，关于公平就业
的规定如下。

（1）各级人民政府创造公平就业的环境，消除就业
歧视，制定政策并采取措施对就业困难人员给予扶持和
援助。

（2）用人单位招用人员、职业中介机构从事职业中
介活动，应当向劳动者提供平等的就业机会和公平的就
业条件，不得实施就业歧视。

（3）国家保障妇女享有与男子平等的劳动权利。

用人单位招用人员，除国家规定的不适合妇女的工
种或者岗位外，不得以性别为由拒绝录用妇女或者提高
对妇女的录用标准。

用人单位录用女职工，不得在劳动合同中规定限制
女职工结婚、生育的内容。

（4）各民族劳动者享有平等的劳动权利。

用人单位招用人员，应当依法对少数民族劳动者给
予适当照顾。

（5）国家保障残疾人的劳动权利。

各级人民政府应当对残疾人就业统筹规划，为残疾

人创造就业条件。

用人单位招用人员，不得歧视残疾人。

（6）用人单位招用人员，不得以是传染病病原携带者为由拒绝录用。但是，经医学鉴定传染病病原携带者在治愈前或者排除传染嫌疑前，不得从事法律、行政法规和国务院卫生行政部门规定禁止从事的易使传染病扩散的工作。

（7）农村劳动者进城就业享有与城镇劳动者平等的劳动权利，不得对农村劳动者进城就业设置歧视性限制。

|第二十章|
职业能力建设

第一节　概　述

职业能力，是指劳动者从事某项职业的综合能力。按照其内涵和特点，可分为方法能力、社会能力和专业能力。方法能力，是指独立学习，获取新知识、新技能，处理信息的能力；社会能力，是指与人交流、与人合作、解决问题的能力；专业能力，是指专门知识、专业技能和专项能力。职业能力建设旨在为提高劳动者职业能力创造软件、硬件环境。

职业能力有三层含义：一是为了胜任一种具体职业而必须要具备的能力，表现为任职资格；二是指在步入职场之后表现的职业素质；三是开始职业生涯之后具备的职业生涯管理能力。

每个职业都是需要一定的能力和特殊的能力才能胜任的，如教师要有专业授课能力，总经理要有协调管理能力，这可以从每个职业（岗位）的任职资格中了解得更具体一些；职业素质不仅包括人的道德、态度、意志等层面的内在素质，还包括在职场上的工作思维、方式，职场规则、常识等，就是怎样做人、做事的能力；职业生涯管理能力表现为内省能力，自我管理能力，职业选择与抉择能力，获取与分析信息、整合与利用资源、了解与分析职业环境、处理个人生命周期与职业发展周期冲突的能力，规划职业与转换职业的能力等，是对自己职业生涯发展负责的表现。

目前，职业能力建设应重点做好以下几项工作。

一是以服务经济发展为重点，继续推进两类人才队伍建设。加大培养力度，继续加强高技能人才培养的示范基地和公共实训基地建设，不断提高高技能人才培养水平。完善多元评价体系，进一步推进企业技能人才评价试点，从适应实际需要出发，完善依托工作现场和生产过程对技能人才进行评价的办法，选择部分"一体化"教学改革的技工院校进行技能培养示准认证试点工作。

二是以提升人才培养能力为重点，深入推动技工院校改革发展，扩大技工院校的招生规模，大力推进校企合作，继续深化技工院校教学改革，规范技工院校和民办培训学校管理。

三是以加强管理、强化质量为重点，进一步完善技能人员职业资格证书制度。规范职业资格设置，规范鉴定管理，加强质量监管，加强证书核发管理。

四是以可持续发展为重点，夯实职业能力建设工作基础。加快法规制度建设，加强师资队伍建设，加强教学研究、课程改革和教材开发工作，做好职业分类、标准开发等工作，加强职业能力建设系统队伍建设。

第二节 劳动预备制

一、劳动预备制度的概念

劳动预备制度是国家为提高青年劳动者素质、培养劳动后备军而建立和推行的一项新型培训就业制度。根据国家有关规定，从 1999 年起，在全国城镇普遍推行劳动预备制度，组织新生劳动力和其他求职人员，在就业前接受 1~3 年的职业培训和职业教育，使其取得相应的职业资格或掌握一定的职业技能后，在国家政策的指导和帮助下，通过劳动力市场实现就业。

二、实行劳动预备制度的重要意义

全面推行劳动预备制度，不仅关系到劳动者素质的提高和企业长远的发展，而且关系到我国 21 世纪综合国力的提高，是一项具有战略意义的任务，是培训就业制度的一场深刻变革。

第一，全面推行劳动预备制度是实施素质教育、落实科教兴国战略的重要内容。实施素质教育，提高国民素质，既要进一步普及九年制义务教育，加快发展高中阶段教育和高等教育，也要大力发展各类职业教育；既要加快培养数以千万计的具有创新精神和创造能力的高素质专业人才，也要培养同现代化要求相适应的数以亿计的高素质劳动者。普遍推行劳动预备制度，全面实行就业准入控制，意味着在普及九年制义务教育的基础上，在城镇普及就业前的培训和职业教育，是一项带有根本性的改革措施。

第二，全面推行劳动预备制度是调节劳动力供求、减缓目前就业压力的重要措施。当前我国的就业形势比较严峻，全面推进劳动预备制度，对社会而言，可以起到调节劳动力供求关系、减缓目前的就业压力、平稳渡过新一轮就业高峰的作用；对劳动者来说，可以取得相应的职业资格或掌握必要的职业技能，增强其在劳动力市场上的就业竞争能力，减低失业的风险。同时，全面推进劳动预备制度，也有利于开发教育资源潜力，满足社会多样化的教育需求，拓宽人才成长的道路。在扩大教育消费、拉动内需、促进经济增长方面，也将发挥其独特的作用。

第三，全面推进劳动预备制度，也是提高企业竞争能力的有效途径。企业的竞争，从根本上说，就是技术的竞争、人才的竞争。许多城市的试点经验表明，实行劳动预备制度，培养一支具有较高职业技能的劳动后备军，使企业能够直接从社会上招聘到符合企业需要的人才，不仅大大缩短了企业人才培养的周期，而且大大减轻了企业对新招职工进厂后培训的负担，有利于企业提

高产品质量，降低成本，减少事故，增强企业竞争能力
和发展后劲。

三、建立和实施劳动预备制度的政策法律依据

《劳动法》第六十八条规定，"从事技术工种的劳动
者，上岗前必须经过培训"。《职业教育法》第八条规
定，"国家实行劳动者在就业前或者上岗前接受必要的职
业教育的制度"。《中共中央国务院关于切实做好国有企
业下岗职工基本生活保障和再就业工作的通知》（中发
〔1998〕10 号）要求，"要普遍实行劳动预备制度，对城
镇未能继续升学的初、高中毕业生，进行 1～3 年的职业
技术培训"。《中共中央国务院关于深化教育改革全面推
进素质教育的决定》 （中发〔1999〕9 号）要求，要
"积极推行劳动预备制度，坚持实行'先培训、后上岗'
的就业制度"。这些规定是建立和实施劳动预备制度的重
要依据。《国务院办公厅转发劳动保障部等部门关于积极
推进劳动预备制度加快提高劳动者素质意见的通知》 规
定："从 1999 年起，在全国城镇普遍推行劳动预备制度，
组织新生劳动力和其他求职人员，在就业前接受 1～3 年
的职业培训和职业教育，使其取得相应的职业资格或掌
握一定的职业技能后，在国家政策的指导和帮助下，通
过劳动力市场实现就业。"

四、劳动预备制度的实施方法

1. 劳动预备制度的实施

劳动预备制度通过全面开展职业培训和职业教育来实施。搞好对劳动预备制人员的职业培训和职业教育，要广泛动员社会各方面的力量，利用现有教育、培训资源。技工学校、就业训练中心和其他职业培训机构，要积极主动承担劳动预备制人员培训任务，培养社会各方面需要的适用人才；充分利用并进一步发展中等职业学校和职业技术学院等职业学校教育，培养生产、管理、服务等第一线急需的专门人才；企业办的各类培训机构也要充分利用现有的培训设施，挖掘培训潜力，对尚未经过职业培训的职工进行岗位培训。对参加劳动预备制的人员进行职业培训原则上实行免试入学，需要经过文化考核和能力测试的，由当地政府确定；进入各类职业学校学习的，按国家或地方有关规定进行。

2. 实施劳动预备制度的对象范围

实行劳动预备制度的主要对象是城镇未能继续升学的初、高中毕业生，以及农村未能继续升学并准备从事非农产业工作或进城务工的初、高中毕业生。对准备从事农业生产劳动的初、高中毕业生，各地可从本地实际出发，另行制定培训办法。各地还可根据实际情况引导城镇失业人员和国有企业下岗职工参加劳动预备制培训。

3. 劳动预备制度的培训内容和培训期限

对劳动预备制人员的职业培训和职业教育，应根据劳动力市场需求，按照职业分类和职业技能标准来组织进行。培训内容主要是进行职业技能和专业理论学习，并进行必要的文化知识学习和创业能力培训，同时进行职业道德、职业指导、法制观念等教育。培训时间根据学员文化基础和所选专业确定，技术职业（工种）一般应在 2 年以上，非技术职业（工种）一般应在 1 年以上。特殊职业（工种）的培训期限和内容，根据行业或企业要求，经有关部门核准后，可适当调整。对劳动预备制人员进行培训，可采取灵活多样的培训形式，如全日制、非全日制以及学分制与学时制相结合或远程培训等灵活多样的培训形式，还要组织劳动预备制人员进行生产实习，开展勤工俭学，并组织其参加社区服务、公益劳动等社会实践活动。

4. 参加劳动预备制度人员的就业规定

参加劳动预备制人员，由就业服务机构纳入当地劳动力信息资源管理系统，根据国家就业方针和劳动力市场需求，组织双向选择，优先推荐就业，或指导其组织起来就业和自谋职业，并为他们提供各种就业服务。

劳动预备制人员培训或学习期满，取得相应证书后，方可就业。从事一般职业（工种）的，必须取得相应的职业学校毕业证书或职业培训合格证书。从事国家或地方政府以及行业有特殊规定职业（工种）的，在取得职业学校毕业证书或职业培训合格证书的同时，还必须取得相应的职业资格证书。从事个体工商经营的，也应接受必要的职业培训，其中从事国家和地方政府规定实行就业准入控制职业（工种）的，必须在取得职业资格证书后方可办理开业手续。

对未经过劳动预备制培训学习，或虽经劳动预备制培训学习，但未取得相应证书的人员，职业介绍机构不得介绍就业，用人单位不得招收录用。对违反规定招收、录用的单位，劳动保障监察机构要责令改正，并要求未经过培训学习的人员参加相应的劳动预备制培训学习，限期取得毕业证书、职业培训合格证书或职业资格证书。

第三节 职业技术培训的形式

职业培训的种类包括初中高级职业培训、劳动预备制度培训、再就业培训和企业职工培训。依据职业技能标准，培训的层次分为初级、中级、高级职业培训和其他适应性培训。培训工作主要由技工学校、就业训练中心、社会力量办学等各级各类职业培训机构承担。

一、初中高级职业培训

1. 技工学校

技工学校是培养技术技能型人才的主要基地。招生对象主要是初中毕业生，学制 3 年。技工学校实行教学实习与科研生产相结合。经过几十年的改革发展，目前技工学校已形成初中高级培训并存，学历教育与职业资格证书教育相结合，多层次、多功能、多元化的职业培训体系，遍及机械、电子、航空、电力、煤炭、金融等近 30 个部门和系统。目前，沈阳市有技工学校 34 所，在校生 2.8 万人。其中，国家级重点技工学校 8 所。

2. 就业训练中心

就业训练中心是培训失业人员的重要基地。其培训对象主要是符合普惠制培训要求的人员。就业训练中心组织就业前训练和转业训练，多以实用技术和适应性培训为主，学制灵活，少到 1～3 个月，多到 6～12 个月。

3. 社会力量办学

社会力量办学是企业组织、社会团体及其他社会组织和公民个人利用非国家财政性教育经费，面向社会举办的培训机构，社会力量办学主要实施以职业技能培训为主的职业资格培训、技术等级培训、劳动就业职业技能培训。目前，全国此类社会力量办学机构达 220 所，年培训能力达 10 万人。

为使职业培训工作更好地适应劳动力市场的发展，针对劳动者就业的需要开展多层次、多形式的培训，并促进培训与就业紧密结合，原劳动部制定了《综合性职业培训基地的基本要求》，组织进行综合性职业培训基地和集团试点工作。通过进一步深化办学体制改革，培训机构利用现有办学条件和挖掘师资、设施设备等方面的潜力，将技工学校或就业训练中心建成兼有职业需求调查、职业培训、职业技能鉴定、职业指导并与职业介绍紧密联系的多功能的综合基地，充分体现培训与就业相结合、培训为就业服务的功能，并发挥示范和辐射作用。职业培训集团主要依托于培训、就业、鉴定等职能机构的紧密协作，加强本地区职业培训实体的联合，为劳动者培训、鉴定与就业提供全方位、一体化的服务。职业培训集团主要依托于社区，着眼于联合与调动全社会力量办培训，发挥整体优势，成为区域性职业培训工作的主导力量。

二、再就业培训

在深化国有企业改革和实施再就业工程中，为帮助下岗职工转变就业观念、提高职业技能，尽快实现再就业，原劳动部制定了《"三年千万"再就业培训计划》，要求充分动员社会各方面力量，实行在政府指导和扶持下，个人自学、企业组织和社会帮助相结合，大力开展多种形式的再就业培训。

三、创业培训

为进一步贯彻落实《"三年千万"再就业培训计划》，鼓励引导下岗职工和失业人员积极开展创业活动，通过组织开展培训指导、政策咨询和跟踪服务，切实提高下岗职工和失业人员从事个体、私营经济或创办小企业的能力，原劳动保障部在总结北京、上海、苏州 3 个城市开展创业培训试点经验的基础上，研究制定了《创业培训试点指导意见》，要求在 30 个城市开展创业培训工作。

《创业培训试点指导意见》从选定培训对象、聘请培训教师、组织实施培训等几个方面对如何组织开展创业培训工作提出了要求，培训形式可以灵活多样，可采取集中授课、专家现场咨询和案例分析相结合，也可通过收视远程培训节目与实地参观考察相结合。《创业培训试点指导意见》还要求通过多种渠道筹集资金，对下岗职工开展免费培训。积极争取财政部门的支持，保证财政预算的再就业补助费、就业训练费的一定比例用于创业培训，按规定用好从失业保险基金中支出的职业培训补贴。

四、企业职工培训

1. 主要类型

（1）根据培训对象，职工培训可分为：对管理人员进行的提高管理能力的培训；对工程技术人员进行的科技知识更新和科技开发以及产品开发能力提高的培训；对生产操作人员进行的实际操作技能水平的培训以及班组长的培训等。

（2）根据培训内容，职工培训可分为技术等级培训、岗位培训、岗位练兵、转岗转业培训等。其中，技术等级培训是以职业技能标准和工人技术等级标准为主要依据进行的培训，通过培训，培训对象能够掌握职业技能标准和工人技术学校标准中某一职业（工种）的专业技术理论（应知）和生产操作（应会）的要求；转岗转业培训是为需要转岗或转业人员适应新的职业技能条件所进行的一种专门训练。

2. 培训方式

就目前来看，企业在职培训大致可分为三种方式。

（1）由企业自己举办的职工培训机构承担。

（2）企业与企业外各类职业培训机构共同承担。由职工培训机构承担文化理论教育，由企业承担实际技能训练。

（3）由企业委托企业外职业培训机构承担，即由企业提供培训经费、部分培训设备和技能训练教师，由职业培训机构承担培训任务。

3. 推进企业职工培训的几点设想

（1）改革在职培训管理体制，建立起有利于职工教育培训的人事、劳员、培训"三位一体"的人才开发管理体制，这样有利于各司其责，协调配合，为实现"培训—考核—使用—待遇"四结合的运行机制提供组织保证。

（2）变被动培训为主动培训、超前培训。改变过去计划经济体制下的那种只知道缺什么补什么的培训方式。在此基础上，从上能力、上水平、上管理的需求出发，立足企业发展的长远目标，积极组织新技术、新知识、新材料、新工艺培训，提高员工队伍的技术档次，适应技术更新带来的对员工的技术、技能更新要求。彻底改变计划经济体制下单一技能管终身的现象。

（3）培训层次的合理化和人才结构的梯队化。企业三个梯队的人才储备包括：一是立足企业生产一线自身需要，解决生产难题，从而为企业赢得国内市场的人员；二是能够针对国内同类产品的发展，研究、发行企业产品，从而使企业扩大国内市场的人员；三是能够研究国外同类产品的发展动态，进而改造本企业产品，从而使企业产品打入国际市场的人员。针对这三个层面，企业应制定科学的培训计划。

（4）企业应培养高素质的新型技术工人队伍。面对新世纪严峻的市场竞争考验，必须依靠科技进步和先进的管理手段，培养智能与体能相结合的、综合能力强的、一专多能的技术工人队伍，从而掌握和驾驭先进的技术和设备。

（5）加强师资队伍建设和教材开发，建立一支既能讲授专业理论，同时又能指导技能操作的"理实"一体化教师队伍。对于企业职业培训所用的教材，以国家统一推荐的教材为基础，以结合企业生产实际、适应市场竞争需要所编写的讲义为主，同时补充科技发展的新成果，增强企业职工培训的针对性。

（6）积极引导企业转变投资观念，增加培训投入。要坚持按照职工工资总额的 1.5% 提足用好职业培训经费，同时要引导企业尽可能地开发新的筹资渠道。如新技术、新设备上马，要按项目资金的一定比例提取经费，作为培训费，企业利润留成提取一定比例用做职工培训经费等。

上述 6 点设想将作为今后一个时期指导企业作好在职培训的基本出发点，并运用到具体实践中。

第四节　社会力量办学

一、社会力量办学机构的范围和管理方式

社会力量办学是指企业事业组织、社会团体及其他社会组织和公民个人利用非国家财政性教育经费，面向社会举办学校及其他教育机构。我国对社会力量办学实行积极鼓励、大力支持、正确引导、加强管理的方针。目前的法律依据是《中华人民共和国民办教育促进法》。按照法律规定，劳动保障行政部门负责审批和管理的社会力量办学机构主要包括实施以职业技能为主的职业资格培训、技术等级培训的教育机构和实施劳动就业职业技能培训的教育机构。目前，沈阳市主要是通过落实办学标准、教学大纲，审核招生广告，监督检查培训质量，定期评估，开展年检等方式，引导社会培训机构提高教学质量，规范办学行为。

二、沈阳市社会培训机构发展状况

沈阳市社会职业培训机构起步于 20 世纪 80 年代初,办学初期以举办烹饪、面点两个专业为主,发展到现在已涵盖了 82 个专业;办学规模由当初的年培训学员不足千人,发展到现在年培训学员 2 万余人;办学单位由起初的 8 个培训班,发展到现在的 220 所职业培训机构。二十多年来,沈阳市社会力量举办的职业培训机构打破了政府包揽职业培训的传统格局,扩大了职业培训规模,增强了职业培训的供给能力,基本满足了社会日益增长的多样化的职业技能培训需求。因此,社会职业培训机构已成为沈阳市职业培训体系的重要组成部分。但是,社会培训机构还处在发展时期,在职业教育培训激烈竞争的宏观背景下,社会培训机构的个体实力不强,办学不规范的问题比较普遍,培训质量和规模都有待提高,进一步加强政策支持、信息引导和技术扶持工作十分重要。

三、规范社会职业培训机构的对策措施

规范社会职业培训机构的总的指导思想是积极扶持、规范管理、促进社会职业培训机构健康发展,具体措施如下。

(1)结合《民办教育促进法》的贯彻实施,研究制定《沈阳市民办职业培训机构管理规则》,并对培训机构

实行量化管理，研究制定《计分制管理办法》。

（2）加强技术服务，明确办学规范和教育要求。认定社会培训机构的办学标准、教育计划及大纲，规范办学秩序，提高办学质量。

（3）总结交流办学经验，结合整顿市场秩序，对办学机构全面进行评估。开展法人和校长年度培训工作，推动社会培训机构在规范中发展。

第五节　国家职业资格证书制度

一、职业资格证书制度

职业资格证书制度是劳动就业制度的一项重要内容，也是一种特殊形式的国家考试制度。主要内容是指按照国家制定的职业技能标准或任职资格条件，通过政府认定的考核鉴定机构，对劳动者的技能水平或职业资格进行客观公正、科学规范的评价和鉴定，对合格者授予相应的国家职业资格证书的政策规定和实施办法。职业资格证书是表明劳动者具有从事某一职业所必备的学识和技能的证明。它是劳动者求职、任职、开业的资格凭证，是用人单位招聘、录用劳动者的主要依据，也是境外就业、对外劳务合作人员办理技能水平公证的有效证件。

职业资格证书制度是国际上通行的一种对技术技能人才的资格认证制度。世界上许多国家都采用这种制度，比较典型的如英国、德国、澳大利亚、日本、韩国等国家，都是将职业资格证书制度作为国家制度推行。

党的十四届三中全会通过的《中共中央关于建立社会主义市场经济体制若干问题的决定》，明确了我国建立社会主义市场经济的若干大政方针，在人才培养和使用方面明确指出"要把人才培养和合理使用结合起来"，"要制定各种职业的资格标准和录用标准，实行学历文凭和职业资格证书制度"，首次提出了要在我国实行与学历文凭并重的职业资格证书制度，标志着党和政府开始按照市场经济规律对人力资源开发政策进行战略性调整。

1999 年 6 月，中共中央、国务院下发的《关于深化教育改革全面推进素质教育的决定》中再一次明确，要"在全社会实行学业证书、职业资格证书并重的制度"。党的十五大提出，我国的现代化建设事业不仅需要培养数以千万计的专门人才，更需要培养数以亿计的高素质劳动者。党的十六大更加明确地提出，加强职业教育和培训，发展继续教育，构建终身教育体系。这些都对职业资格证书制度的发展提出了明确的要求。职业资格是指对劳动者从事某一职业所必备的学识、技术和能力的基本要求，包括从业资格和职业资格。职业资格证书是国家对劳动者从事某项职业学识、技术、能力的认可，是求职、任职、独立开业和单位录用的主要依据。职业资格分别由国务院劳动、人事行政部门通过学历认定、资格考试、专家评定、职业技能鉴定等方式进行评价，对合格者授予国家职业资格证书。

职业资格证书与学历证书的不同点在于，职业资格是对从事某一职业所必备的学识、技术和能力的基本要求，反映了劳动者为适应职业劳动需要而运用特定的知识、技术和技能的能力。与学历文凭不同，学历文凭主要反映学生学习的经历，是文化理论知识水平的证明。职业资格与职业劳动的具体要求密切结合，更直接、更准确地反映了特定职业的实际工作标准和操作规范，以及劳动者从事该职业所达到的实际工作能力水平。我国职业资格证书分为初级（国家职业资格五级）、中级（国家职业资格四级）、高级（国家职业资格三级）、技师（国家职业资格二级）和高级技师（国家职业资格一级）五个等级。

二、职业资格

职业资格是对从事某一职业所必备的学识、技术和能力的基本要求。职业资格包括从业资格和执业资格。从业资格是指从事某一专业（职业）学识、技术和能力的起点标准。执业资格是指政府对某些责任较大、社会通用性强、关系公共利益的专业（职业）实行准入控制，是依法独立开业或从事某一特定专业（职业）学识、技术和能力的必备标准。

三、国家推行职业资格证书制度的意义

开展职业技能鉴定，推行职业资格证书制度，是落实党中央、国务院提出的"科教兴国"战略方针的重要举措，也是我国人力资源开发的一项战略性措施。这对于提高劳动者素质，加强技能人才培养，促进劳动力市场的建设以及深化国有企业改革，促进经济发展都具有重要意义。

四、实施职业资格证书制度的法律法规

《劳动法》第六十九条规定："国家确定职业分类，对规定的职业制定职业技能标准，实行职业资格证书制度，由经过政府批准的考核鉴定机构负责对劳动者实施职业技能考核鉴定。"《职业教育法》第八条明确指出："实施职业教育应当根据实际需要，同国家制定的职业分类和职业等级标准相适应，实行学历证书、培训证书和职业资格证书制度。"《招用技术工种从业人员规定》是2000年3月2日以中华人民共和国劳动保障部令第6号颁布的，共12条。它是为了提高劳动者素质，促进劳动者就业，加强就业管理和推行职业资格证书制度而制定的。规定国家实行先培训后上岗制度，同时规定了从事技术复杂以及涉及国家财产、人民生命安全和消费者利益的90个职业的人员，必须取得相应的职业资格证书，另外对职业介绍机构和用人单位介绍和招用上述人员也

作了规定和要求，以及违反相关规定的处罚。

五、职业技能鉴定

职业技能鉴定是一项基于职业技能水平的考核活动，属于标准参照型考试。它是由考试考核机构对劳动者从事某种职业所应掌握的技术理论知识和实际操作能力作出的客观的测量和评价。职业技能鉴定是国家职业资格证书制度的重要组成部分。国家实施职业技能鉴定的主要内容包括职业知识、操作技能和职业道德三个方面。这些内容是根据国家职业技能标准、职业技能鉴定规范（即考试大纲）和相应教材来确定的，并通过编制试卷来进行鉴定考核。

随着我国经济体制改革和社会主义市场经济体制的确立，企业转换经营机制和政府转变职能作为劳动行政管理的重点从企业内部转向了社会，面向了劳动力市场，加强了全社会劳动力的宏观管理。工人考核工作也随之转变，建立了政府指导下的职业技能鉴定社会化管理体制。这为贯彻和实施《工人考核条例》工作赋予新的内涵。1993 年 7 月，劳动部颁布了《职业技能鉴定规定》（劳部发〔1994〕134 号），对职业技能鉴定工作的管理、机构、组织实施、考评员等内容作了比较全面的规定，这是职业技能鉴定工作行政管理的主要依据。同时，为适应社会主义市场经济体制的需要，加强劳动人事科学化管理，维护正常的职业秩序，规范职业资格证书的管理，1994 年 3 月，劳动部、人事部联合颁布了《职业资格证书规定》，对职业资格证书制度的基本内容作了明确规定，使各种考核鉴定和资格认证逐步纳入国家职业资格证书的轨道，推动了职业技能鉴定工作的发展。1994年 7 月，《劳动法》的颁布和实施，进一步明确了职业技能鉴定和职业资格证书制度的法律地位。1996 年颁布实施的《职业教育法》再次重申"实施职业教育应当根据实际需要，同国家制定的职业分类和职业等级标准相适应，实行学历证书、培训证书和职业资格证书制度"。这些都为推行职业资格证书制度提供了重要的法律依据。

职业技术鉴定是指按照国家规定的职业技术标准或任职资格条件，通过政府劳动行政部门认定的考核鉴定机构，对劳动者的技能水平或职业资格进行客观公正、科学规范的评价与认证的活动，是一项基于职业技能水平的考核活动，属于标准参照型考试。目前的职业技能鉴定制度与过去相比有四个特点：一是考核鉴定的目的由单纯地强化企业内部劳动工资管理，发展到客观评价劳动者技能水平，为适应劳动力市场发展、劳动者择业和单位用人提供社会服务；二是考核的标准由与工资等级直接对应的八级技术等级标准，发展成为一个独立的标准体系；三是考核的对象范围由企业职工扩展为全社会劳动者；四是考核管理体系由企业内部组织管理发展到政府指导下的社会化管理体制。

六、工人考核制度的历史过程

我国现行的职业技能鉴定制度，是在工人技术等级考核制度基础上逐步地建立和发展起来的。为适应不同历史阶段的需要，经不断调整、充实和完善，工人考核制度随着国家经济体制的改革与变化，逐步发展和演变成为今天的职业技能鉴定和职业资格证书制度。

第一阶段：新中国成立以来，党和政府一直高度重视职工队伍，特别是技术工人队伍的建设。1956 年 6 月，《国务院关于工资改革的决定》（〔56〕国议周字第 53号）中指出："为了使工人的工资等级制度更加合理，各产业部门必须根据实际情况制定和修订工人的技术等级标准，严格地按照技术等级标准进行考工升级，使升级成为一种正常的制度。"实行考工升级制度，对在计划经济管理体制下的企业劳动工资管理工作，起到了积极的促进作用。

第二阶段：党的十一届三中全会以后，全党工作重点转移到经济建设方面。为了尽快适应生产技术发展，1979 年，国家经委、国家劳动总局发出《关于进一步搞好技工培训工作的通知》，要求迅速提高在职工人的科学、文化、技术水平，将恢复工人技术等级考核制度提到了议事日程。1983 年，劳动人事部颁发了《工人技术等级考核暂行条例》（劳人培〔1983〕46 号），这个文件在全面总结新中国成立以来工人技术等级考核工作的历史经验的基础上，对工人考核种类、方法、组织领导等方面都作出了规定，恢复了考工升级制度。

第三阶段：20 世纪 80 年代后半期和 90 年代初期，我国的工人考核制度进入调整充实阶段，发展较快。这一阶段主要完成了两项工作。一是全面修订了工人技术等级标准。从 1988 年开始，劳动部广泛调查并在可行性论证的基础上，组织国务院 45 个行业主管部门进行了第三次技术等级标准修订工作。第三次修订标准历时三年，投入大，涉及面广，取得了一些突破性进展，初步解决了部门间工种交叉重复的问题，把近万个工种合并到 4700 多个，颁布了首部《中华人民共和国工种分类目录》，进一步简化了等级结构，将传统的八级技术等级制度按照国际惯例改造为初、中、高三级制。二是建立了技师制度。原劳动人事部在调查研究的基础上，制定了《关于实行技师聘任制暂行规定》，1987 年经国务院批准颁布实施，组织了全国试点工作。1989 年，劳动部按照这个文件的精神进行了高级技师考评的试点，并于 1990 年正式印发了《关于高级技师评聘的实施意见》，规定了高级技师考核办法、津贴标准及有关福利待遇。1990 年，经国务院批准，劳动部颁布实施了《工人考核条例》，这是新中国成立以来国务院第一次批准有关工人考核的行政法规。《工人考核条例》规定"国家实行工人考核制度。对工人的考核应当与使用相结合，并按照国家有关规定确定其工资待遇"，并对考核分类、方法、依据、组织管理、证书核发及处罚等作了较为详尽的规定，初步建立了国家技术等级和技师考评制度。

七、职业技能鉴定的实施

（1）申请职业技能鉴定如何报名。

申请职业技能鉴定的人员，可向当地职业技能鉴定所（站）提出申请，填写"职业技能鉴定申请表"。报名时应出示本人身份证、培训毕（结）业证书、技术等级证书或工作单位劳资部门出具的工作年限证明等。申报技师、高级技师任职资格的人员，还须出具本人的技术成果和工作业绩证明，并提交本人的技术总结和论文资料等。

（2）申报职业技能鉴定的要求。

参加不同级别鉴定的人员，其申报条件不尽相同，考生要根据鉴定公告的要求，确定申报的级别。一般来讲，不同等级的申报条件为：参加初级鉴定的人员必须是学徒期满的在职职工或职业学校的毕业生；参加中级鉴定的人员必须是取得初级技能证书并连续工作5年以上，或是经劳动行政部门审定的以中级技能为培养目标的技工学校以及其他学校的毕业生；参加高级鉴定人员必须是取得中级技能证书5年以上，连续从事本职业（工种）生产作业不少于10年，或是经过正规的高级技工培训并取得了结业证书的人员；参加技师鉴定的人员必须是取得高级技能证书，具有丰富的生产实践经验和操作技能特长，能解决本工种关键操作技术和生产工艺难题，具有传授技艺能力和培养中级技能人员能力的人员；参加高级技师鉴定的人员必须是任技师 3 年以上，具有高超精湛技艺和综合操作技能，能解决本工种专业高难度生产工艺问题，在技术改造、技术革新以及排除事故隐患等方面有显著成绩，而且具有培养高级工和组织带领技师进行技术革新和技术攻关能力的人员。

（3）职业技能鉴定实施步骤。

职业技能鉴定的实施步骤分为四大步骤，分别是鉴定前的组织准备、鉴定前的技术准备、鉴定实测、鉴定后的结果处理。

（4）申报职业技能鉴定注意事项。

申报职业技能鉴定，首先要根据所申报职业的资格条件，确定自己申报鉴定的等级。如果需要培训，要到经政府有关部门批准的培训机构参加培训。申报职业资格鉴定时要准备好照片、身份证以及证明自己资历的材料，参加正规培训的须有培训机构证明，工作年限须有本人所在单位证明，经鉴定机构审查符合要求的，由鉴定所（站）颁发准考证。参加考试时必须携带准考证，否则不能参加考试。

（5）职业技能鉴定的主要内容。

国家实施职业技能鉴定的主要内容包括职业知识、操作技能和职业道德三个方面。这些内容是依据国家职业（技能）标准、职业技能鉴定规范（即考试大纲）和相应教材来确定的，并通过编制试卷来进行鉴定考核。
职业技能鉴定分为知识要求考试和操作技能考核两部分。
知识要求考试一般采用笔试，操作技能考核一般采用现
场操作加工典型工件、生产作业项目、模拟操作等方式
进行。计分一般采用百分制，两部分成绩都在 60 分以上
为合格，80 分以上为良好，95 分以上为优秀。

（6）职业技能鉴定所（站）。

职业技能鉴定所（站）是经劳动保障行政部门批准
设立的实施职业技能鉴定的场所，它是职业技能鉴定的
基层组织，承担规定范围内的职业技能鉴定活动。具体
工作任务包括：① 受理职业技能鉴定的申请，对申报人
的资格条件进行审查，经鉴定指导中心核准后，签发准
考证；② 组织申报人员按规定的时间、地点和方式进行
考核或考评；③ 协调鉴定过程中的有关事务；④ 汇总鉴
定成绩，并负责报送鉴定指导中心；⑤ 向鉴定指导中心
提供鉴定报告，对考评小组的工作提出评价意见；⑥ 协
助鉴定指导中心办理证书手续，并负责向鉴定合格者发
放职业资格证书；⑦ 负责鉴定的咨询服务和信息统计等
工作。

（7）职业技能鉴定工作中违纪现象的处理。

职业技能鉴定是面向广大劳动者和用人单位的一项
社会公益性事业。为了保证职业技能鉴定质量，树立职
业资格证书的权威性，各级职业技能鉴定管理部门建立
了举报制度，设立监督电话，鼓励和支持社会各方面对

乱办班、乱考核、乱发证以及各种违反考务纪律的行为进行检举。劳动者一旦发现职业技能鉴定工作中的违纪现象，可以直接到当地劳动保障行政部门或职业技能鉴定指导中心投诉，由劳动保障部门按有关规定进行查处。

八、我国职业资格认证的法律、法规及文件介绍

职业资格证书制度是劳动就业制度的一项重要内容，是我国人力资源开发的一项战略措施，是一种特殊的国家考试，也是国际上通行的一种对技术技能、人才的资格认证制度。它对于职业教育改革、提高劳动者素质、促进劳动力市场建设、促进经济发展都有重要的意义。因此，无论是党中央、国务院还是职业资格证书的行政管理部门，近年来颁布了大量的法律法规文件，现将部分摘录如下。

1993年，党在十四届三中全会通过的《中共中央关于建立社会主义市场经济体制若干问题的决定》明确提出，要制订各种职业的资格标准和录用标准，实行学历文凭和职业资格两种证书制度。

1994年，劳动部、人事部在《职业资格证书制度》中明确，职业资格是对从事某一种职业所必备的学识、技术和能力的基本要求，它是个人做好该职业工作的依据，是个人工作能力与将来可能取得工作业绩的一种价值标志。

1994年《劳动法》第六十九条规定："国家确定职

业分类，对规定的职业制定职业技能标准，实行职业资格证书制度，由经过政府批准的考核鉴定机构负责对劳动者实施职业技能考核鉴定。"

1996 年《职业教育法》规定："实施职业教育应当根据实际需要，同国家制定的职业分类和职业等级标准相适应，实行学历证书、培训证书和职业资格证书制度。"并明确规定："学历证书、培训证书按照国家有关规定，作为职业学校、职业培训机构的毕业生、结业生从业的凭证。"

同年，劳动和社会保障部在《关于贯彻实施职业教育法的通知》明确指出，职业资格证书要作为职业介绍机构择优推荐就业和用人单位择优录用的凭证。

1998 年，国家教委、国家经贸委、劳动部在《关于实施〈职业教育法〉加快发展职业教育的若干意见》中规定，要逐步推行学历证书或培训证书和职业资格证书两种证书制度。接受职业标准，开展职业技能考核鉴定，考试合格的，按照国家有关规定发给职业资格证书。对职业学校或职业培训机构的毕（结）业生，要按照国家制定的职业分类、职业等级职业技能学历证书、培训证书和职业资格证书作为从事相应职业的凭证。

1998 年 11 月，劳动和社会保障部颁发的《关于对引进国外职业资格证书加强管理的通知》（劳社部发〔1998〕18 号）规定，根据《中华人民共和国劳动法》和有关规定，劳动和社会保障部将从 1999 年开始对引进的国外职业资格证书及其发证机构进行资格审核、注册，并实施相应的管理和监督。其中，第四条规定，在中国境内开展职业资格证书考试发证活动的国外职业资格证书机构、有关法人团体以及国际组织，必须与中国的职业资格证书机构、有关行业组织、社会团体或其他相应机构合作，不得单独开展职业资格证书考试和发证活动；第六条规定，经审批和注册的国外职业资格证书受中国法律的管辖和保护，可等同于我国相应等级的职业资格证书的效力。劳动和社会保障部将定期公布通过审核注册的国外职业资格证书及其机构的名单。未经审核和注册的国外职业资格证书机构不得开展此类活动，其证书不能作为上岗和就业的依据。

1999 年 6 月，《中共中央国务院关于深化教育改革全面推进素质教育的决定》指出，要依法抓紧制定国家职业（技能）标准。明确对各类劳动者的岗位要求，积极推行劳动预备制度，坚持实行"先培训，后上岗"的就业制度。地方政府教育部门要与人事、劳动和社会保障部门共同协调，在全社会实行学业证书、职业资格证书并重的制度。

1999 年 9 月，劳动和社会保障部在《关于在职业培训工作中贯彻落实〈中共中央国务院关于深化教育改革全面推进素质教育的决定〉的若干意见》中明确指出，进一步加大推行职业资格证书制度的力度，逐步实现职业资格证书与学业证书并重，职业资格证书与国家就业制度相衔接，逐步建立起与国家职业资格相对应，从初级、中级、高级直至技师、高级技师的职业资格培训体系，并使之成为劳动者终身学习体系的重要组成部分。

2000 年 3 月，劳动和社会保障部颁布了《招用技术工种从业人员规定》，确定 90 个工种（职业）必须持证就业，严格实行就业准入制度。

2000 年 12 月，劳动和社会保障部在《关于大力推进职业资格证书制度建立的若干意见》中明确，在全社会实行学业证书、职业资格证书并重的制度，是我国劳动力资源开发的重要举措。并提出，"十五"期间推进职业资格证书制度建设的总体要求是：以落实就业准入政策为切入点，在推进职业技能鉴定社会化管理的进程中，坚持行政管理与技术支持相结合，坚持严格质量控制与进一步扩大职业鉴定的覆盖范围相结合，大力提升职业资格证书的社会认可程度，促进职业培训制度与就业制度和企业劳动工资制度相互衔接，使职业资格证书制度在市场就业和引导劳动者素质提高中发挥重要作用。

第六节　职业技能鉴定制度

一、职业技能鉴定的概念

职业技能鉴定是指对劳动者的技能、技术水平进行考核和认证的活动。第一部《中华人民共和国劳动法》

为职业资格证书制度和职业技能鉴定确立了法律地位。

职业资格证书是劳动者就业的凭证，是劳动者技能水平的体现。对从业者来说，其技能水平应达到或符合职业标准的要求。职业标准是在统一的市场经济体制下，实施职业技能鉴定的基本依据，如果没有职业标准，那么就失去了鉴定的意义，就会制约市场经济的发展并扰乱劳动力市场。因此，对劳动者职业技能活动的评价必须有一个基本标准，以满足经济市场对人才素质的需求和鉴定。职业标准的社会统一性奠定了职业资格证书在全社会通用的基础。

职业技能鉴定涉及考试学、心理学、测量学、信息学等多种学科，它不是一个简单的考试活动，其与现代社会劳动分工体系、现代劳动力市场体系和现代企业制度密切相关。

1. 职业技能鉴定的目的

职业技能鉴定是为测评劳动者是否具有从事某种职业的资格而进行的理论知识和操作技能考核，它以从事这种职业应达到的专门知识和操作技能为标准，来保证各个职业或工种的就业准入控制要求以及上岗、从业和执业的基本条件。

2. 职业技能鉴定的范畴和特点

从广义的鉴定范围来看，职业技能鉴定的范畴应指所有的社会公共职业或工种。从鉴定的基本要素来看，所有的职业技能鉴定都包含必要的理论知识和一定的实际操作技能两方面内容。

3. 职业技能鉴定的对象

职业技能鉴定的对象以从事技能性职业（工种）的人员为主。我国颁布的《中华人民共和国职业分类大典》对各职业或工种确定了相应的技能指向。

4. 职业技能鉴定的级别分类

从 1999 年开始，国家重新设置了鉴定等级体系，分别为一级（高级技师）、二级（技师）、三级（高级）、四级（中级）、五级（初级）。

5. 职业技能鉴定的适用范围

职业技能鉴定与劳动力市场的建设互为条件，一个成熟的劳动力市场不仅要求进入市场的每一个人都持有职业资格证书作为通行证，而且要求这个通行证能在整个市场中通用。

6. 职业技能鉴定的法律依据

由于职业技能鉴定直接关系着劳动力市场的运行，并影响到国家的经济发展政策，因此职业技能鉴定的实施机构要明确职业技能鉴定的相关法律、法规、标准、规范，需在政府主管部门的指导或委托下开展工作。职业资格证书须经过政府权威部门认证，以保证其在整个劳动力市场上的通用性和适用性。

二、职业技能鉴定的发展历程

我国现行的职业技能鉴定制度是在原来的企业工人

技术等级考核制度的基础上建立起来的。职业技能鉴定制度是工人技术等级考核制度的演变和发展。

1993年7月，劳动部颁布了《职业技能鉴定规定》。这个文件依据《工人考核条例》，对技术等级考核制度作出了适应社会主义市场经济要求的调整，特别是首次提出了"职业技能开发"和"职业技能鉴定"等重要概念；提出了"职业技能鉴定实行政府指导下的社会化管理体制"的基本原则；提出了建立职业技能鉴定机构〔包括职业技能鉴定指导中心、职业技能鉴定所（站）〕并实行许可证制度，组织职业技能鉴定考评员队伍等基础建设的要求。这个文件在具体工作指导上也具有很强的可操作性。根据劳动人事制度改革打破"工人"和"干部"界限的发展趋势，从这个文件颁布起，不再使用"工人考核"，而改用"职业技能鉴定"的提法。这个文件的颁布标志着在我国计划经济体制下运行了近40年的工人技术等级考核制度开始向符合社会主义市场经济体制要求的国家职业技能鉴定制度转轨。

1994年3月，劳动部、人事部联合颁布了《职业资格证书规定》，这是新中国成立以来劳动人事部门正式颁布的第一个关于建立职业资格证书制度的文件，它不但对职业资格证书制度的基本内容作了明确规定，而且对推行职业资格证书制度作出了总体部署，还明确了劳动部门和人事部门的职责范围。这个文件促使计划经济条件下的各种考核鉴定和资格认证逐步纳入国家职业资格证书的轨道，推动了职业技能鉴定工作的发展。

1994 年 7 月，第一部《中华人民共和国劳动法》正式颁布。《劳动法》第六十九条规定："国家确定职业分类，对规定的职业制定职业技能标准，实行职业资格证书制度，由经过政府批准的考核鉴定机构负责对劳动者实施职业技能考核鉴定。"《劳动法》从法律的角度明确规定了我国职业资格证书、职业技能鉴定工作和职业技能鉴定机构的法律地位，为推行职业资格证书和职业技能鉴定制度提供了重要的法律依据。

1994 年 6 月，经中共中央编制委员会办公室批准，劳动部职业技能鉴定中心成立。在此前后，各地区、各部委所属的职业技能鉴定指导中心也相继成立。目前，按照《职业技能鉴定规范》和《劳动法》的要求，在省、部一级已成立了 58 个职业技能鉴定指导中心（其中，地方省级中心 29 个，行业部门级中心 29 个），一些地、市也成立了地、市级职业技能鉴定指导中心。

1996 年 11 月，在总结近年来技术管理工作经验的基础上，劳动部职业技能开发司和劳动部职业技能鉴定中心联合颁布了《职业技能鉴定工作规则》，对职业技能鉴定的工作程序、鉴定所（站）、考评人员、命题、考务管理和证书颁发等作出了明确规定。这个文件受到了各地区、各部门的高度重视，它的贯彻执行大大提高了全国职业技能鉴定工作的技术管理水平。

三、国家职业资格证书制度

职业资格是指对劳动者从事某一职业所必备的学识、技术和能力的基本要求，包括从业资格和职业资格。职业资格证书是国家对劳动者从事某种职业的学识、技术、能力的认可，是求职、任职、独立开业和单位录用的主要依据。职业资格分别由国务院劳动、人事行政部门通过学历认定、资格考试、专家评定、职业技能鉴定等方式进行评价，对合格者授予国家职业资格证书。与学历文凭不同，职业资格证书与职业劳动的具体要求密切结合，更多地反映了特定职业的实际工作标准和规范以及劳动者从事这种职业所达到的实际能力水平。职业资格证书制度是国际上通行的一种对技术技能人才资格进行认证的制度。

实行职业技能鉴定，推行国家职业资格证书制度，是我国人力资源开发的一项战略措施，是党中央和国务院的一项战略决策，具有多方面的重要意义。

四、国家职业技能鉴定工作体系和工作领域

（1）国家职业资格证书制度建设和职业技能鉴定工作开展以来，到目前为止已经形成了完整的工作体系，这个完整的体系包括四个子系统和十四个主要工作环节。

第一个子系统：行政立法与行政管理系统。它包括职业技能鉴定法律法规系统和职业技能鉴定行政管理系

统两部分。第二个子系统：技术标准与技术支持系统。它包括职业分类、国家职业标准、培训大纲、培训教材与教学指导、命题与国家题库五部分。第三个子系统：组织实施与实际运作系统。它包括职业技能鉴定指导中心、职业技能鉴定所（站）、职业技能鉴定考评人员、职业技能鉴定专家队伍、考务管理制度与方法五部分。第四个子系统：质量保证与证书系统。它包括质量监控督导系统和证书核发系统两部分。

（2）当前，我国职业技能鉴定工作正在健康展开，职业技能鉴定的主要工作领域有八个方面：一是在教育培训领域推行职业技能鉴定和职业资格证书；二是劳动就业服务体系的职业技能鉴定工作；三是社会力量办学领域的职业技能鉴定工作；四是加强国有企业职工的职业技能鉴定工作；五是非国有经济领域职业技能鉴定工作；六是军队技术兵职业技能鉴定工作；七是新职业、新工种职业技能鉴定工作；八是推动我国职业资格证书的国际接轨与互认。

五、现代第三方认证规则

从我国职业技能鉴定的工作方式上看，近年来，我国的职业技能鉴定从传统的第一方、第二方认证逐步发展到第三方认证，也就是说，走上了社会化管理的轨道。所谓第一方认证或者第二方认证，实质上就是培训机构或者企业机构自培训、自考核、自认证的传统方式，而第三方认证则是由独立于供给和需求双方的第三方，即由政府授权的独立鉴定考核机构对劳动者的职业技能作出鉴定。这也就是通常所说的实行"考培分离"的原则，也就是职业技能鉴定实施的社会化管理的实质。

第三方认证是我国人力资源质量认证和管理方式的一个根本性变革，对于提高我国人力资源质量评价系统的科学性和权威性有重要作用。第三方认证的主要特点如下：一是客观公正；二是科学统一；三是降低费用；四是有利于国际接轨和交流。

六、职业技能鉴定社会化管理体制

职业技能鉴定社会化管理体制的基本定义：在国家法律政策指导下，由政府劳动保障行政部门领导，由职业技能鉴定指导中心组织指导，由职业技能鉴定所（站）实施的评价和认定劳动者职业技能水平的工作体制。

现行的职业技能鉴定制度是随着工人考核制度的发展，在管理体制上实现的政府指导下的社会化管理。它包括政策法规、组织实施、质量保证和监督检查四个系统。建立并完善这一体系是保证正确实施技能鉴定的必要条件，是全面推行职业资格证书制度的重要基础，对促进劳动者参加培训和提高素质有积极作用，对规范和促进职业教育发展也有重要意义。

1. 政策法规系统

职业技能鉴定政策法规系统，是保障职业技能鉴定工作健康发展的重要基础。

1987 年以来，国家在这方面相继颁布了一系列的法律、法规。其中，1994 年 7 月 5 日，《中华人民共和国劳动法》由第八届全国人民代表大会常务委员会第八次会议通过，并于同日由江泽民主席以第二十八号《中华人民共和国主席令》发布，1995 年 1 月 1 日施行；劳动部于 1993 年 7 月 9 日颁布的《职业技能鉴定规范》（劳部发〔1993〕134 号）是劳动部在贯彻《工人考核条例》的基础上，为适应经济体制改革的需要而制定的，是《工人考核条例》在新形势下的发展；劳动部职业技能开发司和劳动部职业技能鉴定中心于 1996 年 11 月联合颁布的《职业技能鉴定工作规则》，在全面总结三年来职业技能鉴定工作经验教训的基础上，对鉴定所（站）、考评人员、试题、考务、证书五大质量控制核心的工作程序作了明确规定，并对上述各工作环节中劳动保障行政部门、职业技能鉴定指导中心和鉴定所（站）的工作职责作了比较详尽的描述，对规范职业技能鉴定工作程序、建立和完善职业技能鉴定的质量保证体系具有重要的指导作用。以上几部重要的法律法规，确立了职业资格证书制度的法律地位。

2. 组织实施系统

职业技能鉴定的组织实施系统包括行政管理系统和技术管理系统两部分。

职业技能鉴定的行政管理系统包括各级政府劳动保

障行政部门和国务院有关行业主管部门劳动工资机构；职业技能鉴定的技术管理系统实质上是职业技能鉴定工作的技术支持和服务系统，主要包括职业技能鉴定指导中心系统、职业技能鉴定所（站）系统和职业技能鉴定专家系统。

3. 质量保证系统

我国职业技能鉴定的质量保证系统的基本内容主要包括五个方面：一是鉴定所（站）的规划、建设与管理，实行职业技能鉴定许可证制度；二是加强考评人员队伍的建设与管理，提高考评人员的素质，实行职业技能鉴定考评人员资格证书制度；三是建立和完善国家职业技能鉴定试题库网络系统，实现鉴定命题的统一；四是统一职业技能鉴定的考务管理；五是统一证书核发程序，加强证书管理。

质量是职业技能鉴定工作的生命线。建立和完善职业技能鉴定的质量保证体系是保障职业技能鉴定工作健康发展的重要基础。要进一步完善职业技能鉴定的质量保证体系，以树立职业资格证书的权威性。各级劳动行政部门、职业技能鉴定指导中心和职业技能鉴定所（站）必须树立"质量第一"的观念，保证客观公正、科学规范地评价劳动者的职业技能水平。

4. 监督检查系统

从监督的对象上讲，职业技能鉴定的监督检查系统可分为对鉴定机构的监督和对证书使用的监督。对鉴定机构的监督包括鉴定机构执行国家法律法规情况，鉴定机构软、硬件情况，鉴定机构组织的鉴定考核的合法性，鉴定考评人员资格等。对证书使用的监督，一是监督证书的核发与管理，二是对用人单位和劳动者使用证书的监督。各级劳动保障行政部门和鉴定机构必须按照证书的核发程序和核发权限，统一发放证书；用人单位和劳动者必须按照国家规定使用证书，从事国家规定的技术工种的劳动者，就业上岗前必须经过相应的培训，并取得相应的职业资格证书。

从监督的形式上讲，可分为行政监督与技术监督。行政监督主要是上级劳动保障行政部门对下级劳动保障行政部门、劳动保障行政部门对鉴定机构执行国家法律、法规的情况进行监督。技术监督主要是指各级职业技能鉴定指导中心对鉴定所（站）实施鉴定的过程进行监督以及对考评人员的工作过程进行监督。

同时，还必须建立职业技能鉴定的群众监督机制，鼓励和支持社会各方面对违规考核、违规发证以及各种违反考务纪律的行为进行检举。各级劳动保障行政部门、行业主管部门劳动工资机构及其所属的职业技能鉴定指导中心都要建立举报制度，设立监督电话。

七、职业技能鉴定考务管理

职业技能鉴定考务管理是对职业技能鉴定活动组织实施的过程实行有效的控制。

职业技能鉴定作为大型社会性考试活动，最基本的环节主要有三个：一是制定鉴定考核的标准；二是实施鉴定考核活动；三是颁发证书。考务管理涉及后两大环节，在职业技能鉴定过程中具有特殊的重要地位和作用，它关系到整个鉴定考核活动的成败，关系到鉴定考核的质量。

1. 职业技能鉴定考务管理原则

制定有关职业技能鉴定考务管理的技术性文件及其具体组织实施过程中，都应当遵循四个基本原则：一是公正性原则；二是程序化原则；三是保密性原则；四是相互约束原则。

2. 职业技能鉴定考务管理工作流程

（1）职业技能鉴定计划、鉴定公告与组织报名。

鉴定计划、鉴定公告、组织报名是实施鉴定前期考务管理的主要内容，是实施鉴定的基础工作，是鉴定机构政策、策划、组织、公关、服务水平的检测点。

（2）实施职业鉴定前的考务准备。

鉴定试卷、考场、考务人员、考评人员的准备和安排是在实施鉴定前考务管理的主要工作内容，是保障正常、安全实施鉴定的组织措施和技术措施，是鉴定机构组织、技术、专业水平的检测点。

（3）实施职业技能鉴定与鉴定结果的管理。

实施鉴定是职业技能鉴定管理人员、考评人员在整个职业技能鉴定过程中应承担的最关键工作环节，这一环节的主要任务是职业技能鉴定考评人员和鉴定对象，按照统一规定的考场规则和考试方法共同完成考核鉴定并形成鉴定结果。

（4）证书核发和管理。

职业资格证书是鉴定结果的证明。证书的核发和管理是职业技能鉴定工作的最后一个环节，必须严格控制，坚决杜绝在这一环节出现任何问题。

八、职业技能鉴定质量管理

职业技能鉴定质量管理系统由行政督导、技术监督和社会监督组成。

行政督导是指由劳动保障行政部门组织督导队伍，建立督导制度，对鉴定机构实行行政监督。

技术监督是指由鉴定指导中心组织专家队伍，建立检查制度。按照国家职业标准和相关操作规范对鉴定操作过程、鉴定结果处理、鉴定设备、检测仪器、安全情况、环保情况等进行全面的检查和监督。

社会监督是指由劳动保障行政部门、鉴定指导中心、鉴定所（站）和公众媒体设立的监督举报电话以及采用接待等形式实施。

九、职业技能鉴定考评人员

职业技能鉴定考评人员是指在规定的职业（工种）、等级和类别范围内，按照统一的标准和规范，对职业技能鉴定对象进行考核、评审的人员。考评人员的工作是职业技能鉴定的核心活动，考评人员是职业技能鉴定活动中最重要的要素之一。因此，明确考评人员的资格标准，提高考评人员的业务和道德素质，加强对考评人员的管理，对于保证职业技能鉴定的质量有特别重要的作用。

十、新职业全国统一考试

近年来，我国为适应劳动体制深化改革和劳动力市场培育与发展的需要，在实行政府指导下的职业技能鉴定社会化管理、健全与完善国家职业技能鉴定和职业资格证书制度等方面，取得了令人瞩目的成就。加入世界贸易组织后，随着社会主义市场经济的进一步发展，依照《劳动法》和《职业教育法》，加强人力资源能力建设，大力推行职业资格证书，实行就业准入制度已刻不容缓。

劳动和社会保障部为了进一步推动企业营销机构、营销人员、营销网络、营销宣传和售后服务等水平的提高，规范营销手段和方法，在大力开展对营销业务人员培训的基础上，从1998年下半年开始组织推销员国家职业资格统一考试，使广大从业人员第一次得到国家统一认证。首次全国统考反响强烈，受到了考生及用人单位的普遍欢迎。截至目前，全国参加推销员考试的人数已逾18万。在此基础上，劳动和社会保障部又相继成功地组织了秘书、公关员、物业管理员、电子商务师、心理咨询师和企业人力资源管理人员等职业的职业资格全国统一考试。

为适应社会高速发展对新职业资格培训与认证不断增长的需要，人力资源和社会保障部计划在今后将按照社会新型职业领域的特点，逐步增加满足社会需要的新职业考试。

第七编　劳动关系

第二十一章
劳动关系法制概述

第一节　劳动关系

劳动关系是指劳动者与用人单位（包括各类企业、个体工商户、事业单位等）在实现劳动过程中建立的社会经济关系。劳动关系是指用人单位招用劳动者为其成员，劳动者在用人单位的管理下提供有报酬的劳动而产生的权利义务关系。

从广义上讲，生活在城市和农村的任何劳动者与任何性质的用人单位之间因从事劳动而结成的社会关系都属于劳动关系的范畴。从狭义上讲，现实经济生活中的劳动关系是指依照国家劳动法律法规规范的劳动法律关系，即双方当事人是被一定的劳动法律规范所规定和确认的权利和义务联系在一起的，其权利和义务的实现是由国家强制力来保障的。劳动法律关系的一方（劳动者）必须加入某一个用人单位，成为该单位的一员，并参加该单位的生产劳动，遵守该单位内部的劳动规则；而另一方（用人单位）则必须按照劳动者的劳动数量或质量给付其报酬，提供工作条件，并不断改善劳动者的物质文化生活。

劳动关系是指劳动力所有者（劳动者）与劳动力使用者（用人单位）之间，为实现劳动过程而发生的一方有偿提供劳动力，由另一方用于同其生产资料相结合的社会关系。从理论上说，劳动关系的具体特征可概括为以下几方面。

第一，劳动关系是一种劳动力与生产资料的结合关系。因为从劳动关系的主体上说，当事人一方固定为劳动力所有者和支出者，称为劳动者；另一方固定为生产资料所有者和劳动力使用者，称为用人单位（或雇主）。劳动关系的本质是强调劳动者将其所有的劳动力与用人单位的生产资料相结合。这种结合关系从用人单位的角度观察就是对劳动力的使用，将劳动者提供的劳动力作为一种生产要素纳入其生产过程。在劳动关系中，劳动力始终作为一种生产要素而存在，而非产品。这是劳动关系区别于劳务关系的本质特征，劳务关系中劳动者所有的劳动力往往是作为一种劳务产品而输出，体现的是一种买卖关系或者加工承揽关系等。

第二，劳动关系是一种具有显著从属性的劳动组织关系。劳动关系一旦形成，劳动关系的一方（劳动者）要成为另一方（所在用人单位）的成员。所以，虽然双方的劳动关系建立在平等自愿、协商一致的基础上，但劳动关系确立后，双方在职责上则具有了从属关系。用人单位作为劳动力使用者，要安排劳动者在组织内和生产资料结合；而劳动者则要通过运用自身的劳动能力，完成用人单位交给的各项生产任务，并遵守单位内部的规章制度。这种从属性的劳动组织关系具有很强的隶属性质，即成为一种隶属主体间的以指挥和服从为特征的管理关系。而劳务关系的当事人双方则无组织从属性。

第三，劳动关系是人身关系。由于劳动力的存在和支出与劳动者人身不可须臾分离，劳动者向用人单位提供劳动力，实际上就是劳动者将其人身在一定限度内交给用人单位，因而劳动关系就其本质意义上说是一种人身关系。但是，由于劳动者是以让渡劳动力使用权来换取生活资料，用人单位要向劳动者支付工资等物质待遇。就此意义而言，劳动关系同时又是一种以劳动力交易为内容的财产关系。

第二节　劳动合同概述

劳动合同是指劳动者与用人单位明确双方权利和义务的书面协议。通过签订劳动合同，双方的有关权利、义务通过书面合同的形式确立下来，并使之特定化、具体化。劳动者依据劳动合同在用人单位内担任一定的职务或工种的工作，遵守劳动法律法规和用人单位的规章制度，并完成劳动合同约定的生产（工作）任务；用人单位则依据劳动合同的约定，保障劳动者享有劳动权利，履行劳动义务，并按照劳动者的劳动数量和质量支付劳动报酬。

第三节　劳动合同的订立

劳动合同的订立是指劳动者与用人单位就劳动合同的条款，在平等自愿的基础上，经过协商一致达成协议，并以书面形式明确规定双方的责任、义务和权利的法律行为。

劳动合同的订立是劳动法律关系建立的主要标志，并由此将产生一系列的法律后果。因此，劳动关系双方当事人在订立劳动合同时，必须严肃认真对待。

一、劳动合同订立的原则

订立劳动合同，应当遵循合法、公平、平等自愿、协商一致、诚实信用的原则。依法订立的劳动合同具有约束力，用人单位与劳动者应当履行劳动合同约定的义务。

1. 合法原则

合法原则是指用人单位与劳动者订立劳动合同时，不违反有关法律、法规规定。主要体现在以下三个方面。一是主体合法。具体来说，用人单位必须在《劳动合同法》所规定的用人单位的范围内并依法设立；劳动者必须是达到法定就业年龄，即年满16周岁，具有劳动能力的人。二是内容合法，即劳动合同的内容应当符合法律规定。具体来说，用人单位和劳动者双方在劳动合同中约定的权利和义务必须符合法律法规和国家有关规定。如有关劳动法律法规对工作时间、工资、劳动安全与卫生和社会保险都规定了强制标准，用人单位和劳动者不能违反有关法律法规以及强制性标准订立劳动合同。三是程序合法，订立劳动合同应当依照法定程序，例如，应以书面形式订立，遵守有关订立期限的要求等。

2. 公平原则

公平原则是适用法律的原则，是指用人单位和劳动者订立劳动合同时应当遵循符合社会正义、公正的理念和原则确定双方的权利和义务。

3. 平等自愿原则

平等，是指用人单位和劳动者双方在订立劳动合同时具有平等的法律地位，一方不能将自己的意志强加给另一方。双方不存在一方命令一方服从的关系。自愿，是指在订立劳动合同时，用人单位和劳动者选择对方当事人、决定劳动合同内容都是真实的意思表示。凡是采取强迫、威胁等手段，把自己的意愿强加于对方，或者所订立的条款与当事人的意愿不一致，都不符合自愿原则。

4. 协商一致原则

协商一致原则是指订立劳动合同的双方当事人经过协商达成一致意见。

5. 诚实守信原则

诚实守信原则要求市场主体在市场活动中讲究信用，恪守诺言，诚实不欺，在不损害他人利益和社会利益的前提下追求自己的利益。

6. 依法订立

依法订立是指依照《劳动合同法》以及其他有关法律、法规和国家有关规定订立劳动合同。依法订立要求订立劳动合同的内容、程序以及有关订立形式等都要合法。

7. 劳动合同的法律约束力

劳动合同的法律约束力主要表现为以下几方面。一是任何一方当事人不能擅自变更或者解除。也就是说，劳动合同订立后，不论劳动合同生效与否，任何一方当事人不能擅自变更或者解除劳动合同。变更劳动合同必须双方协商一致。二是双方当事人基于劳动合同的权利受法律保护。三是双方当事人都必须履行劳动合同规定的义务。

二、劳动合同的种类和定义

劳动合同分为固定期限劳动合同、无固定期限劳动合同和以完成一定工作任务为期限的劳动合同。

固定期限劳动合同，是指用人单位与劳动者约定合同终止时间的劳动合同，也称为有一定期限劳动合同。劳动者与用人单位双方订立固定期限劳动合同，必须对劳动合同履行的起始和终止日期有具体明确的规定。期限届满，双方的劳动关系即行终止。如果双方协商，还可以续签。固定期限劳动合同适用范围广，应变能力强，可以根据生产需要和工作岗位的不同要求来确定劳动合同期限。

法律没有关于必须订立或者不订立固定期限劳动合同的规定。对固定期限劳动合同的期限也没有限制。没有最长期限的限制，也没有最短期限的限制。用人单位与劳动者协商一致可以选择三个月、一年、五年、十年或者更长的期限。

无固定期限劳动合同，是指用人单位与劳动者约定无确定终止时间的劳动合同，也称没有一定期限或者不定期的劳动合同，不会因期限届满而终止。但无固定期限劳动合同并不是一成不变的，只要符合法律、法规的规定，任何一方均可提出解除劳动合同。

用人单位与劳动者协商一致，可以订立无固定期限劳动合同。有下列情形之一，劳动者提出或者同意续订、订立劳动合同的，除劳动者提出订立固定期限劳动合同外，应当订立无固定期限劳动合同：一是劳动者在该用人单位连续工作满十年的；二是用人单位初次实行劳动合同制度或者国有企业改制重新订立劳动合同时，劳动者在该用人单位连续工作满十年且距法定退休年龄不足十年的；三是连续订立二次固定期限劳动合同，且劳动者没有《劳动合同法》第三十九条和第四十条第一项、第二项规定的情形、续订劳动合同的；四是用人单位自用工之日起满一年不与劳动者订立书面劳动合同的，视为用人单位与劳动者已订立无固定期限劳动合同。

以完成一定工作任务为期限的劳动合同，是指用人单位与劳动者约定以某项工作的完成为合同期限的劳动合同。用人单位与劳动者协商一致，可以订立以完成一定工作任务为限期的劳动合同。

在以完成一定任务为期限的劳动合同中，用人单位与劳动者双方把完成某项工作或者工程作为确定劳动合同的终止时间。该项工作或者工程开始的时间，就是劳动合同履行的起始时间；该项工作或者工程完成时，劳动合同即终止。

签订劳动合同应具备的条款：一是用人单位的名称、住所和法定代表人或主要负责人；二是劳动者的姓名、住址和居民身份证或者其他有效身份证件；三是劳动合同期限；四是工作内容和工作地点；五是工作时间和休息休假；六是劳动报酬；七是社会保险；八是劳动保护、劳动条件和职业危害防护；九是法律法规规定的应纳入劳动合同的其他事项。除这些规定的必备条款外，用人单位与劳动者可以约定试用期、培训、保守秘密、补充保险和福利待遇等其他事项。

签订劳动合同时要注意的问题：

（1）双方当事人应首先衡量自身及对方是否符合用工条件和应招条件，以及全面履行合同的能力；

（2）合同的条款是否与国家、省、市有关规定抵触，条款是否齐全；

（3）合同条款的措辞是否准确，含义是否清楚；

（4）违约、赔偿责任规定是否明确、合理；

（5）涉及双方切身利益的补充条款是否明确、合法；

（6）合同的签订日期和生效日期是否明确。

第四节　劳动用工备案

建立劳动用工备案制度，是社会主义市场经济条件下政府劳动保障行政部门履行社会管理和市场监管职能，加强对用人单位劳动用工宏观管理的重要措施，是规范劳动用工秩序、全面实施劳动合同制度、维护劳动者和用人单位双方合法权益的重要手段。

（1）从2007年起，我国境内所有用人单位招用依法形成劳动关系的职工，都应到登记注册地的县级以上劳动保障行政部门办理劳动用工备案手续；到2008年底，全国省、市、县三级都要建立以签订劳动合同为基础的劳动用工备案制度，并依托金保工程劳动保障业务专网，实现国家、省、市三级劳动用工信息数据的交换与共享，基本建立全国劳动用工信息基础数据库。

（2）用人单位进行劳动用工备案的信息应当包括：用人单位名称、法定代表人、经济类型、组织机构代码，招用职工的人数、姓名、性别、公民身份证号码，与职工签订劳动合同的起止时间，终止或解除劳动合同的人数、职工姓名、时间等。各省、自治区、直辖市劳动保障行政部门可根据实际需要，适当地增加备案信息。

（3）用人单位新招用职工或与职工续订劳动合同的，应自招用或续订劳动合同之日起30日内进行劳动用工备案。用人单位与职工终止或解除劳动合同的，应在终止或解除劳动合同后7日内进行劳动用工备案。

（4）用人单位名称、法定代表人、经济类型、组织机构代码发生变更后，应在30日内办理劳动用工备案变更手续。用人单位注销后，应在7日内办理劳动用工备案注销手续。

（5）用人单位登记注册地与实际经营地不一致的，在实际经营地的劳动保障行政部门进行劳动用工备案。

第五节 劳动合同的履行与变更

一、劳动合同的履行

劳动合同的履行是指劳动合同中订立的各项条款都必须得到认真履行，因为劳动合同是一个整体，合同中订立的条款相互之间有内在联系，不能任意割裂。只有当事人双方认真地全面履行了劳动合同所规定的全部义务，当事人双方的权利才能充分实现。

1. 劳动合同在履行中必须遵循的原则

（1）劳动合同全面履行的原则。

劳动合同生效以后，当事人双方在规定的时间、地点，用规定的方式按质按量履行全部义务。

（2）劳动合同实际履行的原则。

劳动合同生效以后，双方当事人在劳动合同的履行中，履行行为要按照合同规定的内容履行，合同中规定了什么内容，就应当履行什么内容。合同的内容与国家法律、法规相抵触的，不得履行。

2. 法定代表人的变动不影响劳动合同的履行

在劳动合同履行期间，企业法定代表人的变更，只要劳动合同是依法签订的，则不影响劳动合同的法律效力。变更了法定代表人的企业，同样享有原合同规定的权利，也必须履行原订合同的全部义务。

3. 什么情况下劳动合同继续履行

一是用人单位变更名称、法定代表人、主要负责人或者投资等事项，不影响劳动合同的履行。二是用人单位发生合并或者分立等情况，原劳动合同继续有效，劳动合同由承继其权利和义务的用人单位继续履行。

二、劳动合同的变更

劳动合同的变更是指已经存在的劳动合同关系，通过双方当事人再次协商，依法对原定条款作部分修改、补充或删除，重新调整当事人权利义务关系，使合同能够适当变化发展了的新情况，从而保证合同的继续履行。

劳动合同的变更发生的合同生效后尚未履行完毕的时期，是双方当事人对劳动合同所约定的权利和义务的完善和发展过程，也是确保劳动合同得到全面履行、劳动过程顺利实现和劳动关系和谐的重要手段。

1. 劳动合同变更的对象

一是依法可以进行变更的条款。一些用人单位为了单方面免除自己的法定责任，在劳动合同变更时，通过修改、删除等方式规避自己的法定责任是无效的，比如逃避劳动者办理失业和养老保险等。二是尚未履行或处在履行中的条款。如果某项条款已经履行完毕，则没有变更的必要，只需双方协商一致取消即可。三是需要变更的合同条款，是引向合同变更原因所指向的条款。前面提到，劳动合同变更的原因是为了更好地适应情况发展，保证合同的继续履行，需要变更的条款应当指向那些当初确立劳动合同时所考虑的，但是在变更时发生较大变化的因素。

2. 劳动合同变更协议的主要环节

按照规定，变更劳动合同的形式必须是协议变更，是书面的，变更的内容必须用书面形式记载。劳动合同变更生效的要件是变更劳动合同的双方当事人在变更劳动合同的书面协议上签字或者盖章。劳动合同变更与劳动合同订立相同，劳动合同文本必须由用人单位和劳动者各持一份。

第六节　劳动合同的解除和终止

解除劳动合同，是指在劳动合同终止之前，劳动合同一方或者双方当事人使劳动合同效力停止，不再履行的法律行为。用人单位与劳动者协商一致，可以解除劳动合同。劳动者提前三十日以书面形式通知用人单位，可以解除劳动合同。劳动者在试用期内提前三日通知用人单位，可以解除劳动合同。

一、解除劳动合同的几种情形

1. 协商一致解除

按照《劳动合同法》第三十六条规定，用人单位与劳动者协商一致，可以解除劳动合同。协商一致，是指劳动合同的双方当事人经过协商达成一致意见。协商是过程，一致是结果。协商，就是当事人之间相互提出自己的意见并征求对方的同意。一致，就是当事人意见一致，都同意解除劳动合同。

2. 劳动者单方解除

用人单位有下列情形之一的，劳动者可以解除劳动合同：（1）未按照劳动合同约定提供劳动保护或者劳动条件的；（2）未及时足额支付劳动报酬的；（3）未依法为劳动者缴纳社会保险费的；（4）用人单位的规章制度违反法律、法规的规定，损害劳动者权益的；（5）《劳动合同法》第二十六条第一款规定的情形致劳动合同无效的；（6）法律、行政法规规定劳动者可以解除劳动合同的其他情形。

3. 用人单位单方解除

劳动者有下列情形之一的，用人单位可以解除劳动合同：（1）在试用期被证明不符合录用条件的；（2）严重违反用人单位的规章制度的；（3）严重失职，营私舞弊，给用人单位造成重大损失的；（4）劳动者同时与其他用人单位建立劳动关系，对完成本单位的工作任务造成严重影响，或者经用人单位提出拒不改正的；（5）因《劳动合同法》第二十六条第一款第一项规定的情形致使劳动合同无效的；（6）被依法追究刑事责任的。

用人单位提前三十日以书面形式通知劳动者本人或者额外支付劳动者一个月工资后，可以解除劳动合同：

（1）劳动者患病或者非因工负伤，在规定的医疗期后不能从事原工作，也不能从事由用人单位另行安排的工作的；（2）劳动者不能胜任工作，经过培训或者调整工作岗位，仍不能胜任工作的；（3）劳动合同订立时所依据的客观情况发生重大变化，致使劳动合同无法履行，经用人单位与劳动者协商，未能就变更劳动合同内容达成协议的。

二、限制解除的情形

劳动者有下列情形之一的，用人单位不得依照《劳动合同法》第四十条、第四十一条的规定解除劳动合同：

（1）从事接触职业病危害作业的劳动者未进行离岗职业健康检查，或者疑似职业病病人的诊断或者医学观察期间的；

（2）在本单位患职业病或者因工负伤并被确认丧失或者部分丧失劳动能力的；

（3）患病或者非因公负伤，在规定的医疗期内的；

（4）女职工在孕期、产期、哺乳期的；

（5）在本单位连续工作满十五年，且距法定退休年龄不足五年的；

（6）法律、行政法规规定的其他情形。

第七节　劳动合同违法责任

一、劳动合同的无效或者部分无效

无效劳动合同，是指由于法定的理由失去法律效力，不能继续履行的劳动合同。

部分无效劳动合同，是指由于法定的理由部分条款失去法律效力的劳动合同。

劳动合同无效或者部分无效情形如下。

（1）以欺诈、胁迫或者乘人之危，使对方在违背真实意思的情况下订立或者变更劳动合同。劳动合同的订立是双方真实意思表示的结果，只有是双方真实意思表示，并且双方的真实意思表示一致，才能订立或者变更劳动合同。一方不是真实意思表示，就违背了劳动合同的本意，当然属于无效。

（2）用人单位免除自己的法定责任、排除劳动者权利。用人单位免除自己的法定责任，是指根据有关法律、法规和国家有关规定，该责任应当由用人单位承担，而用人单位通过劳动合同中的约定免除自己的责任。

（3）违反法律、行政法规强制性规定。包括因劳动合同主体违反法律、法规规定和因劳动合同内容违反法律、法规规定。

劳动合同被确认无效，劳动者已付出劳动的，用人单位应当向劳动者支付劳动报酬的条件如下。

（1）劳动合同被劳动争议仲裁机构或者人民法院确认无效。只有劳动合同被确认无效，才可能出现劳动合同无效时支付劳动者劳动报酬的问题。

（2）劳动合同被确认无效时，劳动者已付出劳动。劳动报酬是对劳动者劳动的报酬，如果劳动者并未提供劳动，无论劳动合同效力如何，都不能获得劳动报酬。

用人单位支付劳动报酬的标准如下。

（1）劳动合同明确约定了劳动报酬的数额，不违反法律、法规和国家规定的，虽然劳动合同被确认无效，用人单位仍应当按照劳动合同约定的劳动报酬的数额支付劳动者；

（2）劳动合同没有约定劳动报酬，但用人单位在履行劳动合同过程中实际支付的劳动报酬符合法律、法规和国家规定的，该劳动报酬的数额有效；

（3）用人单位实际支付的劳动报酬不符合法律、法规或者国家规定，或者用人单位未支付劳动报酬的，劳动报酬的数额参照本单位相同或者相近岗位劳动者的劳动报酬确定。

二、用人单位直接涉及劳动者切身利益的规章
制度违反法律、法规规定的

《劳动合同法》第八十条规定，用人单位直接涉及劳动者切身利益的规章制度违反法律、法规规定的由劳

动行政部门责令改正，给予警告；给劳动者造成损害的，应当承担赔偿责任。

按照本条规定，用人单位直接涉及劳动者切身利益的规章制度违反法律、法规规定的，应承担的法律责任如下。一是行政法律责任。用人单位直接涉及劳动者切身利益的规章制度违反法律、法规规定的，由劳动行政部门责令改正，给予警告。二是民事性质的法律责任。用人单位直接涉及劳动者切身利益的规章制度违反法律、法规规定的，并且给劳动者造成损害的，不仅要承担以上行政法律责任，而且用人单位应当对该劳动者承担赔偿责任。

《劳动合同法》第八十二条规定，用人单位自用工之日起超过一个月不满一年未与劳动者订立书面劳动合同的，应当向劳动者每月支付二倍的工资。用人单位违反《劳动合同法》规定不与劳动者订立无固定期限劳动合同的，自应当订立无固定期限劳动合同之日起向劳动者每月支付二倍的工资。

（1）此条的违法行为包括如下两类。

① 用人单位超过了法定的一个月期限仍然没有与劳动者订立书面劳动合同。《劳动合同法》第十条规定，已建立劳动关系，未同时订立书面劳动合同的，应当自用工之日起一个月内订立书面劳动合同。也就是说，用人单位在用工之日起一个月内订立了书面劳动合同的，不属于违法行为。但是，如果用人单位自用工之日起超过

一个月仍然不与劳动者订立书面劳动合同，则属于违法行为。

②用人单位违反《劳动合同法》规定，不订立无固定期限劳动合同。《劳动合同法》第十四条规定，有下列情形之一，劳动者提出或者同意续订、订立劳动合同的，除劳动者提出订立固定期限劳动合同外，应当订立无固定期限劳动合同：劳动者在该用人单位连续工作满十年的；用人单位初次实行劳动合同制度或者国有企业重新订立劳动合同时，劳动者在该用人单位连续工作满十年且距法定退休年龄不足十年的；连续订立二次固定期限劳动合同，且劳动者没有《劳动合同法》第三十九条和第四十条第一项、第二项规定的情形，续订劳动合同的。劳动者提出或者同意续订劳动合同，也没有提出订立固定期限劳动合同，而用人单位不订立无固定期限劳动合同，则用人单位的行为属于违法行为。

（2）违反此条规定应当承担的法律责任如下。

①用人单位自用工之日起超过一个月仍然不与劳动者订立书面劳动合同的，应当承担的法律责任如下。一是加倍支付工资的责任。即在用人单位违法期间（其中起始时日为用工之日；终止时日为违法行为终止之日，即用人单位与劳动者订立劳动合同之日），用人单位应当向劳动者每月支付二倍的工资；但按照二倍标准支付工资的期间最长不超过十二个月，即该期间最长为自用工之日起满一年的时日。这其中一倍工资是劳动者正常所

得，另一倍的工资是惩罚性的赔偿金。（经济补偿按劳动者在本单位工作的年限，每满一年支付一个月工资的标准向劳动者支付。六个月以上不满一年的，按一年计算；不满六个月的，向劳动者支付半个月工资的经济补偿。月工资是指劳动者在劳动合同解除或终止前十二个月的平均工资。）二是补订无固定期限劳动合同的责任。如果用人单位自用工之日起超过一个月而不足十二个月之内的任何时日，与劳动者订立了书面劳动合同，则用人单位在自用工之日至不足十二个月之内的任何时日的期间内，应向劳动者支付二倍的工资。也就是说，用人单位在自用工之日起第八个月底与劳动者补订了劳动合同，则用人单位在这八个月内，应当向劳动者每月支付二倍的工资。

② 用人单位违反《劳动合同法》规定，不与劳动者订立无固定期限劳动合同的，应当承担的法律责任是，自应当订立无固定期限劳动合同之日起向劳动者每月支付二倍的工资。

第八节　集体合同

集体合同，又称为团体协约、集体协议、团体协议、团体契约等，是集体协商双方代表根据法律、法规的规定，就劳动报酬、工作时间、休息休假、劳动安全卫生、保险福利等事项，在平等协商一致基础上签订的书面协议。

在《劳动法》第三十三条确立了集体合同制度的基础上，《劳动合同法》第五十一条第一款再次作出规定："企业职工一方与用人单位通过平等协商，可以就劳动报酬、工作时间、休息休假、劳动安全卫生、保险福利等事项订立集体合同。集体合同草案应当提交职工代表大会或者全体职工讨论通过。"这一规定虽然没有对集体合同给出定义，但已经从实体和程序两方面明确了集体合同制度的内容，主要包括如下几点。

（1）集体合同的主体为企业职工和企业两方。

（2）集体合同的内容主要包括劳动报酬、工作时间、休息休假、劳动安全卫生、保险福利等事项。

（3）集体合同必须经过企业职工与企业进行集体协商后签订。

（4）集体合同草案必须经职工代表大会或者全体职工讨论通过。

（5）集体合同必须是书面的。对于这一点，虽然条文中没有明确指出，但是条文中规定，集体合同草案应当提交职工代表大会或者全体职工讨论通过，就应该理解出，集体合同必须是书面的。

对于集体合同的种类，不同的国家有着不同的分类标准和划分方法。按照集体合同主体范围的大小，可以划分为企业集体合同和产业集体合同。企业集体合同是由企业工会代表企业全体职工与企业签订的，只适用于本企业和本企业的全体职工；产业集体合同是由各产业工会与相应的雇主团体或产业主管部门签订的，适用于本产业内的全体企业及企业内的职工。目前，中国实行的集体合同主要是企业集体合同。按照合同的内容，可以划分为综合性集体合同、专项集体合同。综合性集体合同的内容包括工时、休假、保险福利等一系列劳动条件；专项集体合同的内容仅包括某一方面的劳动条件，如工资集体合同、补充保险集体合同等。

《劳动合同法》第五十二条规定："企业职工一方与用人单位可以订立劳动安全卫生、女职工权益保护、工资调整机制等专项集体合同。"第五十三条规定："在县级以下区域内，建筑业、采矿业、餐饮服务业等行业可以由工会与企业方面代表订立行业性集体合同，或者订立区域性集体合同。"根据以上规定，集体合同包括用人单位的集体合同和专项集体合同，以及行业性、区域性集体合同。

集体合同订立后，应当报送劳动行政部门，这是法定程序，也是集体合同生效的条件。劳动行政部门有审查集体合同内容是否合法的责任，如果发现集体合同内容有违法、失实等情况，不予登记或暂缓登记，发回企业对集体合同进行修正。如果劳动行政部门在收到集体合同文本之日起 15 日内没有提出意见，集体合同即发生法律效力，企业行政、工会和职工个人均应切实履行。

第二十二章
劳动基准

第一节　工作时间

工作时间又称为劳动时间，是指法律规定的劳动者在一昼夜和一周内从事劳动的时间。工作时间的长短由法律直接规定，或由集体合同或劳动合同直接规定。劳动者或用人单位不遵守工作时间的规定或约定，要承担相应的法律责任。我国目前有两种工作时间制度，即标准工时制和特殊工时制（包括综合计算工时制和不定时工时制）。

一、标准工时制

标准工时制是我国运用得最为广泛的一种工时制度。在标准工时制下，根据《劳动法》第三十六条、《国务院关于职工工作时间的规定》第三条的规定，工人每天工作的最长工时为 8 小时，每周最长工时为 40 小时。实行这一工时制度，应保证完成生产和工作任务，不减少职工的收入。在特殊条件下从事劳动和有特殊情况，需要在每周工作 40 小时的基础上再适当缩短工作时间的，应在保证完成生产和工作任务的前提下，根据《中华人民共和国劳动法》第二十六条的规定，由企业根据实际情况决定。

任何单位和个人不得擅自延长职工工作时间。企业由于生产经营需要而延长职工工作时间的，根据《劳动法》第三十八条、第四十一条的规定，应该做到：① 用人单位应保证劳动者每周至少休息 1 日；② 因生产经营需要，经与工会和劳动者协商，一般每天延长工作时间不得超过 1 小时；③ 特殊原因每天延长工作时间不得超过 3 小时；④ 每月延长工作时间不得超过 36 小时。

有下列特殊情形和紧急任务之一的，延长工作时间不受劳部发〔1995〕143 号的规定限制：一是发生自然灾害、事故或者由于其他原因，使人民的安全健康和国家资财遭到严重威胁，需要紧急处理的；二是生产设备、交通运输线路、公共设施发生故障，影响生产和公众利益，必须及时抢修的；三是必须利用法定节日或公休假日的停产期间进行设备检修、保养的；四是为完成国防紧急任务，或者完成上级在国家计划外安排的其他紧急生产任务，以及商业、供销企业在旺季完成收购、运输、加工农副产品紧急任务的。

二、特殊工时制

特殊工时制是相对于标准工时制而言的，《国务院关于职工工作时间的规定》第五条规定："因工作性质或者生产特点的限制，不能实行每日工作 8 小时、每周工作 40 小时标准工时制度的，按照国家有关规定，可以实行其他工作和休息办法。"这里的"其他工作和休息方法"指的就是特殊工时制。作为一项制度，特殊工时制包括许多种具体的工时制度，我国已实行的主要有综合计算工时制和不定时工时制。

（1）综合计算工时制也称为综合计算工时工作制。它是以标准工作时间为基础，以一定的期限为周期，综合计算工作时间的工时制度。实行这种工时制度的用人单位，计算工作时间的周期可以是周、月、季、年，但其平均日工作时间和平均周工作时间应与法定标准工作时间基本相同。用人单位在保障职工身体健康并充分听取职工意见的基础上，采用集中工作、集中休息、轮休轮调等适当的方式，确保职工的休息休假权利和生产、工作任务的完成。上海市劳动局规定，除个别确系情况特殊的企业，允许以年或季为综合计算工时的周期外，一般均掌握在以周或月为计算周期。

（2）不定时工时制也称为不定时工作制。它是指因为受到工作性质和工作职责的限制，劳动者的工作时间不能受固定时数限制的工时制度。标准工时制、综合计算工时制等都是定时工作制，是依据工作时间来计算劳动量的。不定时工作制是一种直接确定职工劳动量的工作制度。对于实行不定时工作制的职工，用人单位应按照《劳动法》的规定，参照标准工时制核定工作量，并采用弹性工作时间等适当的方式，确保职工的休息休假权利和生产、工作任务的完成。企业中的高级管理人员、外勤人员、推销人员、部分值班人员和其他因工作无法按标准工作时间衡量的职工可以实行不定时工作制。

第二节　休息休假制度

我国《劳动法》第四章及相关劳动法律法规对劳动者的休息、休假制度作了原则规定，加之多数用人单位的习惯性做法，劳动者的休息、休假的种类主要包括以下几种。

（1）工作间隙休息。它是指劳动者在工作日的工作时间内享有的休息时间和用餐时间。《劳动法》对此虽然未作规定，但作为劳动者一种休息的习惯已实行多年。例如许多用人单位在上午、下午工作期间允许劳动者在规定的时间休息10～15分钟，有的还组织劳动者做工间操，有的用人单位在劳动者上夜班期间安排夜间用膳时间。

（2）日休息。它是指劳动者在每昼夜（24小时）内，除工作时间外，由自己支配的时间。也就是说，除了最多8小时工作时间以外，其余时间均为劳动者休息时间，包括上午上班前、下午下班后、中午用餐等所有的时间。

（3）周休息。它又称为公休日，是指劳动者在一周内，享有连续休息在一天（24小时）以上的休息时间。按照现行规定，一般情况下劳动者每周应休息两天，即星期六和星期日两天。

（4）法定节日休假。《全国年节及纪念日放假办法》（国务院令〔2007〕第513号）规定，全体公民放假的节日是元旦、春节、清明节、劳动节、端午节、中秋节、国庆节；部分公民放假的节日是妇女节、青年节、儿童节、解放军建军节等；还规定，全体公民放假，若适逢休息日，应当在工作日补假，而部分公民放假日适逢休息日，则不补假。法定节假日属于带薪假日。

（5）探亲休假。它是指在全民所有制企业、事业单位工作一年且与配偶、父母不住在一起，又不能在公休日团聚的劳动者探望配偶和父母而享受的休假时间。劳动者探望配偶的，每年给予一方探亲假一次，假期为30日；未婚者探望父母的，每年给假一次，20天，若两年休假一次，则可给假45天；已婚者探望父母的，每4年给假一次，20天。探亲可给予路程假。

（6）带薪休假。它是指劳动者连续工作一年以上的，每年选择一次连续的带工资的休假时间，劳动者休假天数要根据其资历、岗位等情况有所区别。《职工带薪休假条例》（国务院令〔2007〕第514号）规定，职工累计工作已满1年不满10年的，年休假5天；已满10年不满20年的，年休假10天；已满20年的，年休假15天。国家法定休假日、休息日不计入年休假的假期。

职工有下列情形之一的，不享受当年的年休假：

① 职工依法享受寒暑假，其休假天数多于年休假天数的；

② 职工请事假累计 20 天以上且单位按照规定不扣工资的；

③ 累计工作满 1 年不满 10 年的职工，请病假累计 2 个月以上的；

④ 累计工作满 10 年不满 20 年的职工，请病假累计 3 个月以上的；

⑤ 累计工作满 20 年以上的职工，请病假累计 4 个月以上的。

年休假在一个年度内可以集中安排，也可以分段安排，一般不跨年度安排。单位因生产、工作特点确有必要跨年度安排职工年休假的，可以跨一个年度安排。

单位确因工作需要不能安排职工休年休假的，经职工本人同意，可以不安排职工休年休假。对职工应休未休的年休假天数，单位应当按照该职工日工资收入的 300% 支付年休假工资报酬。

（7）其他休假。职工本人结婚或直系亲属（父母、配偶、子女）死亡时，由本单位领导批准，可享受 1～3 天的婚、丧假。职工在外地的直系亲属死亡时，需要职工本人前去料理丧事的，可以根据路程远近，给予路程假。在批准的婚、丧假和路程假期间，职工工资照发。

女职工产假为 90 天，其中产前假 15 天，产后假 75 天，难产的增加 15 天；女职工生育后哺乳期为一年，单位应在每班劳动时间内给予其两次哺乳的时间，每次 30 分钟；女职工在"三期"内，单位不得降低其基本工资。女职工怀孕不满 4 个月流产时，应当根据医务部门的意见，给予 15 ～ 30 天的产假；怀孕满 4 个月以上流产时，给予 42 天产假。

第三节 女工与未成年工特殊劳动保护

一、女职工劳动保护

为维护女职工的合法权益，保护女职工在劳动过程中的安全与健康，国家、辽宁省、沈阳市先后发布了《女职工劳动保护规定》（国务院令〔1988〕第 9 号）、《辽宁省女职工劳动保护暂行办法》（辽政社〔1991〕第 11 号）及《沈阳市企业女职工劳动保护办法》（沈政令〔1998〕第 15 号）。

按照《沈阳市企业女职工劳动保护办法》（沈政令〔1998〕第 15 号）的规定，用人单位对适合女职工从事的工种岗位，不得以性别为由拒绝聘用，不得任意提高对女职工的录用标准。禁止招收、雇用、聘用未满 16 周岁的女工。保障女职工的休息权，不得擅自延长工作时间。确因生产、经营需要进行加班加点的，应与工会和劳动者协商后，适当延长工作时间，但每月不得超过36小时，加班部分应按规定支付加班费。

对女职工在经期、孕期、产期、哺乳期应按国家法律、法规给予特殊保护。不得以结婚、怀孕、产假、哺乳为由，辞退女职工或单方面解除其劳动合同，不得扣发、降低其工资和取消其福利待遇。女职工在月经期间，所在单位应发给女职工一定数量的卫生用品，不得安排其从事高空、低温、冷水和国家规定的第三级体力劳动强度的劳动。

女职工在孕期所在单位不得安排其从事国家规定的第三级体力劳动强度的劳动和孕期禁忌从事的劳动。对怀孕7个月以上的女职工不得延长工作时间或安排其夜班劳动，原从事经常弯腰、攀高、下蹲、抬举等容易引起流产、早产的作业应在妊娠后暂调做其他工作。

怀孕女职工在劳动时间内作产前检查，应计算在劳动时间之内，有劳动定额的，应扣除其定额。

女职工产假按下列规定执行。

一是正常生育的，假期为90天。晚育并领取"独生子女光荣证"的，按市政府规定，增加产假60天。产假期间按出勤工资照发。

二是生育期间难产的，增加产假15天，生育多胞胎的，每多生一个婴儿增加产假15天。

三是孕期不满4个月流产（含自然流产、人工流产）的，假期15～30天，怀孕4个月以上流产的假期42天。

符合计划生育规定的产假期间工资照发。

女职工哺乳期为 1 年。哺乳时间每日 2 次，每次 30 分钟，可以合并使用，哺乳时间应计算在劳动时间之内并核减劳动定额。对哺乳期内的女职工不得延长其劳动时间，不得从事夜班劳动及国家禁忌从事的其他劳动。特殊情况，经本人申请，单位批准，可休哺乳假一年，其待遇按省、市有关规定执行。对产假期满上班后的女职工，应允许有 1~2 周的适应时间，有劳动定额的，也应在 1~2 周后恢复原定额。

女职工劳动保护权益受到侵害时，有权向所在单位主管部门申请调解，调解无效可向当地政府劳动争议仲裁委员会申请仲裁。劳动争议仲裁委员会自接到申请书之日起 30 日内作出处理，女职工对处理决定不服的，可以在收到决定书之日起 15 日内向当地人民法院起诉。

二、未成年工特殊保护

未成年工的特殊保护是针对未成年工处于生长发育期的特点，以及接受义务教育的需要，采取的特殊劳动保护措施。

未成年工是指年满 16 周岁，未满 18 周岁的劳动者。

（1）用人单位不得安排未成年工从事以下范围的劳动：

①《生产性粉尘作业危害程度分级》国家标准中第一级以上的粉尘作业；

②《有毒作业分级》国家标准中第一级以上的有毒作业；

③《高处作业分级》国家标准中第二级以上的高处作业；

④《冷水作业分级》国家标准中第二级以上的冷水作业；

⑤《高温作业分级》国家标准中第三级以上的高温作业；

⑥《低温作业分级》国家标准中第三级以上的低温作业；

⑦《体力劳动强度分级》国家标准中第四级体力劳动强度的作业；

⑧ 矿山井下及矿山地面采石作业；

⑨ 森林业中的伐木、流放及守林作业；

⑩ 工作场所接触放射性物质的作业；

⑪ 有易燃易爆、化学性烧伤和热烧伤等危险性大的作业；

⑫ 地质勘探和资源勘探的野外作业；

⑬ 潜水、涵洞、涵道作业和海拔 3000 米以上的高原作业（不包括世居高原者）；

⑭ 连续负重每小时在 6 次以上并每次超过 20 千克，间断负重每次超过 25 千克的作业；

⑮ 使用凿岩机、捣固机、气镐、气铲、铆钉机、电锤的作业；

⑯ 工作中需要长时间保持低头、弯腰、上举、下蹲等强迫体位和动作频率每分钟大于 50 次的流水线作业；

⑰ 锅炉司炉。

（2）用人单位应按下列要求对未成年工定期进行健康检查：

① 安排工作岗位之前；

② 工作满 1 年；

③ 年满 18 周岁，距前一次的体检时间已超过半年。

（3）对未成年工的使用和特殊保护实行登记制度。

① 用人单位招收使用未成年工，除符合一般用工要求外，还须向所在地的县级以上劳动行政部门办理登记。劳动行政部门根据 "未成年工健康检查表" "未成年工登记表"，核发 "未成年工登记证"。

② 市各级劳动行政部门须按《女职工劳动保护规定》第三、四、五、七条的有关规定，审核体检情况和拟安排的劳动范围。

③ 未成年工须持 "未成年工登记证" 上岗。

④ "未成年工登记证" 由国务院劳动行政部门统一印制。

三、禁止使用童工的规定

《禁止使用童工规定》（国务院令〔2002〕第 364 号）规定，国家机关、社会团体、企业事业单位、民办非企业单位或者个体工商户（以下统称用人单位）均不得招用不满 16 周岁的未成年人（招用不满 16 周岁的未成年人，以下统称使用童工）。禁止任何单位或者个人为不满 16 周岁的未成年人介绍就业。禁止不满 16 周岁的未成年人开业从事个体经营活动。

不满 16 周岁的未成年人的父母或者其他监护人应当保护其身心健康，保障其接受义务教育的权利，不得允许其被用人单位非法招用。

不满 16 周岁的未成年人的父母或者其他监护人允许其被用人单位非法招用的，所在地的乡（镇）人民政府、城市街道办事处以及村民委员会、居民委员会应当给予批评教育。用人单位招用人员时，必须核查被招用人员的身份证；对不满 16 周岁的未成年人，一律不得录用。用人单位录用人员的录用登记、核查材料应当妥善保管。任何单位或者个人发现使用童工的，均有权向县级以上人民政府劳动保障行政部门举报。用人单位使用童工的，由劳动保障行政部门按照每使用一名童工每月处 5000 元罚款的标准给予处罚；在使用有毒物品的作业场所使用童工的，按照《使用有毒物品作业场所劳动保护条例》规定的罚款幅度，或者按照每使用一名童工每月处 5000 元罚款的标准，从重处罚。劳动保障行政部门并应当责令用人单位限期将童工送回原居住地交其父母或者其他监护人，所需交通和食宿费用全部由用人单位承担。

用人单位经劳动保障行政部门依照前款规定责令限期改正，逾期仍不将童工送交其父母或者其他监护人的，从责令限期改正之日起，由劳动保障行政部门按照每使用一名童工每月处 1 万元罚款的标准处罚，并由工商行政管理部门吊销其营业执照或者由民政部门撤销民办非企业单位登记；用人单位是国家机关、事业单位的，由有关单位依法对直接负责的主管人员和其他直接责任人员给予降级或者撤职的行政处分或者纪律处分。

童工患病或者受伤的，用人单位应当负责送到医疗机构治疗，并负担治疗期间的全部医疗和生活费用。童工伤残或者死亡的，用人单位由工商行政管理部门吊销营业执照或者由民政部门撤销民办非企业单位登记；用人单位是国家机关、事业单位的，由有关单位依法对直接负责的主管人员和其他直接责任人员给予降级或者撤职的行政处分或者纪律处分；用人单位还应当一次性地对伤残的童工、死亡童工的直系亲属给予赔偿，赔偿金额按照国家工伤保险的有关规定计算。

拐骗童工，强迫童工劳动，使用童工从事高空、井下、放射性、高毒、易燃易爆以及国家规定的第四级体力劳动强度的劳动，使用不满 14 周岁的童工，或者造成童工死亡或者严重伤残的，依照《刑法》关于拐卖儿童罪、强迫劳动罪或者其他罪的规定，依法追究刑事责任。

文艺、体育单位经未成年人的父母或者其他监护人同意，可以招用不满 16 周岁的专业文艺工作者、运动员。用人单位应当保障被招用的不满 16 周岁的未成年人的身心健康，保障其接受义务教育的权利。文艺、体育单位招用不满 16 周岁的专业文艺工作者、运动员的办法，由国务院劳动保障行政部门会同国务院文化、体育行政部门制定。

学校、其他教育机构以及职业培训机构按照国家有关规定组织不满 16 周岁的未成年人进行不影响其人身安全和身心健康的教育实践劳动、职业技能培训劳动，不属于使用童工。

|第二十三章|
劳动权利

　　劳动权利，又称为劳动权，在狭义上通常是指具有劳动能力的公民所享有的获得劳动就业机会并按照劳动的数量和质量取得报酬的权利；在广义上通常与宪法层面的劳动权利是一致的，一般包括上述狭义的劳动权利和与劳动直接相关的其他权利。

　　劳动者权利，又称为劳工权利，还被简称为"劳权"，是指近现代产业关系中的劳动者（被雇用者）所享有的、以就业和劳动报酬权利为基础的全部经济、政治和社会权利的总体。它与劳动权利在内涵和外延上有所区别。在官方的正式表述中，公民的劳动权利与劳动者的权益（权利）也是不同的。

　　《中华人民共和国劳动法》规定了劳动者在劳动关系中的各项权利，主要有以下几个方面。

　　（1）劳动者有平等就业的权利，是指具有劳动能力的公民有获得职业的权利。劳动是人们生活的第一个基本条件，是创造物质财富和精神财富的源泉。劳动就业权是有劳动能力的公民获得参加社会劳动和切实保证按劳取酬的权利。公民的劳动就业权是公民享有其他各项权利的基础。

（2）劳动者有选择职业的权利，是指劳动者根据自己的意愿选择适合自己才能、爱好的职业。劳动者拥有自由选择职业的权利，有利于劳动者充分发挥自己的特长，促进社会生产力的发展。劳动者在劳动力市场上作为就业的主体，具有支配自身劳动力的权利，可根据自身的素质、能力、志趣、爱好和市场资讯，选择用人单位和工作岗位。

（3）劳动者有取得劳动报酬的权利。随着劳动制度的改革，劳动报酬成为劳动者与用人单位所签订的劳动合同的必备条款。劳动者付出劳动，依照合同及国家有关法律取得报酬，是劳动者的权利。而及时定额地向劳动者支付工资，则是用人单位的义务。用人单位违反这些应尽的义务，劳动者有权依法要求有关部门追究其责任。

（4）劳动者有权获得劳动安全卫生保护的权利。这能保证劳动者在劳动中的生命安全和身体健康，是对享受劳动权利的主体切身利益最直接的保护。这方面包括防止工伤事故和职业病。

（5）劳动者享有休息的权利。我国《宪法》规定，劳动者有休息的权利，国家发展劳动者休息和休养的设施，规定职工的工作时间和休假制度。

（6）劳动者享有社会保险和福利的权利。疾病和年老是每一个劳动者都不可避免的。社会保险是劳动力再生产的一种客观需要。我国《劳动法》规定，劳动保险包括养老保险、医疗保险、工伤保险、失业保险、生育保险等。

（7）劳动者有接受职业技能培训的权利。我国《宪法》规定，公民有受教育的权利和义务。所谓受教育，既包括受普通教育，也包括受职业教育。公民要实现自己的劳动权，必须拥有一定的职业技能，而要获得这些职业技能，越来越依赖于专门的职业培训。

（8）劳动者有提请劳动争议处理的权利。劳动争议是指劳动关系当事人，因执行《劳动法》或履行集体合同和劳动合同的规定引起的争议。劳动关系当事人作为劳动关系的主体，各自存在着不同的利益，双方不可避免地会产生分歧。用人单位与劳动者发生劳动争议，劳动者可以依法申请调解、仲裁、提起诉讼。

第二十四章
劳动报酬

《中华人民共和国宪法》第四十二条规定，中华人民共和国公民有劳动的权利和义务。国家通过各种途径，创造劳动就业条件，加强劳动保护，改善劳动条件，并在发展生产的基础上，提高劳动报酬和福利待遇。

《中华人民共和国劳动法》第四十六条第一款规定："工资分配应当遵循按劳分配原则，实行同工同酬。"这是对工资分配原则的高度概括。这一规定不仅体现了社会主义的优越性，而且反映了发展市场经济的要求，完全符合我国宪法关于工资分配的原则。

按劳分配，是指工资要按照劳动者在劳动过程中付出的劳动及取得的劳绩进行分配，多劳多得，少劳少得，不劳不得。按劳分配是以公有制为主体的社会主义制度的基本特征之一，是在公有制条件下劳动者对生产资料所有权的具体实现形式。

第一节　劳动报酬概述

劳动报酬是指用人单位在一定时期内直接支付给本

单位全部从业人员的劳动报酬总额。包括职工工资总额和本单位其他从业人员的劳动报酬总额两部分。

《关于工资总额组成的规定》（国家统计局1990年第一号令）第四条指出，工资总额由下列六个部分组成：① 计时工资；② 计件工资；③ 奖金；④ 津贴和补贴；⑤ 加班加点工资；⑥ 特殊情况下支付的工资。

职工工资总额是指本单位在一定时期内直接支付给本单位全部职工的劳动报酬总额。

其他从业人员的劳动报酬是指本单位在一定时期内直接支付给本单位其他从业人员的全部劳动报酬。包括支付给再就业离退休人员的劳动报酬和外籍、港、澳、台人员的劳动报酬总额。

企业向职工支付的工资是指用人单位依据劳动合同的规定，以各种形式支付给劳动者的劳动报酬。按照国家统计局对工资总额口径的规定，劳动报酬划分为工资内收入和工资外收入。

工资内收入是劳动者的主要收入来源和途径，是劳动的报酬，是补偿劳动力的消耗，是维持劳动力的再生产以及保证劳动者提高自身素质和劳动技能的物质基础。

工资外收入是劳动者在工资以外从企业内外获得的各种收入，是工资收入的补充形式。劳动者从企业获得的工资外收入，是企业对职工工资收入的补充支付，而从企业外获得的工资外收入，是工薪劳动者提高自身生活水平的其他收入来源。

劳动者从企业获得的工资外收入主要包括福利收入、劳动保护收入、资产性收入（主要是股息和股金分红）及其他收入（包括承租人的风险补偿收入、午餐补贴、出国置装费、出差补贴等）。

从企业之外获得的工资外收入，主要包括：① 劳动收入，如劳动者从事第二职业获得的兼职收入、个人发明收入、专利收入、技术转让收入、顾问咨询服务收入、教育培训服务收入、稿费收入等；② 非劳动收入，如出租土地、房屋获得的地租收入，资产性收入（存款利息、债券利息、股票收入等），风险收入、机遇收入（如博彩）等。

第二节　企业工资宏观管理

企业工资的宏观管理是国民经济宏观管理的重要组成部分。加强企业工资的宏观管理，正确处理企业工资收入问题，科学地编制企业工资计划，恰当地安排企业职工的收入水平，综合运用工资收入分配这个经济杠杆，对于调节企业和广大职工的积极性，促进国民经济持续、快速、协调发展，改善人民生活和安定社会秩序，都具有十分重要的意义，也是政府管理工资分配的重要职能。

一、国家对工资总量实行宏观调控

工资总量是指一定时期内国民生产总值用于工资分

配的总数量。国家对工资总量实行宏观调控是指国家用法律的、经济的以及必要的行政手段，对工资分配关系进行干预和调整，从而把微观分配活动纳入国民经济宏观发展的道路，及时纠正工资分配中偏离目标的倾向，以保证工资增长的正常速度和合理比例。国家对工资总量实行宏观调控，是市场经济条件下政府经济管理的重要组成部分，这是由市场经济本身所固有的局限性和我国经济体制转轨时期的特殊要求决定的。

对工资总量进行宏观调控的任务，主要是通过工资立法、制定中长期工资增长计划、制定工资指导线等方式，引导用人单位和劳动者在进行集体谈判确定工资水平时，将工资增长幅度保持在一定范围内，以实现工资增长控制在与经济增长和劳动生产率增长相适应的目标上。同时强化个人收入所得税调节社会收入分配的功能，调节过高收入，以实现社会收入分配公平。

工资总量宏观调控的内容主要包括如下几方面。

（1）界定工资总额。工资总额是指在一定时期和一定范围内，用人单位支付给全体职工的各种形式劳动报酬的总额。国家界定工资总额的主要方式是用法规的形式明确规定工资总额的范围和组成项目，在全国范围内统一工资总额的统计口径。

（2）调控地区、部门（行业）工资水平。其主要方式包括工资计划、工资指导线和工资指导价位。

（3）调控用人单位工资总额。现阶段，调控用人单位工资总额的主要方式包括工资总额与经济效益挂钩、工资总额包干、工资总额计划指标控制、工资总额考核控制等。

《中华人民共和国劳动法》第四十七条规定："用人单位根据本单位的生产经营特点和经济效益，依法自主确定本单位的工资分配方式和工资水平。"沈阳市企业工资分配自主权主要包括如下几方面。

（1）企业有权在遵循国家有关规定的工资总额增长幅度低于实现税利增长幅度、职工平均实际工资增长幅度低于劳动生产率增长幅度的"两低于"的前提下，自主决定使用应提取的工资总额。各种不同类型的企业应提取的工资总额，按下列办法分别确定：

① 以公有制投资为主体，实行工资总额同经济效益挂钩办法的企业，根据人力资源和社会保障、财政部门核定的工资总额基数、经济效益指标基数和挂钩浮动比例，按企业经济效益的实际情况提取工资总额，并留足工资储备金后，可自主安排使用；

② 实行工资总额包干的企业，按人力资源和社会保障部门核定的工资总额包干数提取工资并自主使用，增人不增工资，减人不减工资；

③ 各类股份制企业，由企业自主确定年度工资总额计划并安排使用；

④ 其他企业由人力资源和社会保障部门核定其年度工资总额计划，并要努力创造条件向前几类企业过渡；

⑤ 外商投资企业由董事会依据国家有关规定自主确定工资总额使用计划；

⑥ 新组建企业，根据沈阳市发布的劳动力市场工资指导价位及行业平均工资水平核定工资总额使用计划；

⑦ 在沈单位及其下属企业的工资总额使用计划在上级主管部门没有下达前，由人力资源和社会保障行政部门按上年实发数额核入"工资总额使用手册"，待上级下达计划后进行调整。

（2）企业可以根据生产经营及职工劳动特点，自主确定工资制度。

（3）企业可以按照国家有关政策和法律规定，自主确定适合本企业特点的具体工资形式。

目前，国家对国有企业的工资宏观调控和管理主要有以下几方面。

（1）工资总额管理。政府对企业工资总额的增长进行宏观调控，主要是对企业实行工效挂钩制度，即推行工资总额同经济效益指标挂钩。

（2）对经营者工资的管理。对国有企业经营者的工资发放办法以及工资水平须经有关部门审核批准。今后国家还将对经营者的工资收入进行改革，实行经营者年薪办法。

（3）实行"工资总额使用手册"办法。国有企业的"工资总额使用手册"须到劳动部门审核签章，若无签章银行可拒绝支付工资。

（4）对国有企业工资收入实行监督检查制度。政府有关部门对企业工资内收入和工资以外收入情况，根据国家的法律、法规和政策对其实施监督检查。若发现企业违反规定可进行处罚。

（5）实行个人收入所得税制度。

沈阳市普遍执行"工资总额使用手册"制度，各种类型的企业使用工资总额手册作为工资支付凭证。对于国有及国有控股企业中实行工资总额与经济效益挂钩的企业，在依据企业效益提取工资总额限量内，企业自主编制工资总额使用计划并核入工资手册中；未实行工资总额与经济效益挂钩的国有及国有控股企业，依据工资增长低于效益增长的原则核定工资总额；新办国有及国有控股企业，根据沈阳市发布的劳动力市场工资指导价位及行业平均工资水平核定。

二、工资总额管理体制和审批程序

国有及国有控股企业不论是否实行工效挂钩办法，沈阳市均采用工资总额使用手册的方法加强管理，采取了分级管理，明确了市、区县（市）的职责、管理范围。审批过程注重企业的经济效益状况、实际增长情况，按照工资增长低于效益增长的原则，并参考沈阳市社会平均工资增长幅度、行业平均工资水平核定国有企业的工资总额。

第三节 工资支付与保障

1995 年封存企业工资标准后，企业内部分配主要由企业自主决定，但当时多数企业职工晋升工资的机制尚未建立。

为解决这一问题，沈阳市从 2000 年按照国家及省的有关要求，开始研究最低工资保障制度、工资集体协商制度、工资指导线制度、劳动力市场工资指导价位制度、企业人工成本制度、工资总额管理制度、企业工资内外收入监督检查制度及企业内部工资分配制度，保障了劳动关系双方的合法权益，促进了劳动关系的和谐稳定。

一、最低工资保障制度

《中华人民共和国劳动法》第四十八条规定："国家实行最低工资保障制度。最低工资的具体标准由省、自治区、直辖市人民政府规定，报国务院备案。"这是在我国法律中第一次作出实行最低工资保障制度的规定，它对于保护劳动者的切身利益，具有重要的现实意义和深远的历史意义。

最低工资是指劳动者在法定工作时间或依法签订的劳动合同约定的工作时间内提供了正常劳动的前提下，用人单位依法应支付的最低劳动报酬。

为维护劳动者获得劳动报酬的权利，保证劳动者个人及其家庭成员的基本生活，根据《国务院办公厅转发劳动保障部等部门关于做好提高三条社会保障线水平等有关工作意见的通知》和辽宁省人民政府《关于沈阳市调整企业最低工资标准的批复》，经沈阳市政府同意，发布沈阳市企业最低工资标准的通知，并印发《沈阳市企业最低工资实施细则》的通知。沈阳市从 2000 年起先后 4 次制定和调整市最低工资标准。到 2007 年底，沈阳市 2 个开发区、9 个市区执行的月最低工资标准为 700 元，小时最低工资标准的 7.2 元；4 个县执行的月最低工资标准为 600 元，小时最低工资标准为 5.9 元。

二、工资集体协商制度

工资集体协商是市场经济国家企业自主确定工资分配方式和工资水平的一项基本制度，也是市场经济国家确定企业人员工资的通行做法。工资集体协商，是指职工代表与企业代表依法就企业内部工资分配制定、工资分配形式、工资收入水平等事项进行平等协商，在协商一致的基础上签订工资协商的行为。推行工资集体协商制度是实现企业自主分配、建立企业内部工资决定制衡机制的有效途径，是保障企业职工合法权益、促进劳动关系和谐稳定的重要举措。

近年来，沈阳市人社局与市总工会、市企业家管理协会等部门在推进企业工资集体协商方面，作了积极的探索和研究，根据国家劳动和社会保障部《工资集体协商试行办法》（2000 年第 9 号令）精神，下发了《关于印发〈建立企业工资集体协商制度指导意见〉的通知》，2007 年沈阳市政府颁布了 73 号令，发布了《沈阳市集体合同规定》，明确了工资集体协商的原则、方法、程序和争议处理等内容，并在 150 户企业开展工资集体协商试点工作的基础上逐步向面上推开，目前开展工资集体协商的企业近 2000 户。

三、工资指导线制度

工资指导线制度是市场经济体制国家对企业工资收入分配进行宏观调控的一种重要制度。制定工资指导线是为企业提供工资增长信号，引导企业在生产发展、经济效益提高的基础上，合理确定工资增长幅度，并为企业进行工资集体协商确定工资提供重要依据。

工资指导线制度是根据近十年的工资及国民经济指标的历史数据，运用数学线性回归模型，合理计算，确定年度企业工资增长幅度的一种制度。沈阳市从 1999 年起全面试行企业工资指导线制度。

四、劳动力市场工资指导价位制度

劳动力市场工资指导价位制度，是劳动行政部门按照国家统一规范要求，定期对各类企业中的不同职位（工种）的工资水平进行调查、分析、汇总、加工，形成各类职业（工种）的工资价格（包括高位数、低位数、平均数），向社会公开发布，为社会提供劳动力市场价格信息的一种新的企业工资调控制度。它将市场机制引入企业内部分配，指导企业合理确定职工工资水平和各类人员工资关系，为劳动力供求双方商定工资水平和开展工资集体协商提供客观的市场参考标准。沈阳市从1999年开始，将调查样本覆盖全市各类企业和所有的职位（工种），建立规范化的信息采集制度，确保调查资料的及时、完整、准确，发挥工资指导价位对企业工资分配和劳动者就业的指导作用。

五、企业人工成本预警预测制度

企业人工成本预警预测制度，是通过对生产经营正常的企业提供的数据进行整理、汇总，计算出全市各行业的平均人工成本，经过分析确定行业人工成本的合理范围，对超出合理范围上限的企业，提出预警信号的一种制度。

企业人工成本（包括工资总额、职工的各种保险和福利费用及职工的教育费用、劳动保护费用、住房费用以及其他人工成本等）是企业一定时期内在生产经营活动中因使用劳动力所发生的各项直接和间接人工费用的总和，也是维系劳动力生产和再生产的必需费用，涉及劳动者的切身利益，关系到社会的安定。对人工成本进行最佳控制，是企业追求利益最大化的必然，也是政府帮助企业提高经济运行质量的重要内容之一。沈阳市从

1999 年开始建立企业人工成本预警预测制度，加强企业人工成本统计、分析、管理，收集周边地区企业人工成本资料，定期公布行业人工成本信息，对人工成本不尽合理的企业及时发出预警通知，引导企业处理好职工利益、人工成本和企业效益之间的关系。

沈阳市从 2000 年开始，每年发布企业工资指导线、劳动力市场工资指导价位和企业人工成本状况三个指导性文件，并通过媒体、网站等方式向社会公布。三个指导性文件的发布为企业合理调整工资增长幅度，确定企业内部各职位（工种）的工资标准，理顺企业内部各类人员之间的工资分配关系，加强人工成本管理，合理确定工资总量提供了重要依据。同时为劳动者择业提供了参考标准。

六、工资总额管理制度

为了加强国家对企业工资分配的宏观调控，指导企业建立与现代企业制度相适应的工资分配制度，沈阳市根据《劳动部、中国人民银行关于各类企业全面实行〈工资总额使用手册〉制度的通知》（劳部发〔1994〕539 号），开展了工资手册审核管理工作。主要体现在：一是全市普遍执行工资总额使用手册制度，每年换发工资手册三万余本；二是工资总额使用手册作为工资支付凭证，已成为地税和社保部门审核保险费用的主要依据；三是加强工资总额使用手册管理，一定程度上起到了调节各行业工资分配差距过大的作用。

（1）坚持使用工资总额手册作为支付工资的凭证。沈阳市每年对工资基金管理提出修改意见并与银行会签，取得银行的支持。

（2）工资手册管理坚持与宏观调控类型相协调，形成分级分类管理新格局。沈阳市人社局每年制发了《关于工资手册核定办法》，改变市直接审核各项工资的制度，采取了分级管理，明确了市、区、县（市）的管理职责、管理范围。在分类管理上对不同类型企业采取不同的管理办法，做到既有利于实行监控指导，又方便企业落实分配自主权。

（3）加强工资总额使用计划审核。以公有制投资为主体，实行工资总额与经济效益挂钩的企业，在依据企业效益提取工资总额限量内，企业自主编制工资总额使用计划；未实行工资总额与经济效益挂钩的企业，依据"两低于"原则核定工资总额；外商投资企业由董事会依据国家有关规定自主决定；民营、私营企业由企业自主确定；新办国有控股企业，根据沈阳市发布的劳动力市场工资指导价位及行业平均工资水平核定。

（4）加强工资分配方案备案管理。沈阳市市属企业集团负责所属企业工资总额使用计划的落实，年末前将"企业集团及所属企业工资总额计划备案表"报沈阳市人社局，经认定后填入企业"工资手册"。在执行工资总额使用计划中，遇有合理因素发生变化，可在第三季度进行调整。

中央在沈单位及其下属企业的工资总额使用计划在上级主管部门没有下达前，由在沈单位参考上年实际数额填"企业集团及所属企业工资总额计划备案表"报沈阳市人社局核入"工资手册"，待上级下达计划后进行调整。

七、工资内外收入监督检查制度

建立健全和完善企业工资收入分配监督检查制度。进一步完善企业工资收入分配的监督检查制度，由劳动、财政、税务、审计、人民银行等行政部门共同组成检查组，定期和不定期开展检查。采用企业自查、行政抽查和社会中介机构审计以及劳动监察等多种形式，对企业工资列支渠道、工资分配总量和水平以及工资支付行为进行检查。根据《劳动法》和国家有关工资分配的各项法规，对违反工资法规、规章的行为依法惩处，维护企业所有者和劳动者的合法权益，依法规范企业工资收入分配行为。

每年，在沈阳市范围内开展工资内外收入监督检查，纠正工资管理调控中出现的问题，完善第二年工资手册管理办法。

八、企业内部工资分配制度

为贯彻落实党的十五届四中全会通过的《关于国有

企业改革和发展的若干重大问题的决定》精神，逐步建立与现代企业制度相适应的工资分配制度，实现"市场机制决定，企业自主分配，职工民主参与，政府监控指导"的工资改革工作目标，沈阳市于 2000 年印发了《进一步深化企业工资分配制度改革的意见》的通知，提出加强工资分配政策指导，推进企业工资决定机制改革。要求深化企业内部工资分配制度改革遵循五项原则：（1）坚持与企业经济效益紧密联系原则；（2）坚持以按劳分配为主体，多种分配形式并存的原则；（3）坚持激励充分，约束严明原则；（4）坚持职工民主参与的原则，即企业内部工资收入分配制度的建立和重大分配办法的制定，必须首先征求职工的意见，经过工会或职工代表大会讨论通过之后实行；（5）坚持正确处理按劳分配与按生产要素分配的原则，遵循国家有关法律法规，既要维护劳动者的合法权益，体现按劳分配原则，又要维护出资人的合法收益。同时提出建立企业工资指导线制度、劳动力市场工资指导价位制度、企业人工成本预警预测制度和企业工资收入分配监督检查制度。

|第二十五章|
劳动人事争议处理

第一节　劳动人事争议仲裁制度概述

一、劳动争议仲裁制度概述

1949 年 11 月，中华全国总工会为了及时合理地解决当时私营企业中存在的劳资争议，制定了《关于劳资关系暂行处理办法》，其中第 27 条对劳动争议的协商、调解、仲裁和法院审判的处理程序作了规定。中央劳动部门也专门设立了劳动争议调处司。1950 年 6 月，劳动部发布了《劳动争议仲裁委员会组织及工作规则》。据此，各地区由劳动部负责聘请总工会、工商行政部门、工商联的代表组成了劳动争议仲裁委员会，担负起劳动争议案件的仲裁工作。同年 10 月，劳动部又发布了《关于劳动争议解决程序的规定》。该规定处理的劳动争议包括一切国营、公营、私营、公私合营及合作社经营的企业中因雇用、解雇、工资、工时、生活待遇、奖罚、劳动保险、劳动保护，以及因执行劳动纪律、工作规则、劳动合同等发生的劳动争议。1954 年，劳动部就国家机关、人民团体、学校、卫生等非企业单位的劳动争议的解决发出指示，上述争议由单位和上级主管行政部门处理；无法解决时，可直接向人民法院起诉处理。这两项规章和有关规定的贯彻、落实，使我国的劳动争议处理制度初步建立，并在协调劳动关系中取得可喜的成绩。据不完全统计，1950—1954 年，全国 31 个城市的劳动争议处理机构共处理劳动争议 20 多万件，有力地保证了资本主义工商业的社会主义改造，推动了社会主义经济建设。

随着我国经济体制改革和劳动制度改革的发展，中断了 30 年的劳动争议仲裁制度于 1986 年得以恢复。1986 年 4 月，中共中央、国务院在《关于认真执行改革劳动制度几个规定的通知》中，要求各地区要十分注意做好劳动争议问题的处理工作。同年 7 年，国务院在《关于发布改革劳动制度 4 个暂行规定的通知》中进一步提出，要加强劳动人事部门的组织建设，相应地建立劳动争议仲裁机构。根据上述精神，1987 年 7 月 31 日，国务院发布了《国营企业劳动争议处理暂行规定》（以下简称《暂行规定》）。同年 10 月，在党的十三大报告中，又正式提出要"建立劳动仲裁制度"。经过 6 年的实践，证明劳动争议仲裁制度的恢复和发展，为推进我国劳动法制建设，保证劳动、工资、保险三项制度改革，推动企业思想政治工作，保护劳动关系双方的合法权益，促进社会治安的综合治理和劳动关系的良好发展发挥了积极作用。6 年多的仲裁实践也证明,《暂行规定》已远不能满足社会发展的需要。1993 年 8 月 1 日《中华人民共和国企业劳动争议处理条例》(以下简称《条例》)的颁布实施,标志着我国劳动争议处理制度进入了一个新的发展时期。2008 年 1 月 1 日《劳动合同法》颁布,2008 年 5 月 1 日《劳动争议调解仲裁法》实施,表明我国劳动法制建设迈出了新的步伐。

二、人事争议仲裁制度概述

1996 年 5 月 24 日国家人事部下发了《人事部关于成立人事部人事仲裁公正厅有关问题的通知》,1997 年 8 月 8 日人事部发布了《人事争议处理暂行规定》,1999 年 9 月 6 日人事部下发了《人事争议处理办案规则》和《人事争议仲裁员管理办法》,这便是我国人事争议仲裁的提出与行政设立。人事争议仲裁制度是对人事管理活动中产生的人事纠纷由人事管理的行政权力与司法程序相结合进行依法调解和裁决而进行约束的一种管理方式。它具有保障权益、维护稳定、化解矛盾、减少诉讼压力等重要作用。

第二节 企业劳动争议调解制度

《劳动合同法》已于 2008 年 1 月 1 日起实施,《劳动争议调解仲裁法》也于 2008 年 5 月 1 日起实施。它们的出台，对保护劳动者的合法权益、构建和谐稳定的企业劳动关系，起着十分重要的作用。《劳动争议调解仲裁法》规定，可以先通过企业劳动争议调解委员会调解解决。

一、建立和完善企业调解委员会

设有分支机构的企业调解委员会委员应当由公道正派，联系群众，热心调解工作，具有一定劳动法律知识、政策水平和文化水平的成年公民担任。调解委员会应当由职工代表、企业代表和企业工会代表三方代表组成。职工代表由工会成员担任或由全体职工推举产生，企业代表由企业负责人指定，企业工会代表由企业工会委员会指定。各方推举或指定的代表只能代表一方参加调解委员会。调解委员会组成人员的具体人数由职工代表大会提出并与企业法定代表人协商确定。企业代表的人数不得超过调解委员会成员总数的三分之一。没有成立工会组织的企业，调解委员会的设立及其组成由职工代表与企业代表协商决定。调解委员会主任由工会成员或双方推举的人员担任。调解委员会的办事机构设在企业工会。

二、调解内容、职责和原则

企业劳动争议调解委员会的工作接受企业所在地方工会（或行业工会）和地方劳动争议仲裁委员会（以下

简称仲裁委员会）的指导。企业劳动争议调解主要调解以下劳动争议：一是因企业开除、除名、辞退职工和职工辞职、自动离职发生的争议；二是因执行国家有关工资、社会保险、福利、培训、劳动保护的规定发生的争议；三是因履行劳动合同发生的争议；四是法律、法规规定应当调解的其他劳动争议。企业劳动争议调解委员会的主要职责：一是调解本企业内发生的劳动争议；二是检查督促争议双方当事人履行调解协议；三是对职工进行劳动法律、法规的宣传教育，做好劳动争议的预防工作。调解委员会调解劳动争议应当遵循以下原则：一是当事人自愿申请，依据事实及时调解；二是对当事人在适用法律上一律平等；三是同当事人民主协商；四是尊重当事人申请仲裁和诉讼的权利。企业调解委员会调解劳动争议未达成协议的，当事人可以自劳动争议发生之日起一年内，向仲裁委员会申请仲裁。

三、调解程序和方法

企业劳动争议调解应当按照以下程序进行。一是当事人申请劳动争议调解可以书面申请，也可以口头申请。口头申请的，调解组织应当当场记录申请人基本情况及申请调解的争议事项、理由和时间。二是调解委员会接到调解申请后，应征询对方当事人的意见，对方当事人不愿调解的，应作好记录，在三日内以书面形式通知申请人。三是调解委员会应在四日内作出受理或不受理申请的决定，对不受理的，应向申请人说明理由。四是对调解委员会无法决定是否受理的案件，由调解委员会主任决定是否受理。五是发生劳动争议的劳动者一方在 10 人以上，并有共同请求的，可以推举代表参加调解活动。

企业劳动争议调解方法如下。一是企业劳动争议调解委员会主任应及时指派调解委员对争议事项进行全面调查核实，调查应作笔录，并由调查人签名或盖章。二是调解委员会主任主持召开有争议双方当事人参加的调解会议，有关单位和个人可以参加调解会议协助调解。三是经调解达成协议的，制作调解协议书，双方当事人应自觉履行。达成调解协议后，一方当事人在协议约定期限内不履行调解协议的，另一方当事人可以依法申请仲裁。因支付拖欠劳动报酬、工伤医疗费、经济补偿或者赔偿金事项达成调解协议，用人单位在协议约定期限内不履行的，劳动者可以持调解协议书依法向人民法院申请支付令。人民法院应当依法发出支付令。

第三节　劳动人事争议仲裁制度主要内容

一、劳动争议仲裁制度主要内容

《劳动法》《劳动合同法》《劳动争议调解仲裁法》规定，处理劳动争议，应当遵循下列原则：①调解，及时处理；②在查清事实的基础上，依法处理；③当事人在适用法律上一律平等。

1. 独立办案

《劳动人事争议仲裁组织规则》第二条规定，劳动人事争议仲裁委员会由人民政府依法设立，专门处理劳动、人事争议案件。

2. 必经仲裁

必经仲裁即经过申请仲裁，不服从仲裁决定或仲裁裁决时，当事人方具有向人民法院起诉的权利。

3. 一裁终局

一裁终局即一级一裁为终局裁决的裁决制度。

4. 合议庭制度

合议庭制度即非简单的案件实行仲裁庭"少数服从多数"和合议制度。

5. 合法、合理、合情的原则

合法、合理、合情的原则即处理好法律规范与集体协议、劳动合同和企业规章的关系；处理好法律规范与伦理道德和民间习惯的关系。

二、人事争议仲裁制度的主要内容

人事争议仲裁制度的主要内容如下：

一是以事实为依据，以法律为准绳的原则；

二是当事人在仲裁中的地位一律平等的原则；

三是及时、公正、合理的原则。

第四节　劳动人事争议诉讼制度

劳动人事争议诉讼制度，是人民法院终局审理劳动人事争议案件原则在劳动人事争议处理过程中的实际运用，是我国司法审判制度的组成部分。这就从根本上将劳动人事争议的处理工作纳入了法制的轨道，以法的强制性保证彻底解决劳动人事争议诉讼。与此同时，给予不服劳动人事仲裁机关裁决的当事人以求助司法的权利，这也充分体现了我国宪法中公民的基本权利原则。

国家人力资源和社会保障部公布了《劳动人事争议仲裁办案规则》，从 2009 年 1 月 1 日开始实施。

一、仲裁时效

《劳动争议调解仲裁法》将《劳动法》中"应当自劳动争议发生之日起六十日内向劳动争议仲裁委员会提出书面申请"改为一年，"仲裁时效期间从当事人知道或者应当知道其权利被侵害之日起计算"，并允许时效中断、中止的情形。即仲裁时效"因当事人一方向对方当事人主张权利，或者向有关部门请求权利救济，或者对方当事人同意履行义务而中断。从中断时起，仲裁时效期间重新计算"，"因不可抗力或者有其他正当理由"中止，"从中止时效的原因消除之日起，仲裁时效期间继续计算"。劳动关系存续期间因拖欠劳动报酬发生争议的，

仲裁时效不受一年期间的限制；劳动关系终止的，应当
自劳动关系终止之日起一年内提出。

二、用人单位的举证责任

劳动争议案件原则上遵循民事诉讼中"谁主张、谁
举证"的一般举证原则。《最高人民法院关于审理劳动争
议案件适用法律若干问题的解释》第十三条规定："因用
人单位作出的开除、除名、辞退、解除劳动合同、减少
劳动报酬、计算劳动者工作年限等决定而发生劳动争议
的，用人单位负举证责任。"《工伤保险条例》第十九条
第二款规定："职工或者其近亲属认为是工伤，用人单位
不认为是工伤的，由用人单位承担举证责任。"《劳动人
事争议仲裁办案规则》第十七条规定："与争议事项有关
的证据属于用人单位掌握管理的，用人单位应当提供；
用人单位不提供的，应当承担不利后果。"《劳动争议调
解仲裁法》第三十九条第二款规定："劳动者无法提供由
用人单位掌握管理的与仲裁请求有关的证据，仲裁庭可
以要求用人单位在指定期限内提供。用人单位在指定期
限内不提供的，应当承担不利后果。"

三、仲裁与诉讼程序的衔接

《中华人民共和国劳动法》第八十三条规定："劳动
争议当事人对仲裁裁决不服的，可以自收到仲裁裁决书
之日起十五日内向人民法院提起诉讼。"

1. 向人民法院申请支付令

因支付拖欠劳动报酬、工伤医疗费、经济补偿或者赔偿金事项达成调解协议，用人单位在协议约定期限内不履行的，劳动者可以持调解协议书，依法向人民法院申请支付令。人民法院应当依法发出支付令。

2. 部分案件一裁终局

追索劳动报酬、工伤医疗费、经济补偿或者赔偿金，不超过当地月最低工资标准12个月金额的争议；因执行国家的劳动标准在工作时间、休息休假、社会保险等方面发生的争议，除调解仲裁法另有规定的外，仲裁裁决为终局裁决。用人单位不得就仲裁裁决向法院起诉，但劳动者对仲裁裁决不服的，仍可以自收到仲裁裁决书之日起十五日内向人民法院提起诉讼。

3. 仲裁超过期限可以直接起诉

《劳动争议调解仲裁法》第四十三条规定："仲裁庭裁决劳动争议案件，应当自劳动争议仲裁委员会受理仲裁申请之日起四十五日内结束。案情复杂需要延期的，经劳动争议仲裁委员会主任批准，可以延期并书面通知当事人，但是延长期限不得超过十五日。逾期未作出仲裁裁决的，当事人可以就该劳动争议事项向人民法院提起诉讼。"此外，劳动争议案件仲裁委员会逾期未作出受理或不受理决定或决定不予受理的，申请人可以就该争议向法院起诉。

第五节　六方协商机制的主要内容

依据国家人社部于 2010 年 1 月 19 日公布的《劳动人事争议仲裁组织规则》（第 5 号令），组建了沈阳市劳动人事争议仲裁委员会。确定沈阳市劳动人事争议仲裁委员会由中共沈阳市委组织部、沈阳市人力资源和社会保障局、沈阳市总工会、沈阳市国资委、沈阳市企业联合会/企业家协会、沈阳警备区联合组成。主任由沈阳市人力资源和社会保障局局长担任。

一、仲裁委员会的职责

仲裁委员会的职责如下：
（1）聘任、解聘专职或者兼职仲裁员；
（2）受理争议案件；
（3）讨论重大或者疑难的争议案件；
（4）对仲裁活动进行监督。

二、仲裁委员会例会制度

仲裁委员会应当每年至少召开两次全体会议，研究本委职责履行情况和重要工作事项。仲裁委员会主任或者三分之一以上的仲裁委员会组成人员提议召开仲裁委员会会议的，应当召开。仲裁委员会的决定实行少数服从多数的原则。

三、实体化办事机构的设置

沈阳市劳动人事争议仲裁委员会下设办公室和仲裁院。办公室设在市人力资源和社会保障局调解仲裁管理处，负责承担本级委员会的指导、管理、培训、协调、监督等日常事务工作。仲裁院设在市人力资源和社会保障局，负责承担本级委员会劳动人事争议案件的调解仲裁工作。

四、允许兼职仲裁员办案

仲裁委员会组成单位可以派兼职仲裁员常驻办事机构，参与争议调解仲裁活动。

|第二十六章|
劳动保障监察

第一节　劳动保障监察概述

一、劳动保障监察的概念

　　劳动保障监察是指劳动保障行政部门依法对本行政区域内的企业、个体经济组织、民办非企业单位，以及与劳动者签订劳动合同建立劳动关系的国家机关、事业单位、社会团体（统称用人单位）遵守劳动保障法律、法规的情况进行监督检查，并对违法行为依法进行处理的行政执法行为。

　　劳动保障监察是法律法规赋予劳动保障行政部门的一项重要职责。《劳动法》第八十五条规定："县级以上各级人民政府劳动行政部门依法对用人单位遵守劳动法律、法规的情况进行监督检查，对违反劳动法律、法规的行为有权制止，并责令改正。"《行政处罚法》第十五条规定："行政处罚由具有行政处罚权的行政机关在法定职权范围内实施。"《劳动保障监察条例》第三条规定：

"国务院劳动保障行政部门主管全国的劳动保障监察工作。县级以上地方各级人民政府劳动保障行政部门主管本行政区域内的劳动保障监察工作。"上述法律法规为劳动保障行政部门履行劳动和社会保障监察职责提供了法律依据。

二、劳动保障监察的主要特征

根据《劳动法》《劳动合同法》《劳动保障监察条例》的规定，劳动保障监察具有以下主要特征。

（1）劳动保障监察的性质是行政执法行为，具有专属性和强制性的特征，用人单位应当接受并配合劳动保障监察，不得拒绝或阻挠。《劳动保障监察条例》第六条规定："用人单位应当遵守劳动保障法律、法规和规章，接受并配合劳动保障监察。"

（2）劳动保障监察的执法主体是县级以上各级人民政府劳动保障行政部门。《劳动保障监察条例》第四条规定："县级、设区的市级人民政府劳动保障行政部门可以委托符合监察执法条件的组织实施劳动保障监察。"

（3）劳动保障行政处理或处罚决定是具有法律效力的具体行政行为，当事人应当在决定规定的期限内予以履行。《关于实施＜劳动保障监察条例＞若干规定》第四十一条规定："劳动保障行政处理或处罚决定依法作出后，当事人应当在决定规定的期限内予以履行。"

三、劳动保障监察的作用

劳动保障监察是《劳动法》确立的行政执法制度，必将伴随劳动保障法制的逐步健全而越来越重要。其重要作用主要体现在以下几方面。

（1）劳动保障监察是实施劳动和社会保障法律法规的重要保证。自《劳动法》颁布实施以来，劳动和社会保障法律法规不断完善。法的灵魂在于实施，"徒法不足以自行"，只有建立强有力的监察执法保障，法律法规才能落到实处；只有切实加强监察执法，督促用人单位自觉遵守，才能保证劳动保障法律法规的贯彻落实。

（2）劳动保障监察是推动劳动保障工作依法行政的重要内容。依法行政是建设社会主义法治国家的内在要求，加强劳动保障监察工作，是推进劳动保障工作依法行政的重要内容之一。

（3）劳动保障监察是监控人力资源市场的重要手段。当前，我国人力资源市场主体不合法、行为不规范的问题仍然比较突出。加大劳动保障监察执法力度，按照人力资源市场运行规则规范市场主体行为，取缔非法职业中介组织，打击职业介绍领域中的违法行为，规范人力资源市场秩序，维护市场主体的合法权益，不仅是劳动保障监察的一项重要职责，同时也是促进人力资源市场按照建设社会主义市场经济体制的要求健康发展的重要手段。

（4）劳动保障监察是维护劳动关系双方合法权益的有力保证。劳动保障监察是劳动保障行政部门调整用人单位和劳动者之间劳动关系的手段之一。通过开展监察执法，及时发现和纠正用人单位的违法用工行为，能够有效地预防和减少违法案件的发生，能够及时化解矛盾，预防和降低劳动争议和纠纷的发生，促进劳动关系的和谐稳定。

四、劳动保障监察的基本原则

1. 重在保护劳动者权益的原则

《劳动保障监察条例》（以下简称《条例》）规定，任何组织或者个人对违反劳动保障法律、法规或者规章的行为，有权向劳动保障行政部门举报，劳动者认为用人单位侵犯其劳动保障合法权益的，有权向劳动保障行政部门投诉。这些都体现了对劳动者权益的保护。

2. 合法原则

劳动保障监察执法工作涉及对用人单位的监察，因此，遵守合法原则尤为重要。

（1）监察执法主体及权限必须符合《条例》规定，违反规定的主体或超越权限实施监察都是无效的；

（2）实施监察必须正确适用《条例》及有关法律、法规和规章，适用法律错误将会构成实体上的违法；

（3）监察执法程序必须符合法律规定，违反法定程序规定，就构成程序违法。

3. 公开原则

公开原则要求劳动保障监察执法活动除法律有特殊规定外，应当向社会公开。

（1）劳动保障监察依据的法律、法规和规章都应当公布，未经公布，不得作为监察执法依据；

（2）劳动保障监察的职责及内容公开，《劳动保障监察条例》明确规定了监察的职责和检查的具体事项，同时，监察机构的举报、投诉电话、地址等也都应向社会公开；

（3）监察执法的程序和处理时限要公开，坚持公开原则使劳动保障监察工作不断提高透明度，通过全社会的监督，有助于预防和减少工作中的失误和偏差，规范监察执法行为。

4. 公正原则

坚持公正原则主要体现在劳动保障监察执法必须以事实为依据，以法律为准绳。

（1）在实施监察时，应当平等地对待所有行政相对人，不能因地域、性质不同而对行政相对人采取不同的标准。

（2）合理行使自由裁量权。严格按照违法情节和损害后果等因素确定具体罚款数额。

5. 高效、便民原则

劳动保障监察的高效便民原则，主要是在监察执法活动中创造条件，为用人单位和劳动者提供方便快捷的服务，尽可能不影响用人单位正常的生产和经营活动，及时处理违法行为。

6. 教育与处罚相结合原则

劳动保障监察在实施行政处罚时，必须遵循教育与处罚相结合这一基本原则。在监察执法活动中，大力开展法律法规的宣传和普及活动，帮助公民、法人和其他组织知法懂法和自觉守法。既要对用人单位的违法行为予以惩罚和制裁，又要通过教育使用人单位增强法制意识，达到双重功效。

7. 保障行政相对人权利原则

《劳动保障监察条例》明确规定，劳动保障行政部门对违反劳动保障法律、法规或者规章的行为作出行政处罚或者行政处理决定前，应当听取行政相对人的陈述和申辩，保障其充分行使权利；作出行政处罚决定或者行政处理决定后，应当告知行政相对人依法享有申请行政复议或者提起行政诉讼的权利。劳动保障行政部门和劳动保障监察员违法行使职权，侵犯用人单位、个人合法权益造成损害的，依法承担赔偿责任。

8. 监察执法与社会监督相结合的原则

在贯彻实施劳动保障法律法规的过程中，需要劳动保障行政部门与政府有关部门及社会组织相互支持、密切配合，共同推进劳动保障法律监督制度建设。

五、劳动保障监察的内容

《劳动保障监察条例》第十一条规定，劳动保障行政部门对下列事项实施劳动保障监察：

（1）用人单位制定内部劳动保障规章制度的情况；

（2）用人单位与劳动者订立劳动合同的情况；

（3）用人单位遵守禁止使用童工规定的情况；

（4）用人单位遵守女职工和未成年工特殊劳动保护规定的情况；

（5）用人单位遵守工作时间和休息休假规定的情况；

（6）用人单位支付劳动者工资和执行最低工资标准的情况；

（7）用人单位参加各项社会保险和缴纳社会保险费的情况；

（8）职业介绍机构、职业技能培训机构和职业技能考核鉴定机构遵守国家有关职业介绍、职业技能培训和职业技能考核鉴定的规定的情况；

（9）法律、法规规定的其他劳动保障监察事项。

六、劳动保障监察的范围

《劳动保障监察条例》规定，对企业和个体工商户进行劳动保障监察，适用本条例；对职业介绍机构、职业技能培训机构和职业技能考核鉴定机构进行劳动保障监察，依照本条例执行；对国家机关、事业单位、社会团体执行劳动保障法律、法规和规章的情况，由劳动保障行政部门根据其职责，依照本条例实施劳动保障监察。

同时，为了解决当前突出的非法用工主体侵犯劳动者合法权益的问题，《劳动保障监察条例》还规定，对无营业执照或者已被依法吊销营业执照，有劳动用工行为的，由劳动保障行政部门依照本条例实施劳动保障监察，并及时通报工商行政管理部门予以查处取缔。

第二节　劳动保障监察的管辖和职责

一、劳动保障监察的管辖

行政管辖权是行政主体之间就某一行政事务的首次处置所作的权限划分。劳动保障监察管辖，是指各级劳动保障行政部门之间对用人单位遵守劳动保障法律、法规和规章情况进行监督检查及对违反劳动保障法律、法规或者规章的行为进行行政处理的分工和权限划分。《劳动保障监察条例》确定的管辖形式如下。

1. 地域管辖

地域管辖是指同级劳动保障行政部门在行使劳动保障监察权上的横向权限划分。《劳动保障监察条例》第十三条第一款规定："对用人单位的劳动保障监察，由用人单位用工所在地的县级或设区的市级劳动保障行政部门管辖。"

2. 级别管辖

级别管辖是指不同级别的劳动保障行政部门实施劳动保障监察的分工和权限划分，是一种纵向划分。《劳动保障监察条例》第十三条第三款规定："省、自治区、直辖市人民政府可以对劳动保障监察的管辖制定具体办法。"

3. 指定管辖

《劳动保障监察条例》第十三条第二款规定："劳动保障行政部门对劳动保障监察管辖发生争议的，报请共同的上一级劳动保障行政部门指定管辖。"

4. 移送管辖

《劳动保障监察条例》规定，劳动保障行政部门对违反劳动法律、法规或者规章的行为，应作出处理，如果发现违法案件不属于劳动保障监察范围的，应当及时移送有关部门处理；涉嫌犯罪的，应当及时移送司法机关。

《辽宁省劳动监察条例》明确规定，中直、省直用人单位的劳动监察，由省劳动保障行政部门负责管辖。其他用人单位的劳动监察管辖由市人民政府确定。

二、劳动保障监察的职责

《劳动保障监察条例》第十条规定，劳动保障行政部门实施劳动保障监察，履行下列职责：

（1）宣传劳动保障法律、法规和规章，督促用人单位贯彻执行；

（2）检查用人单位遵守劳动保障法律、法规和规章的情况；

（3）受理对违反劳动保障法律、法规或者规章的行为的举报、投诉；

（4）依法纠正和查处违反劳动保障法律、法规或者规章的行为。

第三节　劳动保障监察的职权和形式

一、劳动保障监察的职权

（1）《劳动保障监察条例》第十五条规定，劳动保障行政部门实施劳动保障监察，有权采取下列调查、检查措施：

① 进入用人单位的劳动场所进行检查；

② 就调查、检查事项询问有关人员；

③ 要求用人单位提供与调查、检查事项相关的文件资料，并作出解释和说明，必要时可以发出调查询问书；

④ 采取记录、录音、录像、照相或者复制等方式收集有关情况和资料；

⑤ 委托会计师事务所对用人单位工资支付、缴纳社会保险费的情况进行审计；

⑥ 法律、法规规定可以由劳动保障行政部门采取的其他调查、检查措施。

劳动保障行政部门对事实清楚、证据确凿、可以当场处理的违反劳动保障法律、法规或者规章的行为有权当场予以纠正。

（2）《劳动保障监察条例》第十八条规定，劳动保障行政部门对违反劳动保障法律、法规或者规章的行为，根据调查、检查结果，作出以下处理：

① 对依法应当受到行政处罚的，依法作出行政处罚决定；

② 对应当改正未改正的，依法责令改正或者作出相应的行政处理决定；

③ 对情节轻微且已改正的，撤销立案。

二、劳动保障监察的形式

劳动保障监察的形式主要有日常巡视检查、审查用人单位按照要求报送的书面材料、接受举报投诉及专项执法检查等。

第四节　劳动保障监察的一般程序

一、立　案

劳动保障行政部门通过日常巡视检查、书面审查、举报投诉等发现用人单位有违反劳动保障法律的行为，需要进行调查处理的，应当及时立案查处。

立案应当填写立案审批表，报劳动保障监察机构负责人审查批准。劳动保障监察机构负责人批准之日即为立案之日。

二、调查取证

对已经立案的案件，应当及时组织调查取证。劳动保障监察员进行调查、检查，不得少于两人，并应当佩戴劳动保障监察标志，出示劳动保障监察证件。

三、处　理

调查总结，劳动保障行政部门对违反劳动保障法律、法规或者规章的行为，根据调查、检查的结果，作出以下处理：对依法应当受到行政处罚的，依法作出行政处罚决定；对应当改正未改正的，依法责令改正或者作出相应的行政处理决定；对情节轻微且已改正的，撤销立案。

四、制作行政处罚决定书

依法给予行政处罚的，应当制作行政处罚决定书。行政处罚决定书应当载明下列事项：

（1）当事人的姓名或者名称、地址；

（2）违反法律、法规或者规章的事实和证据；

（3）行政处罚的种类和依据；

（4）行政处罚的履行方式和期限；

（5）不服行政处罚决定，申请行政复议或者提起行政诉讼的途径和期限；

（6）作出行政处罚决定的行政机关名称和作出行政处罚决定的日期。

行政处罚决定书必须盖有作出行政处罚决定的行政机关的印章。

五、送　达

行政处罚决定书应当在宣告后当场交付当事人；当事人不在场的，行政处罚机关应当在 7 日内依照《民事诉讼法》的有关规定，将行政处罚决定书送达当事人。

第五节　用人单位的相关权利和义务

一、用人单位的相关权利

1. 陈述和申辩权

《行政处罚法》第三十二条规定："当事人有权进行陈述和申辩。行政机关必须充分听取当事人的意见，对当事人提出的事实、理由和证据，应当进行复核；当事人提出的事实、理由和证据成立的，行政机关应当采纳。"

2. 听证权

《行政处罚法》第四十二条规定："行政机关作出责

令停产停业、吊销许可证或者执照、较大数额罚款等行政处罚决定之前，应当告知当事人有要求举行听证的权利；当事人要求听证的，行政机关应当组织听证。"

3. 申请行政复议和提起行政诉讼的权利

《行政处罚法》明确规定，对行政处罚不服的，有权依法申请行政复议或者提起行政诉讼。

二、用人单位的义务

（1）根据《劳动法》和《劳动合同法》的规定，用人单位应当依法建立和完善劳动规章制度，保障劳动者享有劳动权利、履行劳动义务。

（2）《劳动保障监察条例》规定，用人单位应当遵守劳动保障法律、法规和规章，接受并配合劳动保障监察。

（3）《行政处罚法》规定，行政处罚决定依法作出后，当事人应当在行政处罚决定的期限内予以履行。

《关于实施〈劳动保障监察条例〉若干规定》规定，劳动保障行政处理或处罚决定依法作出后，当事人应当在决定规定的期限内予以履行。

|第二十七章|
农民工工作

第一节　农民工工作概述

一、农民工

农民工是指在本地乡镇企业或者进入城镇务工的农业户口人员，是介于农民和市民之间的一个被日益边缘化的新弱势群体，是我国改革开放和工业化、城镇化进程中涌现的一支新型劳动大军，已经成为我国产业工人的主体，使工人队伍结构发生了历史性的变化，是推动我国经济社会建设的重要力量。改革开放 30 多年来，亿万农民工以极大的热情和勇气，走出农村，进城务工或在乡镇企业就业，积极投身建设中国特色社会主义伟大事业，为城市创造了财富，为农村增加了收入，为城乡发展注入了活力，对我国现代化建设作出了重大贡献。

二、农民工问题

农民工处于中国社会的底层。他们干的是城里人不愿干的最苦、最累、最脏、最险的工作，工作时间最长，获得报酬最低。从事的行业主要是体力要求较高的房地建筑工、城市清洁和环境保护的操作工种、绿化养护的苗木工、居民家中的钟点工或保姆、厨师、服务员等工种。他们面临的问题十分突出，主要是：工资偏低，被拖欠现象严重；劳动时间长，安全条件差；缺乏社会保障，职业病和工伤事故多；培训就业、子女上学、生活居住等方面也存在诸多困难；经济、政治、文化权益得不到有效的保障。

三、农民工工作

为切实做好农民工工作，加强部门间的协调配合，国务院于 2006 年 3 月批准建立了农民工工作联席会议（以下简称联席会议）制度。同年 9 月，沈阳市也建立了农民工工作联席会议制度，成员由 31 个部门和单位组成，联席会议办公室设在市劳动保障局，负责农民工日常工作。从此改变了过去农民工工作多头管理、分散管理的模式。

2010 年 3 月，沈阳市人力资源和社会保障局基于市农民工工作联席会议制度办公室，设立了农民工工作处，该处的职责是：统筹协调落实国家关于农民工工作重大决策和部署，拟订我市农民工工作综合性政策和规划，维护农民工合法权益；督促检查农民工相关政策的落实，协调解决重点难点问题；协调处理涉及农民工的重大事件；指导、协调农民工工作信息建设。至此，沈阳市对于农民工的管理和服务进入正规化、常态化状况。

四、做好农民工工作的意义

农业劳动力向非农产业和城镇转移，是世界各国工业化、城镇化的一般规律，也是农业现代化的必然要求。我国正处在工业化、城镇化加快发展阶段，农村富余劳动力会越来越多地逐渐转移出来，大量农民工在城乡之间亦工亦农、流动就业的现象将长期存在。农民工问题事关我国经济和社会发展全局，他们的状况不仅关系到农村和城市的发展，而且关系到整个社会的稳定和发展。做好农民工工作，对于改革发展稳定的全局和顺利推进工业化、城镇化、现代化都具有重大意义。解决农民工问题是建设中国特色社会主义的战略任务。

第二节　维护农民工合法权益的主要内容

沈阳市维护农民工合法权益的主要内容如下。

（1）扩大农民工就业。

深入贯彻《就业促进法》，完善促进农村劳动力转移就业的政策和制度体系，建立健全城乡平等的就业制度。建立健全农民工返乡创业、异地创业、就地创业扶持政策，扶持农民工创业带动就业。通过大力发展第三产业和发挥农村基础设施建设促进农民工就业。

（2）开展农民工职业技能培训。

贯彻落实《国务院办公厅关于进一步做好农民工培训工作的指导意见》，整合培训资源，规范培训管理，统筹规划农民工职业技能培训，积极开展多种形式的职业技能培训。

（3）加强农民工社会保障工作。

积极落实农民工参加养老、医疗、工伤、失业保险政策，加强政策宣传，进一步提高农民工参保缴费率。

（4）实施劳动合同制度。

贯彻落实《劳动合同法》和《劳动合同法实施条例》，进一步完善沈阳市的劳动合同法规政策，提高农民工劳动合同签订率。

（5）维护农民工劳动报酬权益。

建立健全企业工资支付监控制度、工资保证金制度和群体性事件应急工作机制，督促企业依法支付工资。贯彻落实《职工带薪年休假条例》，指导符合条件的企业实行综合计算工时制和不定时工作制。

（6）推进工资集体协商。

以非公有制企业为重点，指导各地在已建工会的企业开展工资集体协商工作，在农民工较多的地区开展区域性、行业性工资集体协商。完善工资指导线、劳动力市场工资指导价位制度，建立农民工工资正常增长机制。

（7）维护女职工和未成年工合法权益。

深入宣传《劳动法》《妇女权益保障法》《未成年人

保护法》《禁止使用童工规定》等法律法规。坚决打击拐骗和使用童工，查处安排女性农民工从事矿山井下等禁忌劳动、违反未成年工特殊劳动保护规定等违法行为。

（8）完善农民工劳动争议调解仲裁机制。

贯彻落实《劳动争议调解仲裁法》和《关于加强劳动人事争议调解工作的意见》，逐步建立和完善多渠道的劳动争议调解体系，指导和督促使用农民工较多的企业建立有农民工代表参加的劳动争议调解组织。建立优先立案、优先处理的农民工维权"绿色通道"，依法简化程序、提高效率，对用人单位因欠薪而引发的争议快速裁决、先予执行。加强仲裁与人民法院的裁审衔接，提高仲裁裁决的执行效力。

（9）加强劳动保障监察执法。

继续开展清理整顿人力资源市场秩序专项行动，坚决打击非法职业中介和欺诈行为。组织开展农民工工资支付情况专项检查活动，依法查处欠薪行为。畅通农民工举报投诉渠道。规范农村地区企业用工行为，以中小劳动密集型企业、城乡结合部和乡村企业为重点，继续开展整治非法用工、打击违法犯罪专项行动，严厉打击拐骗农民工、使用童工、强迫劳动、故意伤害等违法犯罪行为。

第八编　社会保障

第二十八章
养老保险及农村养老保险

第一节　养老保险概述

为解决职工生、老、病、死的生活待遇问题，沈阳市从 1949 年 4 月 1 日开始，在铁路、矿山、军工、军需、邮电、电气、纺织 7 大行业的公营企业中试行《东北公营企业战时暂行劳动保险条例》，在全市开工复业生产正常的国有公营工厂中全面实行。截至 1950 年 6 月底，全市有 151 个工厂 116445 人实行了劳动保险，占全市国有公营工厂职工人数的 95.13%。1951 年 2 月 26 日政务院颁布《中华人民共和国劳动保险条例》后，沈阳市在实行战时暂行劳动保险条例的基础上，对全市雇用工人、职员在百人以上的国营、公私合营、合作社营工厂贯彻实施全国统一规定的劳动保险条例。到 1952 年，全市已有 230 个企业单位实行了劳动保险，享受保险待遇人数已达 149147 人，占全市企业职工总数的 60%。随着国家财政经济情况的好转、大规模经济建设的展开，政务院于 1953 年 1 月 2 日发布了《中华人民共和国劳动保险条例若干修正的决定》，沈阳市在贯彻中将劳动保险的实施范围扩大到工矿、交通运输、基本建设单位和国营建筑公司。1956 年，为适应国民经济发展需要，劳动保险的实施范围进一步扩大到商业、外贸、粮食、供销合作、金融、民航、石油、地质、水产、国营农牧场、造林等 13 个产业部门。1978 年，沈阳市经过试点，逐步将劳动保险的实施范围扩大到县、区属以上集体所有制企业。随着国民经济的发展，劳动保险社会化程序也逐步提高，经济效益好的城镇集体企业也参照劳动保险条例实行了保险。1987 年，全市实行劳动保险的职工人数达到 1884720 人，比 1950 年增加了 15.2 倍。

1986 年 6 月，沈阳市政府制发了《沈阳市国营企业职工退休基金统筹暂行办法》，在全市国有企业的固定职工中实行退休费用社会统筹。到 1989 年，沈阳市的养老保险社会统筹覆盖了国有、集体、中外合资和私营企业，全市养老保险制度改革开始步入社会化发展的轨道。同年 9 月，国有企业合同制工人的养老保险也被纳入统筹范围，实行了退休基金社会统筹。

1992 年，国务院颁布了《关于深化企业职工养老保险制度改革的通知》，明确了我国养老保险制度的改革目标和"社会统筹与个人账户相结合"的原则，为养老保险制度的改革指明了方向，解除了企业作为独立的市场运营主体所不应承担的社会负担，体现了社会互济与自我保障、鼓励勤奋劳动与保障基本生活的有机结合。

1999年1月，沈阳市政府发布了政府令第16号《沈阳市城镇从业人员养老保险规定》，确定了统一的城镇企业职工养老保险制度。建立了独立于企业事业单位之外的，资金来源多元化、保障制度规范化、管理服务社会化的社会保障体系。其主要特征是：基本保障，多个层次，广泛覆盖，逐步统一。

1999年朱镕基总理视察辽宁时，要求沈阳市养老金社会化发放率要达到100%。为实现这一目标，沈阳市逐步完善了个人账户的建户工作，建立了个人账户信息查询系统及离退休人员数据库，调整和理顺了工作机构，设置了缴费核定、待遇支付、退休管理、基金统计、审计监察等职能部门，逐步规范了管理体制，加强了基金管理、业务统计、审查稽查，为养老金的社会化发放创造了条件，同时也得到了国家、辽宁省财政资金的支持。沈阳市离退休人员养老金在1999年10月份全部实现了社会化发放，67.5万名离退休人员做到了收支两条线，从此结束了企业退休人员养老金不能完全按时足额发放的历史。

在完善社会保险制度的同时，进一步理顺了社会保险的管理体制。1998 年将社会保险公司从人寿保险公司分离出来，结束了商险、社险不分的局面，成立了沈阳市社会保险总公司，实现了属地化管理。

2001 年，国务院颁布了《关于完善企业职工基本养老保险制度的决定》，同时，沈阳市政府的《沈阳市完善城镇企业职工基本养老保险制度实施办法》（沈政办发〔2001〕26 号）正式出台，从而完善了"统账"结合、部分积累的养老保险制度模式。基本养老保险范围得到扩大，计发办法得以改革，个人账户得以做实。2007 年，根据辽宁省政府规定，沈阳市又出台了《转发关于改革城镇企业职工基本养老金计发办法的通知》（沈劳社发〔2007〕20 号），进一步完善了企业职工基本养老保险制度。其中最明显的变化是计发基数由原来的职工平均工资改为在岗职工平均工资与本人指数化平均缴费工资之和的平均值。这一变化潜在地鼓励缴费人员多缴费，使自己的指数化平均缴费工资提高，从而进一步放大计发基数，使养老金得到提高，体现多缴多得。

第二节　城镇从业人员基本养老保险制度

城镇从业人员基本养老保险是社会保险制度最重要、最基本的内容，是经法定程序确立，由政府主管部门负责组织和管理，用人单位和从业人员共同承担养老保险费缴纳义务，退休人员按从业期间缴纳和积累养老保费状况享受基本养老保险待遇的社会保障制度。

一、基本原则

1. 保障基本生活

基本养老保险的目的是对劳动者退出劳动领域后的基本生活予以保障。这一原则更多地强调社会公平，有利于低收入阶层。一般而言，低收入人群基本养老金替代率（指养老金相当于在职时工资收入的比例）较高，而高收入人群的替代率则相对较低。劳动者还可以通过参加补充养老保险（企业年金）和个人储蓄性养老保险，获得更高的养老收入。

2. 公平与效率相结合

养老保险待遇水平既要体现社会公平，又要体现个体之间的差别，在维护社会公平的同时，强调养老保险对于促进效率的作用。

3. 权利与义务相对应

依法缴纳基本养老保险费并达到规定的最低缴费年限。基本养老保险待遇以养老保险缴费为条件，并与缴费的时间长短和数额多少直接相关。

4. 管理服务社会化

按照政事分开的原则，政府委托或设立社会机构管理养老保险事务和基金。建立独立于企业事业单位之外的养老保险制度，对养老金实行社会化发放，并依托社区开展退休人员的管理服务工作。

5. 分享社会经济发展成果

建立基本养老金调整机制，使退休人员的收入水平随着社会经济的发展和职工工资水平的提高而不断提高，以分享社会经济发展的成果。

二、实施范围

行政区域内的城镇各类企业及职工（含外商和港、澳、台投资企业的中方职工），个体业户的业主及雇员，个体从业人员，自由职业者。

三、资金来源

资金来源如下：

（1）从业人员按其收入的一定比例缴纳的保险费；

（2）用人单位按工资总额的一定比例缴纳的保险费；

（3）破产倒闭和出售的企业资产中清偿欠缴和补偿的基本养老保险费；

（4）按规定收取的滞纳金；

（5）基金增值收入和基金存款利息；

（6）财政补贴；

（7）其他收入。

用人单位缴纳的养老保险费，除转入个人账户部分外（指个人账户做实前），其余部分为社会统筹调剂金。

用人单位缴纳的养老保险费在税前列支，由用人单位所在开户银行代为扣缴；从业人员个人缴纳的养老保险费，由单位在其每月的工资收入中代扣。个人缴费部分免征个人所得税。

四、享受条件

享受条件如下：

（1）达到国家规定的退休年龄；

（2）本人从业期间按规定缴纳养老保险费；

（3）缴费年限（包括视同缴费年限）满 15 年。

五、基金支付范围

基金支付范围如下：

（1）离退休人员的基本养老金；

（2）离退休人员死亡后按国家和省、市有关规定支付的丧葬费、救济金等；

（3）从业人员、离退休人员去世后，其个人账户中属于可以继承部分的养老保险金；

（4）调整养老保险待遇水平的支出；

（5）其他支出。

六、养老保险关系的转移

（1）参保人员返回户籍所在地（指省、自治区、直辖市，下同）就业参保的，户籍所在地的相关社保经办机构应为其及时办理转移接续手续。

（2）参保人员未返回户籍所在地就业参保的，由新参保地的社保经办机构为其及时办理转移接续手续。但对男性年满 50 周岁和女性年满 40 周岁的，应在原参保地继续保留基本养老保险关系，同时在新参保地建立临时基本养老保险缴费账户，记录单位和个人全部缴费。参保人员再次跨省流动就业或在新参保地达到待遇领取条件时，将临时基本养老保险缴费账户中的全部缴费本息，转移归集到原参保地或待遇领取地。

（3）参保人员经县级以上党委组织部门、人力资源和社会保障行政部门批准调动，且与调入单位建立劳动关系并缴纳基本养老保险费的，不受以上年龄规定限制，应在调入地及时办理基本养老保险关系转移接续手续。

（4）农民工中断就业或返乡没有继续缴费的，由原参保地社保经办机构保留其基本养老保险关系，保存其全部参保缴费记录及个人账户，个人账户储存额继续按规定计息。农民工返回城镇就业并继续参保缴费的，无论其回到原参保地就业还是到其他城镇就业，均按前述规定累计计算其缴费年限，合并计算其个人账户储存额，符合待遇领取条件的，与城镇职工同样享受基本养老保险待遇；农民工不再返回城镇就业的，其在城镇参保缴费记录及个人账户全部有效，并根据农民工的实际情况，或在其达到规定领取条件时享受城镇职工基本养老保险待遇，或转入新型农村社会养老保险。

第三节　农村养老保险制度

新型农村社会养老保险制度（以下简称新民保制度）是一项涉及数亿农民切身利益、关系亿万农村家庭和谐幸福的重大惠农政策，对于加快发展农村社会保障事业、提高农民生活水平、实现农村社会的和谐稳定发挥着巨大的作用。建立新农保制度，可以促进缩小城乡差别、破除城乡二元结构，让广大农民解除养老的后顾之忧，让老年农民得到基本生活保障，让广大农民群众更好地分享社会经济发展的成果。

一、基本原则

建立新农保制度的基本原则是"保基本、广覆盖、有弹性、可持续"。"保基本"，就是要从现阶段经济发展水平的实际出发，保障农村老年人的基本生活。"广覆盖"，就是要靠制度和政策的吸引力，把尽可能多的农村居民纳入到新农保制度之中。"有弹性"，就是要适合农村、农民的特点和发展的差异性，政策和标准具有适当的灵活性。"可持续"，就是各级财政有能力支付，广大农民能够承受，在确保安全的条件下，实现新农保基金的保值增值。

二、参保范围

年满 16 周岁（不含在校学生）、未参加城镇职工基本养老保险的农村居民，可以在户籍地自愿参加新农保。

开展新型农村社会养老保险时，年龄已超过 45 周岁不足 60 周岁的符合参保缴费人员，应正常参保并按年连续缴纳养老保险费，待达到 60 周岁时允许补缴缴费年限不满 15 年的部分，也可以不补缴直接享受待遇。不正常参保，不按年连续缴费，达到 60 周岁时不享受基础养老金。个人缴费一次性返还给个人。

开展新型农村社会养老保险时，年龄已达到或超过 60 周岁的人员可直接享受基础养老金，但其符合参保条件的配偶及子女须参保并按规定缴费。

三、资金来源

1. 个人缴费

参加新农保的农村居民应当按规定缴纳养老保险费。个人缴费标准设为每年 100 元、200 元、300 元、400 元、500 元 5 个档，由本人自愿选择。个人缴费按年缴纳，每年 12 月 20 日前一次性缴纳。

2. 村集体补助

参加新农保人员所在村集体经济组织可根据自身经济条件确定是否给参保人员参保补助及每年的补助标准，但补助标准最高不能超过个人缴费的 50%。村集体补助与个人缴费一并缴纳。

3. 政府补贴

政府对正常参保缴费人员在个人缴费的基础上实行补贴，补贴标准为 30 元。对补缴养老保险费部分不实行政府补贴。政府补贴应在村集体补助和个人缴费入账后及时划入，补贴标准视全市经济发展和农村居民纯收入情况适时调整。

政府对需要参保缴费的重度残疾人等缴费困难群体，在上述缴费补贴的基础上实行代缴补贴。其中，对重度残疾人（伤残一级、二级）或低保户家庭成员代缴最低缴费标准的80%，低保边缘户家庭成员代缴最低缴费标准的48%。所需资金由区（县）财政承担，市财政对困难区（县）给予适当补贴。

四、享受条件

享受条件如下：

（1）按规定参保缴费，年满60周岁、未享受城镇职工基本养老保险待遇的农村居民；

（2）缴费年限满15年以上。

五、其 他

参保人员死亡后，其个人账户资金余额（不含政府补贴部分本息）可一次性支付给法定继承人或死者生前指定的受益人。

参保人员出国（境）定居的，其养老保险关系终止，其个人账户资金余额（不含政府补贴部分本息）可一次性支付给本人。

参保人员户籍从本地迁往外省（区、市）或省内其他市的，若当地已开展新农保，可将养老保险关系转移到当地，达到享受待遇条件后，在当地领取养老待遇；也可根据本人意愿退保，其个人账户资金余额（不含政府补贴部分本息）一次性返还给本人。市内迁出、迁入人员养老保险关系留在原地，达到享受待遇条件后，在原地领取养老待遇。

新型农村社会养老保险与城镇从业人员养老保险、被征地农民养老保障衔接办法，以及与水库移民后期扶持政策、农村计划生育家庭奖励扶助政策、农村五保供养、社会优抚、农村最低生活保障制度等政策制度的配套衔接工作，待国家、省相关部门出台相关文件后，由人力资源和社会保障行政部门另行制定。

第四节　相关法律责任

相关法律责任如下。

（1）缴费单位未按照规定办理社会保险登记、变更登记或者注销登记，或者未按照规定申报应缴纳的社会保险费数额的，由劳动保障行政部门责令限期改正；情节严重的，对直接负责的主管人员和其他直接责任人员可以处 1000 元以上 5000 元以下的罚款；情节特别严重的，对直接负责的主管人员和其他直接责任人员可以处 5000 元以上 10000 元以下的罚款。

（2）缴费单位违反有关财务、会计统计的法律、行政法规和国家有关规定，伪造、变造、故意毁灭有关账册、材料，或者不设账册，致使社会保险费缴费基数无法确定的，除依照有关法律、行政法规的规定给予行政处罚、纪律处分、刑事处罚外，依照《社会保险费征缴暂行条例》第十条的规定征缴；迟延缴纳的，由劳动保障行政部门或者税务机关依照第十三条的规定决定加收滞纳金，并对直接负责的主管人员和其他直接责任人员处 5000 元以上 20000 元以下的罚款。

（3）缴费单位和缴费个人对劳动保障行政部门或者税务机关的处罚决定不服的，可以依法申请复议，对复议决定不服的，可以依法提起诉讼。

（4）缴费单位逾期拒不缴纳社会保险费、滞纳金的，由劳动保障行政部门或者税务机关申请人民法院依法强制征缴。

（5）劳动保障行政部门、社会保险经办机构或者税务机关的工作人员滥用职权、徇私舞弊、玩忽职守，致使社会保险费流失的，由劳动保障行政部门或者税务机关追回流失的社会保险费；构成犯罪的，依法追究刑事责任；尚不构成犯罪的，依法给予行政处分。

（6）任何单位、个人挪用社会保险基金的，追回被挪用的社会保险基金；有违法所得的，没收违法所得，并入社会保险基金；构成犯罪的，依法追究刑事责任；尚不构成犯罪的，对直接负责的主管人员和其他直接责任人员依法给予行政处分。

第二十九章
失业保险

第一节　失业及失业保险制度的基本概念

一、失业的概念

失业是一种社会经济现象，是指劳动者在有能力工作、可以工作并且确实在寻找工作的情况下不能得到工作而失去收入的情况。失业人员是指在劳动年龄内有劳动能力，目前无工作，并以某种方式正在寻找工作的人员。

二、失业保险制度的概念

失业保险制度是国家通过立法强制实行，由社会集中建立基金，对非因本人意愿中断就业而失去工资收入的劳动者提供一定时期物质帮助及再就业服务的制度（我国前些年曾使用"待业保险"一词，与失业保险无本质区别）。失业保险制度是社会保障体系的重要组成部分，是社会保险的主要项目之一。

三、失业保险制度的特征

失业保险制度具有以下几个方面的特征：一是普遍性，它主要是为了保障有工资收入的劳动者失业后的基本生活而建立的，其覆盖范围十分广泛；二是强制性，制度范围内的单位及其职工必须按照法律、法规规定参加失业保险，并履行缴费义务；三是互济性，收缴的失业保险费在统筹地区内统一安排使用，不需要偿还；四是社会化，基金来源要多渠道，由用人单位、职工和国家分担；五是水平适度，失业保险待遇要与经济发展水平相适应，要保障失业人员的基本生活，同时尽可能减轻企业和国家的负担；六是适当积累，在采取现收现付办法的同时，保留一定数量的基金以备应急之用；七是专款专用，严格管理，保证基金安全。失业保险同其他社会保险项目一样，都是政府行为，都侧重于保障基本需求，并以货币为提供帮助的主要形式，不同之处在于失业保险具有保障生活和促进再就业的双重职能。

第二节　现行的失业保险制度

一、失业保险制度的改革和发展

我国失业保险制度自 1986 年建立至今，大体可划分为 3 个阶段。

第一阶段，1986 年 7 月至 1993 年 4 月。这一阶段是确立失业保险制度基本框架的阶段，也是失业保险初步发挥作用的时期。其标志是《国营企业职工待业保险暂行规定》的颁布和实施。《国营企业职工待业保险暂行规定》确立了失业保险制度的基本框架，明确了这项制度的主要内容。一是强调了保障失业人员基本生活和促进再就业的双重功能，使失业保险在深化经济体制改革和保持社会稳定中发挥不可代替的作用。二是突出了国家和社会在失业保险中的地位和作用，国家通过立法和制定政策，组织开展失业保险工作，并在必要时提供财政补贴；基金主要由企业承担，社会筹集，统筹使用。三是兼顾了需要和可能，根据我国实际情况，规定了失业人员享受失业保险待遇的项目、期限和标准。四是明确了管理和经办失业保险业务的工作体系，为失业保险的运作提供了组织保证。这一时期的主要问题是，由于种种原因，职工失业现象不突出，享受失业保险待遇的人数有限，失业保险的作用发挥得不够充分。

第二阶段，1993 年 4 月至 1999 年 1 月。这是失业保险制度进一步调整的阶段，也是其作用开始发挥的时期。1993 年 4 月，国务院颁布了《国有企业职工待业保险规定》，对国有企业的失业保险制度作了部分调整。一是扩大了失业保险的覆盖范围，将保障对象从原来的 4 类扩大到 7 类 9 种人员，并规定企业化管理的事业单位也应依照执行。二是针对原有制度中统筹层次过高、不符合实际情况的问题，将基金省统筹调整为市、县统筹，并规定在省和自治区建立调剂金。三是明确了失业保险应当与就业服务工作紧密结合。四是将缴费基数由企业标准工资总额改为工资总额。五是制定了罚则，使这项制度更加完整。

第三阶段，1999年1月至今。这一阶段是失业保险制度走向完善的阶段，也是失业保险逐步成为基本生活保障主要形式的时期。主要体现在：一是失业保险的覆盖面进一步扩大，参保人数大幅度增加；二是基金征缴工作成效显著，进一步完善了基金管理规程，不断提高了基金管理水平；三是失业保险经办机构工作人员的管理服务能力、效率和水平有了大幅度的提升；四是在失业人员的基本生活得到保障的同时，发挥了促进再就业的功能。

二、《失业保险条例》的主要内容

《失业保险条例》于1998年12月26日由国务院第11次常务会议通过，1999年1月22日起施行。

《失业保险条例》共分6章33条。

第一章"总则"中共分4条，主要明确了失业保险的适用范围及失业保险工作的管理部门等内容；第二章"失业保险基金"中，对失业保险基金的构成、失业保险费费率、失业保险基金支出项目、失业保险基金财政专户的设立及预、决算等内容进行了明确的规定；第三章

"失业保险待遇"中，规定了失业人员领取失业保险金和停发失业保险金的条件，明确了领取失业保险金的程序，规定了失业人员领取失业保险金的期限和失业保险金的标准；第四章"管理和监督"中，主要明确了劳动保障行政部门和失业保险经办机构在管理和承办失业保险工作时应履行的职责，明确了财政部门和审计部门的监督职责；第五章"罚则"中，主要规定了对骗取失业保险待遇，劳动保障行政部门和经办机构工作人员滥用职权造成失业保险基金损失及任何单位和个人违法、违纪行为的处理、处罚规定；第六章"附则"，主要明确了《国有企业职工待业保险规定》在《失业保险条例》施行的同时予以废止。

第三节　相关法律责任

《失业保险条例》（中华人民共和国国务院令第 258 号）、《失业保险金申领发放办法》（劳动和社会保障部令第 8 号）、《社会保险费征缴暂行条例》（中华人民共和国国务院令第 259 号），对用人单位、缴费单位、失业人员、失业保险经办机构、劳动和社会保障行政管理部门及其工作人员违反规定的行为，明确了相应的法律责任。

一、《失业保险条例》第五章的规定

第二十八条　不符合享受失业保险待遇条件，骗取失业保险金和其他失业保险待遇的，由社会保险经办机构责令退还；情节严重的，由劳动保障行政部门处骗取金额 1 倍以上 3 倍以下的罚款。

第二十九条　社会保险经办机构工作人员违反规定向失业人员开具领取失业保险金或者享受其他失业保险待遇单证，致使失业保险基金损失的，由劳动保障行政部门责令追回；情节严重的，依法给予行政处分。

第三十条　劳动保障行政部门和社会保险经办机构的工作人员滥用职权、徇私舞弊、玩忽职守，造成失业保险基金损失的，由劳动保障行政部门追回损失的失业保险基金；构成犯罪的，依法追究刑事责任；尚不构成犯罪的，依法给予行政处分。

第三十一条　任何单位、个人挪用失业保险基金的，追回挪用的失业保险基金；有违法所得的，没收违法所得，并入失业保险基金；构成犯罪的，依法追究刑事责任；尚不构成犯罪的，对直接负责的主管人员和其他直接责任人员依法给予行政处分。

二、《失业保险金申领发放办法》的规定

第二十五条　经办机构发现不符合条件，或以涂改、伪造有关材料等非法手段骗取失业保险金和其他失业保

险待遇的，应责令其退还；对情节严重的，经办机构可以提请劳动保障行政部门对其进行处罚。

第二十六条　经办机构工作人员违反本办法规定的，由经办机构或主管该经办机构的劳动保障行政部门责令其改正；情节严重的，依法给予行政处分；给失业人员造成损失的，依法赔偿。

三、《社会保险费征缴暂行条例》的规定

第二十三条　缴费单位未按照规定办理社会保险登记、变更登记或者注销登记，或者未按照规定申报应缴纳的社会保险费数额的，由劳动保障行政部门责令限期改正；情节严重的，对直接负责的主管人员和其他直接责任人员可以处 1000 元以上 5000 元以下的罚款；情节特别严重的，对直接负责的主管人员和其他直接责任人员可以处 5000 元以上 10000 元以下的罚款。

第二十四条　缴费单位违反有关财务、会计、统计的法律、行政法规和国家有关规定，伪造、变造、故意毁灭有关账册、材料，或者不设账册，致使社会保险费缴费基数无法确定的，除依照有关法律、行政法规的规定给予行政处罚、纪律处分、刑事处罚外，依照本条例第十条的规定征缴；迟延缴纳的，由劳动保障行政部门或者税务机关依照第十三条的规定决定加收滞纳金，并对直接负责的主管人员和其他直接责任人员处 5000 元以上 20000 元以下的罚款。

|第三十章|
工伤保险

第一节　工伤保险概述

一、工伤保险的概念

工伤保险是指劳动者在生产经营活动中或在规定的某些特殊情况下所遭受的意外伤害、职业病，以及因这两种情况造成的死亡、劳动者暂时或永久丧失劳动能力时，劳动者及其遗属能够从国家、社会得到的必要的物质补偿。这种补偿既包括医疗、康复所需，也包括生活保障所需。

二、工伤保险的建立与发展

工伤保险是社会保障各类型中历史最悠久也是范围最广泛的项目，是社会保险体系的重要组成部分。工伤保险制度的建立和发展主要经历了 3 个阶段：第一阶段为工伤民事索赔，第二阶段为雇主责任制，第三阶段为工伤社会制度的建立与发展。

在现代各项社会保险中，工伤保险立法最早，1884年7月6日，德国颁布了《工伤保险法》，它是世界上第一部工伤保险法。工伤保险也是推广最快的项目，目前全世界实行社会保障制度的142个国家和地区中，有136个已经建立了工伤保险制度，约占95%。

工伤保险的组织管理因国家性质、政治经济条件和历史传统的不同大致分为3种类型。第一种为由政府直接（集中或分级）管理。第二种为政府指定政府的中央部门进行监督，由自由性的各种法定机构（管理局、理事会或同业公会）在国家法律范围内管理。第三种为在国家立法范围内，由政府委托工会管理业务。在工伤保险制度的发展过程中，赔偿、预防、康复三位一体的体制已成为较为通行的做法。

三、我国工伤保险的发展状况

我国的工伤保险制度从新中国成立初期随着整个劳动保险制度的建立到现在已60多年了，随着国民经济的发展和经济实力的增强，工伤保险的范围和标准不断扩大和提高。1951年2月25日，中央人民政府政务院颁布了全国统一的《中华人民共和国劳动保险条例》，这是我国第一部包括工伤、死亡遗属等社会保险在内的，对城镇企业职工实行的全国统一法规，也是社会保险制度在我国开始实施的起点。政务院于1953年1月2日重新修正并重新公布了《中华人民共和国劳动保险条例》（与此同时，国家机关、事业单位的社会保险制度也以单项法规的形式逐步建立，1950 年 12 月 11 日内务部公布了《革命工作人员伤亡褒恤暂行条例》，规定了伤残死亡待遇）。1949 年 10 月至 1957 年底，主要是制定全国统一的社会保障基本制度，颁布基本立法。在制度建设方面，基本上是实行两套待遇相近、办法有别的社会保障制度，即企业职工的社会保险，以及国家机关、事业单位中实行的公费医疗、"公伤"死亡抚恤等社会保险项目。

为加强对职工职业病伤害的保障，1957 年 2 月 23 日，卫生部制定和颁布了《职业病范围和职业病患者处理办法的规定》，将职业中毒和尘肺病等 14 种疾病列入职业病范围，同时首次将职业病列入工伤保险保障范畴。

1996 发布的《企业职工工伤保险试行办法》是我国探索建立符合市场经济的工伤保险制度跨出的一大步，规范了工伤保险的认定条件、待遇标准和管理程序，开始建立工伤保险基金。2003 年 4 月 27 日，国务院发布了《工伤保险条例》，进一步完善了我国的工伤保险制度。作为国务院签署的行政法规，《工伤保险条例》提高了工伤保险的立法层次，增强了执法的强制力和约束力，进一步规范了我国的工伤保险制度，促进了工伤预防和职业康复，改革并提高了工伤保险待遇，进一步维护了职工的合法权益。

1993 年 5 月 11 日，沈阳市颁布了《沈阳市企业职工工伤保险暂行办法》，并制定了《沈阳市企业职工工伤保险办法实施细则》。2000 年 9 月 13 日，在总结《沈阳市企业职工工伤保险暂行办法》实践经验基础上，颁布了《沈阳市企业职工工伤保险办法》。这两份地方行政文件对沈阳市工伤保险的发展起到了良好作用。2004 年以后，沈阳市主要依据《工伤保险条例》和《辽宁省工伤保险实施办法》开展工伤保险工作，相继出台了《关于贯彻工伤保险条例的有关问题通知》《沈阳市社会保险费征缴条例》《关于印发工伤定点医院管理办法的通知》《关于工伤保险有关问题的通知》等配套文件。

第二节　工伤保险制度

一、工伤保险的目的

工伤保险的目的如下。

（1）兼顾了职工、用人单位的利益和风险。在处理工伤事故的实践中，只有考虑到立法的基本目的，才能够正确地运用法律，才能够实现立法的预期目标和执法的效果。另外，通过对个人的经济补偿和生活保障，使家庭生活和谐，促进社会稳定。职工在遭受工伤事故或者职业病损害时可以获得医疗救治和经济补偿，即可以获得医疗费用、康复费用和残疾、死亡的经济补偿费用。人类以劳动作为谋生手段，劳动具有一定的风险，这是不可避免的，工伤保险就是为了保障企业职工在发生这种危险并不定期地丧失其劳动能力的一部分或者全部时，能够获得足够的费用以保证对其职业伤病的及时救治和身体的康复，并对其丧失的劳动能力部分作出经济补偿。从发达国家的经验来看，经济发展水平与工伤事故的损害后果严重性之间存在一定的关系。我国目前受法制环境、人力资源水平和经济发展水平的制约，安全事故发生的频率较高并且难以避免，如果发生工伤事故后受害的劳动者本人及其家属不能得到及时充分的经济救济和补偿，就会影响本人的医疗、康复以及本人、家属今后的生活。目前情况下，如果依靠单纯的企业力量，那么对于职工工伤的保障就会存在诸多不确定的风险，企业的经营情况、经济能力影响着受工伤伤害的劳动者的救济和补偿程度，所以，参加工伤社会保险是唯一可行有效的途径。参加工伤社会保险，将救济和补偿的义务交给社会保险基金承担，能够使职工在遇到工伤时可以迅速方便地获得理赔，而无须卷入耗时费力的仲裁或者诉讼中去，而且不论其所在单位的性质、经济能力、经营状况如何，都能够按照统一的标准得到较充分的救济和补偿，是职工及其家属的坚强后盾和保护。

（2）通过分散企业风险和促进事故预防，使企业生产和谐发展。前面的论述已经说明，工伤事故的损害后果是严重的，而工伤事故的发生是不可根除的，因此，通过法律、经济等手段预防工伤事故，减少工伤事故发生的概率，减轻事故造成的损害后果，就是工伤保护和安全生产工作努力的方向和目标之一。《工伤保险条例》通过差别费率、浮动费率的区别和调节以及有关政府部门的监管，促使企业加强安全管理和劳动保护、安全设施建设，积极推进工伤事故的预防。在发生事故后，通过进行工伤保险理赔向受害职工提供经济补偿，进行职业康复治疗，以恢复工伤事故造成的身体机能损害和丧失的器官功能，恢复生活和劳动的能力，这样，可以减轻工伤保险基金、家属、用人单位的负担，对于受害的劳动者而言也是有利的。

（3）通过风险共担和互助合作，促进社会的和谐发展。通过工伤保险的社会化，充分考虑到工伤事故的不可避免性和非个人性的特征，强调通过健全社会保障体系，加强现代国家的社会职能并承担起保障社会成员免受意外损失的义务，从而突破侵权责任的调整范围，在更宽广的范围内给受害人以补偿，分散了劳动者个人和用人单位的风险，将工伤和职业病风险由某一用人单位分散到整个社会的用人单位共同分担，既可以保护受损害职工在即使用人单位无力负担的情况下也能得到救治、补偿的合法权益，又可以保护用人单位不致因为某一次事故或者职业病而陷入破产或者难以为继的境地。同时，由于地区和职业的差异，工伤事故的发生概率和伤害程度在社会上的分布是不均匀的，由某一企业来负担较多较大的职业风险是不公平的，也是不合理的，企业本身也容易负担不起，从而丧失从业的积极性，而这些行业的生产是服务于整个社会需要的，因此，需要通过社会保险的方式，将风险由社会共同承担，从而保证职工、企业和社会的共同利益，对于整个社会生产的发展、社会稳定都具有积极意义。

二、工伤保险的基本原则

1. 无责任补偿原则

它包括两层含义：一是无论工伤的责任在雇主、个人或第三者，受伤者都要得到经济补偿；二是雇主不直接承担补偿责任，而由工伤社会保险机构统一管理、组织工伤补偿，一般也不需要通过法律程序和法院裁决。

2. 区别因工和非因工的原则

职业伤害与工作或职业有直接关系，工伤是在劳动生产过程中发生的不测事故或者因工作引发的职业疾病。在制定工伤保险立法时，就要确定工伤保险的范围，规定工伤和非工伤的界限。工伤保险的各项待遇比其他保险待遇优厚很多，只要符合工伤条件，不受年龄和缴费时间的限制。非因工负伤基本上与工作无关，保险待遇属补助、救济性质，待遇明显低于工伤，享受条件受年龄和缴费时间的限制。因此，区别因工和非因工是建立工伤保险的前提条件。

3. 征集资金，共担风险原则

工伤保险通过立法强制征收保险费，建立工伤保险基金，实行统一支付管理，社会保险机构进行互助调剂达到共担风险的目的。共担风险体现了互助合作精神，由于工伤保险不是自愿参加的，而是以强制性参加作保证，因而能更有效地解决实际问题。

4. 个人不缴费原则

工伤保险费由职工所在单位或雇主缴纳，职工个人不缴费，这是工伤保险区别于其他社会保险的最本质区别。由于工伤和职业伤害是在生产过程中造成的，职工在为单位创造价值的同时，付出了生命或健康的代价，此保险费由单位或雇主负担，是完全必要和合理的。

5. 补偿工资损失原则

生命或健康的损失一般情况下既无法挽回，也不能像财物一样作价赔偿。补偿工资损失原则是从劳动力生产和再生产的角度出发的。工伤保险的补偿工资损失要与受工伤前的工资水平保持一个适当的比例关系，一般不发100％的工资，永久丧失劳动能力的和死亡抚恤一般换算成若干年工资标准支付。

6. 补偿与预防、康复相结合原则

工伤保险的首要目的是工伤补偿，但补偿并不是唯一目的，工伤保险另一个重要任务是与事故预防、医疗康复和职业康复相结合，从某种意义上讲，从保护社会利益和职工的根本利益的角度出发，这比工伤补偿更具有积极和深远的意义。

三、工伤保险的特点

在社会保险体系中，相比其他社会保险，工伤保险有许多特点，表现在如下几方面。

（1）工伤保险强制性最强，实施的范围最为广泛。工伤保险从其前身雇主责任制起，国家就以立法形式强制雇主必须对雇员的工伤负责。一百多年来，雇主负责工伤赔偿，并从法律强制变成了一种习惯。许多国家有专项立法，工伤保险在 19 世纪 80 年代首次立法的占 10%，20 世纪 20 年代立法的占 43%，20 世纪 30—40 年代立法的占 43%，20 世纪 50 年代以来，首次立法的占 4%。如前面已说到，工伤保险实施的范围最广泛，凡是实行社会保险的国家，95% 的国家有工伤保险。

（2）工伤保险保障性最强，工伤保险的项目最多、最全面。工伤保险不仅仅是一次性的经济补偿，更重要的是对伤残、死亡者全过程的保障。工伤保险项目众多，它要解决医疗期的工资，工伤医疗费，伤残待遇，死亡职工的丧葬、抚恤及供养直系亲属的生活待遇。在医疗期，除免费医疗外，还有护理津贴、职业康复、伤残重建、生活辅助器具、伤残人员的转业培训与就业，以及工伤预防等。

（3）工伤保险在社会保险体系中待遇最优。工伤保险，个人不缴纳保险费；工伤保险待遇比疾病、失业和养老保险的待遇都要高。养老保险是保障基本生活；失业保险虽也保障失业者的生活，但带有救济性质；工伤保险除了保障伤残人员的生活外，还要根据其伤残情况补偿因工受伤的经济损失。工伤保险待遇优厚，体现了国家和社会对那些不畏艰险搞好生产、见义勇为、维持社会秩序、保障人民财产的劳动者进行保护和鼓励。

（4）工伤保险的给付条件最宽。享受工伤待遇不受年龄、工伤条件的限制，凡是因工伤残的，均给以相应待遇。

四、工伤保险的作用

在现代社会中，工伤和职业病被从一般的疾病中突出出来并加以强调，是因为这种"伤害"是打上"职业"烙印的，主要同企业或雇主的责任相关，而与劳动者本人的关系不大。作为一种经济补偿，它必须向劳动者提供两方面的补偿：一是要提供预防、治疗、护理、康复和疗养的全部费用；二是必须保证其基本的经济来源，不致因工伤和职业病而使个人和家庭的生活水平下降。补偿的具体标准一般较高。

（1）工伤保险待遇优厚于其他保险待遇，体现了工伤补偿和对职工因工奉献精神的尊重，保障了工伤职工的医疗、生活、残疾抚恤和遗属抚恤等，解除了职工的后顾之忧。

（2）工伤保险与改善劳动条件、防病治病、医疗康复、安全教育相结合，有利于保护职工的健康和安全，对保护社会生产力具有积极意义。

（3）在现代社会，工伤和职业病发生不可能完全避免，工伤发生后，工伤保险的实施，保护了受伤职工的合法权益，有利于维护社会稳定和正常的生产秩序。

五、工伤的范围

1. 工伤认定的概念

工伤认定是指国家有关部门根据法律法规的规定，确定职工因工作原因受伤或患职业病这一事实，是否属于应当认定（视同）为工伤或视同工伤的情形。

我国对工伤认定机构有以下规定。首先，工伤认定是一种行政行为，由劳动保障行政部门负责工伤认定。其次，工伤认定机构的层次与工伤保险基金的统筹层次一致。实行全市统筹的直辖市，工伤认定机构为区或县的劳动保障行政部门。非设区的市，省、自治区人民政府确定实行县级统筹的，工伤认定机构为县级劳动保障行政部门。最后，统筹地区的劳动保障行政部门进行工伤认定时，应当严格遵守法律法规及相关政策的规定，不得将不符合条件的认定为工伤，也不得将符合条件的排除在工伤之外，应当依法维护相关各方的合法权益。

2. 工伤认定的对象

工伤认定的对象一般包括具备下列条件的职工：一是存在受到伤害或者患职业病的事实；二是与用人单位存在劳动关系，包括事实劳动关系；三是要有相关的医疗诊断证明或职业病诊断证明。

工伤认定的对象是指各种用工期限的劳动者，包括在两个以上单位同时就业的灵活就业人员。

对于工伤认定的对象，还应把握以下几点。

（1）《工伤保险条例》适用范围内的所有用人单位的职工受到事故伤害或者患职业病，申请工伤认定并符合受理条件的，工伤认定机构应予受理。

（2）《工伤保险条例》适用范围内的用人单位未参加工伤保险，其职工申请工伤认定并符合受理条件的，工伤认定机构应予受理。

（3）无营业执照或者未经依法登记、备案的单位以及被依法吊销营业执照或者撤销登记、备案的单位的职工受到事故伤害或者患职业病的；用人单位使用童工造成童工伤残、死亡的，这些职工和童工不需申请工伤认定，直接由单位给予一次性赔偿，单位拒不给付赔偿的，由劳动保障监察机构予以处理。

3. 工伤认定遵循的原则

工伤认定是对职工受到的伤害是否属于工伤范围的情形作出判断，是职工是否享受工伤保险待遇的前提条件，直接关系到职工及其直系亲属的权益。《工伤保险条例》规定了应当认定为工伤、视同工伤和不得认定为工伤三类情形。在进行工伤认定时，应把握如下几点。

一是工伤保险应以承担起社会责任作为工伤认定的出发点，只要没有证据否定其是工伤，在排除其他非工伤的情形下，就应认定为工伤。工伤保险作为一种强制的社会保险，它从民事责任发展到雇主责任以至目前的社会责任，之所以能够存在，其承担起社会责任是一个重要原因。

二是准确把握《工伤保险条例》的规定，把"因工作原因"作为认定为工伤的核心。对于职工受到的伤害是否属于因工作原因，应由工伤认定机构根据具体情况作出判断。在工伤认定工作中，应对各方面情况进行综合分析，没有证据否定职工所受到的伤害与工作有必然联系的，在排除工伤保险其他非工作原因的因素后，应认定为因工作原因。

三是认定为工伤的情形在把握时应主要考虑是否因工作原因，视同工伤的情形在把握时应严格掌握法律的规定，在作出不得认定为工伤的决定时，应有充分的证据。

4. 工伤认定的种类

工伤认定的种类，即工伤认定机构受理工伤认定申请后，作出工伤认定结论的类型。《工伤保险条例》规定，工伤认定结论可以分为如下三种类型：认定为工伤、视同工伤和不得认定为工伤。

（1）认定为工伤。职工有下列情形之一的，应当认定为工伤：

① 在工作时间和工作场所内，因工作原因受到事故伤害的；

② 工作时间前后在工作场所内，从事与工作有关的预备性或者收尾性工作受到事故伤害的；

③ 在工作时间和工作场所内，因履行工作职责受到暴力等意外伤害的；

④ 患职业病的；

⑤ 因工外出期间，由于工作原因受到伤害或者发生事故下落不明的；

⑥ 在上下班途中，受到机动车事故伤害的；

⑦ 法律、行政法规规定应当认定为工伤的其他情形。

（2）视同工伤。《工伤保险条例》第十五条规定，职工有下列情形之一的，视同工伤：

① 在工作时间和工作岗位，突发疾病死亡或者在48小时之内经抢救无效死亡的；

② 在抢险救灾等维护国家利益、公共利益活动中受到伤害的；

③ 职工原在军队服役，因战、因公负伤致残，已取得革命伤残军人证，到用人单位后旧伤复发的。

（3）不得认定为工伤。职工有下列情形之一的，不得认定为工伤：

① 因犯罪或者违反治安管理伤亡的；

② 醉酒导致伤亡的；

③ 自残或者自杀的。

关于工伤认定的种类，《工伤保险条例》规定，应当包括上述三种。但是在实际工作中，有些情形既不属于应当认定为工伤或视同工伤的情形，也不属于不得认定为工伤的情形。在这种情况下，工伤认定机构不能作出上述三种结论中的任何一种，可以作出不予认定（视同）为工伤的认定结论。

5. 职业病的概念和种类

《职业病防治法》规定，职业病是指企业、事业单位和个体经济组织的劳动者在职业活动中，因接触粉尘、放射性物质和其他有毒、有害物质等因素而引起的疾病。其特征是在有毒有害的环境下工作所患的疾病。

职业病是职业伤害的一种，按照《工伤保险条例》的规定，被诊断为职业病的，应当认定为工伤。但是，就《工伤保险条例》适用范围而言，职业病认定为工伤时要注意掌握两点：首先，应当是《工伤保险条例》覆盖范围内的用人单位的职工；其次，应该是在《工伤保险条例》覆盖范围内的所有用人单位的职工在职业活动中所患的职业病。需要说明的是，如果某人患有职业病目录中规定的某种疾病，但不是在职业活动中引起的，而是由于其居住地周边生产单位污染物排放或者其他情况而引起的，这种疾病就不属于《工伤保险条例》中所称的职业病。其所受到的伤害应通过司法途径加以解决，而不能按工伤保险的有关规定执行。

6. 工伤认定的程序

（1）工伤认定申请。

《工伤保险条例》第十七条规定，职工发生事故伤害或者按照《职业病防治法》规定被诊断、鉴定为职业病，用人单位、工伤职工或者其直系亲属、工会组织都有权申请工伤认定。这是对工伤认定申请主体的规定。

①用人单位。《工伤保险条例》第十七条第一款规定，用人单位应当自事故伤害发生之日或者被诊断、鉴定为职业病之日起30日内提出工伤认定申请。工伤保险实行的是雇主责任原则，用人单位是工伤保险义务的承担者。因而，职工因工作受到事故伤害或者被诊断、鉴定为职业病后，其所在单位应当首先履行工伤认定申请义务。规定申请认定的时限，目的是促使用人单位在职工受到事故伤害或者患职业病后，及时履行申请工伤认定的义务，以便于搜集有关证据，尽快查明事故真相；否则，相关各方搜集证据比较困难，可能导致事实难以认定，使职工的权益受到损害。

为了促使用人单位在规定的时限内及时提出工伤认定申请，《工伤保险条例》第十七条第四款规定了用人单位未在规定的时限内提交工伤认定申请应承担的责任。

②职工（或其直系亲属）。《工伤保险条例》第十七条第二款规定，用人单位没在规定期限内提出工伤认定申请的，工伤职工或者其直系亲属有权提出工伤认定申请。申请工伤认定是工伤职工的基本权利。但由于种种原因，工伤职工本人可能无力申请工伤认定，为了更充分地保障工伤职工行使权利，《工伤保险条例》规定了其

直系亲属，如配偶、父母、成年子女也有权申请工伤认定。工伤职工的直系亲属包括直系血亲和直系姻亲。直系血亲是指有直接血缘联系的亲属，是指己身所出或从己身所出的上下各代亲属，包括父母、祖父母、外祖父母、曾祖父母、外曾祖父母等长辈和子女、孙子女、外孙子女等晚辈。这里的"父母"包括生父母、养父母和有抚养关系的继父母。"子女"包括婚生子女、非婚生子女、养子女和有抚养关系的继子女。直系姻亲是指与自己直系亲属有婚姻关系的亲属，包括直系血亲的配偶和配偶的直系血亲，如公婆、岳父母、儿媳、女婿等。按照《民法通则》中关于近亲属的规定，工伤职工的直系亲属还应包括工伤职工的配偶和兄弟姐妹。这里的兄弟姐妹包括同父母的兄弟姐妹、同父异母或者同母异父的兄弟姐妹、养兄弟姐妹和有抚养关系的继兄弟姐妹。此外，依据民事法律的有关规定，如果工伤职工或者其直系亲属不能申请工伤认定，可以委托其他人申请工伤认定。因为申请工伤认定是《工伤保险条例》赋予职工的一项法定权利，除非职工放弃这一权利，任何人无权剥夺。从这一原则出发，无论职工是否有能力申请工伤认定，都有权按照《民法通则》的有关规定委托代理人代其行使这项权利。

③工会。工会作为维护职工权益的专门性群众组织，当职工遭受事故伤害或者罹患职业病时，如果职工的权益没有或者不能得到保障，工会组织应承担起为职

工申报工伤的职责。这里的"工会组织"包括职工所在用人单位的工会组织以及符合《中华人民共和国工会法》规定的各级工会组织。

（2）用人单位申请工伤认定的时限。

《工伤保险条例》第十七条第一款规定，一般情况下用人单位申请工伤认定的时限应当自事故伤害发生之日或者被诊断、鉴定为职业病之日起 30 日内。但特殊情况，经报劳动保障行政部门同意，申请时限可以适当延长。这里的"特殊情况"，主要是指职工受到事故伤害的地点与工伤认定申请受理机关相距甚远，用人单位无法在 30 日内提交工伤认定申请的情形。如从事远洋运输的职工在运输途中发生事故，要求其单位在 30 日内申请工伤认定确实难以做到。需要说明的是，用人单位为患职业病的职工申请工伤认定，不存在延长申请时限问题。因为在此种情形下，申请工伤认定的前提是已经取得职业病诊断证明书或职业病诊断鉴定书，不存在不能按时申报工伤的可能。

（3）用人单位未在法定时限内申请工伤认定的责任。

《工伤保险条例》第十七条第四款规定，用人单位未在规定时限内提出工伤认定申请的，在此期间发生的符合条例规定的工伤待遇等有关费用由用人单位负担。这样规定，目的在于建立一种机制，约束用人单位及时提交工伤认定申请。关于这一规定，应从以下几个方面把握。

一是用人单位支付待遇的期间。用人单位没有在规定的特定时限或者没有在劳动保障行政部门同意延长的期限内提出工伤认定申请，经工伤职工或其直系亲属、工会组织提出工伤认定申请，并且职工被认定为工伤的，用人单位支付该职工待遇的期间为从职工发生工伤之日起到劳动保障行政部门受理工伤认定之日止。

二是用人单位支付工伤待遇的项目。这一期间发生的依法应该支付该职工的所有费用，都由单位支付。其中既包括按规定应由用人单位支付的项目，也包括按规定应由工伤保险基金支付的项目。

（4）职工（或其直系亲属）、工会组织提出工伤认定申请的时效

《工伤保险条例》第十七条第二款规定，用人单位未在规定期限内提出工伤认定申请的，工伤职工或者其直系亲属、工会组织在事故伤害发生之日或者被诊断、鉴定为职业病之日起1年内，可以直接提出工伤认定申请。

工伤认定是工伤职工享受工伤保险待遇的前提，为了充分保障职工享受工伤保险待遇的权利，《工伤保险条例》将工伤职工或者其直系亲属、工会组织申请工伤认定的时效规定为1年。这一时效规定与《民法通则》第一百三十六条关于"身体受到伤害要求赔偿"的诉讼时效一致。值得注意的是，这里的"1年"为申请工伤认定的时效，超过了这一期限，当事人即丧失了申请权。

（5）申请工伤认定提交的材料。

工伤认定主要实行书面审查，因此，工伤职工所在单位、职工个人、工会组织申请工伤认定时，应该提交全面、真实的材料，以便于工伤认定机构准确、及时地作出工伤认定。根据《工伤保险条例》第十八条及劳动和社会保障部《工伤认定办法》第五条的规定，提出工伤认定申请应当提交下列材料。

一是工伤认定申请表。申请表是申请工伤认定的基本材料，包括事故发生的时间、地点、原因以及职工伤害程度等基本情况。通过申请表，认定机构对所在单位、职工本人、工伤事故或者职业病的现状、原因等基本事项都有一个简明、清楚的了解。工伤认定申请表统一样式由劳动保障部制定。

属于下列情况，应提供相关的证明材料：

① 因履行工作职责受到暴力伤害的，应提交公安机关或人民法院的判决书或其他有效证明；

② 由于机动车事故引起的伤亡提出工伤认定的，应提交公安交通管理等部门的责任认定书或其他有效证明；

③ 因工外出期间，由于工作原因受到伤害的，应由当地公安部门出具证明或其他有效证明；发生事故下落不明的，认定因工死亡应提交人民法院宣告死亡的结论；

④ 在工作时间和工作岗位，突发疾病死亡或者在48小时之内经抢救无效死亡的，提供医疗机构的抢救和死亡证明；

⑤ 属于抢险救灾等维护国家利益、公众利益活动中

受到伤害的，按照法律法规规定，提交由设区的市级相应机构或有关行政部门出具的有效证明；

⑥ 属于因战、因公负伤致残的转业、复员军人，旧伤复发的，提交"革命伤残军人证"及医疗机构对旧伤复发的诊断证明。

对因特殊情况，无法提供相关证明材料的，应书面说明情况。这主要是指，对于上述特殊情况，劳动保障行政部门受理工伤认定申请，不以有关部门必须出具证明为前提。例如，对于职工因工外出期间发生事故或者在抢险救灾中下落不明的情形，职工（或其直系亲属）、所在单位或者工会组织提出工伤认定申请的，只要符合受理条件，劳动保障行政部门应当受理。对于是否属于"因工外出期间"，只要有其所在单位相关领导出具的证明即可；对于是否属于"发生事故"，可以是相关部门出具的证明，也可以是非利害关系人的证明；对于是否属于"抢险救灾"，可以是有关部门（如民政部门）出具的证明，也可以是其他的有效证明材料。

二是与用人单位存在劳动关系（包括事实劳动关系）的证明材料。劳动关系证明材料是工伤认定机构确定对象资格的凭证。规范的劳动关系的证明材料是劳动合同，它是劳动者与用人单位建立劳动关系的法定凭证。但在现实生活中，一些企业、个体工商户未与其职工签订劳动合同。为了保护这些职工享受工伤保险待遇的权益，《工伤保险条例》规定，劳动关系证明材料包括能够证明与用人单位存在事实劳动关系的材料。据此，职工在没有劳动合同的情况下，可以提供一些能够证明劳动关系存在的其他材料，如领取劳动报酬的证明、单位同事的证明等。

三是医疗机构出具的受伤后诊断证明书，或者职业病诊断机构出具的职业病诊断证明书（或者职业病诊断鉴定书）。

六、劳动能力鉴定

劳动能力鉴定是指劳动功能障碍程度和生活自理障碍程度的等级鉴定。劳动功能障碍分为 10 个伤残等级，最重的为一级，最轻的为十级。生活自理障碍分为 3 个等级：生活完全不能自理、生活大部分不能自理和生活部分不能自理。

职工发生工伤，经治疗伤情相对稳定后存在残疾、影响劳动能力的，应当进行劳动能力鉴定。

劳动能力鉴定标准由国务院劳动保障行政部门会同国务院卫生行政部门等部门制定。

劳动能力鉴定由用人单位、工伤职工或者其直系亲属向设区的市级劳动能力鉴定委员会提出申请，并提供工伤认定决定和职工工伤医疗的有关资料。

劳动能力鉴定委员会分别由省、自治区、直辖市和设区的市级劳动保障行政部门、人事行政部门、卫生行政部门、工会组织、经办机构代表以及用人单位代表组成。

　　劳动能力鉴定委员会建立医疗卫生专家库。列入专家库的医疗卫生专业技术人员应当具备的条件：具有医疗卫生高级专业技术职务任职资格；掌握劳动能力鉴定的相关知识；具有良好的职业品德。

　　鉴定的时限：市级劳动能力鉴定委员会应当自收到劳动能力鉴定申请之日起 60 日内作出劳动能力鉴定结论，必要时，作出劳动能力鉴定结论的期限可以延长 30 日。申请鉴定的单位或者个人对市级劳动能力鉴定委员会作出的鉴定结论不服的，可以在收到该鉴定结论之日起 15 日内向省、自治区、直辖市劳动能力鉴定委员会提出再次鉴定申请。省、自治区、直辖市劳动能力鉴定委员会作出的劳动能力鉴定结论为最终结论。

七、工伤保险待遇

　　职工因工作遭受事故伤害或者患职业病应享有下列待遇。

　　（1）享受工伤医疗待遇。职工住院治疗工伤的，由所在单位按照本单位因公出差伙食补助标准的 70% 发给住院伙食补助费；经医疗机构出具证明，报经办机构同意，工伤职工到统筹地区以外就医的，所需交通、食宿费用由所在单位按照本单位职工因公出差标准报销。

　　（2）工伤职工因日常生活或者就业需要，经劳动能力鉴定委员会确认，可以安装假肢、矫形器、假眼、假牙和配置轮椅等辅助器具，所需费用按照国家规定的标准从工伤保险基金中支付。

（3）工伤职工已经评定伤残等级并经劳动能力鉴定委员会确认需要生活护理的生活护理费，按照生活完全不能自理、生活大部分不能自理或者生活部分不能自理三个不同等级支付，其标准分别为统筹地区上年度职工月平均工资的50%，40%和30%。

（4）职工因工致残被鉴定为一级至十级的享受一次性伤残补助金。其中，一至四级伤残的，保留劳动关系，退出工作岗位，按月支付伤残津贴，标准为：一级伤残为本人工资的90%，二级伤残为本人工资的85%，三级伤残为本人工资的80%，四级伤残为本人工资的75%。工伤职工达到退休年龄并办理退休手续后，停发伤残津贴，享受基本养老保险待遇，基本养老保险待遇低于伤残津贴的，由工伤保险基金补足差额。五至六级伤残的，保留与用人单位的劳动关系，由用人单位安排适当工作。难以安排工作的，由用人单位按月发给伤残津贴，标准为：五级伤残为本人工资的70%，六级伤残为本人工资的60%，并由用人单位按照规定为其缴纳应缴纳的各项社会保险费。伤残津贴实际金额低于当地最低工资标准的，由用人单位补足差额。

（5）职工因工死亡，其直系亲属按照下列规定从工伤保险基金领取丧葬补助金、供养亲属抚恤金和一次性工亡补助金：丧葬补助金为6个月的统筹地区上年度职工月平均工资；供养亲属抚恤金按照职工本人工资的一定比例发给由因工死亡职工生前提供主要生活来源、无劳动能力的亲属，标准为：配偶每月 40%，其他亲属每人每月 30%，孤寡老人或者孤儿每人每月在上述标准的基础上增加 10%。一次性工亡补助金标准为 60 个月的统筹地区上年度职工月平均工资。

八、工伤保险基金

工伤保险基金由用人单位缴纳的工伤保险费、工伤保险基金的利息和依法纳入工伤保险基金的其他资金构成。工伤保险费根据以支定收、收支平衡的原则，执照不同行业的工伤风险程度确定行业的差别费率。

工伤保险费由用人单位以本单位职工工资总额乘以单位缴费费率之积缴纳，职工个人不缴纳工伤保险费。

工伤保险基金实行全市统筹，存入社会保障基金财政专户管理。工伤保险基金应当留有一定比例的储备金，用于统筹地区重大事故的工伤保险待遇支付；储备金不足支付的，由统筹地区的人民政府垫付。

第三节　法律责任

按照国家和辽宁省、沈阳市相关规定，法律责任如下。

（1）劳动保障行政部门工作人员有下列情形之一的，

依法给予行政处分；情节严重，构成犯罪的，依法追究刑事责任：

① 无正当理由不受理工伤认定申请，或者弄虚作假将不符合工伤条件的人员认定为工伤人员的；

② 未妥善保管申请工伤认定的证据材料，致使有关证据灭失的；

③ 收受当事人财物的。

（2）单位或者个人违反规定挪用工伤保险基金，构成犯罪的，依法追究刑事责任；尚不构成犯罪的，依法给予行政处分或者纪律处分。被挪用的基金由市人力资源和社会保障局追回，并入工伤保险基金。

（3）经办机构有下列行为之一的，由市人力资源和社会保障局责令改正，对直接负责的主管人员和其他责任人员依法给予纪律处分；情节严重，构成犯罪的，依法追究刑事责任；造成当事人经济损失的，由经办机构依法承担赔偿责任：

① 未按规定保存用人单位缴费和工伤人员享受工伤保险待遇情况记录的；

② 不按规定核定工伤保险待遇的；

③ 收受当事人财物的。

（4）用人单位、工伤人员或者其直系亲属骗取工伤保险待遇，医疗机构、辅助器具配置机构骗取工伤保险基金支出的，由市人力资源和社会保障局责令其限期退还，并处骗取金额 1 倍以上 3 倍以下的罚款；情节严重，构成犯罪的，依法追究刑事责任。

（5）从事劳动能力鉴定的组织或者个人有下列情形之一的，由市人力资源和社会保障局责令改正，并处2000元以上1万元以下的罚款；情节严重，构成犯罪的，依法追究刑事责任：

① 提供虚假鉴定意见的；

② 提供虚假诊断证明的；

③ 收受当事人财物的。

（6）用人单位应当参加工伤保险而未参加或者未按规定缴纳工伤保险费的，由劳动保障行政部门责令改正，并按照国务院《社会保险费征缴暂行条例》《沈阳市社会保险费征缴条例》的有关规定处理。未参加工伤保险或者未按规定缴纳工伤保险费期间用人单位从业人员发生工伤的，该期间的工伤待遇由用人单位按照《工伤保险条例》和《辽宁省工伤保险实施办法》规定的工伤保险待遇项目和标准支付费用。

（7）工伤人员与用人单位发生工伤待遇方面争议的，按照处理劳动争议的有关规定处理。有关单位和个人对劳动保障行政部门或者经办机构依照《工伤保险条例》和《辽宁省工伤保险实施办法》作出的具体行政行为不服的，可以依法申请行政复议或者提起行政诉讼。

（8）医疗机构、辅助器具配置机构不按服务协议提供服务的，经办机构可以解除服务协议。

（9）经办机构不按时足额结算费用的，由劳动保障行政部门责令改正；医疗机构、辅助器具配置机构可以解除服务协议。

（10）用人单位瞒报工资总额或者职工人数的，由劳动保障行政部门责令改正，并处瞒报工资数额 1 倍以上 3 倍以下的罚款。

|第三十一章|
医疗保险和生育保险

第一节　基本医疗保险概述

　　我国 20 世纪 50 年代初建立的公费医疗和劳保医疗统称为职工社会医疗保险。但随着社会主义市场经济体制的确立和国有企业改革的不断深化，这种制度已难以解决市场经济条件下的职工基本医疗保障问题。国务院于 1998 年 12 月 14 日下发了《国务院关于建立城镇职工基本医疗保险制度的决定》（国发〔1998〕44 号），部署全国范围内全面推进职工医疗保险制度改革工作。医疗保险制度改革的主要任务，就是在全国范围内建立起适应社会主义市场经济体制要求，充分考虑财政、企业和个人承受能力，切实保障职工基本医疗需求的社会医疗保险体制。基本医疗保险制度是社会保障体系的核心内容之一。它所要解决的主要问题：一是职工基本医疗保障问题；二是控制医疗费用的过快增长问题。

　　医疗保险具有社会保险的强制性、互济性、社会性等基本特征。建立基本医疗保险制度就是要通过建立由用人单位和职工共同缴费的机制，并实行社会化管理，解决医疗保险基金的稳定来源和职工医疗保障苦乐不均问题，切实保障职工基本医疗。与此同时，通过合理确定基本医疗保险的筹资水平和给付水平，按照社会统筹与个人账户相结合，发挥社会互助共济和个人自我保障的作用，形成医、患、保三方制约机制，并通过加强医疗保险费的支出管理和基金管理，有效地控制医疗费用过快增长，遏制浪费。

第二节 基本医疗保险制度框架

按照建立社会主义市场经济体制的需要，根据我国现阶段的基本国情，建立城镇职工基本医疗保险制度的基本思路是"基本保障、广泛覆盖、双方负担、统账结合"。

（1）建立合理负担的共同缴费机制。基本医疗保险费由用人单位和个人共同缴纳，体现国家社会保险的强制特征和权利与义务的统一。医疗保险费由用人单位和个人共同缴纳，不仅可以扩大医疗保险资金的来源，更重要的是明确了单位和职工的责任，增强个人自我保障意识。

（2）建立社会统筹基金和个人账户相结合的制度。基本医疗保险基金由社会统筹基金和个人账户基金组成。个人缴费全部划入个人账户，单位缴费部分划入个人账户，其余部分建立统筹基金。个人账户用于个人医疗费用支出，可以结转使用和继承，本金和利息归个人所有。

（3）建立统账分开、范围明确的支付机制。统筹基金和个人账户确定各自的支付范围，统筹基金主要支付住院医疗费用，个人账户主要支付门诊医疗费用。统筹基金要有严格的起付标准和最高支付限额。

（4）建立有效制约的医疗服务管理机制。基本医疗保险支付范围仅限规定的基本医疗保险药品目录、诊疗项目和医疗服务设施标准内的医疗费用，对提供基本医疗保险服务的医疗机构和药店实行定点管理，社保保险经办机构与基本医疗保险服务机构（定点医疗机构和定点药店）要按协议规定的结算办法进行费用结算。

（5）建立统一的社会化管理服务体制。基本医疗保险原则上以地级市为统筹地区，暂时不具备条件的也可以实行地级市与县区分级统筹，各统筹地区的社会保险经办机构负责基金的统一征缴、使用和管理，保证基金的足额征缴、合理使用和及时支付。

（6）建立完善有效的监管机制。基本医疗保险基金实行财政专户管理；社会保险经办机构要建立健全规章制度；统筹地区要设立基本医疗保险社会监督组织，加强社会监督。

随着基本医疗保障制度建设的发展，已形成覆盖城镇的城镇职工基本医疗保险及城镇居民基本医疗保险制度。同时，还建立了生育保险制度。

第三节　城镇职工基本医疗保险

根据《国务院关于建立城镇职工基本医疗保险制度的决定》（国发〔1998〕44号），沈阳市制定了《沈阳市城镇职工基本医疗保险规定》（市政府〔2001〕5号令），标志着沈阳市城镇职工基本医疗保险制度基本建立。经过几年的探索完善，重新修订为《沈阳市城镇职工基本医疗保险规定》（市政府〔2008〕7号令）。

一、适用范围

适用于沈阳市行政区域内的城镇国有、集体、股份制企业，外商投资、私营企业和机关、事业单位、社会团体、民办非企业单位及其职工和退休人员。

二、保险费的筹集

城镇职工基本医疗保险费由用人单位和职工个人共同缴纳。用人单位按照在职职工上年工资总额的8%比例缴纳，在职职工按照本人上年工资收入的2%比例缴纳。

灵活就业人员参加城镇职工基本医疗保险，以上年度社会平均工资为基数，可选择10%或6.8%的比例缴费。

参保职工基本医疗保险费的最低缴费年限为满25年，缴足最低年限仍未达到法定退休年龄的职工应当继续缴纳基本医疗保险费。达到法定退休年龄未缴足最低年限的，必须以上年全市职工平均工资为基数，按照单位缴费比例一次性缴足基本医疗保险费，全部纳入统筹基金。2002 年 12 月 31 日前符合国家规定的连续工龄视同缴费年限。

三、基金的使用

用人单位及其职工缴纳的基本医疗保险费构成基本医疗保险基金，基本医疗保险基金设立统筹基金和个人医疗账户。统筹基金和个人医疗账户分别独立核算，不得相互挪用挤占。

个人账户资金归个人所有，可以跨年度结转使用和依法继承。个人账户用于支付参保人员在定点医疗机构门诊的医疗费用、定点药店购药的费用和住院、家庭病床等医疗费用中需个人支付的部分。灵活就业人员选择 6.8% 的比例缴费，参加城镇职工基本医疗保险的，不设个人账户。

用人单位缴纳的基本医疗保险费，按照规定的比例划入个人账户后，再提取 10% 的风险金，其余部分作为统筹基金。参保人员按照规定比例报销的住院费用、规定范围内疾病门诊医疗费用、家庭病床医疗费用、门诊急诊抢救留院观察转住院（住院前留院观察 5 日内）及门诊急诊抢救期间死亡发生的医疗费应当在统筹基金中支付。

下列医疗费不属于医疗保险基金支付范围：

（1）基本医疗保险药品目录、诊疗项目目录及服务设施范围和支付标准规定以外的医疗费；

（2）未按照规定就医、购药发生的医疗费；

（3）因违法犯罪、自残或者自杀、斗殴、酗酒、吸毒等行为所发生的医疗费；

（4）因交通事故、医疗事故或者其他责任事故造成伤害的费用；

（5）参保人员出国及在港、澳、台期间发生的医疗费用；

（6）其他按照规定不予支付的医疗费。

基本医疗保险统筹基金设立起付标准和最高支付限额。起付标准以上、最高支付限额以下的医疗费用，主要从统筹基金支付，个人应当负担一定比例，具体比例根据以收定支、收支平衡的原则确定。

四、医疗服务和职工就医

基本医疗保险实行定点医疗机构和定点药店管理。定点医疗机构和定点药店必须经沈阳市人力资源和社会保障行政部门资格审查合格后，由医疗保险经办机构按照规定确定，并与定点医疗机构、药店签订协议，明确各自的责任、权利和义务。

定点医疗机构和定点药店应当严格执行沈阳市基本医疗保险基金支付范围、基本医疗保险药品目录、基本医疗保险诊疗项目目录和基本医疗保险服务设施范围及支付标准等各项有关规定。

参保人员凭就医手册和基本医疗保险 IC 卡在定点医疗机构范围内自主选择就医、购药，也可以自行购买非处方药，或者持定点医疗机构医生开具的处方购买基本医疗保险药品目录内的处方药。

参保人员在定点医疗机构发生的住院医疗费用、治疗型家庭病床费用及规定范围内疾病门诊医疗费等费用中应当由个人承担的，在医疗终结时，由本人持就医手册和基本医疗保险 IC 卡与定点医疗机构直接结算；应当由统筹基金支付的医疗费用，医疗保险经办机构应当与定点医疗机构按照"总量控制、定额管理、项目审核、超额分担、节余滚存"的办法进行结算。

五、基本医疗保险基金管理和监督

基本医疗保险基金按照以收定支、收支平衡的原则，统一征缴、统一管理和统一支付。沈阳市人力资源和社会保障部门应当按照相关规定定期稽核用人单位的有关账目、报表，核实参保人员及缴费工资基数。可以根据实际需要，定期开展与职工基本医疗保险业务有关事项的检查、调查工作，对定点医疗机构和定点药店协议执行情况进行检查、监督。

第四节 城镇居民基本医疗保险

为健全沈阳市医疗保险制度，建立和完善社会医疗保险体系，增强城镇非从业居民抵御疾病风险的能力，逐步实现人人享有医疗保障的目标，根据国家、省有关规定，沈阳市制定了《沈阳市城镇居民基本医疗保险试行办法》（沈劳社发〔2007〕43号）。居民医保与职工医保制度，从政策层面上覆盖了全体城镇人员。

一、使用范围

适用于沈阳市行政区域内不在城镇职工基本医疗保险制度覆盖范围内的城镇非从业居民。

二、基金的筹集

城镇居民基本医疗保险统筹基金的来源：参保人员个人（家庭）缴纳的基本医疗保险费；各级政府的补助资金；社会捐助的资金基金利息收入；其他合法渠道筹集的资金。

实行个人缴费和政府补助相结合的筹资方式。城镇居民缴纳的基本医疗保险费只用于建立统筹基金，不建立个人账户。

三、医疗保险待遇

参保人员因疾病住院治疗设立统筹基金起付标准、统筹基金支付比例、个人自付比例。参保人员因疾病住院时，先由个人支付统筹基金起付标准，超过起付标准以上、最高支付限额以下符合统筹基金支付范围的医疗费用，由统筹基金按比例支付。

四、就医、医疗服务及管理

城镇居民基本医疗保险的医疗服务实行定点医疗机构管理。为城镇居民基本医疗保险提供服务的医疗机构，将纳入城镇职工基本医疗保险定点医疗机构管理范围。

城镇居民基本医疗保险执行城镇职工基本医疗保险病种目录、药品目录、诊疗项目、医疗服务设施范围等规定。符合规定的医疗费用，由城镇居民基本医疗保险统筹基金按照规定的比例支付。

参保人员在定点医疗机构就医时，须持就医手册和医保 IC 卡。参保人员在定点医疗机构就医的结算办法按照城镇职工基本医疗保险参保人员结算办法执行。

五、基金管理

城镇居民基本医疗保险统筹基金实行财政专户管理，专款专用，任何单位和个人不得挤占挪用。

第五节　生育保险

为促进经济和社会协调发展，保障妇女平等就业，促进企业公平竞争，维护妇女合法权益，根据国家的要求及其他省市的经验，沈阳市制定了《沈阳市城镇职工生育保险办法》（市政府〔2005〕43 号令），为城镇职工建立了生育保险制度。随着居民医保的启动，其参保人员也可享受相应的生育保险待遇。

一、城镇职工基本医疗保险参保人员

1. 适用范围

城镇职工基本医疗保险参保人员。

2. 生育保险基金的来源

生育保险基金按照"以支定收、收支基本平衡"的原则征收。来源为：用人单位缴纳的生育保险费；生育保险费的利息及增值收入；按规定收取的滞纳金；其他依法应当纳入生育保险的资金。

生育保险基金实行收支两条线管理。生育保险基金专款专用，任何单位和个人不得擅自挪用。生育保险费与基本医疗保险费实行统一核定、合并征收。用人单位根据本单位城镇职工基本医疗保险缴费基数缴纳生育保险费，缴费比例为 6‰。个人不缴纳生育保险费。

3. 生育保险待遇

参保人员可享受生育医疗费补贴，同时，非灵活就业参保人员，符合计划生育政策规定生育、流产（包括自然流产、人工流产和药物流产等）、引产的，按照上年度沈阳市职工月平均工资标准，享受规定期限的生育生活津贴（产假工资）。

生育医疗费、生育生活津贴，由生育保险基金列支。

二、城镇居民基本医疗保险参保人员

城镇居民基本医疗保险启动后，为了满足参保人员生育医疗需求，制定了《关于将城镇居民生育医疗费纳入居民基本医疗统筹等有关问题的通知》（沈人社发〔2010〕54号），参加城镇居民基本医疗保险的人员在待遇期内，符合计划生育政策规定，因分娩发生的住院医疗费用纳入城镇居民医疗保险统筹支付范围。参保人员生育住院医疗费实行限额补贴。

第三十二章
社会保险基金监督

第一节　社会保险基金监督概述

社会保险基金监督工作是伴随着社会保障体系建设逐步建立和完善而发展起来的，经过二十多年的改革实践，我国社会保障体系建设和社会保险基金监督工作都取得了长足发展。

（1）社会保险基金监督法律制度框架基本形成。党和政府历来非常重视社会保险基金监督工作，提出了一系列明确的要求。1994 年颁布的《中华人民共和国劳动法》规定："社会保险基金监督机构依照法律规定，对社会保险基金的收支、管理和运营实施监督。"党的十六届三中全会决定明确提出，要"规范基金监督，确保基金安全"。2005 年颁布的《国务院关于完善企业职工基本养老保险制度的决定》第五条第二款规定："要制定和完善社会保险基金监督管理的法律法规，实现依法监督。各省、自治区、直辖市人民政府要完善工作机制，保证基金监督制度的顺利实施。要继续发挥审计监督、社会监督和舆论作用，共同维护基金安全。"党的十七大报告指出："加强基金监管、实现保值增值。"党中央、国务院领导多次强调，社会保险基金是社会保险的生命线，必须高度重视社会保险基金监督工作。由于党中央和各级政府高度重视社会保险基金监督工作，自 1995 年以来，全国各省、市相继制定和出台了一系列加强社会保险基金的法律法规，建立了有关加强基金监督的制度，并陆续建立健全了监督机构和部门，为监督工作奠定了法律和制度基础。

（2）随着社会保险覆盖范围逐步扩大，近几年来，基金规模快速增加，加强基金监督工作已纳入各级政府重要议程，并提出了更高的要求。2009 年，全国五项保险基金收入达 15975.2 亿元，支出 12393.6 亿元，城镇参加社会保险职工总人数达到 3.2 亿人。如此大规模的基金收支、发放和管理，哪个环节出现管理漏洞，都会引发重大问题和损失。社会保险基金是社会保障的生命线和基础，是老百姓的养命钱和救命钱。不加强社会保险基金监督，社会保障制度就缺乏安全保障。近几年来，基金安全越来越引起各级领导的重视，也成为社会关注的焦点。为了做好和强化社会保险基金监督工作，全国各省、市有关政府部门都成立了专门社保基金监督机构和部门，定期开展社保基金专项监督和检查，对社保基金征缴、收支、拨付、待遇发放、存储和财务管理各个环节实行全程监督。沈阳市为了加强社会保险基金监督管理，于 2001 年成立了沈阳市社会保障监督委员会，由主管市长担任主任，由市人力资源和社会保障局、市财政局、市地税局、市审计局、市监察局、市总工会等部门主管领导和大中型企业厂长、经理、职工代表作为成员，共同研究和指导、负责全市社保基金监督工作，委员会下设办公室，负责全市社会保险基金监督的组织协调工作。同时，沈阳市每年都由市人力资源和社会保障局牵头，组织各级财政、地税、审计、监察部门开展社会保险基金专项监督检查工作，在各社保经办机构和部门建立了内控制度和办法，保障了社保基金安全运营。

（3）社会保险基金监督体系建设不断完善。社会保险基金监督体系主要有三个方面：一是征缴监督体系；二是社保基金经办机构监督体系；三是社会监督体系。社会保险基金征缴监督能够保障社会保险基金能按国家有关法律法规规定实现应参尽参、应保尽保、应缴尽缴，监督征收部门是否依法征收，征收社会保险基金是否及时纳入基金专户，实行收支两条线管理，没有挤占、挪用等违法问题。对于参保单位和职工，是否按规定按时足额参保缴费，社保经办部门是否按规定核定缴费基数。为了加强基金征缴管理，1999 年，国务院颁布了《社会保险费征缴暂行条例》，对社会保险费征缴的监督和监督体系建设作出了明确规定。2004 年 6 月，沈阳市制定了《沈阳市社会保险费征缴条例》，进一步明确了社会保险征缴的监督职责、权限和监督的组织体系，强调加强对社会保险基金征收的各个环节监督和管理。每年定期开展对征收部门、缴费参保单位申报缴费情况和基金专户管理等情况进行监督检查，确保基金安全完整，保障社会保险费按时足额发放。在社保经办机构监督体系建设方面，着重加强经办机构内部控制，建立健全内部控制制度和管理机制，在社保基金预决算、收支财务管理、待遇发放、拨付、上解下调和存储各个环节实行全程监督和控制，制定了《社会保险经办机构内控制度和办法》，按内控制度和办法，各级社会保险管理中心先后制定各项业务经办规则和操作规章70多项，沈阳市经办机构和各区县经办机构要求对基金财务管理以及待遇发放、支付各个环节实行初审、复审、监审三重审核监督机制，重大社保基金支出、预决算和存储、运营都实行了严格的监审制度、集体研究制度和报告制度。同时，在各经办机构建立严格的内部监察督察制度，每年每季对社保基金收支、存储、拨付、财务管理等重要环节实行监督和审计，做到常抓不懈，形成制度。在社会监督方面，建立了监督体系和网络，聘请职工代表作为社保基金监督员，定期征求监督建议和对策，并建立了社会保险基金监督举报系统，对举报发现的违纪违规问题，及时查处和追究责任，防范和化解风险。

第二节　社会保险基金监督制度

　　社会保险基金监督制度的建立和完善主要依据国家有关法律法规赋予的监督职能和任务，并结合和针对社会保障基金征缴、收支、拨付、存储和财务管理等各个环节，为确保基金安全完整和规范运营，而建立起各项的监督规章和制度。1999 年国务院颁布的《社会保险费征缴暂行条例》第五条规定："国务院劳动保障行政部门负责全国的社会保险费征缴管理和监督检查工作。县级以上地方各级人民政府劳动保障行政部门负责本行政区域内的社会保险费征缴管理和监督检查工作。"同时还规定，社会保险基金实行收支两条线管理，由财政部门依法进行监督；审计部门依法对社会保险基金收支情况进行监督。国务院颁布的条例明确了劳动行政部门和财政、审计等部门的各自监督职能和权限，为建立和加强对社会保险基金征收监督管理制度提供了法律依据和基础。

　　为贯彻落实国务院《社会保险费征缴暂行条例》，建立社会保险基金监督制度和体系，1999 年 3 月，劳动和社会保障部制定颁布了《社会保险费征缴监督检查办法》，明确规定了社会保险费征缴监督检查的内容、程序和职责。为了加强社会保险基金监督，维护职工合法权益，2001 年 5 月又颁布了《社会保险基金监督举报工作管理办法》，规定公民、法人和其他社会组织，有权对社会保险基金收支、管理方面的违法违纪行为进行检举、控告，劳动行政部门要开设监督电话和受理举报部门，及时进行依法查处。2001 年 5 月劳动和社会保障部又颁布了《社会保险基金行政监督办法》，对社会保险基金行政监督职能、范围、职责、监督机构建设都作出了具体规定，要求各省、市和地区劳动行政部门要设立专门社会保险基金监督部门，负责本地区日常社会保险基金监督工作，开展社会保险基金现场监督和非现场监督，把监督工作纳入规范化和制度化。

2002 年，劳动和社会保障部等七部委联合下发了《关于加强社会保障基金监督管理的通知》，针对部分地区和部门社会保障基金管理薄弱，监督工作失控，存在违规支付基金，瞒报社会保险费基数，少缴、漏缴社会保险费问题，提出各级政府部门要加强配合，共同抓好监督工作，维护社保基金安全。通知要求各级劳动保障、财政、审计、税务、监察和人民银行支行等部门，要按照各自职能，加强对社会保障基金管理和运营机构贯彻执行基金管理法规和政策情况的监督检查，实施对社会保险费征缴、社会保险金发放、基金管理和运营各个环节的全过程监督。从 2002 年下半年开始，沈阳市劳动保障部门与财政、审计、地税、监察、银行等部门组成了联合监督检查工作组，开展对全市各社会保险经办机构和各类企业的基金管理情况、缴费情况专项检查，对以前发现挤占、挪用社保基金等违法问题，对有关责任人进行了处罚和追究法律责任。针对存在的管理问题和漏洞，建立了 30 多项社保基金监督制度和办法，进一步规范了社保经办机构的基金管理和运营。同时，为了加强社会保险基金征缴监督管理，从 2003 年开始，每年由劳动保障部门牵头，成立联合稽核工作机构，定期对各参保单位和个体工商户进行社会保险费缴费情况的稽核，到 2009 年末，全市共稽核企业和个体工商户 3.76 万户，追缴少缴、漏缴和欠缴社会保险费 7.35 亿元。

为了规范社会保险基金现场和非现场监督，建立和规范健全监督制度，2003 年和 2005 年，劳动和社会保障部分别印发了《社会保障基金现场监督规则》和《关于开展社会保险基金非现场监督工作的通知》，进一步明确各省、市要建立健全社保基金现场和非现场监督制度，加强对社保基金的日常监督管理，形成监督制度规范化和制度化。沈阳市从 2003 年以后，建立了社会保险基金现场和非现场监督制度，定期对经办机构、基金运营管理部门和基金预决算、存储管理等重大事项，实现现场督查，对社保基金运行和风险控制方面建立了非现场监督制度和办法。

2006 年 11 月，国务院召开了常务会议，针对部分地区在社保基金监督出现的问题和随着基金规模不断扩大，就如何防范风险，加强社保基金监管，提出了重要意见和要求。国务院会议强调："社会保险基金必须切实管好用好，确保安全完整，这是政府的责任。各级政府要加强社保基金监管，建立健全监管制度，充分认识社会保险基金重要性，把管好用好老百姓'养命钱'作为天职，以规范基金管理、加强基金监督、维护基金安全为己任，以高度负责态度，切实做好社会保障基金监督管理工作。"为贯彻国务院会议精神，劳动和社会保障部先后印发了《关于进一步加强社会保险基金监督管理工作的通知》《关于贯彻国务院常务会议精神加强社会保险基金监管有关问题的通知》。两个《通知》强调各级政府和有关部门要高度重视社保基金监管工作，纳入政府重要议程，建立健全各项基金监管规章制度，确保基金安全运营。2007 年，辽宁省政府和沈阳市先后转发劳动和社会保障部关于加强社保基金监管的通知，并强调建立决策、运营、监督相互制衡的基金监管体制，加大对社会保险基金违纪违规问题查处力度，落实社会保险基金监督管理工作责任，定期开展专项监督检查活动，把监管工作纳入法制化、规范化轨道。从 2008 年开始，沈阳市为贯彻落实国务院和省政府的有关通知要求，开展了社会保险基金专项监管治理工作，查找监管存在的问题和漏洞，抓好自查和自纠，重点治理存在问题和健全监管制度。经过两年的治理工作，共查出问题 23 个，制定整改措施 47 项，建立规章制度 42 项，对已查出的 23 个问题全部整改到位，并经国家和省检查组验收，对促进和完善沈阳市社会保险基金监管制度建设奠定了良好基础。

第三节　社会保险稽核制度

2003 年 2 月 27 日，《社会保险稽核办法》（以下简称《稽核办法》）以劳动和社会保障部第 16 号令正式发布，同年 4 月 1 日起施行。《稽核办法》的发布、实施，对于进一步健全和完善社会保险法规体系，维护参保人员合法权益，规范单位和个人的参保行为，切实发挥"政令法规"约束力、保障力的作用，确保社会保险费应收尽收、应保尽保，努力营造社会保险事业稳定发展的良好环境，都有着十分重要的意义，必将极大地推动社会保险稽核工作规范、有序、持续、协调地开展。

《稽核办法》所称稽核是指社会保险经办机构依法对社会保险费缴纳情况和社会保险待遇领取情况进行的核查。依照《稽核办法》，2004 年 10 月 26 日出台的《沈阳市社会保险稽核实施意见》（沈劳社〔2004〕42 号）第二条规定，沈阳市劳动保障行政部门负责对全市企事业单位社会保险稽核工作的组织协调，组织社保经办机构开展实施社会保险稽核工作，由养老保险管理中心、医疗保险管理中心、失业保险管理中心等经办机构稽核人员，参加社会保险稽核工作；必要时，可实行市劳动保障、市监察、市财政、市审计等部门联合稽核。沈阳市劳动和社会保障局社会保险基金监督处负责全市企事业单位社会保险稽核日常管理工作。

社会保险稽核采取日常稽核、重点稽核和举报稽核等方式进行。沈阳市的社会保险稽核工作从 2004 年 11 月开始实施。社会保险稽核必须以事实为依据，坚持实事求是、客观公正的原则，依据国家有关法律、法规和政策，对参保单位和职工的社会保险登记、申报、缴费等情况进行认真稽核。

稽核的主要内容包括：

（1）缴费单位和缴费个人申报的社会保险缴费人数、缴费基数是否符合国家规定；

（2）缴费单位和缴费个人是否按时足额缴纳社会保险费；

（3）欠缴社会保险费的单位和个人的补缴情况；

（4）国家规定的或者劳动保障行政部门交办的其他稽核事项。

稽核按照下列程序实施。

（1）提前三日将进行稽核的有关内容、要求、方法和需要准备的资料等事项通知被稽核对象，特殊情况下的稽核也可以不事先通知。

（2）应有两名以上稽核人员共同进行，出示执行公务的证件，并向被稽核对象说明身份。

（3）对稽核情况应作笔录，笔录应当由稽核人员和被稽核单位法定代表人（或法定代表人委托的代理人）签名或盖章，被稽核单位法定代表人拒不签名或盖章的，应注明拒签原因。

（4）对于经稽核未发现违反法规行为的被稽核对象，社会保险稽核小组应当在稽核结束后五个工作日内书面告知其稽核结果。

（5）发现被稽核对象在缴纳社会保险费或按照规定参加社会保险等方面存在违反法规行为，要据实写出稽核意见书，并在稽核结束后十个工作日内送达被稽核对象。被稽核对象应在限定时间内予以改正。被稽核对象拒绝稽核或伪造、变造、故意毁灭有关账册、材料，迟延缴纳社会保险费的，劳动保障行政部门将依法予以处罚。

《稽核办法》出台以来，随着稽核力度的不断加大，企事业单位不按规定故意少缴、漏缴、欠缴社会保险费等违反社会保障法律法规的现象得到了有效的遏制。通过社保稽核，规范了企事业单位的缴费，追缴了少缴、漏缴和欠缴的社会保险费，为缓解社保基金压力，起到了一定的促进作用。

|附录|
相关法律法规文件

中华人民共和国公务员法（中华人民共和国主席令第三十五号）

中华人民共和国就业促进法（中华人民共和国主席令第七十号）

中华人民共和国劳动法（中华人民共和国主席令第二十八号）

中华人民共和国劳动合同法（中华人民共和国主席令第六十五号）

中华人民共和国民办教育促进法（中华人民共和国主席令第八十号）

中华人民共和国民办教育促进法实施条例（国务院令第399号）

最低工资规定（中华人民共和国劳动和社会保障部令第21号）

中华人民共和国劳动合同法实施条例（中华人民共和国国务院令第535号）

关于实施《劳动保障监察条例》若干规定（中华人

民共和国劳动和社会保障部令第 25 号）

集体合同规定（劳动和社会保障部令第 22 号）

禁止使用童工规定（中华人民共和国国务院令第 364 号）

就业服务与就业管理规定（劳动和社会保障部令第 28 号）

劳动保障监察条例（中华人民共和国国务院令第 423 号）

中华人民共和国劳动争议调解仲裁法（中华人民共和国主席令第八十号）

企业年金试行办法（劳动和社会保障部令 20 号）

企业职工带薪年休假实施办法（中华人民共和国人力资源和社会保障部令 1 号）

社会保险登记管理暂行办法（中华人民共和国劳动和社会保障部令 1 号）

社会保险费征缴监督检查办法（中华人民共和国劳动和社会保障部令 3 号）

社会保险费征缴暂行条例（中华人民共和国国务院令 259 号）

社会保险基金行政监督办法（中华人民共和国劳动和社会保障部令 12 号）

社会保险稽核办法（中华人民共和国劳动和社会保障部令第 16 号）

社会保险行政争议处理办法（中华人民共和国劳动

和社会保障部 18 令）

失业保险金申领发放办法（中华人民共和国劳动和社会保障部令第 8 号）

失业保险条例（中华人民共和国国务院令第 258 号）

工伤保险条例（中华人民共和国国务院令第 375 号）

台湾、香港、澳门居民在内地就业管理规定（中华人民共和国劳动和社会保障部第 26 号令）

行政复议法实施条例（中华人民共和国国务院令第 499 号）

因工死亡职工供养亲属范围规定（中华人民共和国劳动和社会保障部令第 18 号）

招用技术工种从业人员规定（中华人民共和国劳动和社会保障部令第 6 号）

职工带薪年休假条例（中华人民共和国国务院令第 514 号）

辽宁省城市居民最低生活保障办法（辽宁省人民政府令第 147 号）

辽宁省城镇企业职工工伤保险规定（辽宁省人民政府令第 87 号）

辽宁省城镇企业职工生育保险规定（辽宁省人民政府令第 79 号）

辽宁省城镇企业职工养老保险条例（辽宁省人大常委会 20 号）

辽宁省规章规范性文件备案办法（辽宁省人民政府

令第 149 号)

辽宁省劳动合同规定 (辽宁省人民政府令第 166 号)

辽宁省劳动监察条例 (辽宁省人大常委会 68 号)

辽宁省劳动力市场管理条例 (辽宁省人大常委会 16 号)

辽宁省女职工劳动保护暂行办法 (辽宁省人民政府令第 11 号)

辽宁省企业劳动争议处理实施办法 (辽宁省人民政府令第 47 号)

辽宁省人才市场管理条例 (辽宁省人大常委会)

辽宁省人事争议处理暂行规定 (辽宁省人民政府令第 136 号)

辽宁省社会保险费征缴规定 (辽宁省人民政府令第 116 号)

辽宁省失业保险条例 (辽宁省人大常委会 44 号)

辽宁省实施《中华人民共和国职业教育法》办法 (辽宁省人大常委会公告第 16 号)

辽宁省实施行政许可程序规定 (辽宁省人民政府令第 172 号)

辽宁省实施行政许可听证办法 (辽宁省人民政府令第 173 号)

辽宁省信访条例 (辽宁省人大常委会公告第 19 号)

辽宁省行政处罚听证程序暂行规定 (辽宁省人民政府令第 76 号)

辽宁省行政复议规定（辽宁省人大常委会公告第 2号）

辽宁省行政复议听证程序规定（辽宁省人民政府令第 246 号）

辽宁省行政执法监督规定（辽宁省人民政府令 17号）

辽宁省行政执法条例（辽宁省人大常委会 27 号）

辽宁省行政执法责任制规定（辽宁省人民政府令第 148 号）

辽宁省行政执法证件管理办法（辽宁省人民政府令第 110 号）

辽宁省最低工资规定（辽宁省人民政府令第 177 号）

辽宁省城镇企业职工生育保险规定（辽宁省人民政府令第 79 号）

辽宁省城镇企业职工养老保险条例（辽宁省人大常委会 20 号）

辽宁省促进就业规定（辽宁省人民政府令第 185 号）

辽宁省工伤保险实施办法（辽宁省人民政府令第 187 号）

辽宁省社会保险费征缴规定（辽宁省人民政府令第 116 号）

辽宁省失业保险条例（辽宁省人民代表大会常务委员会公告第 44 号）

沈阳市城镇企业职工失业保险规定（沈阳市人民政

府令 25 号）

沈阳市城镇职工基本医疗保险规定（沈阳市人民政府令第 7 号）

沈阳市城镇职工生育保险办法（沈阳市人民政府令 43 号）

沈阳市工会劳动法律监督条例（沈阳市人大常委会公告第 47 号）

沈阳市集体合同规定（沈阳市人民政府令第 73 号）

沈阳市建筑业农民工工资支付管理办法（沈阳市人民政府令 59 号）

沈阳市零工劳务市场管理办法（沈阳市人民政府令 6 号）

沈阳市人才市场管理条例（沈阳市人民代表大会常务委员会公告第 69 号）

沈阳市人民政府关于调整企业养老保险缴费比例的决定（沈阳市人民政府令 53 号）

沈阳市人民政府规章制定办法（沈阳市人民政府令 58 号）

沈阳市人事争议仲裁办法（沈阳市人民政府令第 34 号）

沈阳市社会保险费征缴条例（沈阳市人大常委会 34 号）

沈阳市事业单位工作人员养老保险办法（沈政发〔1994〕29 号）

沈阳市事业单位聘用合同制办法（沈阳市人民政府令第 55 号）

沈阳市受理行政执法投诉办法（沈政法发〔2003〕10 号）

沈阳市行政机关工作人员行政过错责任追究暂行办法（沈阳市人民政府令 17 号）

沈阳市行政执法监督规定（沈阳市人民政府令 15 号）

沈阳市重大行政处罚决定备案办法（沈政法发〔2003〕9 号）

沈阳市人民政府关于修改《沈阳市城镇从业人员养老保险规定》第八条的决定（沈阳市人民政府令 37 号）

沈阳市技术工人培训和使用办法（沈阳市人民政府令第 3 号）

沈阳市建筑业农民工工资支付管理办法（沈阳市人民政府第 59 号令）

沈阳市劳动力市场管理规定（劳动和社会保障部令第 10 号）

沈阳市劳动力市场管理条例（沈阳市人大常委会 18 号）